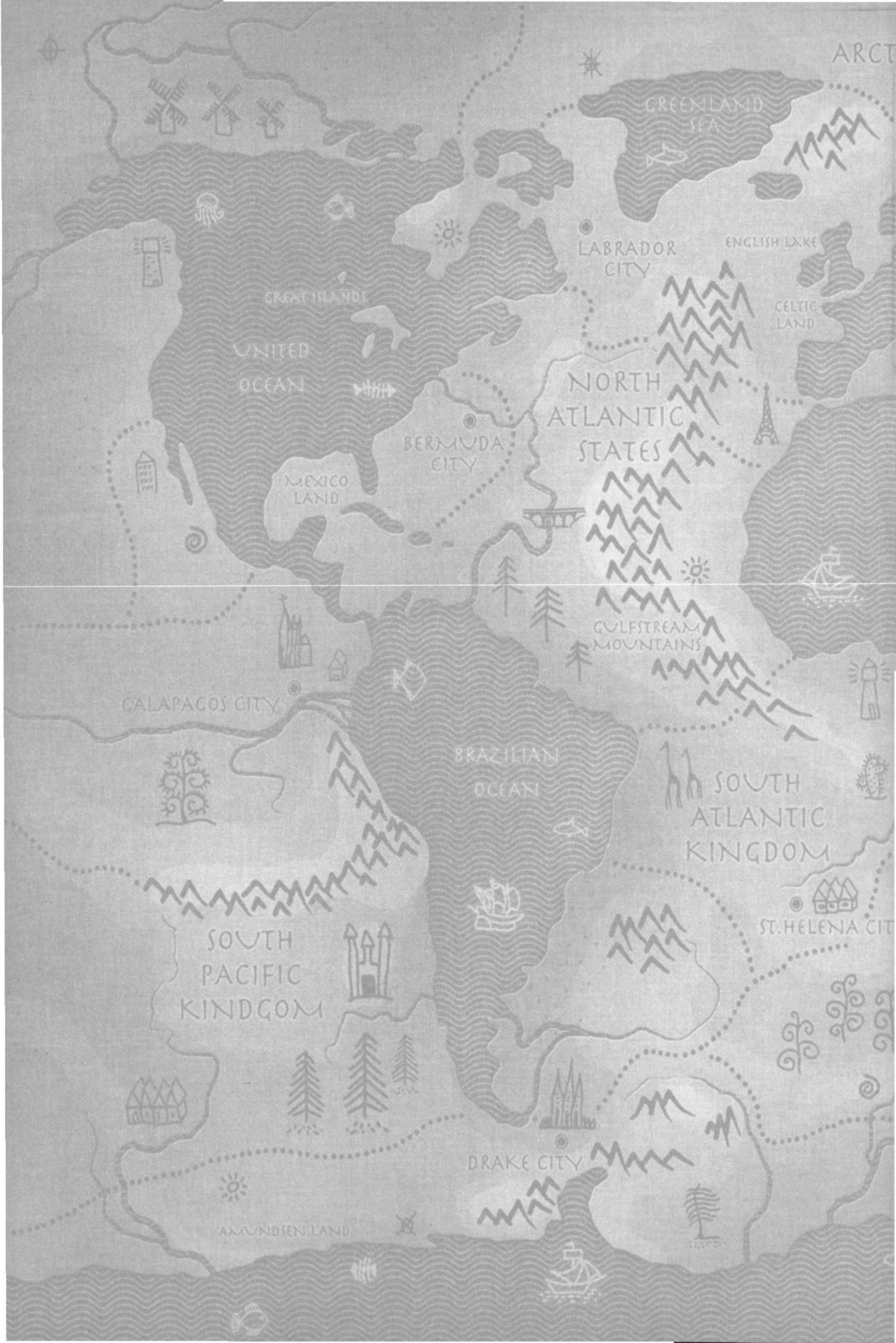

ARCT
GREENLAND SEA
LABRADOR CITY
ENGLISH LAKE
CELTIC LAND
GREAT ISLANDS
UNITED OCEAN
NORTH ATLANTIC STATES
BERMUDA CITY
MEXICO LAND
GULFSTREAM MOUNTAINS
GALAPAGOS CITY
BRAZILIAN OCEAN
SOUTH ATLANTIC KINGDOM
SOUTH PACIFIC KINGDOM
ST. HELENA CIT
DRAKE CITY
AMUNDSEN LAND

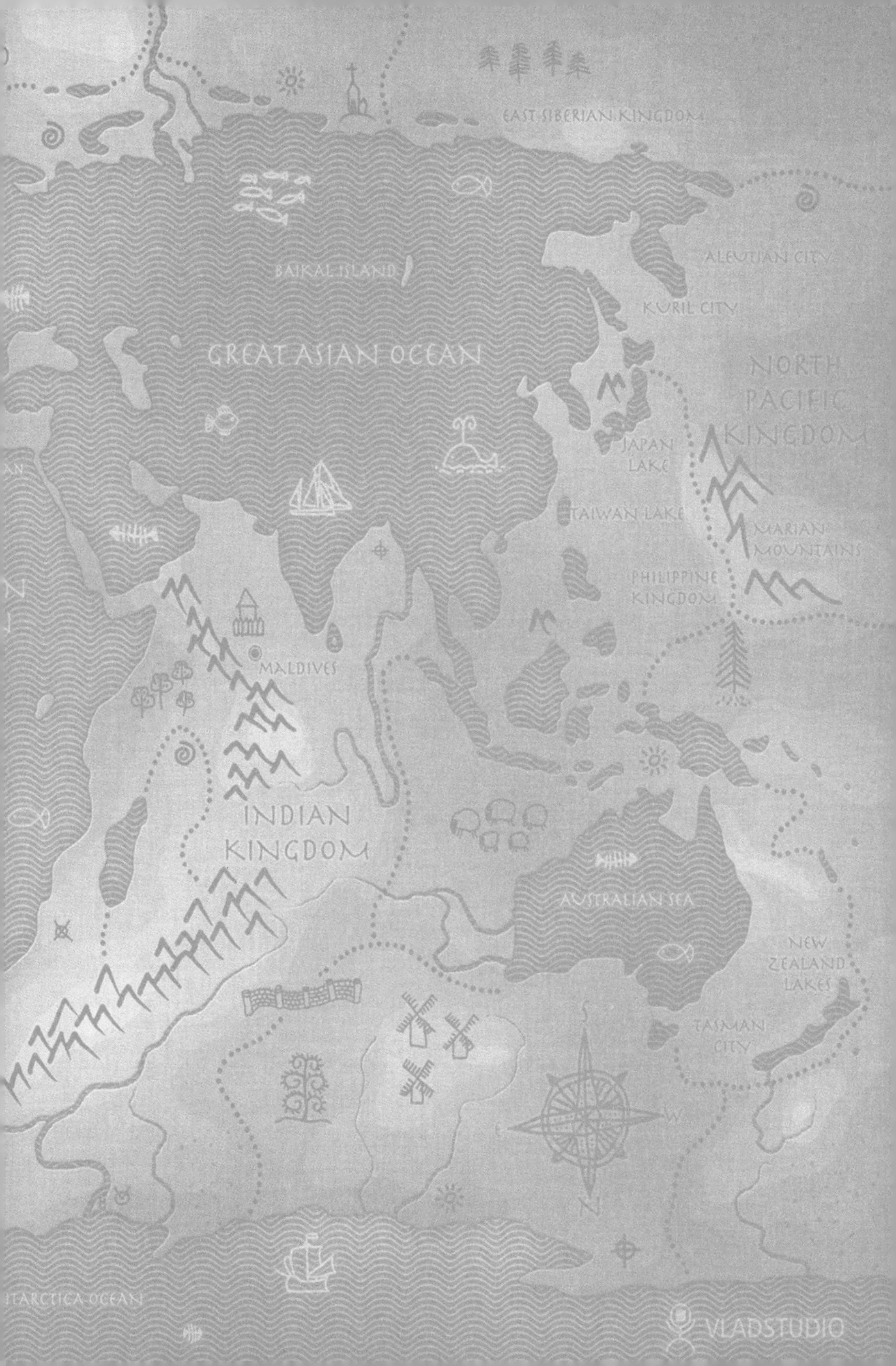

EAST SIBERIAN KINGDOM

BAIKAL ISLAND

GREAT ASIAN OCEAN

ALEUTIAN CITY

KURIL CITY

NORTH PACIFIC KINGDOM

JAPAN LAKE

TAIWAN LAKE

MARIAN MOUNTAINS

PHILIPPINE KINGDOM

MALDIVES

INDIAN KINGDOM

AUSTRALIAN SEA

NEW ZEALAND LAKES

TASMAN CITY

ANTARCTICA OCEAN

W

N

VLADSTUDIO

지구
쟁탈전

지구쟁탈전

초판 1쇄 인쇄 | 2011년 7월 11일
초판 1쇄 발행 | 2011년 7월 15일

글쓴이 | 조후
펴낸이 | 현병호
편 집 | 권정민, 김경옥, 김진한
디자인 | 전인애
펴낸곳 | 도서출판 민들레
주 소 | 서울시 마포구 성산동 209-4
전 화 | 02) 322-1603
전 송 | 02) 6008-4399
전자우편 | mindle98@empal.com
홈페이지 | www.mindle.org

ISBN | 978-89-88613-46-7 03900

이 도서의 국립중앙도서관 출판시도서목록(CIP)은
e-CIP 홈페이지(www.ni.go.kr/cip.php)에서 이용하실 수 있습니다.
(CIP 제어번호: CIP2011002788)

값은 뒤표지에 있습니다. 잘못된 책은 바꾸어 드립니다.

지구 쟁탈전

이야기꾼_조후

세상을 제대로 보기 위한 첫 번째 관문
_우리가 알아야 할 그들의 역사

민들레

차례

이야기를 시작하기 전에

역사를 왜 공부해야 할까

동양에는 아주 오래전부터 존재했던 관료제를 서구(유럽)는 18세기가 되어서야 비로소 도입했습니다. 그전까지 나랏일은 귀족과 성직자가 다 했으니 공무원이 되기 위한 공부는 할 이유도 필요도 없었습니다. 대신 귀족은 평민을 잘 다스릴 수 있는 교양과 지식을 습득하기 위해 대학(오늘날 학제로서의 대학이 아닙니다)에서 문법, 논리학, 수사학, 산술, 천문, 기하, 음악을 배우거나 뛰어난 학자를 가정교사로 채용해서 공부했고 평민은 각자 나름대로 직업을 가지기 위해 도제 방식으로 기술을 배웠습니다.

이런 공부 방식에서는 가르치는 이가 중요하지 제도나 학습서는 중요하지 않습니다. 국가가 관리하는 자격 인증 시험, 관료 임명 시험이 없으니 정답을 가려내기 위한 기준은 필요 없거든요. 누구에게나 적용되는 보편적 가치와 내용을 담은 텍스트는 성서가 유일했습니다. 성서의 내용에만 반하지 않는다면 어떤 학문 연구도 비교적 자유로웠기에 시대와 상황의 변화에 따라 배우고 가르치는 기법, 내용도 변했습니다. 서구의 교육은 다양한 분야에서 대학, 도제, 홈스쿨링 등 다양한 방식으로 진행되었습니다. 서구의 자연과학은 이런 토대 위에서 구축된 것이지요. 국가가 관리하는 교육 관련 기관이 없는 대신 민간의 필요에 의해 교육이 시행되었으므로 서구의 교육 시스템은 고대부터 대단히 역동적이었습니다.

관료제를 일찍부터 도입한 동양은 이와 달랐습니다. 중국은 수 제국 때 최초로 관리 임용 시험인 과거제도를 시작했습니다. 시험은 공정해야 하니 답을 인정할 수 있는 보편적 기준이 있어야 합니다. 각각 다른 정답을 주장하고 이를 검증할 수 있는 기준이 없으면 시험 자체가 성립되지 않으니까요. 그래서 수시로 변하는 기술보다는 인간의 기본을 정리한 인문학이 중시되어 유학이 교육제도의 텍스트가 됩니다. 교과서 채택이지요. 교과서가 있고 시험제도가 있으면 국가가 관리하는 커리큘럼과 교육기관을 설립할 수 있습니다. 공부의 목적이 뚜렷했고 방식도 단선적이었습니다. 이런 연유로 중국의 교육은 국가가 주도했으며 상당히 정적인 형태로 시행되었습니다. 중국의 영향을 받은 한반도도 마찬가지였지요. 모든 면이 그렇지만 교육에서도 서양과 동양은 이렇게 사뭇 다릅니다.

앞으로 역사를 들여다보면 잘 알 수 있겠지만 교육 분야만 아니라 국가 정책 수립에까지 모든 부문에서 민간 주도의 특성을 보이는 것이 서구 문명입니다. 민이 먼저 하고 관이 마무리를 합니다. 서구 최초의 대학은 12세기에 창설된 이탈리아 볼로냐 대학과 프랑스 파리 대학이라고 합니다만, 오늘날처럼 학제로서의 최고 교육기관이 아니라 배우고 싶은 학생조합과 가르치고 싶은 교수조합이 만든 민간 교육기관이었습니다. 그 전통은 그리스 시대로 거슬러 올라갑니다.

고대 그리스에서는 철학자들이 자신의 견해를 전파하기 위해 제자를 모아 학당을 구성했습니다. 이것이 자유로운 학문을 습득한다는 의미에서의 대학의 원형입니다. 그리스가 무너지자 로마 귀족은 이들을 가정교사로 초빙하기도 했고 수도원과 대성당이 학당의 역할을 이어받기도 했습니다. 십자군전쟁을 거치면서 새로운 문물과 학문이 유럽으로 넘어 들어가 이를 익힌 기술 전문가와 학자가 생겼습니다. 가르칠 이가 많이 생겼지요. 그러면 배우는 이가 찾아옵니다. 순수하게 배움을 원하는 학생이나 취업 준비생이 선생들이 주로 모여 있는 도시로 몰려들었습니다. 처음에는 가르치는 교수를 따라 도시 이곳저곳에서 공부하던 형태가 규모를 갖추면서 만들어진 것이 대학입니다. 대학이 성장하고 명성을 얻게 되자 도시 권력자들이 필요한 인재를 여기서 발탁해 가면서 진짜 학생과 가짜 학생을 가리기 위한 학위 제도도 생겼습니다. 이런 현상들이 쌓여 상위 교육기관인 대학의 모습이 하나둘 갖춰졌지요.

산업혁명을 출발점으로 근대국가가 모습을 갖추기 시작합니다. 국가를 경영할 관료가 필요해졌고 이 인재들을 체계적으로 양성할 교육기관도 필요했습니다. 더 중요한 건 국가 시책에 따를 수 있는 개화된 국민입니다. 국민을 계몽하고 가르치는 보편 교육으로서의 국가교육기관이 기획됩니다. 근대 국가교육의 시작입니다. 특히 산업화가 늦었던 독일은 다른 국가보다 국가교육의 필요성이 절실했습니다. 국민 모두가 힘을 모아 나라를 발전시켜야 했거든요. 17세기 말 교육령, 18세기 초에는 의무취학령을 거쳐 18세기 중반에 최초의 본격적인 초등교육 시행령인 일반지방학사통칙을 만듭니다. 마침내 18세기 말에 학교를 국가기관으로 선언하여 교육 공영화를 추진했습니다. 이후 영국, 프랑스가 앞서거니 뒤서거니 공교육제도를 시행했고 신생국 아메리카합중국(미국)도 이 대열에 합류했습니다. 처음 민간의 필요에 의해 시작되었던 교육 방식은 근대로 넘어오면서 국가제도로 흡수되었고 학교교육제도는 근대국가 경영의 필요성을 인식한 국가가 주도하여 공교육제도로 정착시켰습니다.

국가주도 근대교육(공교육이라고도 하고 학교교육이라고도 합니다. 편의상 학교교육이라 하겠습니다)의 출발점이 이러한지라 학교교육의 목표는 아주 명확합니다. 국가가 원하는 인재 양성. 목표가 단순한 것 같지만 그렇지 않습니다. 국가가 변하면 교육의 목표도 변할 수밖에 없기 때문입니다. 시대와 권력의 향배에 따라서 국가적 목표가 달라지면 학교교육의 목표도 달라집니다. 국가가 확고해질수록 제도로서의 학교는 단단해지지만 교육의 내용물은 계속 바뀝니다. 학교교육의 가치는 가벼워지고 틀은 무거워지는 것이지요. 가치가 무겁고 틀이 가벼우면 가치의 변화에 따라 틀을 바꿔야 하지만 그 반대라면 틀에 가치를 끼워 맞춰야 합니다. 이런 이유로 학교교육이라는 틀은 교육이라는 가치를 왜곡할 수밖에 없는 한계를 지니고 있습니다.

서구의 근대국가들은 제국주의 시대를 연 당시에 학교제도를 확립했습니다. 그렇다면 학교교육의 목표는 제국주의입니다. 학교교육의 목표가 제국주의라니, 이게 말이나 될 소리입니까? 그런데 그렇습니다. 제국주의를 실현할 수 있는 실력자, 제국주의적 가치를 충실히 수행할 수 있는 기술자, 그런 국가의 목표를 잘 따르는 자질을 갖춘 국민을 만드는 것이 학교교육의 목표이지요. 제국주의적 가치는 뭘까요? 무력을 포함한 국가 전체 힘의 극대화(국력 신장), 이 힘으로 타국과의 경쟁에서 우위에 서는 것(국가 경쟁력 제고), 그리하여 지배 국가의 반열에 올라서거나 그 지위를 유지하는 것(선진화)이 제국주의적 가치입니다. 우리가 자주 듣는 국력 신장, 국가 경쟁력 제고, 선진화는 이런 뜻을 숨긴 말들입니다. 제국주의 국가들의 힘이 강고해지면서 학교교육도 제국주의적 가치라는 공적 목표에 더욱 밀접해졌습니다.

미셸 푸코는 근대사회 이전의 직접적이고 주체가 뚜렷했던 권력이, 근대가 되면서 규율을 통해 간접적이면서 더욱 확실한 통제가 가능한 규율적, 훈육적 권력으로 바뀌었다고 했습니다. 이 새로운 형태의 권력으로 산업자본주의와 근대사회를 만들었고 이를 확산시키기 위해 만든 근대적 제도가 군대, 학교, 정신병원, 감옥이라고 했지요. 학교가 군대, 정신병원, 감옥과 동일한 분류 속에 있다는 그의 말이 맞는다면 섬뜩한 일입니다. 정말 그럴까요?

거대한 건축물의 중앙과 양 끝에 입구가 있습니다. 들어가면 전체를 꿰뚫은 복도가 있고 복도를 따라 방들이 배열됩니다. 방들의 복도 쪽에는 들어가는 출입문과 복도에서 내부를 볼 수 있는 창이 나 있습니다. 복도에 서기만 하면 어떤 방에서 무슨 일을 하고 있는지를 파악하고 감시할 수 있습니다. 매 시각 시작과 끝을 알리는 종이 울리고 시작종이 울렸음에도 복도에 남아 있는 이들은 제재의 대상이 됩니다. 방에 수용된 이가 화장실에 가거나 다른 용무로 방을 나서려면 방을 지배하는 이에게 허락을 받아야 합니다. 건축물에서 나가려면 약속된 시각이거나 특별한 허가가 있어야 합니다. 이곳은 군대일까요, 학교일까요, 정신병원일까요, 감옥일까요? 방을 지배하는 이, 방에 수용된 이, 방의 명칭을 각각의 명칭으로 바꿔 보세요. 어색하거나 상황에 맞지 않다면 미셸 푸코가 틀린 겁니다.

19세기 말에 뒤늦게 세계 조류를 자각한 선각자들이 시작한 대한제국의 근대교육은, 일제에 의해 식민교육으로 바뀌면서 조선까지 이어졌던 전통교육(옳고 그름의 가치판단 용어가 아닙니다)의 맥이 끊겼음은 물론 학교교육제도 자체가 식민교육의 틀에 갇혀 버렸습니다. 그리하여 한반도의 근대 학교제도는 서구가 만든 국가 경영 목표를 실현하기 위한 인재 양성과 국민교육이라는 틀에 더해 식민 관리 양성과 식민지인의 복종 교육이라는 틀까지 가져야 했습니다. 1945년, 일제가 패망한 후 일제 청산이라는 역사적 과제를 소홀히 한 탓에 대한민국의 학교교육제도는 이 두 가지 틀이 더욱 강고해졌습니다. 신생 권력이 식민 청산을 할 생각이 없었으니까요. 근대화, 산업화라는 국가 경영 목표는 확고했고 식민지 복종 교육은 독재 권력에의 복종 교육으로 형태만 바뀌었습니다.

권위적 교사상, 체벌 위주의 훈육, 학도호국단을 통한 군사교육, 체제 복종을 근본으로 한 국가 윤리교육의 강화, 애국조례, 국기에 대한 맹세 등 각종 국가주도 교육방법론이 강화되었고 지식과 정신을 학생에게 주입하여 국가가 원하는 인재를 기르는 것이 교육의 목표로 굳어졌습니다. 이런 상황이라면 학교가 교육독재 권력이 되는 건 당연한 수순입니다. 국가가 원하는 것을 가르치지 않는 교사는 교육 권력으로부터 탄압을 받았고 국가가 원하는 인재가 아니라고 판정받은 학생들은 가차없이 학교와 국가로부터 버림을 받아 2류 국민으로 사회의 밑바닥에 깔렸습니다.

독재 정권은 국민들의 끈질긴 저항으로 물러났습니다. 교육독재 권력도 예외는 아닙니다. 그러나 수십 년간의 교육독재 체제 끝에 대한민국의 학교교육은 근대를 주도한 제국주의적 가치를 버리지 못한 상태에서 식민교육에서 변질된 권력 지향 행태도 고스란히 유지한 채 21세기의 가치는 수용할 엄두도 못 내며 저항과 탄압의 거센 물결 속으로 표류 중입니다.

모든 사회 시스템은 다른 시스템들의 영향을 받아 만들어집니다. 난데없이 제 홀로 만들어진 사회 시스템이란 없는 법이지요. 그러므로 학교교육 시스템도 주변의 상황뿐 아니라 그것이 나타난 원인까지 살펴야 교육을 교육답게, 학교를 학교답게 바로잡을 수 있습니다. 그래서 역사를 살펴보자는 것이지요. 이제 역사의 숲으로 들어갑니다.

1부

몸 풀기
(기원전 1만 년~5세기)

기원전 5세기 유럽 　로마, 그리스, 페르시아 등 지역성을 확보한 일부를 제외하면 유럽 각 지역은 공식 명칭도 불분명한 상황이다.

4세기 유럽(로마제국 최대 권역) 　로마는 북유럽을 제외한 유럽 전역과 북아프리카, 아라비아, 소아시아를 아우르는 유럽 최초, 최후의 통합 제국을 건설했으나 4세기 이후 동서 로마로 갈라지면서 몰락의 길을 걷는다.

역사를 들여다보기 전에 먼저 살펴봐야 할 것이 있습니다. [역사 사용 설명서]입니다. 어떤 것이든 설명서를 제대로 보지 않고 사용하면 잘못되거나 고장 나기 십상이지요. 역사 또한 사용 설명서를 제대로 보지 않고 잘못 사용하면 '왜곡된 역사관'이라는 고장 상태에 빠집니다. 고장은 비상사태입니다. 빨리 수리해야 더 심각한 고장을 막을 수 있습니다. 하지만 늘 고장이 나 있는데 고장이라 진단하지 않으니 상황이 심각합니다.

역사, 그러니까 주류 역사학이 왜 고장 상태인가라는 의문이 들겠죠? 주류 역사학은 승자가 옳다는 시각에서 역사를 해석합니다. 승자는 늘 옳고 패자는 늘 그르다는 시각이 정상은 아닌데 말이죠. 그런 문제를 짚어 승자의 시각이 아닌 다른 방식으로 역사를 해석하려는 시도는 대부분 해석자가 속한 지역을 중심으로 삼아 버립니다. 민족주의를 앞세운 쇼비니즘 역사관입니다. 이러다 보니 승자와 자신만 역사의 중심에 있게 되고 나머지는 홀대를 받습니다. 그래서 역사는 늘 고장 상태라는 거지요. 이렇게 고장 난 역사를 수리도 하고 고장을 미연에 방지하기 위해 이 책은 각 부의 첫머리를 [역사 사용 설명서]로 시작합니다.

역사 사용의 대원칙은 사건이 발생한 당시로 돌아가서 당시의 시각으로 그것을 보는 것입니다. 지금의 상황과 환경을 머리에서 지우지 않으면 역사는 왜곡되며, 왜곡된 역사에서 우리가 배울 것은 아무것도 없습니다. 특히 서양사를 볼 때 오늘날의 유럽과 예전의 유럽은 완전히 다르다는 것을 잊어서는 안 됩니다. 지금은 세계를 이끄는 선진 집단이지만 예전, 최소한 18세기가 되기 전의 유럽은 세계의 변방에다가 미개하고 각성하지 못한 곳이었음을 반드시 염두에 둬야 합니다. 소위 중세에 들어서서도 유럽의 정치, 문화, 경제 중심은 발칸 반도와 에게해, 소아시아에 있었고 그나마도 동쪽으로부터 동양의 압박을 심하게 받았으며 이슬람의 포위에서 자유롭지도 않았습니다. 세계사적 관점에서 보면 당시의 유럽은 거대한 세력인 중국과 이슬람에 치인 가난하고 미개한 지역에 불과합니다.

그럼에도 우리가 서양사를 주목하는 이유는 지금 우리를 둘러싸고 있는 모든 환경이 유럽에서 시작된 근대라는 거센 바람으로 만들어졌기 때문입니다. 현재 세계를 서양이 주도하고 있으니 그들의 역사인 서양사를 알아야 우리가 근대의 거센 바람을 뚫고 방향을 잡을 수 있겠지요. 서양이 처음부터 위대하고 옳아서 서양사를 보자는 것이 아닙니다. 그러기 위해서는 우리 것이 위대하다는 쇼비니즘과 저들의 것이 진리이고 정답이라는 편견을 다 버리고 오늘의 잣대나 기준도 제거한 후, 당시의 상황으로 돌아가서 어떤 의도된 목적 없이 있는 그대로를 확인하는 일부터 해야 합니다. 해석은 그 다음입니다. 확인 그리고 해석. 이것이 역사 사용의 대원칙입니다. 잊지 마세요.

자리 잡기

흔히 인류 문명의 발상지를 이집트, 메소포타미아, 인더스, 황허로 나눕니다. 우리는 학교에서 가르치는 대로 그것을 달달 외웠지요. 그런데 왜 하필 그곳에서만 문명이 시작되었을까요? 학교는 비옥한 땅과 강이 있어서였다고 합니다. 맞는 말이긴 하지만 지구 전체에서 비옥한 땅과 강이 있는 곳이 거기뿐이었을까요? 강은 세계 도처에 있고, 비옥한 땅은 강 하류 쪽에 늘 있기 마련입니다. 그런데 왜 그 네 곳에서만 문명이 꽃피었을까요? 왜 그런지 의심해보신 적이 있나요? 역사를 들여다보는 일은 바로 이, 학교에서는 해본 적 없는 '왜?'라는 물음을 따라가는 탐험입니다.

최초의 인류는, 학자에 따라 의견이 분분합니다만, 길게는 5백만 년 전에 처음 세상에 등장한 후 4만 년 전쯤 오늘날의 현대인과 같은 외모와 지능을 갖춘 인종이 나타났다고 합니다. 인간은 동물입니다. 모든 동물은 지역에 따라 무수한 종이 있습니다. 개만 보더라도 각 지역에 따라 모습도 크기도 제각각인 무수한 종이 있습니다. 아마 최초의 인류도 서로 다른 여러 종이 있었을 겁니다. 그들은 자연과 맞서 생명을 유지하려 애쓰는 한편으로 서로 다른 종족을 만나면 목숨을 걸고 싸웠겠지요. 생존경쟁이니까요. 이 치열한 생존경쟁에서 이긴 종족이 현대인의 조상이라고 하는 크로마뇽인입니다. 네안데르탈인이라고 아시지요? 학자들의 연구 결과, 이 종족은 현생 인류의 조상이 아니랍니다. 네안데르탈인은 어떤 이유로든 멸종했고 현대인과는 아무런 관련이 없다고 합니다. 그렇다면 이렇게 유추할 수 있겠습니다. 현재 단 한 종의 인간이 지구에 살고 있는 이유는 기후에 졌건 크로마뇽인과의 직접 경쟁에서 졌건 네안데르탈인이 멸종되었기 때문입니다. 그런데 크로마뇽인, 네안데르탈인, 딱 두 종으로만 인류가 구성되었을까요? 더 있지 않았을까요? 만약 그렇다면 크로마뇽인은 대단히 강해서 다른 종들을 멸종시키면서 살아 남았다는 말이 됩니다. 인간이 전쟁을 버리지 못하는 이유도 이 유추로 설명할 수 있을지 모르겠습니다. 만약 현생 인류의 조상이 크로마뇽인이 아니라 네안데르탈인이었다면 지구는 좀더 평화로운 별이 되어 있지 않을까요? 어쨌건 생존경쟁에서 이긴 크로마뇽인이 인류의 직접 조상이고 이들의 발생지는 아프리카였다고 합니다. 어찌 보면 당연한 일입니다.

　지구는 오랜 빙하기와 짧은 간빙기로 이어져 왔습니다. 가장 최근의 빙하기는 뷔름이라는 이름의 빙하기로 1만 년 전에 끝났고, 이후 지금까지는 간빙기입니다. 크로마뇽인은 빙하기인 4만 년 전에 나타났습니다. 털도 별로 없어 추위에 대응하지 못하는 크로마뇽인이 살 수 있는 곳은 당연히 따뜻한 기후대인 적도 부근뿐이었을 겁니다. 지구의를 보면, 적도 부근에서 생명이 자랄 수 있는 땅은 아프리카와 인도차이나 반도 아래쪽, 오스트레일리아 북쪽 바다의 섬들, 아마존강 유역 정도인데 역사학, 인류학에서는 최초의 인류가 탄생한 지역이 아프리카라고 말합니다. 왜 그럴까요? 원래 역사학은 증거가 없으면 있었던 일도 없던 일로 해 버립니다. 당연한 일이지만 이것이 역사학의 한계입니다. 아직까지는 아프리카에서만 최초 인류의 유구가 발견되었기 때문에 아프리카를 인류의 고향땅으로 승인하고 있는 것이지요. 다른 곳은 인류 탄생의 가능성이 적다고 해도 아마존강 유역은 인류가 탄생하기 위한 모든 조건을 손색없이 완비한 지역이니 거기도 이 잡듯 뒤져볼 필요가 있지 않을까요? 다른 지역에서 증거를 발견한다면 언젠가는 아프리카 최초 인류 탄생설이 뒤집힐 수도 있겠지요. 어쨌건 아프리카에서 최초의 인류가 출현했고 세계 곳곳으로 흩어졌답니다. 일단 이 증거에서 출발해 봅시다.

1만 년 전쯤 마지막 빙하기가 끝나 기온이 올라가면서 인류가 살 수 있는 땅이 점점 더 넓어지자 변하는 기후대를 따라 인간들도 서서히 이동합니다. 남쪽으로 간 무리는 아프리카의 남단인 지금의 케이프타운에서 멈췄고, 북으로 간 무리는 사하라 사막을 앞에 두고 동서로 나뉩니다. 서쪽으로 간 무리는 지브롤터 해협에 막혔고, 모험심 강한 무리가 이 해협을 건너서 이베리아 반도로 이동합니다. 이 무리는 모험심의 대가를 치러야 합니다. 빙하기가 끝났다고 하나 아직은 대단히 추운 지역이었거든요. 어찌어찌 해협은 건넜지만 추워서 되돌아가려 해도 다시 바다를 건너야 하니 만만한 일이 아닙니다. 얼어 죽지 않고 살려면 따뜻한 곳을 찾아야 했습니다. 이베리아 반도는 유럽의 서쪽 끝, 그 앞에는 훗날 콜럼버스가 죽을 각오를 하고 배 타고 나갔던 대서양이 있습니다. 서쪽으로는 갈 수가 없죠. 북쪽은 더 추워 당연히 못 가고, 지중해 해안선을 따라 동진하는 길밖에 없습니다(물론 춥거나 말거나 북쪽으로 계속 간 엉뚱한 무리도 소수이긴 하지만 있었을 것이고 중간 중간 이탈리아, 발칸반도에서 멈춘 무리도 있었을 겁니다).

현재라면 이베리아 반도에서 지중해 해안선을 따라 터키까지 가는 데 시간이 별로 안 걸리겠지만 당시에는 목적지가 딱히 있는 것도 아니라서 마지막으로 정착할 때까지 엄청난 시간이 걸렸습니다. 조금 이동한 후 캠프 설치하고 먹이 구하면서 애도 낳고 키우고 그러다가 또 이동하기를 반복했겠지요. 그러던 사이에 지구는 점점 더 따뜻해졌고 사냥으로만은 먹고살기 팍팍하던 사람들이 농사 기술도 익혔습니다. 1만 년 전의 유구를 조사하면 농경 생활의 흔적이 곳곳에서 나옵니다. 그래서 학계는 농사 시작 시기를 1만 년 전쯤으로 추측합니다. 그때부터 이동의 목적은 농사짓기에 적절한 땅 찾기가 되었을 겁니다. 드디어 적당한 땅을 발견합니다. 오늘날 터키가 자리 잡은 소아시아의 고원지대(아나톨리아 고원)입니다. 토양도 비옥하고 지형도 평탄해서 집 짓고 농사지으면서 살기 딱 좋은 땅입니다. 이들은 아나톨리아 고원에서 짐을 풀고 말뚝을 박았습니다.

동쪽으로 간 무리는 운이 좋았습니다. 단번에 나일강을 발견했거든요. 강도 좋고 땅도 좋습니다. 농경이 시작된 신석기 시대에 강과 비옥한 땅을 만났으니 당연히 동작 그만, 캠프를 차리게 되지요. 사하라를 건너 동과 서로 나뉘었던 인류는 그리 멀지 않은 거리에 있는 오늘날의 이집트와 터키 지역에서 다시 재회합니다. 이렇게 기후와 지리가 만든 우연 아닌 우연이 서양 문명의 뿌리를 만듭니다.

마침내 기원전 3천 년 경, 나일강 유역에서 문명이 나타납니다. 바로 이집트 문명입니다. 이집트의 강력한 권력자를 파라오라고 불렀는데, 파라오가 왕으로 등극하면서 이집트는 서양사 최초의 왕국이 됩니다. 이집트는 아프리카에 속해 있지만 서양 문명의 뿌리를 이루므로 서양사로 봐도 무방합니다.

소아시아 고원지대의 무리는 농경으로 경제가 안정되자 인구가 크게 늘어납니다. 처음엔 적절한 땅이었지만 고원지대만으로는 농경지가 부족해서 먹고살기가 영 팍팍해지자 새로운 땅을 물색합니다. 아나톨리아 고원 바로 아래쪽에 멋진 두 줄기 강 사이의 적당한 땅이 있습니다. 유프라테스강과 티그리스강 유역입니다. 여기를 발견한 그들은 왜 진즉에 여길 몰랐을까 하면서 고원을 내려와 캠프를 꾸립니다. 이때가 이집트 왕국이 건설되던 때와 비슷한 기원전 4천 년에서 3천 년 무렵입니다. 여기에서 만든 문명을 메소포타미아 문명이라고 합니다.

이제 두 지역은 농경 생활로 안정된 경제체제를 갖추고 강력한 권력으로 시스템을 잡아 나가자 인구가 급속히 늘어났습니다. 이 현상을 주류 역사학은 농업혁명이라 합니다. 급속히 늘어난 많은 인구가 한 지역에 모여 살면 도시가 됩니다. 이건 도시혁명이라고 표현하지요. 현상이 갑자기 바뀌는 것을 혁명적 현상이라 생각한 모양입니다만 혁명은 무슨, 그냥 먹고살려고 농사짓다 보니 경제가 안정되어서 식구를 늘릴 수 있었고, 사람들이 많아지니 한 곳에서 집단으로 체계를 잡으면서 모여 산 것뿐입니다. 역사학자들은 종종 이렇게 별것 아닌 걸 가지고 대단한 것인 양 오버를 잘합니다. 그렇게 한다고 해서 과거가 근사하게 변하는 것도 아닌데 말이지요. 먹고살 만해지면 과거부터 바꾸려는 사람들이 있습니다. 족보 새로 만들고 조금이라도 자랑할 만한 게 있으면 엄청나게 부풀립니다. 개인이 이러면 무슨 큰일 있겠습니까만 역사를 과장하고 부풀리면 대단한 피해가 발생합니다. 지구를 만신창이로 만들어 버린 서구 제국주의도 과장되고 왜곡된 역사에서 탄생했고 중국이 국가 과제로 삼고 진행하는 동북공정도 결국은 역사를 왜곡하여 지역 패권을 잡으려는 의도에서 비롯됩니다. 일본은 자신의 범죄 행각을 감추려고 모르쇠 역사관으로 무장하고 있습니다. 이렇게 역사를 제멋대로 주무르는 못된 버릇은 나 잘살자고 남 괴롭히는 짓과 하나도 다를 바 없습니다. 그런 면에서 우리 역사학에서 자주 나타나는 민족주의 역사관 역시 대단히 위험할 수도 있으므로 정말 조심해야 합니다. 오버하지 맙시다.

아나톨리아 고원에 정착한 무리와 떨어져 계속 동쪽으로 간 모험심 풍부한 인종도 있었습니다. 이들은 계속 동진하다가 인도의 서쪽 인더스 유역을 발견합니다. 기후도 좋고 땅도 좋고 물도 좋습니다. 인더스 유역에서 캠프를 꾸린 무리를 드라비다족이라 부릅니다. 이들이 꾸린 문명이 인더스 문명입니다.

드라비다족보다 모험심이 훨씬 강한 종족은 이들과 갈라져 더 위쪽으로 이동합니다. 아주 고생을 많이 했겠지요. 천신만고 끝에 도달한 곳이 황허입니다. 이들은 여기에 캠프를 꾸리고 황허 문명을 일으킵니다. 정착하지 않고 계속 동진한 무리 중 일부는 한반도로 내려가고 일부는 베링 해협을 거쳐 마침내 북아메리카에 이르지요. 여기서부터 추적 불가능입니다. 이렇게 넘어간 인종이 북아메리카에 정착했

을 수도 있고 아마존 유역에서 발생한 또 다른 인종이 아프리카 무리와 같은 방식
으로 이동하다가 북아메리카에 정착했을 수도 있고, 이 두 인종이 북아메리카에서
만났을 수도 있습니다. 증거가 없다고 가능성도 없는 건 아니지요. 어쨌건 추적 불
가능이니까 이들은 제쳐 놓고, 적절한 강을 발견한 네 종족이 이집트, 메소포타미
아, 인더스, 황허 문명을 엽니다.

　이렇게 본다면 이집트가 1등, 메소포타미아가 2등, 인더스 3등, 황허 4등 같지요?
그렇지 않습니다. 이집트는 기원전 3천 년경, 메소포타미아는 기원전 4천 년에서
3천 년경, 인더스는 실전되어 문명이 일어난 연대는 확실치 않습니다만 아리안족
에 의해 쑥대밭이 된 때가 기원전 1600년경입니다. 그렇다면 문명 자체는 훨씬 이
전에 존재했다는 말이 되겠지요? 중국도 그렇습니다. 삼황오제를 거쳐 중국 최초
의 국가인 하나라가 세워진 때가 기원전 2천 년경입니다. 그전에 요순시대가 있었
지요. 그렇다면 문명이 갖춰진 시기는 그보다 훨씬 전이라 볼 수 있고, 이렇게 본
다면 이집트나 메소포타미아와 시기로는 별반 차이가 없습니다. 말하자면, 1만 년
전 이동을 시작한 인류는 약 5천 년의 시간 동안 아프리카에서 유럽으로 아시아
로 퍼지면서 기원전 3천 년경에 문명이 일어나기 가장 좋은 지역에서 동시에 인류
사의 꽃을 피우기 시작했다고 보는 게 타당합니다. 기원전 3천 년쯤 되면 빙하기
도 완전히 끝나 살 수 있는 땅은 더 넓어졌으므로 인간은 생존 단계를 넘어 맹렬
하게 활동하면서 서서히 역사시대로 접어듭니다(역사시대와 선사시대는 문자로 기록
된 시기가 언제냐로 따지는 편의상의 구분입니다. 역사시대와 선사시대의 인간 활동이 확
연히 다른 건 아닙니다).

　이제 서구인이 오리엔트라고 부르는 지역을 살펴보겠습니다. 터키가 있는 소아시
아 반도, 페르시아만과 홍해 사이의 아라비아 반도가 있는 지역입니다. 서구인이
동양이라고 빡빡 우기는 곳이죠. 아시아 대륙권이라는 겁니다. 이 구분법은 좀 웃

깁니다. 지금까지의 역사 진행을 보면 이 지역은 유럽과는 좀 다른 행보를, 아시아권과는 확연히 다른 행보를 취했습니다. 문명의 성격으로 대륙권을 구분하자면 이 지역은 아시아나 유럽과는 완전히 다른 별개의 용어를 써야 합당합니다만 서구인은 이 지역을 별개의 문명권으로 분류하기를 대단히 꺼려서 그냥 통째로 아시아권에 집어넣어 버렸습니다. 왜 그랬을까요? 이유요? 뻔합니다. 서구 문명의 모든 근본은 그들이 오리엔트라고 부르는 이 지역에 있습니다. 서구의 언어와 문자마저도 이쪽에서 탄생했습니다. 이 지역은 유럽권의 직접 조상입니다. 원조지요. 그런데 서구 문명은 이전이나 이식으로 만든 것이 아니라 서구인 자신이 원조라야 합니다. 그래야 세계를 지배하고 영향력을 행사할 수 있지요. 그것이 오리지널이 가진 위력이거든요. 그러자니 그들은 과거를 부정할 수밖에 없었고, 막무가내로 부정할 수는 없으니 온갖 핑계를 다 대면서 재네들은 우리랑 원래 달라! 하고 고집을 피웁니다. 그 핑계의 최고봉이 종교이고 과거를 부정하는 사건 중 하나가 이라크 침공이지요. 그들의 과거 부정은 아직도 진행 중입니다.

과거를 부정한답시고 이 지역을 따로 다른 용어로 공식 분류하자니 이건 상대를 인정하는 꼴이 됩니다. 상대를 공식 인정해 버리면 자칫 과거가 들통 날 수도 있습니다. 뭐, 과거야 이미 다 들통 나 버렸지만 그건 현대로 넘어와서의 일이고, 그전에는 상대를 아예 인정하지 않는 방법으로 과거를 묻으려 했습니다. 과거도 부정하고 부정한 대상을 공식 인정하지 않을 수 있는 방법이 이 지역을 아시아권에 억지 편입시키는 방법이었습니다. 덕분에 우리가 월드컵 본선에 나가려면 아랍권의 여러 나라를 상대로 경기장을 열심히 뛰어다녀야 합니다.

지금에야 유럽권이 세계 문명의 주도권을 쥐고 있으니 그쪽이 반짝거립니다만, 문명이 태어났을 당시 유럽권은 말 그대로 황무지였습니다. 물론 그쪽에도 문명이라고 할 수 있는 것이 있었겠습니다만 역사로 기록할 만한 것은 아니었습니다. 황무지에 야만인이 사는 지역이었죠. 오죽하면 서부, 북부 유럽의 인종을 게르만족이라고 통쳐서 불렀겠습니까(게르만은 야만인이란 뜻입니다). 오늘날 그리스가 있는 발칸 반도를 중심으로 한 동부 유럽도 황무지이기는 마찬가지였습니다. 이 지역의 지도를 잘 보면 이집트, 메소포타미아는 유럽에서 완전히 동쪽 저 너머거나 바다 건너 남쪽입니다. 오늘날의 유럽은 아예 존재 자체가 없었지요. 이런 전제를 깔고 역사를 봐야 합니다. 역사는, 오늘의 시각으로 그 당시를 보는 게 아니라 아예 타임머신을 타고 당시로 돌아가서 당시의 창으로 그때를 봐야 합니다. 오늘날의 유럽을 생각하면서 그때의 역사를 들여다보면 참 답이 안 나오거든요. 이 지역을 지칭할 공식적인 역사, 지리 용어가 없으므로 앞으로는 그나마 별개의 의미로 사용할 수 있는 '오리엔트'를 쓰겠습니다만, 이 말이 서구인이 원래 사용했던 의미의 '동양'은 아닙니다.

기원전 3천 년경에 상왕국, 하왕국으로 흩어져 있던 나일강 유역이 정리되어 강력한 왕국, 이집트가 나타납니다. 이렇게 강력한 왕국을 건설하고 왕권을 신권으로까지 끌어올릴 수 있었던 이유는(파라오는 신으로 추앙된 존재입니다) 두 가지입니다. 하나는 지리적 이유입니다. 이집트가 자리 잡은 나일강 유역은 편평하고 널찍하지만 사막과 고원지대, 바다로 사방이 일정 정도 막혀 있습니다. 오목한 그릇이 물을 담기 쉽듯 오목한 지역은 사람을 모으기 쉬운 법이지요. 다른 하나는 이집트의 산업 기반이 당시로서는 첨단산업인 농업이라는 점입니다. 농업은 기후와 밀접한 관계가 있고 더군다나 나일강은 주기를 따라 범람을 합니다. 농사를 잘 짓자면 기후와 나일강의 범람을 예측해야 합니다. 달력이 필요했고, 천문학은 필수였습니다. 이것을 꽉 쥐고 있는 자가 파라오였으니 당연히 신의 자리로 올라가는 거죠. 이것이 이집트에서 인류 최초의 달력을 만들 정도로 천문학이 발달한 이유, 하늘 자체인 파라오를 위해 엄청난 피라미드를 만든 이유입니다.

통일 이집트는 각각의 왕조가 판이하게 달라, 우리식으로 말하자면 통일신라, 고려, 조선 같은 변이를 갖습니다. 상당히 복잡한 역사입니다만 이집트 역사를 들여다보자는 것은 아니니까 이 책에서는 이 정도로 그냥 넘어갑니다. 이집트는 통일 이후 영토를 확장하여 제국 전 단계까지 가면서 넓은 강역을 다스리기 위해 봉건제를 도입하고 메소포타미아와 활발하게 교류하는 등 전성기를 누립니다만 기원전 13세기에 일어난 사건으로 완연히 활기를 잃고 주저앉습니다. 기원전 1275년, 이집트는 히타이트와 나라의 운명을 건, 역사에 기록된 최초의 대규모 전쟁을 합니다. 카데시전쟁입니다.

싸우면서 크는 애들

_ 카데시전쟁

이집트가 기원전 3천 년부터 왕국을 꾸리고 큰소리치며 살 때, 메소포타미아 일대에서 이집트의 상대자가 꿈틀거립니다. 이 지역은 막힌 데 없이 사방이 툭 트여 있어 이집트처럼 사람을 모으고 강력한 나라를 건설하기가 쉽지 않습니다. 고만고만한 무리들이 여기저기서 옹기종기 모여 살았죠. 게다가 티그리스와 유프라테스 강은 나일강처럼 착하지가 않습니다. 시도 때도 없이 툭하면 기습 범람을 해서 농사만으로는 살기가 영 불안합니다. 언제 홍수가 나서 농사 망치고 떠내려가 죽을지도 모르니 사람들은 농사와 함께 장사를 시작했습니다. 홍수 나면 땅을 들고 피할 수는 없지만 돈을 들고 피할 수는 있으니까요. 이런 이유로 이 지역은 상업이 발달하여 주화까지 통용되는 고만고만한 도시국가들이 곳곳에 있었습니다. 상업이 발달하면 돈이 돌기 마련이고 돈이 돌면 곳곳에서 싸움이 일어납니다. 시장 바닥에서 싸움이 잘 일어나잖아요. 이렇게 만날 치고받고 싸우고 홍수 나서 떠내려가다가 기원전 2350년경에 아카드라는 나라가 천하를 잠시 반짝 통일합니다. 이후 수메르가 챔피언이 되었으나 이내 물러나고 오늘날의 바그다드 근방에 태어난 바빌로니아가 새 챔피언이 됩니다(이를 기원전 7세기에 등장하는 신바빌로니아와 구분하기 위해 구바빌로니아로 부릅니다). 이때 그 유명한 함무라비 법전이 만들어지지요. 구바빌로니아의 언어인 아카드어는 당시 지역의 공용어가 되었고 달력, 운하, 관료제 정비, 종교 통일 등으로 구바빌로니아는 영광의 시대를 맞습니다. 그러나 바빌로니아의 영광도 함무라비의 사망 이후 빛이 바랬고 다시 분열한 고만고만한 세력들이 치고받기를 계속합니다.

잠시 지역을 동쪽으로 이동해서 인도의 북쪽을 살펴겠습니다. 메소포타미아 얘기를 하다가 웬 인도? 하겠지만, 바빌로니아 뒷얘기를 계속하자면 인도를 봐야 합니다. 서양사 동양사를 따로 분류하긴 하지만 사실 역사는 그렇게 구분이 안 되거든요. 지금처럼 예전에도 세계는 다 연결되어 있었습니다.

흑해와 카스피해 사이에 정착했다가 기원전 4천 년경 동, 남, 서로 이동한 아리안족의 일부가 인도 북쪽에서 유목을 하며 정착해 살고 있었습니다(이때 서쪽으로 이동한 아리안족은 유럽의 중심부에 정착해서 게르만족으로 변합니다). 신석기에 접어들어 이들도 농사를 짓기 시작하면서 경제가 안정되자 인구가 급속히 증가했습니다. 원래 유목민족이라 땅은 신경 쓰지 않았는데 이제는 농사지을 수 있는 땅을 확보하는 일이 중요해져서 이들은 좀더 넓은 땅을 찾아 나섭니다. 북쪽은 너무 춥고 동쪽은 험한 히말라야가 막고 있어 갈 곳이라곤 남쪽, 서쪽밖에 없습니다. 이동 시작! 이때가 기원전 17세기 정도 됩니다. 당시 남쪽 인더스강 유역에는 기원전 3천 년경부터 드라비다족이 인더스문명을 개창하고 잘 살고 있었습니다. 걱정 없이 잘 살고 있었으니 당연히 다른 지역과 쌈박질할 생각은 별로 안 했겠지요. 고대에는 자신이 사는 지역이 세상의 전부일 수밖에 없습니다. 다른 지역이 있다고는 어렴풋이 알았겠지만 당시의 사람들에게는 너무나 먼 다른 세상의 일일 뿐입니다. 그 평화의 땅에 아직 유목 생활을 완전히 청산하지 않아 쌈박질에 능한 아리안족이 밀고 내려왔습니다. 드라비다족의 인더스문명이 쑥대밭이 되었지요. 인더스문명을 접수한 아리안족은 소수인 자신들이 이 지역을 장악하고 통치하기 위해 악명 높은 카스트제도를 만들었습니다. 인도가 아직도 카스트제도를 버리지 못해 국가 통합에 애를 먹는 이유는 이 제도의 연원이 이처럼 오래전부터 대단히 강력하게, 오랫동안 지속되었기 때문입니다.

서쪽으로 이동한 무리들은 소아시아에 정착하여 미탄니와 히타이트를 세웁니다. 나라 두 개가 생겼으니 당연히 쌈박질을 했고, 히타이트가 이깁니다. 미탄니는 오늘날의 팔레스타인 지역에 있었습니다. 미탄니를 이긴 히타이트가 고원에서 내려와 이 지역에 자리를 잡습니다. 강력한 상대가 등장하자 당시 이곳에서 도토리 키 재기를 하던 고만고만한 도시국가들이 모두 꼬리를 내렸습니다. 이때가 기원전 14세기입니다.

이제 힉소스의 천년 통치를 끝내고 국권을 회복한 이집트와 소아시아 지역을 통일한 히타이트가 마주 보게 되었습니다. 챔피언 둘이 마주 보면 당연히 챔피언 결정전이 벌어집니다. 기원전 1275년, 카데시에서 전쟁이 벌어졌습니다. 치고받고 싸우고 하다가 무승부가 되었습니다. 둘은 강화조약을 맺었고, 소모된 힘과 돈은 각자의 부담으로 돌아갔습니다. 비겼으니 둘 다 가져갈 게 없었지요.

둘 다 문제가 생겼습니다. 가뜩이나 전쟁 치르느라 허리가 휜 이집트는 국면 전환을 위해 파라오가 주도한 종교개혁마저 실패합니다. 이 틈을 타 사제들이 쿠데타를 일으켜 권력을 잠시 장악하는 통에 파라오의 권력은 끝도 없이 추락합니다. 권력의 공백이지요. 예나 지금이나 최고 권력이 붕괴하면 그간 쌓여 있던 갖가지 문제가 터지기 마련인데 이에 대비한 시스템이 있을 리 없었던 고대 왕국은 서서히 무너집니다. 농경으로 정착하고 성장한 이집트와 달리 히타이트는 원래 정복으로 일어난 나라입니다. 싸워서 이겨 정복을 계속할 수 있으면 성장하고, 이기지 못해 정복이 중단되면 비실거리는 것이 정복국가의 특징입니다. 히타이트는 이집트에게 못 이겼으니 정복이 중단되면서 비실대기 시작합니다.

여기에 또 묘한 변수가 하나 있습니다. 해적입니다. 강력한 두 나라가 동시에 비실대는 틈을 노려 그리스 지역과 동부 지중해의 섬에 사는 해적이 바다를 건너 이 지역에 출몰했습니다. 그리스인이었죠(오늘날 서구 문명의 발상지이자 민주정의 원조라고 칭해지는 그리스는 처음에는 도적 집단이었습니다). 비실거리는 두 사자인 이집트, 히타이트가 장사를 빙자한 해적의 노략질에 몸살을 앓습니다. 이 와중에 이집트와 히타이트 사이에서 완충 역할을 하며 생존을 유지해 오던 지중해 동부 연안의 페니키아(오늘날의 팔레스타인 지역입니다)가 해적들의 노략질에 나가떨어집니다. 페니키아 사람들은 어쩔 수 없이 보따리 싸서 지중해 곳곳으로 흩어지면서 시칠리아 섬에서 가장 가까운 아프리카의 북쪽 곶에 카르타고도 만들었고 멀리 지중해 끝 에스파냐까지 진출했습니다. 그러다 보니 페니키아가 쓰던 것들도 함께 지중해로 퍼집니다. 알파벳, 주화, 언어, 당시의 모든 문명이 지중해에 퍼집니다. 지중해 전체가 서서히 오리엔트에서 일어난 문명의 세례를 받기 시작했습니다. 이때가 기원전 9세기경입니다. 그리스인은 워낙 해적이니까 뜯어먹기만 하고 뭔가를 할 생각은 아직 없었지요.

마지막 변수, 헤브라이입니다. 당시에는 전혀 변수가 아니었지만 그들의 신앙인 유대교가 기독교의 뿌리가 되었고, 이후 로마의 물결을 따라 유럽 깊숙이 스며들면서 서구 문명의 척추가 됩니다(그들은 그야말로 수난의 여왕입니다. 이집트에 두들겨 맞고 겨우 탈출해서 나라를 세웠더니 팔레스티나인이 괴롭히고, 바빌론에 잡혀가고 결국 로마의 식민지로 전락하다가 수천 년 뒤인 20세기에 이르러 겨우 다시 나라를 세웁니다. 이스라엘이죠). 이 상수와 변수들이 작용하여 오리엔트에서 만든 서구 문명의 뿌리가 서쪽으로 이동하기 시작합니다.

도둑들의 대행진

자, 이제 오리엔트 지역은 다시 무주공산이 되었습니다. 이집트는 비실거려서 꼼짝하지 못했고 히타이트는 아예 붕괴되어 버렸습니다. 히타이트에 눌려 지내던 아시리아가 기원전 639년에 오리엔트 지역을 잠시 통일했다가 다시 분열과 혼돈에 빠진 상태를 초기에 엘람이라고 불렸던 페르시아가 정리합니다. 기원전 5세기경, 페르시아는 오리엔트, 아프리카의 리비아, 마케도니아(발칸 반도의 북부), 트라키아를 모두 정복하여 역사상 최초의 제국을 이룹니다.

이제 세계는 쪼그라든 이집트와 아프리카, 아라비아 반도, 발칸 반도 북부를 장악한 페르시아와 발칸 반도 남쪽의 그리스, 그 일대의 섬에 사는 도둑떼로 구분되었습니다. 이들은 모두 지중해 동쪽을 공유하고 있습니다. 페르시아가 계산기를 두들깁니다. 이집트야 말기 암환자니까 그냥 내버려 두고, 명백한 세계 패권을 쥐기 위해서는 우습기 짝이 없는 만만한 도둑떼를 소탕하면 됩니다. 페르시아의 시대가 다가오는 것 같습니다.

지금까지 이 동네의 쌈박질 구경에 정신이 팔려서 중요한 것을 놓치고 있었습니다. 이제부터 잠시 그것을 살펴보겠습니다. 원래 문명은 이집트의 북동부 끝, 지중해로 치면 남동부 완전 끝 쪽과 지중해와는 전혀 상관이 없는 아라비아 반도 북동쪽에서 발생했습니다. 이 양대 문명과 가까운 지역에 유럽이 자리 잡은 것이 서구로 보면 행운이었습니다. 센 놈 둘이 가까이 있으면 싸울 일이 많습니다. 줄곧 싸우기만 하는 건 아닙니다. 도둑질을 하건 스파이를 통해 정보를 빼 오건, 아니면 실실 웃으면서 교환을 하건 좌우간 문명은 교류를 합니다. 쑥쑥 자라는 거죠. 가운데 끼인 작은 녀석들은 떨어지는 콩고물도 받아먹고 심부름도 하면서 나름 함께 자랍니다. 이 지역이 바로 지중해 동부 연안의 페니키아입니다. 이들은 가장 가까운 크레타 섬과 교류했고, 덕분에 크레타 섬은 지중해에서 인류 최초의 문명을 가장 먼저 받아들입니다. 문명이 서쪽으로 이동한 거지요. 이후 문명은 계속 서진을 하여 그리스, 로마, 북동유럽, 대서양을 건너 북아메리카로까지 갑니다. 계속 서쪽이지요? 여기서 의문이 생깁니다. 왜 동쪽으로는 안 갔을까? 만약 이 문명이 동쪽으로 갔다면 페르시아 만을 거쳐 인도, 인도차이나 반도를 지나 마침내 황허 문명에까지 이르렀을 텐데 왜 그랬을까요?

지리가 중요한 역할을 했습니다. 이집트와 히타이트는 지중해 해안을 따라 연결되어 있는데 해적떼가 극성을 부리니 지중해를 장악하지 않으면 영 골머리가 아팠습니다. 그래서 관심은 자연히 지중해에 쏠리게 되었지요. 그에 반해 페르시아 만(걸프 만)은 아주 고요했습니다. 여기를 지나 동쪽으로 계속 가면 나타나는 인더스 문명은 아리안족에 의해 변질되었지만 계속 발전하고 있었습니다. 그러나 인더스 문명은 동쪽 저 멀리, 완전히 세상의 끝에 있어서 두 문명이 충돌할 가능성은 전혀 없었습니다. 별 탈 없이 고요한 페르시아 만은 관심을 끌 만한 곳이 아니었습니다. 지중해는 완전히 바글바글 끓고 있었지만요.

이 지역은 마땅히 중심이라고 할 만한 땅이 별로 없습니다. 아나톨리아 고원지대 북쪽은 인간이 살지도 않았고, 발칸 반도 서쪽과 북쪽 또한 완전히 깜깜한 악마의 땅이었습니다. 이집트 남서쪽은 사막입니다. 이런 판이니 이 지역에서 중심이 될 만한 것은 지중해라는 바다입니다. 바다 쟁탈전이 벌어지지요. 바다는 이동하기 편합니다. 문명의 시작이 지중해 동쪽 끝이었고 지중해는 서쪽으로 열려 있습니다. 이런 이유로 발길은 자연히 서쪽을 향합니다. 개척입니다. 개척을 하면 옮겨 가서 살지요, 사람이 서쪽으로 가니 문명도 서진을 한 겁니다. 이것이 황허 문명으로 대표되는 동양 문명과 극명한 차이를 보이는 점입니다.

두 가지 예를 들어 보지요. 평지에 자리 잡은 동네가 있습니다. 이 동네는 가운데 널찍한 운동장이 있습니다. 아이들은 여기서 놀지요. 운동장을 가운데 두고 집들이 있으니 동서남북의 작은 동네 패거리가 만들어집니다. 동쪽 패거리가 운동장을 장악하고 축구를 하면 서쪽 패거리가 방해를 합니다. 쌈박질이 시작되지요. 남쪽과 북쪽 패거리도 합세합니다. 이들의 목표는 운동장 장악입니다. 한 패거리가 완전 승리하거나 아니면 세력이 고만고만해서 협상을 하거나 아이들은 늘 운동장에 모여 놉니다. 운동장은 땅입니다. 이것이 중국, 황허 문명의 방식입니다. 중국이 잠시의 분열과 긴 통일을 반복하면서 통일 지향이 된 건, 바로 이 운동장이 중심에 있었기 때문입니다. 통일 지향은 정치 중심 행위이고 자연히 강력한 중앙집권 형태로 진행됩니다. 대장 말에 찍소리 말고 따라야 하는 거죠. 이런 이유로 중국은 정치 중심 제국이 될 수밖에 없었습니다. 아시아에 민주주의가 잘 정착되지 않고 늘 패거리 행각을 벌이고 툭하면 독재가 머리를 드는 이유도 이런 역사 배경으로 설명할 수 있습니다.

평지 동네 말고 달동네로 가 봅시다. 여기는 경사지라 그럴싸한 운동장은 없는 대신 수많은 골목길이 있지요. 여기도 패거리가 있고 센 패거리가 약한 패거리를 장악하면서 놉니다. 그러다가 좀더 넓은 골목길을 발견하면 원정을 갑니다. 그 골목길을 차지하기 위해서죠. 싸워서 이기면 놀던 골목길을 버리고 새로 차지한 골목길에서 놉니다. 그러다가 제법 큰 신작로를 발견하면 또 원정을 갑니다. 싸우고, 이기면 그 신작로에서 놉니다. 평지 동네는 싸우든 이기든 지든 계속 운동장인데 달동네는 늘 이동합니다. 처음 놀던 골목길은 시시해진 거죠. 골목길은 흐름입니다. 흐름은 바다지요. 골목길이 곳곳에 있으니 아무리 통일을 하고 싶어도 그럴 재간이 없습니다. 골목길을 다 평정해 봤자 똘마니를 모을 공간도 없습니다. 그래서 적절히 타협하면서 통행세를 징수하여 똘마니들에게 나눠 주면서 권력을 유지합니다. 이것이 이집트, 메소포타미아, 에게, 지중해, 그리스, 로마, 서유럽으로 계속 바뀌는 서구 문명의 실체입니다. 타협과 강취를 통한 분할 지향입니다. 분할 지향은 경제 중심 행위입니다. 정치는 늘 경제를 머리에 얹고 진행됩니다. 아무리 강력한 대장이라도 먹을 걸 제대로 안 나눠주면 문제가 되지요.

2005년에 개봉하여 호평을 받았던 영화 〈웰컴투 동막골〉의 이장님이 권력 유지의 비법을 질문받자 점잖게 한 말씀하셨잖아요. "먹을 걸 마이 주믄 돼!" 동막골도 평지가 별로 없는 산골이었습니다. 그리스와 로마가 공화정으로 출발한 이유가 바로 그것입니다. 중앙집권을 할 수 없으니 타협할 방법을 찾은 거지요. 그렇게 보면 서구가 스스로 민주주의 원조로 행세하는 건 좀 웃기는 짓입니다. 당시의 공화정과 오늘날의 민주주의는 말만 같을 뿐 알맹이는 완전히 다르거든요. 운동장과 골목길처럼, 동양 문화와 서양 문화의 본질적 차이는 바로 지리가 만들었습니다.

지리로 발생한 차이는 바꿀래야 바꿀 수 없습니다. 살고 있는 지역이 마음에 안 든다고 땅덩어리 뚝 떼서 다른 곳에다 붙일 수는 없지요. 대신 다른 지역에서 만든 것들을 가져오는 짓을 합니다. 전쟁이건 침략이건 무역이건 문명의 교류라는 고상한 이름이건 간에 가져와서 무턱대고 써 버립니다. 이러면 탈 나지요. 무엇이 우리와 다른지, 어떻게 써야 제대로 쓰는 건지부터 살펴봐야 합니다. 어떤 주제건 공부를 시작하면 역사부터 뒤지는 이유가 바로 이 차이를 제대로 보자는 데 있습니다. 지금 우리는, 이제는 서구 문명이라는 딱지를 붙이기도 힘들어진, 세계화로 확산된 서구 문명의 한가운데에 있습니다. 어쩌면 서구 문명이 서진을 계속하다가 태평양을 건너 동아시아에까지 온 건지도 모릅니다. 우리가 극복해야 할 수많은 문제들도 결국 서구 문명의 소산물이기에, 서구 문명을 정확하게 인식해야 그 안에서 문제와 해결책을 발견할 수 있습니다. 뿌리를 제대로 알아야 줄기도 파악되고 꽃과 열매도 예상할 수 있고 병의 원인도 알 수 있는 법입니다.

지금 우리를 혼란에 빠뜨리는 모든 것들은 어쩌면 동양 문명의 뿌리와 줄기에 서양 문명의 꽃과 열매를 단순 이식한 데 그 원인이 있을 수도 있습니다. 혼란스럽다고 그냥 버릴 수는 없지요. 그러기에 우리는 이미 너무 많이 와 버렸으니까요. 역사를 자세히 들여다보면, 이런 이식의 문제를 해결하기 위해 애쓴 흔적들이 쌓여있음을 볼 수 있을 겁니다. 잘 해결하면 새로운 가치와 문화, 즉 문명을 만들 수 있고 잘 해결하지 못하면 역사의 기록에서 삭제되어 사라집니다. 말하자면, 역사를 안다는 것은 생존의 문제라는 겁니다. 우리의 아이들을 잘 생존하게 하는 것. 이는 생명을 가진 동물의 본능이기도 합니다. 종족 보존의 본능 말이지요. 우리가 교육을 고민하는 이유도 바로 종족 보존의 본능에 제대로 충실하기 위해서입니다. 역사 속에 그 진단과 처방이 있으니 자세히 들여다보기로 합시다.

들끓는 바다

기원전 5세기경, 페르시아는 일약 오리엔트의 맹주가 됩니다. 거칠 것이 없습니다만 해적떼가 장악하고 있는 에게해가 문제입니다. 해적떼는 발칸 반도의 남쪽, 그리스 지역에 모여 있습니다. 도둑떼만 물리치면 에게해를 장악하고 지중해의 패권을 확립할 수 있습니다. 페르시아가 팔을 걷어붙였습니다. 그런데 이 해적들은 도대체 그동안 뭐 하며 살고 있었을까요?

지중해 지도를 잘 살펴보면 지중해가 네 개로 나뉜 것을 알 수 있습니다. 서쪽부터 보면, 지브롤터 해협에서 이탈리아와 시칠리아 섬, 오늘날의 튀니스(당시 강력한 해군 국가 카르타고가 있었습니다)까지는 서부 지중해, 여기서부터 발칸 반도에 매달려 있는 펠로폰네소스 반도와 크레타 섬, 리비아까지가 중부 지중해, 여기서부터 터키, 시리아, 이집트로 둘러싸인 해역이 동부 지중해, 크레타 섬과 키클라데스 제도의 작은 섬들 북쪽 해역이 에게해입니다. 문명 발생부터 기원전 5세기 전후에 이르는 긴 기간 동안 초관심 지역은 줄곧 에게해와 동부 지중해였습니다. 중부와 서부 지중해는 관심 밖이었지요. 크레타 섬은 초관심 지역의 딱 정중앙에 자리한 덕분에 중심 역할을 합니다. 오리엔트의 모든 문명이 페니키아의 상인들, 그리스의 해적에 의해 크레타 섬에 상륙했고, 이를 바탕으로 크레타 문명이 발생합니다.

크레타에도 기원전 3천 년경에 청동기가 시작됩니다. 기원전 16세기경에는 에게 해와 동부 지중해를 장악하고 그리스를 속주로 거느릴 정도로 성장합니다. 물론 당시의 이집트나 히타이트에 비하면 그리 대단한 수준은 아니었지만 크레타 문명은 그리스 문명의 모태가 되는 중요한 역할을 합니다.

크레타가 눈부시게 성장하고 있을 때 발칸 반도 아래쪽의 그리스 지역에도 움직임이 생깁니다. 기원전 2천 년경 북쪽에서 아리안족이 내려옵니다. 아리안족은 가는 곳마다 문제를 일으켰죠. 인도에서는 인더스 문명을, 소아시아에서는 메소포타미아 지역을 접수했으며 이제 그리스도 접수하려 합니다. 그리스 지역은 소아시아는 물론 크레타에도 비할 바가 못 되지만 나름대로 문명을 이루고 살고 있었습니다. 이 문명을 미노아 문명이라고 합니다. 여기까지 오면서 철이 좀 들었는지 아리안족은 침공하는 한편으로 그리스 원주민들과 융화되면서 펠로폰네소스 반도에 정착합니다. 이때 세운 여러 도시국가 중 가장 왕성하게 활약했던 도시국가가 미케네입니다. 미케네는 미노아 문명을 흡수하고 크레타 문명을 받아들여 미케네 문명을 만듭니다. 기원전 16세기 무렵, 미케네는 크레타를 정복하고 마침내 에게 문명을 건설합니다. 이합집산을 하느라 아주 바쁜 오리엔트였습니다.

그리스는 서고동저의 지형입니다. 산악, 고원지대가 많습니다. 쉽게 바다로 접근하면서도 편평한 땅이 그나마 있는 동부로 사람들이 몰렸고 산이 높아 지형이 험준한 서부는 버려진 땅이었습니다. 그리스 동부 연안에서 에게해를 건너면 오늘날 터키인 이오니아 지역이 있습니다. 페니키아 사람들이 흩어져 만든 수많은 도시국가가 있는 곳이지요. 그리스는 농사를 지을 변변한 땅이 없습니다. 장사해서 먹고 살아야 합니다. 시장은 에게해입니다. 시장을 장악해야겠지요. 그러자니 이오니아 지역을 접수해야 했습니다. 이곳의 맹주는 에게해 북쪽에 있는 트로이입니다. 기원전 13세기, 그리스는 트로이와 한판 싸움을 합니다. 트로이가 멸망하면서 이오니아 지역은 그리스에 흡수됩니다. 이제 그리스는 에게해의 강자로 해상무역을 주도합니다. 해상무역이라니까 뭔가 근사해 보이는데, 당시의 해상무역은 해적질이었습니다. 그래서 그리스인이 해적이 된 거지요. 에게해에서 남으로 빠져나오면 지중해 동부 연안입니다. 당시 이집트와 히타이트는 카데시전쟁 무승부의 후유증으로 비실대고 있었기에 눈치 볼 게 없었던 그리스 해적떼는 거침없이 지중해 동부 연안을 유린합니다. 이집트는 아프리카로 쏙 들어갔고 히타이트는 무너졌습니다. 이제 그리스 세상이 되었습니다.

이 정도면 그리스가 흥청망청할 줄 알았는데 사실은 그렇지 않습니다. 해적질은 싸움을 잘하면 되니까 그리스에는 군사 문화만 있을 뿐 자체 문명은 없었습니다. 원래 군사 문화는 오래가지 못합니다. 20세기도 그렇잖아요. 쿠데타로 정권을 접수한 후에는 총을 숨기고 우아해지려 애들을 많이 씁니다. 군복을 그대로 입고 있는 쿠데타 세력은 또 다른 세력에 의해 무너집니다. 생존 때문에라도 군사 문화를 버리지 못했던 그리스가 쪼그라들기 시작했습니다. 이런 상황에서 기원전 12세기경 북쪽에서 또 하나의 강력한 군대가 남하를 했습니다. 도리아족입니다. 이들은 남하하면서 그리스의 각 도시국가를 파괴했고 이후 약 3백 년간 그리스는 황폐해졌습니다. 도리아족은 계속 남하하다가 펠로폰네소스 남동부 연안에 스파르타라는 도시국가를 건설하고 정착합니다. 스파르타가 군사도시였던 이유가 이것이지요. 도리아족을 피해 달아나던 그리스 원주민(이미 외래족인 아리안족과 원주민인 펠라스기족은 혼합되었습니다)은 이오니아로 도망쳐서 수많은 도시국가를 만들었고 도망치지 않은 사람들은 그리스 본토 중부 고원지대인 아티카에 모였습니다. 아테네가 만들어졌습니다. 이렇게 그리스는 펠로폰네소스의 도리아족 지역과 대표 선수 스파르타, 그리스 본토의 그리스 원주민 지역과 대표 선수 아테네, 바다 건너 이오니아의 그리스 원주민 지역과 대표 선수 없음으로 분류됩니다.

　그리스 본토 지역과 대표 선수를 살펴보겠습니다. 거대한 챔피언 둘(이집트와 히타이트)도 늙어서 비실거리겠다, 에게해는 장악했겠다, 이제 사이좋게 옹기종기 모여 살면 되는데 도시국가들은 늘 다툽니다. 왜 다툴까요? 이유는 뻔하죠. 장사 때문입니다. 원래 시장 바닥은 시끌벅적하게 늘 다투지만 그렇다고 어느 한쪽도 망하지는 않습니다. 장사 때문에 싸우면 결과는 타협입니다. 가구거리, 떡볶이골목, 곱창골목 같이 장사가 잘되는 곳은 동종 업종끼리 몰려 있습니다. 혼자 더 장사를 잘하려고 어느 한 집이 다른 모두 흡수해 통일하면 생각대로 될까요? 아닙니다. 망하죠. 그래서 장사가 잘되는 시장은 겉보기엔 다투는 듯하지만 사실 서로 협력하면서 고만고만한 동일 업종의 가게가 모여 있는 법입니다. 장사, 즉 경제로 싸우면 타협으로 가지만 정치로 싸우면 한쪽이 망할 때까지 싸웁니다. 이것이 중국의 제후국과 그리스의 도시국가, 즉 폴리스가 다른 점입니다. 잠시 이 차이를 짚어 보겠습니다.

　중국 최초의 제국 타이틀은 기원전 3세기에 진(秦)이 획득합니다. 그 이전에는 제국이라는 게 아예 없었을까요? 기원전 12세기에 세웠던 주나라는 비록 제국의 이름은 얻지 못했지만 제국과 유사한 시스템으로 운영되었습니다. 주변에 포진한 작은 나라들이 주나라에 종속된 형태였거든요. 이런 주나라가 힘을 잃고 비실대자 각지의 작은 나라들이 주나라를 보필하는 맏형 나라가 되기 위해 힘겨루기를 했고(춘추시대), 주나라가 완전히 유명무실해지자 각 나라들은 맏형 자리가 아닌 왕초 자리를 놓고 다투었습니다(전국시대). 춘추시대는 주나라 아래서의 서열 정하기가, 전국시대에는 왕초 자리 차지하기가 쟁패의 목적이었습니다. 서열 정하기든 왕초 자리 차지하기든 목표는 분명합니다. 중심이 되기. 나머지를 복종시키기 위해 정복하기. 말 안 들으면 망하게 만들기. 운동장을 여러 조각으로 쪼개면 축구 못하잖아요. 축구 대신 족구 할 생각 없거든요. 이런 쟁패의 시대를 마감한 나라가 진입니다. 진은 주나라의 자리를 대체하여 제국을 세웠습니다. 정복하여 명령 계통을 명확하게 세우는 일은 통일 지향의 정치 중심입니다. 통일 후의 각 제후국들은 서로 타협할 필요가 없습니다. 이미 중앙과 한 몸이 되어 중앙의 명령과 통제만 받으면 되니까요.

　그리스의 폴리스들은 중심이랄 것도 없습니다. 각 지역의 대표 선수가 있기는 했지만 워낙 골목길로 갈래갈래 쪼개져 있어서 명령과 통제를 할 수도 없고, 그런다고 뭐가 잘 돌아갈 것도 아닙니다. 차라리 분할 상태에서 적당하게 타협하면서 공존하는 편이 먹고사는 데 훨씬 낫지요. 그래서 그리스는 분할, 타협 지향의 경제 중심이 되었습니다. 이런 그리스로부터 서구 문명이 출발했으니 지금의 경제 주도 정치 체제가 성립될 수 있었던 겁니다. 장사꾼들은 사업 영역을 확장해야 살 수 있습니다. 그리스 본토나 펠로폰네소스 반도보다 훨씬 더 많은 수의 폴리스가 있던 이오니아가 움직입니다. 지중해 동부 연안을 벗어나 이탈리아 반도(특히 시칠리아 섬), 갈리아(오늘날의 프랑스), 에스파냐까지 진출합니다.

　이즈음, 그리스에는 오리엔트의 모든 문명이 전수됩니다. 장사꾼(해적질도 일종의 장사였답니다)이었던 그리스 사람들에게 화폐는 특히 고마운 것이었습니다. 배 타고 나가 장사나 노략질을 하면서 이동하자면 무겁고 부피가 큰 현물보다는 간단한 화폐가 편리한 거야 말할 필요도 없지요. 그리스는 이제 꽤 부유해지고 있었습니다. 아리안족이 내려와 미케네를 건설하던 당시와는 산업구조 자체가 달라진 것이지요. 원래 아리안족은 농사지으려 그 먼 길을 온 종족입니다. 그런데 그리스가 지중해를 장악하면서 장사가 잘되니까 농업은 장사를 위한 도구로 변질됩니다. 농장에서는 포도와 올리브를 대량생산하고 이것을 포도주와 올리브유로 가공해서 수출에 나섭니다. 장사가 잘돼서 흥청대면 옷도 근사하게 입으려 하고 장신구도 필요하고 돈을 지키기 위한 경비업체도 필요해지지요. 돈을 보관하거나 빌려주는 금융업도 발전합니다. 그리스의 산업구조는 이렇게 재편되었습니다.

　그러자 곤란해진 것은 귀족입니다. 장사는 평민이 하는 것이고 귀족은 땅을 갖고 폼을 잡는 족속입니다. 대토지를 소유한 귀족들이 당연히 정치 실권도 쥐고 있었는데, 장사가 잘되니까 평민들이 부유해지면서 목소리가 커집니다. 귀족의 입지가 점점 좁아집니다. 그런데 경제가 흥하면 빛과 그림자가 동시에 존재합니다. 돈을 많이 번 평민이 느는 반면 능력이 없어서 점점 천민으로 추락하는 평민도 있었습니다. 귀족은 추락하는 평민에게 빚을 주고 못 갚으면 노예로 팔아먹었습니다. 돈 버는 평민의 정치권력 요구와 빈민의 아우성이 사회 양극화를 초래합니다. 이들의 공적은 당연히 귀족이지요. 부자 평민은 귀족에게 권력을 내놓으라고 난리고 가난한 평민은 못 살겠다고 난리입니다. 드라콘 법전이 만들어지고 솔론의 개혁이 이루어지면서, 재산을 가진 평민의 정치 참여를 허용하고 채무를 탕감하는 조치가 이루어집니다.

그런데 왜 그리스인은 이집트나 히타이트처럼 국가를 만들지 않고 고만고만한 도시국가에 머물렀고, 왕도 없이 귀족들이 모여서 정치를 했을까요? 이 의문의 해답도 역시 지리에 있습니다. 그리스는 본토와 잘록한 길목으로 연결된 펠로폰네소스 반도, 에게해 지역의 자잘한 섬으로 이루어져 있습니다. 그리스 본토도 서북쪽은 험준한 산악 지형이고 동부 연안만 비교적 평탄한 해안 지역이기는 하나 이 역시 구불구불한 해안선과 바다까지 내려온 산줄기로 조각조각 나뉘어져 있습니다. 펠로폰네소스 반도가 비교적 평탄합니다만 그리스 본토에 매달린 섬과 같은 존재입니다. 땅이 이런 모습이다 보니 애당초 뭔가를 통일한다는 것 자체가 쉽지 않습니다. 비록 각 도시국가에 대토지를 소유한 귀족들이 존재하긴 했지만 다른 지역의 대토지에 비하면 아무것도 아닐 정도일 뿐이어서 누구도 강력한 권력을 쥘 수 없었습니다. 그러다 보니 고립된 각 지역의 힘 있는 자들끼리 모여서 의논하고 각 도시국가들도 그렇게 지낼 수밖에요.

거기다가 그리스가 농경 지역이 아니라 배 타고 바다로 나가야만 살 수 있는 지역이다 보니 다스려야 할 평민들은 걸핏하면 배 타고 나가서 안 돌아옵니다. 평민이라고 그냥 얌전한 농부나 어부가 아니고 대부분 한 힘 쓰는 해적들입니다. 괜히 잘못 건드렸다간 큰일나지요. 해적질로 그야말로 피땀 흘려 모은 내 재산 내가 지키겠다고 무기 들고 나서는데 그걸 누가 함부로 대합니까. 무기를 든 평민은 사실상 귀족이나 마찬가지로 목소리가 커집니다. 귀족들은 할 수 없이 이들과 타협합니다. 전통 귀족과 신흥 귀족의 타협입니다. 이것이 오늘날 서구 정치의 원형입니다. 전통 귀족은 상원으로, 신흥 귀족은 하원으로 가지요. 그리고 또 하나, 원래 귀족들은 왕을 싫어합니다. 간섭받기 귀찮은 거지요. 이래서 그리스에 왕이 나타나지 않았던 겁니다. 그리스가 당시 세상에는 난데없기조차 한 민주정으로 마케도니아에게 굴복하는 기원전 3세기까지 체제를 유지할 수 있었던 원인은 바로 힘을 가진, 스스로 싸우는 귀족화된 평민에게 있었습니다. 그리스 역사는 오늘날의 우리에게 민주주의는 각성한 시민들에 의해 유지되는 거라고 알려줍니다. 이 중심에 아테네가 있습니다.

펠로폰네소스의 대표 선수 스파르타는 비교적 간단합니다. 싸움 잘하는 도리아인이 세운 도시국가답게 평민은 농사를 지으며 군인의 신분도 가지고 있었습니다. 군국주의지요. 그리스 본토와는 사정이 사뭇 다릅니다. 민족도 다르고 사는 모습도 다릅니다. 본토의 대표 선수 아테네와 펠로폰네소스의 대표 선수 스파르타는 하나부터 열까지 모두 다릅니다. 그러면서 각자 지역의 맹주입니다. 이러면 일 나지요. 아테네와 스파르타는 결국 공멸의 전쟁을 치르고 맙니다.

이오니아 지역은 장사에만 골몰하다가 페르시아가 강성해지자 자진 항복하면서 그냥 흡수됩니다. 대표 선수랄 것도 없어 그리스 원주민 이민 지역이긴 하지만 그리스의 특성은 그다지 찾아볼 수 없는 곳입니다.

싸울 때 알아봤다

무주공산이었던 소아시아, 아라비아 지역에 마침내 어마어마한 존재가 탄생했습니다. 기원전 5세기, 그리스가 한창 잘 나가고 있을 무렵 에게해 동부 연안 이오니아 지역의 뒤편에서 페르시아가 천하를 통일하고 이오니아 지역을 장악하려 나섰습니다. 이오니아는 페르시아가 지중해를 장악하기 위한 필수 지역이었으니까요. 이 일대의 폴리스 중 일부는 저항하기도 했지만 기원전 493년에 페르시아에 완전히 흡수됩니다. 페르시아는 내친 김에 그리스 본토를 치기로 했는데 풍랑으로 해군이 괴멸하면서 실패합니다. 그러나 이것은 에게해를 요동치게 한 시작일 뿐입니다. 이번엔 육로로 침공합니다. 기원전 12세기부터 약 7백 년간 아라비아 반도와 소아시아를 뒤흔들었던 전쟁터가 이제 서쪽의 바다로 옮겨졌습니다.

그리스 본토의 대표 선수 아테네와 페르시아가 치열하게 맞붙습니다. 결과는 아테네의 승! 두 번째 전쟁도 스파르타의 협조로 결국 그리스가 이깁니다. 페르시아는 한 번의 실패와 두 번의 패배로 이오니아 지역까지 다시 뱉어내고 물러났습니다. 그 강력한 페르시아를 물리쳤으니 이제 지중해의 패자는 그리스이고 중심은 아테네입니다. 아테네는 펠로폰네소스 반도까지 아우르는 그리스 전 지역의 패자로 우뚝 섭니다. 아니꼽지만 스파르타도 대세를 따를 수밖에 없었지요. 그래서 델로스동맹이 맺어집니다. 이 정도면 국가를 세워도 좋으련만, 그리스 폴리스들의 고집도 대단합니다. 사실 고집이 아니고 통일을 할 실력까지는 갖추지 못한 정치적 무능력입니다. 아테네가 그리스의 패자라고 하지만 스파르타를 굴복시킬 만한 힘까지는 없었거든요.

필요해서 손을 잡기는 했지만 한 울타리에 호랑이 두 마리가 있으면 결국 쌈판이 벌어지게 되어 있습니다. 아테네와 스파르타가 붙었습니다. 이유는 경제 부흥 때문이었습니다. 아테네의 인구가 날로 증가하고 경제도 부흥하면서 동부 지중해 시장으로는 경제성장률을 유지할 수 없게 되었습니다. 자연히 중부, 서부 지중해로 진출하려 했는데, 이러자면 길목에 자리한 펠로폰네소스 반도를 완전히 장악해야만 했습니다. 펠로폰네소스의 대표 선수 스파르타가 가만있지 않겠죠.

전쟁에는 페르시아도 스파르타의 응원군으로 간접 참여했습니다. 아테네를 겨냥한 일종의 복수혈전입니다. 이것이 기원전 431년부터 404년까지 계속된 펠로폰네소스전쟁입니다. 스파르타가 이겼고 아테네는 스파르타의 속국이 되었습니다. 그러나 이 전쟁은 스파르타를 승자로 만들진 못했습니다. 스파르타는 그리스 지역의 중심이 아니었고 아테네를 대신할 만한 문화적 기반도 없었기 때문이지요. 말랑말랑한 민주정에 맛들린 그리스의 도시국가들이 스파르타의 군국주의 시스템에 심하게 반발하는 바람에 스파르타는 전 지역을 휘어잡는 데 실패합니다. 귀족은 원래 절대 권력을 대단히 싫어합니다. 그런 점도 감안하지 않고 스파르타가 절대 권력으로 군림하려 했으니 성공할 리 만무입니다(그러니 절대 권력을 은근히 바라는 오늘날 대한민국의 귀족은 사실상 귀족이 아닙니다. 귀족을 가장한 천민이지요). 아테네의 공백으로 그리스 지역은 바야흐로 무너져 내리고 있었습니다.

스파르타가 제대로 군국 독재를 시작하자 각 지역의 폴리스들이 반기를 들었습니다. 아테네, 테베 등이 페르시아와 연합하여 스파르타를 굴복시켰고, 반격하기 위해 기원전 371년에 테베를 공격한 스파르타가 거꾸로 참패하면서 망해 버렸습니다. 그러면 이제 그리스의 대표 주자는 테베인 셈인데, 테베는 아테네의 권위도, 스파르타의 군사력도 없었습니다. 그리스는 이 전쟁을 끝으로 초라하게 역사의 뒤편으로 물러서야 할 처지가 되었습니다.

그리스가 허무하게 무너져 내린 데는 두 가지 이유가 있습니다. 모든 국가 단위가 무너져 내리는 공통 원인이기도 합니다. 경제와 군사, 이것이 무너졌기 때문입니다. 그리스의 경제는 무역입니다. 무역은 시장이 없거나 줄어들면 망하기 때문에 끝없이 팽창해야만 하는데 무한 확장은 있을 수 없으니 무역만으로 경제를 유지하다가는 필경 망합니다. 그런 면에서 지금 지구를 좀먹고 있는 신자유주의, 자유무역은 자본주의 중심의 경제가 끝나고 있다는 반증입니다. 한계에 봉착한 시장 개척 때문에 만만한 놈의 옷을 벗겨 내다가 결국 안 만만한 놈의 옷까지 벗기려고 다툴 수밖에 없게 됩니다. 그러다가 너 죽고 나 죽자 식의 전쟁으로 모두 망해 버리는 거지요. 20세기의 양차 세계대전은 그런 이유로 터진 것입니다.

그리스가 절정기에 이르렀을 때 지중해 연안에는 더 이상 개척할 식민지도 없었을 뿐만 아니라 식민 도시들이 성장해서 무역에 나서는 바람에 시장마저 잠식당하기 시작했습니다. 경제가 쪼그라드니 군사력도 덩달아 축소됩니다. 원래 그리스의 군사력은 귀족화된(부자가 된) 평민들이 스스로 내 재산 내가 지키겠다고 나서서 유지되었는데, 경제가 무너지면서 망하거나 실업자가 된 사람들이 가장 손쉬운 직업인 용병으로 나서면서 군사 제도가 유명무실해져 버렸습니다. 내 재산 지킬 때는 죽어라 싸우지만 돈 받고 싸울 때는 목숨까지 걸지는 않지요. 여기에 더해 그리스의 정치를 이끌었던 중산층이 경제 불황으로 몰락합니다. 시대가 어수선해지면 중산층은 몰락하고 상류층은 살판 나는 법입니다. 이런 상황이면 민주정은 완전히 힘을 상실합니다. 상류층인 귀족들이 살판 난 세상에서 귀족 독재를 하기 마련이거든요. 시민들의 생활이 도탄에 빠지는 것은 뻔하지요.

만약 그리스가 경제가 아닌 정치 체제로 완성되었다면 경기침체로 멸망에까지 이르지는 않았을 겁니다. 어쩌면 이것이 서구 문명의 한계일 수도 있습니다. 서구 문명은 탄생 초기부터 경제로 국가 단위를 일구었고, 경제로 무너졌습니다. 이후에 살펴볼 로마도 그렇습니다. 지금의 서구 중심 경제 체제도 확산을 멈추면 곧 같은 운명에 빠질지도 모릅니다. 역사시대가 시작된 후 5천 년 동안 이어져 왔던 경제 중심의 시스템, 넓은 의미로의 자본주의가 무너지고 완전히 새로운 법칙과 시스템과 질서가 시작될 수도 있다는 얘기지요.

그리스는 비록 무너졌지만 아라비아 반도와 소아시아, 이집트에서 발흥한 문명의 씨앗을 지중해라는 토양에 심고 가꾼 공로가 있습니다. 자연철학과 공화정, 무역, 언어, 폴리스 등 인문과 과학에 걸친 모든 서구 문명의 기본을 만들었습니다. 물론 그리스인들이 어떤 사명감으로 만든 것은 아닙니다. 사실 그리스인은 그들이 가진 요건으로 살아남기 위해 모든 것을 만들었을 뿐이지요. 제도나 문화, 시스템은 필요하다고 뚝딱 만들 수 있는 게 아닙니다. 오랜 시간에 걸쳐 필요한 부분을 만들고 실행하는 도중에 쌓여서 시스템으로 변하는 것이지요. 오늘날 대한민국이 가진 모순의 한가운데에는 바로 이, 우리가 우리의 여건에서 살아남기 위해 필요해서 만든 시스템이 아니라 모두 외부에서 이식된 시스템을 단기간에 변용 없이 서둘러 소화하려는 조급증이 자리 잡고 있습니다. 그러니 소화불량에 걸려 기력이 떨어지고 판단력을 상실하여 작은 외부 충격에도 우왕좌왕하면서 내부를 정비할 수도 없게 되는 것이지요. 위기라며 엉뚱한 처방을 내놓을 게 아니라, 지금부터라도 우리가 지닌 모순을 해소할 대책이 뭔지를 진지하게 생각해야 합니다. 역사를 통해서 말이지요.

이제 마케도니아 지역을 살펴보겠습니다. 그리스 바로 위, 발칸 반도의 중간쯤에 자리한 마케도니아는 고래 사이에 낀 새우였습니다. 페르시아가 그리스를 치기 위해 그리스 배후 지역이었던 마케도니아를 쑥대밭으로 만들었거든요. 페르시아는 마케도니아의 철천지 원수가 되었습니다. 마케도니아의 왕인 필리포스는 기원전 338년에 아테네도 스파르타도 테베도 힘을 못 쓰고 비실대던 때에 그리스 본토를 접수합니다. 원수는 동쪽에 있었지만 전방을 치려면 후방부터 먼저 다져야 하는 것은 만고불변의 전략이지요.

필리포스의 뒤를 이어받은 알렉산드로스는 더욱더 잔인하게 그리스를 완전히 해체한 후 마침내 페르시아로 향합니다. 별 방해 없이 승승장구, 이오니아를 거쳐 페니키아 지역을 접수하고 이집트를 손에 넣습니다. 페르시아를 지중해로부터 완전히 분리시킨 거죠. 다국적군을 만든 알렉산드로스는 마침내 페르시아를 멸망시킵니다. 기원전 5세기부터 2백여 년간 오리엔트의 패자로 군림하던 페르시아는 역사 뒤로 완전히 사라집니다. 이후의 알렉산드로스 원정기는 널리 알려진 대로입니다. 인도까지 갔다가 더위와 모기에 막혀 회군했고, 페르시아 전체 강역과 이집트, 발칸 반도 전체를 접수한 대제국을 건설했습니다. 오리엔트 세계는 진정한 통일 시대를 맞습니다. 그러나 그것도 한순간, 알렉산드로스가 죽자 강역은 세 개로 쪼개집니다. 그리스와 소아시아를 묶은 마케도니아, 아라비아 반도 지역의 시리아, 아프리카 지역의 이집트가 그것입니다. 로마가 다시 이들 지역을 통일하는 기원전 1세기 무렵까지 약 3백여 년간 이 경계는 유지됩니다.

후세의 역사가는 이들 세 왕국을 헬레니즘 왕국이라 부르고 이때를 헬레니즘 시대라고 합니다. 그런데 세 왕국 중 가장 번성한 지역은 이집트였고 마케도니아는 가장 약했습니다. 문명의 중심이 서진하다가 다시 원래의 위치로 되돌아간 형국입니다. 따라서 헬레니즘이라는 말은 적합하지 않습니다. 헬레네는 그리스의 옛 명칭이거든요. 이집티즘이라면 맞는 표현이 되겠지요. 역시 역사는 승자의 기록입니다. 오늘날의 승자는 유럽이니까요. 용어야 어쨌건, 이 시대는 오리엔트와 그리스를 통합하여 서구 문명의 한쪽 축을 완성해 역사에 남겼습니다. 민주정, 철학, 과학, 알파

벳, 화폐, 항해술 등 인문학과 과학의 원형이 완성되었습니다. 남은 것은 다른 축인 이념과 경제, 정치 시스템의 원형 제작입니다. 이 역할은 로마로 넘어갑니다.

초라한 시작

로마는 기원전 753년에 건국했답니다. 무슨 가게 신장개업일도 아니고 딱 부러지는 개국 연대 자체가 수상합니다. 그러니 테베레강 유역 라티움의 한 언덕에서 로마가 그 동네의 고만고만한 부족들을 물리치고 골목대장이 된 때가 그 즈음이라는 정도로 해석합시다. 이때 오리엔트 지역은 이집트와 히타이트가 한판 붙은 후 비실대다가 혼란기에 빠져 있었고, 에게해 지역은 그리스가 바야흐로 해상무역으로 번창하고 있을 무렵이었습니다. 지중해 동부는 무역이든 도적질이든 전쟁이든 하루도 조용한 날이 없을 정도로 와글거리던 때였죠. 그리스 서부 연안부터 서쪽은 별 볼일 없는 조용한 저녁의 나라였습니다. 하지만 이탈리아의 남쪽 시칠리아 섬은 이미 그리스의 식민시들이 건설되어 헬레니즘 문명의 햇살을 듬뿍 받고 있었습니다. 에트루리아는 에게 문명에 비할 바는 못 되지만 상당한 자체 문명을 갖고 로마 북부의 토스카나 지역에 발흥하면서 로마를 지배하고 있었습니다. 에트루리아의 기원은 아마 그리스로 남하한 아리안족의 후예인 도리아족으로 보입니다. 헤로도토스의 『역사』로 유추컨대 충분한 가능성이 있지요. 그렇다면 스파르타를 건국한 도리아족과 마찬가지로 강력한 군국주의에 입각한 압제를 펼쳤을 가능성도 충분합니다. 로마는 에트루리아로부터 받은 전제정의 고통이 각인되어 이후 기원전 1세기 옥타비아누스에 의해 제국으로 변하기 전까지 어떻게든 전제 왕정을 막으려 노력했습니다.

로마는 기원전 6세기 경에 에트루리아를 물리친 이후 악전고투하며 기원전 3세기에 마침내 이탈리아 반도를 통일했습니다. 그리스 식민시였다가 마케도니아로 소유권이 넘어간 시칠리아까지는 아직 넘보지 못했죠. 시칠리아를 손에 넣기 위해서는 당시 알렉산드로스가 사라진 마케도니아와 그리스 북부에 있는 에피루스의 연합 전선과 맞붙어야 했습니다. 기원전 275년, 로마는 드디어 시칠리아 섬까지 장악하여 통일을 완성합니다. 당시의 지중해 세계는 3강 중 가장 미약하지만 그래도 지중해 동부 이외의 지역에서는 무서웠던 마케도니아, 강하긴 했지만 너무나 먼 거리에 있는 시리아와 이집트가 변방의 로마에 대해 그리 신경쓰지 않았으므로 로마는 별다른 방해 없이 통일의 시너지를 일으키며 번창의 길로 들어섭니다.

로마는 어느 나라나 그러했듯 전쟁을 치르면서 지역을 통일하고 국가를 건설했습니다. 그러면 당연히 강력한 왕권이 지배하는 전제 왕국이 되어야 타당한 순서이겠습니다만 로마는 오히려 공화정을 더 강화하는 쪽으로 갔습니다. 로마가 대단히 진보적이라서 20세기에서나 볼 민주정치 체제를 만들려고 한 걸까요? 아닙니다. 왕권을 확립할 실력 자체가 없어서 어쩔 수 없이 선택한 것이 공화정입니다.

로마가 신생아 시절, 아무리 조용한 저녁의 땅이라고 해도 바로 이웃에 있는 그리스의 소식은 늘 접할 수 있었습니다. 그리스는 무역으로 생계를 유지했기에 시장 개척과 상품 선점은 매우 중요한 마케팅 포인트입니다. 이런 연유로 그리스의 상인들(해적떼)은 가까운 이탈리아를 들락거렸을 거고, 자연히 그리스의 소식과 문명도 전해졌을 겁니다. 로마는 이웃 잘 둔 덕을 톡톡히 봅니다. 자고로 이웃은 잘 만나고 볼 일입니다.

그리스의 영향으로 로마도 폴리스와 민주정이 주요 시스템이 되었을 겁니다. 아는 시스템이라곤 그것밖에 없으니까요. 그런데 당시의 민주정은 사실 무늬만 민주정이지 귀족 과두정입니다. 귀족끼리 원로원에 모여서 자기네 입맛에 맞게 국정을 농단하는 거지요. 로마와 그리스가 확연히 다른 면은, 로마는 그리스처럼 해적질이 아니라 통일 과정에서 형성된 군사력을 앞세워 다른 지역을 침략, 정복하는 방법을 먹고사는 방식으로 택했다는 점입니다. 그러니 통일 초기에 힘을 갖춘 평민들이 나타날 여지가 별로 없었습니다. 정복해서 땅을 넓혀도 귀족이 다 가져가고 평민에겐 국물 한 방울 없었죠. 평민들은 상인, 농민, 군인, 가난한 이주민 등 다양합니다. 귀족들이 정복의 과실을 다 가져가고 권력도 독차지하고 있으니 더 이상 견디지 못한 평민들은 기원전 494년 대파업을 실시합니다. 모두 로마에서 철수하여 신성한 언덕으로 가서 농성을 한 거죠. 원래 귀족들은 일을 안 합니다. 평민들이 일해서 그걸로 잘 먹고 잘 살았는데 이들이 갑자기 사라지니 죽을 맛입니다. 밥도 못 먹고 빨래도 못 합니다. 군인도 평민이라고 파업에 동참해 버렸으니 진압도 불가능했습니다.

파업이 성공했습니다. 평민들의 정치조직인 평민회와 평민들의 대변인인 호민관을 얻어냈습니다. 호민관은 기원전 415년, 로마 최초의 성문법인 12표법까지 제정합니다. 평민의 승리였습니다. 모든 시스템은 필요할 때 나타나는 법입니다. 이 상황까지 왔으니 로마가 왕국으로 변하는 건 그야말로 물 건너간 일이 되어 버립니다.

기원전 390년, 갈리아가 로마로 쳐들어왔습니다. 만약 이때 로마를 완벽하게 접수했다면 오늘날 서구 문명의 뿌리는 프랑스로 옮겨갔을지도 모릅니다만, 갈리아는 막대한 배상금만 받고 이탈리아 반도에서 물러납니다. 로마가 망신을 당하자 주변의 로마 동맹시들이 삼니움동맹을 만들고 로마에게 대듭니다. 비록 센 놈에게 한 방 얻어터지긴 했지만 그래도 골목대장인데 동맹시 정도에게 밀리지는 않지요. 저항을 멈추지 않는 동맹시는 멸망시키고 회유가 가능한 동맹시는 시민권과 자치권 부여를 약속하면서 복종시킵니다. 로마가 아직 직영으로 모든 동맹시를 운영할 능

력이 없기 때문입니다. 로마제국을 지탱하는 시민권, 자치권이라는 중요한 시스템
이 이때 만들어졌습니다. 서구는 이 시스템을 현대까지 끌고 왔지요. 역시 필요할
때 적합한 방식으로 만들어진 시스템이라야 지속가능합니다.

갈리아에 당한 패배는 로마에게는 생존 문제에 직면하게 될 중요한 문제였습니
다. 막대한 배상금도 그랬고, 정복 활동이 중단된 것도 그랬습니다. 그리스는 해상
무역으로 먹고살아야 하니까 시장 개척을 위해서 정복 활동을 했는데, 땅만 파먹
는 농경 국가인 로마에 무슨 정복이 필요할까요? 그게 그렇지 않습니다. 원래 안정
되면 애부터 낳는 법이고, 시간이 지날수록 필요한 건 더 많아지는 법입니다. 로마
는 통일 과정에서 비교적 안정되었으므로 인구의 유입과 자연증가율이 높았습니
다. 그러다 보니 농사지을 땅이 부족해져 농민들의 불만이 커질 수밖에요.
땅이 없으면 빈 땅을 개간하거나 남의 땅을 탈취해야 합니다. 그러지 못하면 망
하지요. 정복하지 못하면 망하는 팔자는 로마나 그리스나 같습니다. 그런데 정복
한다고 해서 모든 문제가 다 풀리는 것도 아닙니다. 예나 지금이나 귀족들은 땅 욕
심이 많고 땅을 가질 기회도 많습니다. 정복을 계속해도 귀족은 부자가 되고 농
민들은 별 볼일 없습니다. 총파업 후 평민에게도 조금씩이나마 땅을 분배해 줬는
데, 갈리아 때문에 정복도 할 수 없어 그마저도 못하니 농민의 불만을 잠재울 방
법이 없습니다.
먹고는 살아야 하니까 가난한 농민들은 귀족들로부터 고리채를 얻어 썼고 갚지
못하면 노예 신세로 전락했습니다. 나라 곳곳에서 사채업자에게 협박당하고 재산
을 갈취당하는 사건이 빈발했습니다. 이거, 개혁을 하지 않으면 나라가 결판 날 판
입니다. 바로 이 위기에 조선은 귀족들의 반발로 개혁을 하려는 왕이 실각하는 등
대처를 제대로 하지 못해 결국 망해 버린 거죠. 그리스는 이 위기를 솔론의 개혁으
로 넘겼고, 로마는 기원전 376년의 리키니우스법으로 위기를 넘깁니다. 이 법의 핵

심은 토지 상한선을 정해 귀족들의 토지 소유를 제한하는 것이었습니다. 당시 귀족들은 대부분 소유 상한선 이상을 가지고 있었기에 새로 정복지가 생기면 평민들인 농민에게 토지를 분배할 수 있었습니다. 그뿐 아닙니다. 행정의 수반인 두 명의 임기제 집정관 중 한 명을 호민관이 맡게 했고, 다른 고위 관직도 평민에게 서서히 개방했습니다. 평민들이 정치권력도 쥐게 된 거죠. 경제적 불평등도 해소되고 참정권까지 얻었으니 이제 평민들은 가진 것을 강화해야 합니다. 그래야 뒤집어지지 않으니까요.

위기감으로 파이를 내주었던 귀족들이 평민들의 굳히기 시도에 만만찮게 버티자 평민들은 기원전 287년 또 한 번의 파업을 감행합니다. 귀족들은 다시 항복합니다. 호르텐시우스법을 얻었습니다. 이 법의 핵심은 평민회의 결정이 원로원의 승인 절차 없이 바로 집행되는 것입니다. 평민들은 마침내 입법권까지 확보했습니다.

여기까지 보면 시민혁명으로 민주화를 이루던 근대와 비슷한 양상이죠? 대단히 진보적인 행보로 보입니다. 그러나 그때는 무려 2300여 년 전, 문명이 겨우 고개를 내밀 무렵이었습니다. 근대적 의미의 민주주의를 할 여건을 갖춘다는 게 불가능한 시기였습니다. 민주주의는 시민사회의 연대라는 힘으로 유지되고 성장합니다. 그러자면 역사와 사회를 정확하게 인식하는, 각성한 시민이 존재해야만 합니다. 연대할 시민사회가 없으면 민주주의는 바로 위기에 빠집니다. 현대에도 시민사회, 단체가 길을 잃으면 민주주의는 뒷걸음질 치는데 시민이라는 개념 자체가 없던 그 옛날에 민주주의라니, 망하기 딱 좋은 시스템입니다. 로마에는 당연히 연대할 시민단체라는 게 없었습니다. 외부에는 협상과 타협이 아닌 침략만 노리는 세력들이 득실득실합니다. 갈리아만 해도 호시탐탐 로마를 노렸고, 몰락했다고 하나 지중해 동부 연안의 강력한 세력들도 늘 무서운 상대입니다. 말랑말랑한 민주정이나 공화정으로 로마를 지킬 가능성은 거의 없습니다. 오늘날과 그때는 상황 자체가 다릅니다.

거기다가 가장 큰 재산은 동서고금을 막론하고 부동산입니다. 고층 빌딩이나 아파트가 없던 시절 부동산의 대표 주자는 땅이죠. 부자가 되기 위해서는 땅을 더 가져야 하고 생활수준을 유지하려면 가진 땅을 지켜야 합니다. 부자들이 가난한 자들에게 나누어 줄 땅 따위는 없는 거죠. 농업이 주산업인 나라에서 농사지을 땅을 분배하지 못하면 빈민이 증가하면서 시스템이 불안정해집니다. 상황 해소 방법은 땅을 더 넓히는 방법, 즉 정복 외엔 없습니다. 땅을 나누어 주는 토지제는 정복을 하지 않으면 붕괴됩니다. 지구는 유한하니 아무리 강력한 제국도 언젠가는 정복을 멈출 것이고, 정복이 멈추면 더 나누어 줄 땅이 없으니 망합니다. 물론 부동산이 아닌 다른 것으로 부가가치를 높이면 문제는 해결됩니다만 그것은 산업혁명 이후 무형의 가치가 재산으로 환산된 후에나 가능한 얘기입니다. 당시는 지금으로부터 2300년 전, 그런 개념 자체가 없던 시절입니다.

그런데 역사를 보면 정복할 깜냥도 의지도 없는데 땅을 나누어 주는 시스템으로 국가를 경영한 멍청한 나라가 있었습니다. 조선입니다. 중국이 그 짓을 하니 얼씨구나 상국이 하니까 따라서 하자 했습니다. 이 시스템은 마흔 해를 채 못 가고 주저앉고, 다른 방식으로 고치면 또 얼마 못 가서 주저앉았습니다. 조선 후기로 가면 아예 국가를 경영할 수조차 없을 정도로 시스템이 붕괴됩니다. 그래도 5백 년을 버텼으니 참 대단하기도 하고, 버티기를 하느라 평민들이 겪었을 고통을 생각하니 소름끼치게 아찔하기도 합니다.

사정이 이러하기에 로마는 지중해 전체를 장악하는 제국의 길로 갈 수밖에 없었고, 그러자면 당연히 귀족 공화정 정도로는 갈 수가 없습니다. 강력한 권력이 필요하니까요. 문제는 이렇게 되면 로마의 근간이 무너진다는 데 있습니다. 공화정, 민주정에 기초한 나라와 시민이 전제정을 잘 소화한다는 건 무리지요. 권리를 빼앗기고 웃을 사람은 없습니다. 나라가 혼란에 빠지고 주저앉을 겁니다. 결국 로마는 정복이라는 패권의 길로 가도 망하고 그 자리에서 안주해도 망할 수밖에 없었습니다. 로마 멸망의 원인은 바로 로마의 시스템 안에 있었습니다. 그러나 당시 서구는 넓고 사람은 적었으므로 아직 이 위기에 이르지는 않았습니다.

밥그릇 쟁탈전
_ 로마제국의 시작

그리스는 무역 시장 개척이 필요해 정복 활동을 했으므로 식민시가 모시(母市)보다 더 번성하기도 했고 정치적으로도 독립적이었으며 해안에 자리 잡았습니다. 반면, 로마는 땅을 확보하려는 목적으로 정복을 했으므로 식민시는 주로 내륙 지역에 분포되었고 로마와 정치경제적인 주종 관계를 가질 수밖에 없었습니다. 주종 관계라 해도 완벽한 수직 관계는 아니었습니다. 로마가 아직 그만한 깜냥이 못 되었고, 능력이 된다 해도 관리가 골치 아프니까 권한을 분할하는 정도로 만족하는 게 현실적 판단이었습니다.

큰 저항 없이 승승장구하며 부지런히 식민지를 개척하던 로마가 라인 강까지 진출했습니다. 강 너머는 게르만족 지역인데 이들과 맞부딪힐 힘이 아직 부족했던 로마는 라인강에서 발길을 돌려 지중해로 향합니다. 지중해는 내륙 지역과는 상황이 판이하게 다릅니다. 아무리 알렉산드로스 이후에 삼분되어 비실거린다고는 하나 마케도니아는 로마 바로 옆에서 눈을 부라리고 있었고, 마케도니아에게도 쩔쩔매는 주제에 시리아는 언감생심이었으며, 이집트는 감히 쳐다볼 수도 없는 강적입니다. 이 3강이 지배하는 동쪽은 아예 눈길도 주지 못합니다. 어쩔 수 없이 서쪽으로 가야 했는데, 이 또한 만만치 않습니다. 지중해 서쪽으로 가는 입구에 강력한 해군

국가 카르타고가 버티고 있기 때문입니다.

카르타고는 기원전 9세기경 페니키아가 아프리카 북부에 건설한 식민시였으나 페르시아 발흥 이후 홀로 살아남아 서부 지중해를 무역으로 장악한 실력자였습니다. 그래도 동쪽의 3강보다는 수월하다는 계산을 한 로마는 기원전 264년에 카르타고를 칩니다. 이것이 백 년이나 지속한 포에니전쟁입니다. 카르타고의 영웅 한니발의 코끼리 부대, 로마의 영웅 스키피오 등 많은 일화를 남겼던 드라마틱한 전쟁은 로마의 승리로 끝났지만, 승리 후에도 카르타고를 아주 잔인하게 철저히 파괴하여 아예 역사 속에서 그 흔적을 지워 버렸을 정도로 무서운 상대였습니다. 로마는 이 무서운 카르타고와 전쟁을 하는 힘겨운 상태에서도 다른 지역의 정복을 계속해야 했습니다. 속사정이야 이제 뻔히 압니다. 로마는 달리는 자전거였거든요. 멈추면 쓰러집니다. 로마는 어쩔 수 없이, 포에니전쟁의 와중에도 지중해의 동쪽으로 시선을 돌립니다.

이때는 로마가 청년기에 접어들어 세상 무서울 게 없던 시절입니다. 때마침 동부 지중해 3강은 쇠약해져 가고 있었습니다. 마케도니아를 쉽게 이겨 그리스와 소아시아 지역을 아우르는 에게해를 장악한 후 내친김에 시리아까지 접수하자 이집트는 기겁하고 즉각 꼬리를 내립니다. 이제 로마는 이탈리아 반도와 그리스, 소아시아, 이집트, 카르타고, 이베리아 반도의 주인이 되었습니다. 지중해는 로마의 내해가 되었지요.

로마의 정복과 식민통치 과정을 이해하는 것은 매우 중요합니다. 이것이 현대에까지 이어져 오늘날의 세계를 만든 기본 시스템이 되었으니까요. 정복했다고 식민지로부터 모든 것을 다 소유하고 뺏고 다스리지 않았습니다. 로마의 속주(로마는 식민지를 속주라 불렀습니다)는 자치권을 유지하면서 외교와 국방은 로마에게 맡기는 형태였습니다. 로마는 이들로부터 세금(말이 세금이지 강탈입니다)을 징수해서 부를 늘립니다. 속주의 반발은 강력한 군사력과 분리 통치로 잠재웁니다.

분리 통치란, 속주 기득권자들에게 로마 시민권을 주고 기존 권력을 인정하여 그들이 속주의 평민들 즉 피지배자들을 다스리게 하는 방식입니다. 속주의 기득권자에게 당근을 계속 제공하면 시키지 않아도 평민들을 가혹하게 다스리면서 로마에게 충성하게 됩니다. 손 안 대고 코푸는 방법이죠. 이것을 후대의 서구 제국주의자들이 그대로 따라서 합니다. 이렇게 잉태한 비극의 씨앗은 식민지들이 독립한 20세기 후반에 접어들어 지구 곳곳에서 민족 분쟁, 인종 청소의 끔찍한 죄악으로 솟아오릅니다.

이제 정복은 끝났습니다. 로마 시민들은 만족했을까요? 아닙니다. 원래는 평민들에게 땅을 나누어 준답시고 정복을 진행했는데 열매는 결국 귀족들이 다 가져갔습니다. 리키니우스법이 있는데도 귀족들이 땅을 챙기는 게 가능하냐고요? 가능합니다. 법은 중요하지만 법보다 더 중요한 것은 법을 집행하는 사람입니다. 힘센 자가 법을 이용해서 자신의 사익을 챙기기 시작하면 법은 약한 자를 괴롭히는 도구로 변질되어 버립니다. 유전무죄 무전유죄가 괜히 나온 말이 아닙니다. 법을 악용한 로마의 귀족들은 대토지 소유자가 되어 노예로 소유지를 경작했습니다. 이것이 라티푼디움입니다. 여기서 또 짚고 넘어가야 할 것이 있습니다. 서양의 노예는 노동, 즉 경제 생산을 담당했습니다. 주인과의 관계는 착취와 피착취 구조입니다. 동양의 노예는 가사를 전담했습니다. 지배와 피지배 구조입니다. 여기서도 동양은 정치로, 서양은 경제로 각각의 시스템을 굴린 것이 증명됩니다.

토지는 귀족이 차지했고, 이재에 밝은 일부 평민은 군납업, 토목건설업, 금융업에 뛰어들어 부를 축적했습니다. 이런 과정을 거쳐 재산이 넉넉해진 평민을 에퀴테스(equites)라 불렀습니다. 신분은 평민이지만 지위는 이미 평민을 넘어선 신흥 귀족, 오늘날의 중산층입니다. 에퀴테스가 평민의 대부분을 차지하고 있었다면 로마는 별 문제 없었을까요? 중산층이 많아지면 사회는 안정되겠죠? 그런데 이상하게도 지금까지 지구상에 귀족화된 시민이 대다수인 나라는 반드시 망했습니다. 조선이 대표적 예이지요. 조선 말기에 양반층의 비율은 80퍼센트를 넘어섰습니다. 이놈도 양반, 저놈도 양반이다 보니 평등 사회의 시스템이 가동되기 전의 사회에서는 재앙입니다. 뜯어먹을 놈만 잔뜩 있고 먹이가 없으니 모두 굶어 죽는 거지요.

반대로, 귀족이 소수고 평민이 다수인 시스템 역시 망합니다. 소수의 귀족이 다수인 평민을 다스리자면 공포와 강압 외에는 방법이 없습니다. 이런 시스템은 지독한 양극화를 부르면서 사회를 확실하게 분열시키는 기제로 작동합니다. 망하는 거지요. 소수의 상류층, 붕괴되는 중산층, 늘어만 가는 빈곤층, 그로 인한 오늘날의 사회현상을 잘 생각해 보세요. 가장 좋은 방식은 모두가 평민(일하는 자)이면서 귀족(누리는 자)인 시스템입니다. 역사를 들여다보면 지속가능한 시스템의 답이 나옵니다.

로마의 아킬레스건은 로마 시민의 대다수를 차지하고 있는 별 볼일 없는 평민층입니다. 이들을 돌보지 못하면 사회가 양극화로 치달으면서 사회불안이 증가되고 시스템이 마비됩니다. 어떻게든 무산 평민층을 달래고 일으켜 세워야 합니다. 로마의 정복이 부익부 빈익빈 현상을 가속시키자 불안정한 사회를 안정시키려는 이가 나타납니다. 기원전 2세기경의 호민관 티베리우스 그라쿠스입니다. 그가 개혁 드라이브를 걸자 원로원이 암살해 버립니다. 티베리우스의 동생 가이우스 그라쿠스가 형의 뒤를 이었는데, 그는 귀족들과 에퀴테스를 갈라놓기로 작전을 변경합니다. 귀족의 영향력 안에 있던 에퀴테스에게 속주의 징세권을 더욱 확대해 주어 가이우스의 지지자로 변신시킵니다. 로마 시민에게는 식량을 무상으로 분배했습니다. 그 덕에 곡물가가 안정되었습니다. 라티푼디움에서 생산된 곡물을 팔아 부를 축적하던 귀족들은 당연히 어이상실이지요. 가이우스는 암살당하지는 않았지만 그를 실각시킨 원로원이 가이우스파를 가혹하게 숙청하면서 개혁은 실패로 끝납니다.

평민은 여전히 참혹한 현실에 노출되어 있습니다. 평민이 주축인 군대의 힘도 떨어져 로마에 어두운 그림자가 드리웁니다. 원로원은 그러거나 말거나 정쟁으로 주구장창 날을 지새웁니다. 속주와 정복지 외곽에서 반란과 침공이 자주 일어나자 상비군으로 감당할 수 없어 직업 군대를 창설합니다. 징집제였던 로마의 군사제도가 이때부터 모병제로 바뀝니다. 지중해 반란을 진압하고 내전을 마감한 술라는 장악한 군대를 앞세워 로마를 개혁합니다. 전제정치의 전 단계인 군사독재가 시작되었습니다.

술라 사임 후 일어난 에스파냐의 반란은 폼페이우스가 제압합니다. 술라의 군사독재에 호되게 당한 원로원은 실력자가 된 폼페이우스를 견제하려고 크라수스와 율리우스 카이사르를 포함한 세 명의 집정관이 권력을 분점하게 했습니다. 삼두정치입니다. 로마는 아직도 제국으로 가기엔 갈 길이 멀었나 봅니다. 하지만 이제 마지막 한 걸음을 남겨 놓았습니다. 갈리아 지역을 평정하여 영토를 라인강과 브리타니아까지 확장한 카이사르가 권력을 장악합니다. 로마는 안정되었고 강해졌으나 카이사르의 일인 독재를 못마땅하게 여긴 원로원은 그를 암살합니다. 카이사르 사후 그의 부관이었던 안토니우스, 레피두스, 옥타비아누스가 손을 잡고 다시 삼두정치를 부활시킵니다. 그러나 권력은 분점할 수가 없습니다. 권력의 속성이지요.

기원전 31년, 이집트로 도망친 안토니우스를 악티움해전에서 물리치면서 옥타비아누스가 치열한 권력투쟁을 마감합니다. 옥타비아누스는 마침내 황제의 제위에 오릅니다. 원로원은 그에게 최고 시민(princeps. 프린스의 어원)의 지위를 부여하고 아우구스투스라는 칭호를 바칩니다. 이제 로마는 몸에 맞지 않는 공화정이라는 옷을 벗고 당시의 트렌드에 맞게 제정이라는 옷으로 갈아입습니다. 비로소 로마제국의 시작입니다.

올라가면 내려와야 하는 법

이제 로마는 완성되었습니다. 라인강 너머의 북부 유럽과 브리타니아의 일부가 남았습니다만 굳이 기를 쓰며 더 정복할 필요가 없어진 로마는 내실을 다집니다. 네르바, 투라야누스, 하드리아누스, 안토니우스 피우스, 마르쿠스 아우렐리우스의 5현제가 차례로 등장한 약 백 년 동안 짧은 기간이지만 화려한 전성기를 구가합니다. 이때 나온 말이 팍스로마나(paxromana)입니다. 로마 경제의 중심인 라티푼디움은 정복 활동이 없어 노예 수급이 막혀 운영이 어려워지자 소작농제도인 콜로나투스로 변합니다. 에퀴테스들은 행정 관료로 변신했습니다. 제도를 시대에 맞게 다듬자 사회가 풍성해집니다. 각 속주 간의 무역도 활발했고 문화도 세련되어졌습니다. 그야말로 이대로 영원히를 외쳐도 될 법했습니다. 그러나 팍스로마나 시절에 로마는 중요한 것을 놓쳐 버렸습니다. 비록 제도를 다듬었다고는 하나 정치, 경제 시스템을 재편하지는 않았습니다. 위기감이 없으니 획기적인 변신을 시도할 까닭이 없었지요. 전성기 때 사회가 빠른 속도로 변한다는 걸 몰랐겠지요. 급변하는 사회에 적절하게 대비하지 못한 로마가 속절없이 몰락합니다.

5현제 이후에는 약속이나 한 듯 무능한 황제들이 연속으로 나와 실정을 거듭했고 원로원은 정쟁으로 날을 지새웠습니다. 안정기에 사회 시스템과 경제구조를 재

"

편하지 못해 경제발전이 멈춰 버려 국가의 힘이 급속도로 악화되었으나 사회 분위기는 번영기의 사치와 방탕을 멈출 기미를 보이지 않았습니다. 속주의 반항, 고트족의 침입, 사산조페르시아의 발흥 등 로마 외부 여건은 갈수록 악화되어 갔습니다.

어느 사회나 출발선은 있습니다. 그러나 끝까지 출발 방식을 그대로 고스란히 유지하려 하면 어느 시기에 가서는 그것 자체가 사회를 붕괴시키는 원인으로 작용하는 법입니다. 로마는 공화정으로 출발해서 제정으로 변신에 성공하기는 했으나 그에 맞는 산업구조 재편에 실패하자(기득권자인 귀족들의 반발이 그만큼 드셌습니다) 구체제의 모순이 심화되어 주저앉았습니다. 망하지 않으려면 변신하라, 수구 기득권자는 사회를 좀먹는 암 덩어리이다, 이것이 로마가 역사에 던진 강렬한 교훈입니다.

각종 시스템이 어긋나고 사회 붕괴의 조짐이 일자 이를 막기 위해 국고를 개방하는 바람에 부의 총량은 현저히 줄어들었습니다. 용병에 의존한 군대는 오히려 로마를 내부로부터 무너뜨린 원인으로 작용합니다. 용병에게 충성심은 기대하기 어렵습니다. 이런 상황에서 로마를 구원할 의사가 둘 등장합니다. 디오클레티아누스와 콘스탄티누스입니다. 디오클레티아누스는 제국을 두 쪽으로 나눠 각각 황제를 정하고 그 밑에 부제를 하나씩 두기로 했습니다. 로마를 네 쪽으로 나누니까 황제들이 수호해야 할 강역이 좁아져서 그만큼 정밀한 치세가 가능해졌습니다. 지금의 터키와 발칸 지역은 동로마제국, 이탈리아와 북아프리카, 갈리아와 브리타니아는 서로마제국이 되었습니다. 디오클레티아누스는 스스로 동방정제가 되어 소아시아 지역으로 수도를 옮겼습니다. 당시 갈리아와 브리타니아 지역에 서방부제로 있던 이가 콘스탄티우스인데 그의 아들이 콘스탄티누스입니다. 디오클레티아누스 이후 동로마와 서로마에서 진행된 치열한 권력 암투를 평정한 인물입니다. 콘스탄티누스는 먼저 서방정제로 취임한 후 324년에 동방정제의 자리마저 차지합니다. 네 쪽으로 나뉘어졌던 로마를 다시 하나로 합친 그는 수도를 동방으로 옮겼습니다. 서로마가 정치 중심지이지만 경제 중심은 문명의 발원지답게 여전히 동방이었기 때문에 분열된 정치와 경제를 합치기 위해선 움직이기 힘든 경제 중심지로 움직이기 쉬운 정치 중심지를 옮겨야겠다고 판단했겠지요. 콘스탄티누스는 지금의 터키 이스탄불에 콘스탄티노플이라는 신도시를 만들어 로마의 수도로 삼았습니다.

네 쪽으로 나뉜 로마를 다시 합친 정치적 성과를 올린 콘스탄티누스를 정작 역사 속에 대제로 기록하게 한 사건은 기독교를 공인한 밀라노칙령과 교리를 확정한 니케아공의회입니다. 그의 대에 이르러 비로소 헤브라이즘이 헬레니즘과 융화되어 서구 문명의 근본이 완성되었습니다. 그런데 이 사건은 좀더 치밀하게 들추어봐야 진면목을 알 수 있습니다. 콘스탄티누스가 엄청난 신앙심으로 이 사건을 주도한 것이 아니기 때문이죠.

로마는 사회 융화책의 일환으로 이민족의 종교를 모두 인정했습니다. 각 종교는 타 종교를 무시하거나 박해하지 않고 평화공존의 길로 갔습니다. 판테온에 십만의 신이 모셔질 정도로 로마는 다종교 사회였습니다. 그런데 기독교는 유일신 종교입니다. 다른 종교를 모두 배척하는 폐쇄형이지요. 다른 신을 인정하지 않는다는 것은 종교의 차원을 넘어 지배 시스템에의 반역이었습니다. 말하자면 기독교는 반체제 불순 세력의 이념이었던 거지요. 313년에 콘스탄티누스가 밀라노칙령으로 기독교를 공인하기 딱 십 년 전인 303년에는 반정부 세력으로 낙인찍힌 기독교인이 황제 칙령으로 대량 학살되기까지 할 정도로 탄압받았는데 불과 십 년 후 콘스탄티누스는 기독교를 공인했습니다. 왜 그랬을까요?

콘스탄티누스는 서방정제가 되긴 했지만 로마에 정치 기반이 없었습니다. 정치 기반을 확보하는 게 급선무였지요. 마침 기독교는 끔찍한 탄압에도 불구하고 대단한 교세를 키우고 있었습니다. 신흥 세력을 정치 발판으로 삼는 것은 정치 기반이 없는 젊은 황제에게는 대단히 좋은 선택이었을 겁니다. 기독교 또한 발흥한 지 3백여 년이 지나 이제는 뿌리를 내리기 위해서 현실과 손을 잡아야 할 필요가 있었습니다. 양자의 선택이 맞아떨어진 사건이 밀라노칙령이었습니다. 이제 기독교는 지하에서 지상으로 올라올 수 있었고, 왕성한 생명력으로 황제의 든든한 정치 밑천이 되었습니다.

그런데 기독교는 삼위일체를 주장하는 아타나시우스파와 그리스도를 신으로 인정하지 않는 아리우스파로 나뉘어 정치 기반이 흔들리고 있었습니다. 위기감을 느낀 콘스탄티누스는 325년에 니케아에 기독교 지도자들을 모두 초청해 공의회를 열어 성경 편집 결정, 아리우스파 축출을 단행하여 분열을 막았습니다. 기독교는 정통성을 갖추고 서구 문명의 정신적 기반이 되었고 그 공로로 콘스탄티누스는 대제로까지 불리게 되었습니다.

기독교의 힘을 빌려서까지 로마의 생명을 연장했던 마지막 현제 콘스탄티누스가 죽자 로마는 무너지기 시작합니다. 붕괴는 로마의 북서쪽 끝 브리타니아(오늘날의 영국)에서 시작됩니다. 367년 브리타니아의 여러 부족이 속주에 대한 공격을 감행합니다. 375년에는 중국의 한 제국으로부터 쫓겨 수백 년간 서진을 했던 훈족이 유럽을 휩쓸자, 이를 피해 남쪽으로 피난하던 게르만족 중 서고트족이 378년에 로마를 점령했고 로마는 이들을 용병으로 채용하면서 위기를 넘깁니다. 406년 게르만족이 다시 로마를 침공했고 갈리아와 에스파냐를 뺏어 갑니다. 게르만족에 밀린 반달족은 지중해를 넘어 도망치면서 북아프리카를 침공했고 이 와중에 서방의 각 속주들은 속속 독립했습니다. 451년 무시무시한 훈족 침공, 455년에는 반달족이 로마를 점령합니다. 결국 476년 서방의 로마제국(흔히 서로마제국이라고 부릅니다)은 문을 닫습니다.

동방의 로마제국(흔히 동로마제국이라 부릅니다)은 비잔틴제국으로 명패를 바꿔 달고 이후 천 년을 더 지속합니다만 이미 로마로서의 지위, 특성을 다 잃어버린 후라서 서로마제국의 멸망을 로마의 멸망으로 보아도 무방합니다. 로마 자체의 역사로 본다면 로마의 멸망은 한참 뒤, 비잔틴제국이 문을 닫을 때라야 하겠지만 로마가 유럽의 뿌리라는 시각에서 본다면 맞는 표현입니다. 로마가 사라진 서유럽은 힘의 공백 상태에 빠집니다.

이집트와 메소포타미아의 오리엔트에서 출발한 문명의 불은 페니키아에 의해 코린트로 전수되었고 이내 그리스로 옮겨갔습니다. 그리하여 서방과 동방의 첫 번째 융화가 에게해에서 있었습니다. 마케도니아가 그 역할을 맡았지요. 헬레니즘의 완성입니다. 헬레니즘 문명의 서쪽, 로마는 헬레니즘 문명을 받아 이후 서구의 갖가지 시스템의 원형을 만들면서 기독교를 이념의 바탕으로 하는 헤브라이즘을 완성합니다. 이로써 서구 문명은 헬레니즘과 헤브라이즘의 양대 축을 근간으로 중세로 진입합니다.

서구의 고대 역사를 가득 채운 전쟁의 원인은 경제였습니다. 이집트와 히타이트의 소멸도, 페르시아의 지중해 진출도, 그리스의 확장도, 로마의 제국 건설도 그 기저에는 먹고살기 위한 몸부림이 깔려 있습니다. 역사의 시작이 그러했기에 로마 이후에도 서구의 모든 시스템은 경제를 중심에 두고 만들어지고 변경되고 소멸되었습니다. 현재의 자본주의는 그 바탕으로 성립된 것입니다. 그러므로 서구의 역사를 시작 단계에서부터 정밀하게 들여다봐야 지금 우리가 살고 있는 세계의 시스템을 이해하고 예측할 수 있습니다.

동네 리그
(5세기~15세기)

15세기 유럽 이슬람(오스만투르크)이 유럽을 동, 남으로 에워싸고 있고 프랑스와 영국은 국경선을 확정했으며 로마제국이 있던 이탈리아 반도는 분열 상태로, 이탈리아 북부와 북해 플랑드르 지역은 자유시 지역이 되는 등 유럽 전역이 제국, 왕국, 공국, 공작령, 자치령이 뒤섞여 아직 국가로서의 틀을 갖추지 못한 지역이 많음을 볼 수 있다.

　주류 역사학은 마치 생일이나 가게 개업 일자를 말하듯 서양사를 원시, 고대, 중세, 근대로 딱 부러지게 구분합니다. 2부는 이 구분법의 중세에 해당합니다. 시대를 딱 부러지게 구분하려면 전과 후 시대를 구분할 수 있는 상징 언어가 필요한데, 서구 중세의 상징 언어는 기사, 영주, 공주와 왕자, 마녀사냥, 암흑시대 따위입니다. 특히 암흑시대가 중세를 설명하는 대표 상징 언어입니다. 그래서 우리는 서구 중세 하면 바로 암흑시대를 떠올립니다. 그거 정말일까요? 중세는 진짜 암흑시대였을까요? 2부에서 자세히 살펴보겠지만 서구의 중세는 암흑시대는커녕 대단한 격동의 시대였습니다. 그런데도 암흑시대를 중세의 대표 상징 언어로 만든 이유가 뭘까요?

　서양사에서 가장 강조하는 시대는 근대입니다. 주연은 근대이고 조연은 중세와 고대, 원시는 엑스트라지요. 서양사의 캐스팅 목록입니다. 조연과 엑스트라가 못나고 부족할수록 주인공은 화려하게 등장할 수 있습니다. 화려하게 등장한 멋진 주연이 활약하는 장면을 연출하려면 못난 중세가 반드시 필요했지요. 이것이 중세의 상징 언어로 암흑시대를 채택한 이유입니다. '시대의 어둠을 깨뜨려 새로운 지평으로 인도한 영웅들'로 근대사를 채우기 위해서 필요한 사전 장치가 암흑으로 점철된 시대, 즉 중세지요. 중세를 암흑시대로 몰고 간 이유는 그것뿐이 아닙니다. 그들이 아프리카, 남아메리카, 아시아에서 저지른 온갖 국제범죄를 불가피한 행위라고 설명하자면 그들의 근대 이전 역사뿐 아니라 동양까지 '시대의 어둠'에 포함시켜야 했습니다. 그래야 그들의 세계 지배에 역사적 타당성을 부여할 수 있으니까요. 그들이 스스로 자신의 암흑을 깨뜨리고 밝은 빛으로 나아갔듯, 그들 이외 지역의 어두움을 깨뜨리고 밝은 빛으로 인도하여 인류를 구했다는 역사 해석을 가능하게 하자면 중세를 까맣게 칠하면 칠할수록 좋습니다. 그렇게 하면 근대 이후의 서구는 망해가는 지구를 구한 영웅이 됩니다. 서구는 이 역사관으로 그들 자신을 근대의 문을 연 승자로 역사에 데뷔시켰습니다.

　그런 이유로 딱 부러지는 시대 구분을 해야 했고 각 시대를 대표하는 상징 언어도 반드시 필요했습니다. 우리가 이 시대 구분법과 상징 언어를 아무런 비판 없이 그대로 받아들인다면 그들이 주장하는 대로 그들을 역사의 승자로 인정하게 됩니다. 지금까지 그래 왔지요. 역사 오독입니다. 그들의 의도에 휘말려 우리가 역사를 잘못 읽고 있었습니다. 결국 서구인들이 세계를 거침없이 휘젓고 다닐 수 있는 통행증을 우리가 발급해 준 겁니다. 그들의 주장대로 중세가 정말 암흑이었는지 자세히 살펴보기 위해서는 상징 언어부터 지워야 합니다. 다시 강조합니다. 역사에서 상징 언어는 당시로 들어가는 것을 막는 장애물입니다. 일단 장애물을 치우고 당시로 들어가 봅시다.

　서로마가 멸망한 후 무주공산이 된 유럽이 중세를 건설하고 무사히 근대를 준비할 수 있었던 것은 종교와 민족대이동이란 사건 덕분이었습니다. 이 두 가지를 놓치면 유럽 중세를 그저 암흑기로만 잘못 해석하게 됩니다. 유럽의 중세는 암흑기가 아니라 유럽 전체가 종횡으로 엮여 들어가는 격동기였습니다. 중세가 암흑기라면 근대의 문을 연 인물들은 암흑기를 깨뜨린 영웅이 되어 버립니다. 조심해야 합니다.

　로마 멸망의 직접 원인은 로마가 이탈리아 반도를 통일하던 무렵부터 싹트고 있었습니다. 동쪽 세상 끝, 한 제국의 북방 정리 정책으로 쫓겨난 흉노족의 서진이 그때 시작되었고 결국 이들이 일으킨 유럽 대륙의 민족대이동 도미노가 로마를 무너뜨렸으니까요. 도미노가 일어날 때쯤 로마는 경제 파탄으로 이미 수명을 다한 늙은이였습니다. 역사 속에 나타난 모든 정치집단(국가라고 칭하는)은 외부의 침입으로 망했지만 그 속내는 경제 파탄부터입니다. 경제가 무너지면 모든 것이 다 무너집니다. 경제는 언제나 정치의 배후거든요. 뒤가 무너지면 대책이 없는 법입니다.

　　로마 이후 유럽은 단 한 번도 통일을 해본 적이 없고 그럴 의사도 없었습니다. 유럽연합도 유럽 통일의 전초는 아닐 겁니다. 유럽연합은 위기 때마다 그들이 했던, 살아남기 위한 타협책의 21세기 버전입니다. 그들의 장기는 통합이 아니라 분열과 각개약진이며, 통합은 위기에 처했을 때 일시적으로 취하는 위기 타개책일 뿐입니다. 통합, 통일할 생각은 눈곱만큼도 없습니다. 그렇다면 유럽연합이 등장했다는 것은 그들이 위기를 감지했다는 증거가 되겠지요? 이 위기를 짚어 보는 것도 대단히 중요합니다.

　　유럽은 지리 때문에 통합을 이루지 못했습니다. 유럽에는 지리적 중심이란 게 존재하지 않습니다. 프랑스 정도가 중심이 될 수 있는데(제국 건설의 꿈을 가장 많이 꾸고 가장 많이 좌절한 곳이 프랑스입니다), 그러기엔 대륙 자체가 너무 얇습니다. 남쪽으로 조금만 가면 지중해가, 북쪽으로 가면 북해가 막아 버리니까요. 이렇게 가뜩이나 지리적 중심이 없는 유럽에서 그나마 중심인 프랑스는 사사건건 변방의 섬 영국과 지겹게 싸우느라 한가하게 중심을 잡고 있을 틈이 없었습니다. 결국 유럽은 로마 이후에는 중심이 존재하지 않았습니다. 중심이 없는데 통합이 될 리가 없지요.

　　프랑스가 영국과 본격적으로 멱살잡이를 시작한 때는 11세기경, 로마가 무너진 지 6백 년이나 지난 후부터입니다. 이게 무슨 뜻이냐 하면, 로마가 무너지고 산산조각 난 후 각자 힘을 길러 남의 땅을 넘볼 정도가 되기까지 6백 년이란 기나긴 시간이 필요했을 정도로 유럽의 힘 자체가 애초부터 형편없었다는 겁니다(동양사에서 6백 년이라면 나라가 몇 번이고 뒤집어지는 기간입니다). 로마가 대단히 엉성한 정치, 사회 구조로 거대한 제국을 만들 수 있었던 이유가 유럽의 형편없는 힘의 총량 덕분이기도 합니다. 중국이라면 그 정도 힘으로는 제국을 일구기는커녕 살아남기도 힘들었을 겁니다.

　　프랑스가 6백여 년간 악전고투하여 겨우 유럽을 통합하려는 생각을 할 정도의 힘을 키우는 동안 영국은 우여곡절을 겪으며 프랑스의 역사 구조 속으로 깊숙이 들어갔습니다. 영국 입장에서는 바다 건너 코앞에 있는 프랑스를 넘지 못하면 대륙에서 고립된 섬나라 촌놈으로 살아갈 수밖에 없었으니까요(일본이 늘 조선을 찝쩍거렸던 이유가 바로 이것입니다. 프랑스와 영국의 관계는 조선과 일본의 관계와 흡사합니다. 문제는 조선이 형편없는 약골이었다는 것이지요). 그러니 프랑스와 영국은 사사건건 다툽니다. 이런 판국이니 안 그래도 약한 힘이나마 지탱하기 위해 끙끙대던 프랑스가 유럽 대륙의 중심을 잡을 여유가 있을 리 없습니다.

　　프랑스와 영국 덕분에 유럽은 로마 이후 중심을 형성할 수 없었습니다. 페르시아, 마케도니아, 로마에서 수명을 다한 서구의 제국은 로마가 망한 지 1,500년 뒤에 버전을 달리해서 제국주의로 나타나기 전까지(사실 이 제국주의도 단일한 세력이 아니라 유럽 각국의 각개약진일 뿐입니다) 프랑크, 에스파냐, 합스부르크 등에서 몇 번의 제국 건설을 위한 시도만 있었을 뿐 다 실패했습니다. 말하자면 유럽 대륙에서 제국다운 제국의 처음이자 마지막, 유일무이한 제국이 로마인 셈입니다.

　　그런 역사적 무게를 가진 제국답게 로마는 죽으면서 두 가지를 남겼습니다. 하나는 로마라는 역사 흔적, 더 정확히 말하면 로마를 가동했던 시스템이고 다른 하나는 종교입니다. 로마는 제국이면서도 황제와 귀족의 첨예한 대립을 내부에 간직한 시스템으로 운영되었습니다. 그렇게 보면 로마 황제는 황제라기보다는 왕에 가깝습니다. 원래 왕은 귀족과 권력을 두고 다투는 법입니다. 왕권이 서슬 퍼렇게 살아 있던 동양에서도 왕권이 약화되면 곧바로 귀족이 발흥하곤 했으니 황제권이 왕권 정도밖에 안 되는, 그나마 그런 권력마저도 동양과는 비교도 안 되게 약했던 유럽에서야 말할 나위 없지요. 로마 귀족의 권력 집단은 원로원이었습니다. 약한 황제권과 원로원의 갈등 관계는 유럽 권력 구조의 기본입니다. 원로원은 나중에 영국에서 모델의회, 프랑스에서 삼부회로 되살아납니다. 또 로마가 집합시킨, 문자를 포함한 모든 고대 문명은 르네상스로 되살아나 오늘날의 유럽을 만든 모태가 됩니다. 여기에 콘스탄티누스가 승인한 기독교는 로마의 멸망 후 산지사방으로 흩어져 각자 제 목숨 지키기에 바빴던 유럽을 하나로 묶는 접착제 역할을 합니다. 오늘날의 유럽연합은 이 접착제가 없었다면 불가능한 일이었을 겁니다.

강력 접착제

　잠시 동서 로마 시절로 돌아갑니다. 니케아공의회에서 아타나시우스파가 승리했다고 하지만 사실 다수는 아리우스파였습니다. 그런데 왜 다수인 아리우스파가 소수인 아타나시우스파에게 밀렸을까요? 아시다시피 니케아공의회는 콘스탄티누스의 황제권 강화라는 정치 기반 확보를 목적으로 개최되었지요. 만약 그리스도를 신으로 인정하지 않는 아리우스파의 손을 들어주면 하늘의 신 바로 아래에 인간 그리스도가 있게 되어 황제는 지위로는 세 번째, 인간으로서는 두 번째 순위가 됩니다. 황제 위에 다른 인간이 또 있으면 황제 꼴이 좀 우습게 되지요. 더군다나 넘버3은 조직 내에서 별로 영양가 없는 자리입니다. 그리스도가 하늘로 올라가야(신이 되어야) 황제가 인간 중에서는 넘버원이 됩니다. 그리스도를 신으로 보는 아타나시우스파의 교리가 황제에게는 더 유리했죠. 그런데 아타나시우스파와 손을 잡은 콘스탄티누스가 동로마에 콘스탄티노플이라는 신도시까지 지어서 수도를 이전했는데도 어떻게 서로마에는 아타나시우스파, 동로마에는 이단으로 몰렸던 아리우스파가 자리를 잡았을까요? 황제의 권력 기반은 아타나시우스파인데 말이지요.

　정치에서 영원한 적도 영원한 우군도 없다고 하지요? 간단하게 정리하면 이렇습니다. 니케아공의회에서 황제의 권력 기반으로 아타나시우스파가 선택되었습니다.

귀족은 초기에는 반발하다가 대세가 그렇게 기울자 황제를 따라 아리우스파를 버리고 아타나시우스파를 받아들여 자신들의 권력 기반으로 삼습니다. 귀족은 서로마의 수도인 로마에서 권력을 키워 왔습니다. 귀족을 등에 업고 아타나시우스파도 로마에서 단단하게 뿌리를 내리고 권력의 이데올로기가 되었습니다. 아리우스파는 졸지에 축출되었으나 제국을 떠날 수는 없습니다. 갈 데가 어디 있나요. 그래서 아리우스파는 동로마에서 뿌리를 내립니다. 첫 번째 정치적 목적을 달성한 황제가 이제는 아예 황제의 고향땅인 동로마로 수도를 이전한답니다. 여러 가지 이유가 있겠지만 귀족을 견제하려는 목적이 강합니다. 하지만 수도 옮기기가 그리 쉽나요? 아무리 근사하게 신도시를 만든다 한들, 로마가 가진 시간과 권력의 퇴적층, 즉 기득권층까지 옮길 수는 없습니다. 황제의 속셈을 뻔히 아는데 귀족이 탄탄한 기반이 있는 로마를 버리고 콘스탄티노플로 이사하겠어요? 귀족은 수도 이전하려면 해봐라, 우린 로마에서 한 발짝도 못 나간다, 꿈쩍 안 합니다. 황제권과 귀족권이 엇비슷했던 로마의 권력 구조를 이해했다면 아타나시우스파의 입장도 이해할 수 있을 겁니다. 한 명인 황제보다 여럿인 귀족의 지지가 더 중요했던 아타나시우스파도 귀족을 따라 황제의 수도 이전에 반대합니다. 그래서 황제가 동쪽으로 가건 말건 이미 기득권층의 종교가 된 아타나시우스파도 귀족과 함께 꿈쩍하지 않았던 거지요. 황제 없이도 얼마든지 귀족과 함께 권력을 유지할 수 있다는 자신감의 발로입니다. 행정 수도 이전을 둘러싼 각종 갈등을 보면 당시의 상황이 짐작될 겁니다.

황제가 수도 이전을 강행하자 로마제국의 정치 지형이 복잡해졌습니다. 축출됐던 아리우스파는 새 수도로 옮겨온 황제 덕분에 황제의 정치 이데올로기로 화려하게 정계에 복귀했고 아타나시우스파는 황제를 버리고 귀족과 손을 잡았습니다. 서로마와 귀족과 아타나시우스파, 동로마와 황제와 아리우스파의 구도가 된 것이지요. 황제의 권력 이데올로기가 바뀌면서 국론이 분열됩니다. 이 상황에서 서로마가 망합니다. 동로마는 로마의 적통을 이어받았지만 세력이 약화되면서 로마의 전통에서 멀어져 비잔틴제국이라는 별명을 얻습니다. 선택을 잘못했던 아타나시우스 파는 아주 곤란해졌고 아리우스파는 황제의 비호를 받아 세력을 그대로 유지합니다. 양자의 대결이 역전에 역전을 거듭하고 있습니다. 아타나시우스파는 망한 서로마를 따라 그대로 앉아서 침몰하지는 않고 현실 권력과 아슬아슬하게 줄타기를 하면서 결국 로마가톨릭으로 자리 잡습니다.

동로마는 정교일치 사회입니다. 동로마 쪽에 있는 주교들은 현실 황제의 비호 아래 세력도 막강합니다. 서로마는 현실의 황제란 것이 없습니다. 제국 자체가 망했으니까요. 정교일치 사회에서 나라가 사라져 버렸으니 종교의 생존이 막막해졌습니다. 그래도 교회가 문을 닫을 수는 없지요. 서로마가 간당간당하던 시절 서로마 교회는 교황이라는 것을 만들었는데 막상 현실의 황제가 사라지니 하늘의 황제는 기댈 곳이 없어져 버렸습니다. 이때가 5세기입니다. 이제 서로마에는 교황(동로마 쪽의 주교들보다 힘이 미약한, 그저 서로마 주교가 명함만 바꾼 것에 불과합니다. 오늘날의 교황과 착각한다면 오늘날의 창으로 옛날을 들여다보는 어리석은 행위가 되어 버립니다)이 있고 동로마에는 황제가 있는 형국입니다.

교황은 땅에서의 힘이 없고 황제는 땅에서의 힘이 있습니다. 그러니 교황은 자신을 비호해 줄 황제가 필요합니다. 그러나 당시 서유럽은 거대한 사자가 쓰러진 후의 무주공산, 고만고만한 여우들만 득시글대고 있을 뿐입니다. 교황이 고생 많이 했겠죠? 골목대장들이 말로는 교황이라고 존대하면서도 툭하면 이리 치고 저리 칩니다. 교황은 우선 생존해야 했습니다. 어떤 방법이 있을까요?

기독교는 인류사에 나타난 모든 종교 중 가장 폐쇄적이면서도 공격적인 종교입니다. 목숨을 걸고 포교하고 필요하면 당당하게 순교도 불사했습니다. 교황은 기독교의 근본정신으로 무장한 채 옛 로마제국의 국교라는 후광의 효과를 최대한 발휘하면서 유럽 대륙 곳곳을 누볐습니다. 원래 기독교는 아래로부터의 종교였는데 로마 이후 지배계급의 종교가 되었으므로 당연히 골목대장들이 포교의 대상입니다. 하지만 당시 서로마를 제외한 유럽 대륙은 몰락한 서로마의 종교인 아타나시우스파가 아니라 아직도 건재한 동로마의 아리우스파가 대세였습니다. 이때 교황 측에서 보자면 작은 기적이 하나 일어납니다. 프랑크의 힘센 골목대장 클로비스가 로마가톨릭(아타나시우스파)으로 개종하는 정치적 모험을 감행했습니다. 클로비스는 희소성의 법칙에 자신의 정치 생명을 걸었습니다. 아리우스파가 득시글대는 한복판에서 로마가톨릭으로 개종, 자신만이 유일하게 로마제국을 잇는다는 명분을 확보한 후 주변 골목대장을 눌러 버리면 경쟁자가 없어진다는 계산이었죠. 이 계산이 적중하자 클로비스보다 오히려 교황이 힘을 얻었습니다. 이때가 496년입니다.

이후 6세기 말에 브리타니아(오늘날의 영국입니다)의 앵글로색슨 골목대장들이 로마가톨릭으로 개종하면서 비로소 브리타니아가 서유럽의 무대에 데뷔합니다. 앵글로색슨의 골목대장들은 개종을 했지만 그 아래 졸개들은 그게 뭔데, 별 관심이 없습니다. 지배하는 자들이 믿는 종교니 별로 탐탁지 않았을 겁니다. 오히려 브리타니아 본토보다 그 너머에 있는 섬, 아일랜드의 일반 민중들이 앞다투어 개종합니다. 아일랜드는 골목대장도 없는 처지였으니 전 주민이 개종을 하는 게 당연할지도 모르겠습니다. 이 상황이 후일 영국의 종교분쟁으로 연결될지는 아무도 몰랐죠. 20세기 내내 아일랜드의 종교분쟁은 영국 정부의 골칫거리, 수치거리로 남게 됩니다.

이때쯤 유럽은 이미 로마가톨릭이 대세가 되었습니다. 진짜 황제를 만들 때가 되었습니다. 로마가 멸망하고 3백여 년, 고생을 할 만큼 한 교황은 마침내 프랑크의 샤를마뉴에게 로마 황제관을 씌워 줍니다. 이때가 800년입니다. 드디어 세속과 하늘의 권력은 동반자 자격으로 짝을 맞췄습니다.

프랑크와 교황은 죽이 잘 맞았습니다. 프랑크는 동네 골목길의 대장이 되기 위해서 권위가 필요했고 교황은 위상을 세우기 위해 황제가 필요했으니까요. 잠시 반짝하던 프랑크는 샤를마뉴의 사후인 10세기에 다시 고만고만한 영주들이 땅따먹기 하던 시절로 돌아갔습니다. 프랑크가 지지부진하자 교황은 파트너를 독일(이때의 독일 지역은 통칭할 이름도 없이 고만고만한 공국들이 도토리 키 재기를 하고 있던 곳인지라 오늘날의 독일 이름을 차용했습니다. 부를 이름이 없거든요)의 오토로 바꿉니다. 로마 황제의 관을 오토가 받으면서 이 지역은 신성로마제국이 됩니다(당시에는 그냥 로마제국이라 불렀습니다. 후세의 역사가들이 멸망한 로마제국과 구분하기 위해 신성로마제국이라 이름을 붙인 것입니다). 로마도 아닌 것이, 제국도 아닌 것이 로마제국의 이름을 받았으니 로마도 참 어지간히 질기긴 합니다. 이 지역은 제국이라는 명찰 덕분에 각 제후국(조그만 영지에 불과합니다만)의 자치권을 인정하는 등 집약된 왕권을 갖추지 못해 유럽의 후진 지역으로 전락해 버립니다. 그러다가 상황을 역전시키려 20세기 들어 양차 세계대전이라는 무리수까지 두게 됩니다.

그런데 유럽은 왜 이미 죽은 로마를 이렇게까지 살리려 애썼을까요? 로마라는 제국이 필요했을까요? 아닙니다. 필요한 건 로마라는 제국이 아니라 교황이었습니다. 중국은 황제가 아닌 제국이 필요했고 유럽은 제국이 아닌 교황이 필요했습니다. 이 둘의 차이를 확인하기 위해 잠시 중국을 살펴보겠습니다.

중국은 기원전 1046년부터 기원전 256년까지 중원을 다스렸던 주나라 이후 춘추전국, 5호16국, 5대10국 시대 등 분열기를 겪고 나면 반드시 제국으로 재통일되었습니다. 그 이유는 뭘까요? 바로 편평하고 널찍한 운동장 때문이었습니다. 이것을 중원이라고 합니다. 황허 문명의 중심입니다. 분열기로 들어가면 각 지역의 제후국들은 중원을 차지하기 위해 열심히 싸웁니다. 중원을 차지하면 주 황실이라는 정통성을 쥐고 경제를 장악할 수 있기 때문입니다. 아무리 힘이 세도 정통성 없이는 세상을 지배할 수 없고 정통성을 확보했다고 해도 돈이 없으면 말발이 잘 안 먹히죠. 중국 땅에는 이 경제권과 정통성이 한 지역에 밀집해 있었으므로 이것을 차지하기 위해서 싸운 겁니다. 차지하면 세상의 주인이 되고 실패하면 사라져야 합니다. 그래서 중국에서의 다툼은 모 아니면 도입니다. 협상 같은 나눠 먹기는 있을 수가 없지요.

유럽은 중국과 확연히 다르다고 재삼재사 강조해 왔습니다. 당시 서유럽은 절대 강자가 없었습니다. 프랑크가 잠시 성공을 거두고 제국으로 변신할 움직임을 보였지만 유럽을 휩쓴 2차 민족대이동으로 프랑크 북부 지역에 영토 분쟁이 발생하는 등, 힘을 집약할 상황이 못 되었습니다. 제국으로 갈 기회가 사라져 버린 것이지요. 절대 강자 없이 고만고만한 영주들이 바글거리다 보니 중심을 잡을 존재가 없습니다. 그러다 보니 골목대장들이 머리 터지게 싸우다가도 적절한 시기가 되면 싸움을 말려 줄 중재자가 필요합니다. 그렇지 않다면 양쪽 다 지쳐서 다른 골목대장에게 동시에 굴복할 수도 있거든요. 가장 적합한 중재자는 적절한 권위와 정통성을 갖되 현실의 힘은 없는 존재인데, 이 조건을 완벽하게 갖춘 존재가 교황이었습니다. 기독교는 유럽의 모태인 사라진 제국, 로마의 국교라는 정통성을 갖고 있는데다가 경제력, 군사력 같은 현실의 힘은 없거든요. 그렇다면 교황을 교황답게 자리매김해 줘야 하는데, 그러기 위해선 이름뿐인 로마제국이 반드시 필요했습니다. 교황 편에서도 이런 조건을 갖추어야 했기에 반드시 로마가 필요했고, 그래서 로마를 이렇게라도 살려 두려 한 것이지요.

물론 동로마제국은 아직 거뜬히 버티고 있습니다만 동로마의 기독교가 서로마에 영향력을 발휘하기엔 시대가 이미 지나가 버렸습니다. 아타나시우스파와 아리우스파는 같은 뿌리 다른 모습으로 변한 지 오래되었고, 프랑크가 갈리아 지역에서 힘을 쓰기 위해 아타나시우스파로 개종을 한 후 크게 성공했기 때문에 서유럽은 아타나시우스파 기독교(이제부터 로마가톨릭을 포함한 기독교 전체를 의미할 때는 기독교라고 하고 아타나시우스파로부터 성장한 기독교를 의미할 때는 로마가톨릭이라고 칭하겠습니다)의 세상이 되어 버렸던 것이지요. 그 덕분에 로마교황은 이 지역의 종교 수장 역할을 할 수 있었습니다.

이제 유럽 골목대장들은 싸움에 지칠 만하면 교황을 불렀고, 교황도 이 틈새시장에서 적극적으로 협상자 역을 자임했습니다. 세속이 아닌 하늘의 권력을 가진 자가 교황이니까 교황의 말을 듣는다 해서 지갑을 털릴 일도 없고, 적당하게 협상하면 둘 다 윈윈할 수도 있으니 누이 좋고 매부 좋은 격입니다. 영주들은 중재에 성공한 교황에게 겉으로는 충성하면서 속으로는 이용합니다. 교황이 중재에 성공하면 보답이 오고 교황은 화답합니다. 골목대장들이 각 골목마다 성당을 세우고 성직자를 받아들여 보답하면 교황은 현실 정치에 간여하지 않음으로 화답했습니다. 하늘의 권력과 땅의 권력에게 이보다 더 좋은 타협 방안은 없습니다. 땅의 권력 다툼에 하늘의 권력이 간섭하지 않고 적절히 중재만 해준다면 골목대장들로서야 쌍수를 들고 환영할 일이죠.

이후 11세기에 시작한 십자군전쟁으로 큰 히트를 친 교황은 마침내 13세기에 들어 현실 정치에서도 막강한 힘을 갖게 됩니다. 카노사의 굴욕(성직자 임명권을 갖겠다고 나선 신성로마제국의 황제를 무릎 꿇린 사건입니다) 등 여러 차례 현실 권력과 투쟁한 끝에 성직자의 임명권에 현실 권력이 간여할 수 없게까지 만드는 성과도 거둡니다. 현실 권력이 없는 존재치고는 꽤 선전하고 있는 셈입니다. 그러다가 십자군전쟁의 실패로 교황의 입김이 약해지고 각 골목대장들이 나름대로 자신의 영역을 설정하고 힘을 기르던 14세기 무렵, 아비뇽유수(프랑스의 교황 납치, 억류 사건입니다)라는 치욕까지 당하면서 영향력이 급격히 약해졌습니다, 협상자로서의 역할을 상실한 거죠. 거기다가 내부에 부패가 쌓여 가기까지 했습니다. 급기야 16세기에 종교개혁까지 당하는 처지로 몰락합니다만, 중세 유럽에 반드시 필요한 존재인 교황의 현실적 존재감은 서구인의 영혼에 깊숙이 각인되어 갔습니다. 동양에서 쿠데타를 일으켜도 황실이나 왕실을 멸족시키지 못하는 것처럼.

교황이라는 협상자가 몰락한 이후 서유럽은 새로운 협상자인 유럽연합이 등장할 때까지 5백여 년간 그전과는 차원이 다른 전쟁으로 날이 새고 달이 졌습니다.

로마가톨릭은 중세의 유럽연합이었던 셈이지요. 서유럽의 각 지역이 통합된 세력을 유지하지 못하고 흩어져 다투면서도 서구라는 동질성을 유지할 수 있었던 이유는, 비록 그것이 정치적 전략적 선택이라 할지라도 종교라는 비현실적인 존재를 인정했기 때문입니다. 그들이 공통으로 가진 영광의 추억, 로마의 국교가 로마가톨릭이었기 때문이지요. 그러나 단지 그 이유 하나만으로 로마가톨릭이 서유럽의 접착제 역할을 할 수 있었던 것은 아닙니다. 서유럽을 포위하고 압박하여 긴장하게 만들었던 이슬람이란 조연이 있었기에 가능한 일이었습니다.

쌍둥이 등장

동서 유럽으로 분할된 후, 교파를 달리한 기독교는 각개약진을 합니다. 아타나시우스파는 로마가 사라진 힘의 공백 지대를 부지런히 파고들었고 아리우스파는 상대적으로 안정된 힘으로 각 지역에 포교 활동을 합니다. 아라비아 반도는 아리우스파의 포교 지역입니다. 덕분에 이 지역에서 그리스도는 신이 아닌 예언자로 선포되었고 그것을 바탕으로 마호메트가 이슬람을 창시합니다. 예언자 그리스도를 이어받아 마호메트 자신이 최후의 예언자라고 선언했으니 이슬람은 교리 싸움을 할 필요도 없이 아주 단순 명쾌합니다. 이념이 단순 명쾌하면 무엇을 만들어도 속도가 빠릅니다. 마호메트는 이슬람을 창시한 후 빠른 속도로 현실을 정비하여 하늘과 현실의 질서를 합쳐 정교일치의 제국을 만듭니다. 우마이야 제국입니다. 7세기에 우마이야는 사산조페르시아, 이집트, 리비아를 정복하고 인도와 아프가니스탄까지 손에 넣었으며 북아프리카의 카르타고, 서유럽의 에스파냐까지 손에 넣습니다. 이제 비잔틴제국이 바로 코앞인데, 썩어도 준치, 아직은 그리 만만한 상대는 아닙니다. 비잔틴제국의 공략에 실패하고 에스파냐 너머 갈리아 지역 공략도 실패하면서 이슬람 세계는 확장을 멈춥니다. 이때가 8세기입니다.

당시의 지도를 들여다보면 유럽은 동남서로 이슬람 세력에 완전히 포위된 형국입니다. 서유럽 각 지역의 영주들도 영주들이지만 아연 긴장한 건 교황입니다. 비잔틴은 단결된 힘이라도 있지, 서유럽은 완전히 골목대장들 싸움터로 아수라장이니 자칫하면 이슬람에게 하늘의 권력마저 빼앗길 참입니다. 이런 와중에 프랑크가 피레네 산맥을 넘어 쳐들어온 이슬람 군을 무찌릅니다. 그가 프랑크의 카를 마르텔입니다. 뛸 듯이 기뻐한 이는 다름 아닌 교황입니다. 이후 교황은 카를 마르텔의 손자인 샤를마뉴에게 로마 황제의 관을 씌워 주고 프랑크를 로마제국으로 선언합니다. 그렇다고 로마가 실제로 부활한 건 아니지요. 졸지에 로마 황제의 칭호를 받은 프랑크도 마냥 싫지만은 않습니다. 교황을 등에 업고 세를 확장할 수 있으니까요. 만약 그때 이슬람이 영토 확장이나 포교를 목적으로 죽을힘을 다해 싸웠더라면 아마 지금의 유럽 역사는 대단히 달라져 있을 겁니다. 하지만 이슬람은 기독교처럼 공격적인 포교를 하지 않았기 때문에 지중해 무역권을 장악한 것에 만족하고 물러납니다. 이렇게 동에서는 비잔틴제국이, 서에서는 프랑크가 이슬람을 막아 준 덕분에 유럽은 고립 상태에서나마 로마의 전통을 계속 이어나갈 수 있었습니다.

그래도 불안한 교황은 서유럽에서 이슬람에 대항하자는 대동단결을 외쳤고 그 캠페인이 주효하여 1096년, 기독교의 지하드, 십자군전쟁을 일으킵니다. 사실 십자군전쟁의 목적은 그저 구두선일 뿐, 로마가톨릭이 유럽 사회의 접착제 역할을 충실하게 한 대형 이벤트입니다. 이슬람은 유럽 사회에서 보자면 외부의 현실적인 적입니다. 종교 문제가 아니라 그들의 막강한 힘이 언제 유럽 사회를 휩쓸지 알 수가 없기 때문이죠. 이 현실의 적 앞에서 뭉치자면 핑계가 있어야 합니다. 유럽은 로마제국처럼 단일 사회가 아니거든요. 그래서 뭉칠 수 있는 계기를 종교에 기댄 겁니다. 이슬람은 이교다, 그러니 우리는 정교인 로마가톨릭 앞에 뭉쳐야 한다! 현실의 요구를 하늘의 질서로 정당화한 겁니다. 이슬람이 로마가톨릭을 유럽 사회의 강력한 접착제로 만든 거지요.

이슬람제국이 완성된 후, 왕위 계승권을 놓고 그렇게 탄탄하던 이슬람교도 교리 다툼이 일어납니다. 마호메트의 후계자가 칼리프 자리를 이어받아야 하고 코란의 어떤 주석도 용납하지 않는다는 시아파, 시대가 바뀌면 코란 해석도 달라져야 하니 현실 정치를 인정하자는 수니파로 분열합니다. 오늘날 이슬람 원리주의자로 일컬어지는 파가 시아파죠. 시아파가 주축인 나라가 이란입니다. 오늘날의 이란이 갖고 있는 국제 정세 속의 위치는 시아파라는 역사적 사실에서 설명이 가능합니다. 같은 이슬람 세계이면서도 사우디아라비아 같은 나라가 서구에 호의적인 이유 또한 현실 정치를 인정하는 수니파의 태도에서 찾을 수 있습니다.

어쨌건 이슬람 세계는 현실 권력으로도, 종교로도 엄청난 성공을 거두었지만 대단히 관대한 세계였습니다. 그도 그럴 것이, 이슬람 민족은 원래 유목민족입니다. 장사를 하는 민족이 내부 완결적 원리 원칙을 가지면 곤란하죠. 언제 어디서고 유연하게 잘 적응해야 살아남을 수 있습니다. 사실 이슬람이 이런 관대한 태도를 가지고 있었기에 오늘날의 유럽 문명도 가능했습니다. 이슬람이 깔고 앉은 땅은 고대 문명이 싹튼 바로 그 땅, 이집트와 메소포타미아입니다. 그래서 그리스와 에게 문명의 모든 과실은 이슬람의 품에서 계승, 발전되었고 유럽에 건너가 중세와 근대를 이어주는 모든 문화로 자라났습니다.

이슬람에서 정리된 그리스철학은 중세 유럽의 교부철학으로 발전했고, 사막을 건너기 위해 익혔던 천문학은 유럽이 대항해시대를 열 수 있는 기반을 제공했으며, 수학이나 과학 같은 학문은 유럽 문명의 밑거름이 되었습니다. 거기다가 이슬람 세계의 위치가 동양과 서양의 연결 통로였기에 양대 문명의 교류 또한 이슬람을 통해서 이루어졌습니다. 이슬람인은 유목민입니다. 이동이 주특기입니다. 바다를 건너 멀리 극동까지 진출했고, 그들이 장악한 지중해를 통해 유럽에 문명의 비를 뿌려 줬습니다.

원래 이슬람인은 사막을 대상으로 활동한 유목민족이었습니다. 그런데 왜 배를 타고 다녔을까요? 지중해라는 시장도 있었겠지만 동서 교통로인 실크로드는 흉노, 투르크, 몽골이 제집 드나들 듯하던 침략로이기도 했기에 이들을 피해서 해상 루트를 개발할 수밖에 없었습니다. 덕분에 인도를 비롯해 인도차이나 반도와 동남아 각 섬들은 이슬람의 영향력 아래로 들어가게 되었습니다. 그들이 개척한 해상로를 통해 동양의 문명은 유럽으로 건너가 유럽 문명의 기초를 닦는 데 좋은 재료로 쓰였습니다.

이슬람은 우리가 알고 있는 바와 달리 종교에 대해서도 대단히 관대했습니다. 기독교의 성지라고 알려져 있는 예루살렘은 이슬람 세계에 속해 있었지만 탄압을 하거나 개종 압박을 하지 않았으니까요. 오늘날 우리가 좋지 않게 보는 이슬람의 고유 특성들은 기독교 원리주의자들이 세계 경영전략에 따라 왜곡한 허상일 뿐입니다. 이슬람은 오히려 로마에 이어 유럽 문명의 기틀을 제공했지만 서구는 자신의 생존을 위해 이슬람이라는 가상의 적을 만들었고, 그 덕택에 경제적 성공을 거둬 세계 권력으로까지 영역을 확장했습니다. 그러나 허구로 역사를 만든 대가는 혹독합니다. 지금 세계는 사실이 아닌 가상의 적을 만든 후유증을 이라크에서, 아프가니스탄에서, 중동 각 지역에서, 아메리카합중국의 본토에서 심하게 앓고 있습니다.

도미노 게임

역사상 어떤 지역도 고립되어 단독으로 존재하지는 않습니다. 로마가 제국으로 강성하던 무렵, 동쪽에서는 한(漢, 흔히 한나라라 일컫는)도 로마처럼 강력한 제국을 이루고 있었습니다. 한과 로마는 직접 대면하지 않았지만 한의 북방민족 정리 정책이 결국 로마를 무너뜨린 원인이 된다는 점에서 두 지역은 연결되어 있습니다.

먼저 중앙아시아 지역을 살펴보겠습니다. 중국 땅에서 서쪽으로 가면 고비사막이 나옵니다. 고비사막을 지나 티베트 고원지대를 북쪽으로 우회하여 서진하면 큰 산도 강도 없는, 끝도 없는 지평선만 나옵니다. 여기가 중앙아시아 지역입니다. 이 곳을 지나면 바로 동유럽으로 가게 되지요. 그러니 어떤 연유로든 서쪽에서 동진을, 동쪽에서 서진을 하면 결국 서쪽의 유럽, 동쪽의 중국으로 큰 지리적 장애 없이 쭉 가게 됩니다. 이 루트를 실크로드라고 합니다.

한에게 쫓겨난 흉노족이 서진을 시작했습니다. 당연히 한번에 동유럽에 가 닿습니다. 물론 중간 중간 남으로 빠지는 무리도 있고 그대로 주저앉는 무리도 있었겠지요. 그 덕에 조용했던 인도가 난리가 났고 중동 지역에도 한바탕 모래바람이 일었습니다. 원래 목표가 없는 이동이었으니 시간도 오래 걸렸습니다. 한 무제에 쫓겨 서진을 시작한 지 무려 5백여 년이 지난 후 흉노족은 동유럽에 도착했습니다. 유럽인들은 흉노를 훈이라고 불렀습니다. 이들이 동유럽에 도착하자 가장 먼저 훈과 맞닥뜨린 게르만족 중 동고트족이 허겁지겁 남쪽으로 피난을 시작하여 이탈리아 반도까지 갑니다. 서고트족은 라인강을 넘어 로마로 내려가지요. 이들이 고향땅을 버리고 피난길에 오른 이유는 단 한 가지, 훈족의 막강한 전투력이 상상을 초월했기 때문입니다. 이동하는 유목민들답게 속전속결 위주인 훈족의 각종 전술은 감히 인간의 힘으로는 대적할 수 없는 신출귀몰 그 자체였습니다. 인간이 아니라 아예 악마였지요.(서구의 전설에 나오는 북방의 악마들이 바로 훈족입니다. 훈족은 당시 유럽에서 인간을 징벌하기 위해 보낸 신의 전사로 여겨질 정도로 공포의 대상이었습니다. 중세 유럽의 전설에 나타나는 악마의 모델이 훈족입니다.)

훈족이 세운 제국은 로마제국을 능가했습니다. 훈족만으로도 역사책 한 권을 꾸릴 정도입니다만 이 정도로 그치고 유럽의 도미노 게임을 계속 보겠습니다. 엘베강 유역의 반달족은 훈족에 쫓긴 고트족에 쫓겨 북아프리카까지 갔고 결국 동고트족, 서고트족, 반달족이 로마를 넘어뜨립니다. 여기에다가 도미노 게임의 원조, 훈족이 직접 로마를 치기도 하죠. 이래서 로마가 넘어갑니다. 서고트족의 일부는 계속 서남진을 하여 이베리아 반도에 서고트 왕국을 세웁니다. 독일 북부에 있던 앵글족과 색슨족, 유트족은 서고트족의 기세에 눌려 바다 건너 브리타니아로 가 버립니다. 갈리아 지역에는 서고트족의 일파인 부르군트족과 프랑크족이 자리 잡습니다. 이것이 서유럽의 첫 번째 민족대이동입니다. 로마에서는 이들 모두를 야만인이라는 뜻인 게르만족이라고 불렀습니다. 첫 번째 도미노로 오늘날 유럽 사회의 원형이 희미하게 모습을 드러냅니다.

이후 9세기경 북부 지역의 노르만족이 남하를 시작합니다. 인구 증가로 땅이 비좁아지기도 했고 로마를 대신해서 프랑크가 비춘 문명의 빛에 노출되면서 비로소 로마 멸망 후 힘의 공백을 체감하는 등 여러 이유로 원래 이동이 주업인 노르만족은 쉽게 움직였습니다. 뒤늦게 이동한 노르만족은 게르만족이 이미 좋은 자리를 다

차지한 후라서 그리 큰 재미를 보지는 못하고 유럽의 변방인 동쪽과 서쪽으로 갈립니다. 동쪽으로 간 이들은 오늘날의 러시아와 동유럽을 구성하고, 이들에게 쫓긴 슬라브족은 발칸 반도 쪽에 안착합니다. 서쪽으로 간 이들은 프랑스 북부 해변 지역과 브리타니아로 갑니다. 이들의 이동으로 유럽은 비로소 기존의 남서부 유럽에 북동부 유럽이 합쳐져서 하나의 대륙을 이루게 됩니다.

흉노가 움직였던 때부터 8백 년 후인 6세기, 동쪽에서 또 한 종족이 서진합니다. 수 제국의 북방민족 정리 정책의 희생자인 돌궐족입니다. 이들도 흉노족의 경로를 따라 유럽 지역에 이릅니다. 이들을 유럽에서는 투르크라고 부릅니다. 이들이 이슬람과 결합하여 셀주크투르크, 오스만투르크 등의 나라를 건설합니다. 결국 오스만투르크가 비잔틴제국의 문을 닫지요. 이들이 유럽에 도착했을 때가 11세기 무렵입니다.

13세기, 또 한 번의 동풍이 유럽에 휘몰아칩니다. 이번에는 몽골입니다. 훈과 투르크는 한과 수에 쫓겨 왔지만 몽골은 다릅니다. 세상의 서쪽 끝까지 점령하기 위해 달려왔습니다. 파죽지세로 동유럽을 향해 달려오던 몽골이 그대로 서쪽 끝까지 내달렸다면 아마 오늘날의 유럽은 없었을 것입니다. 몽골군은 내부 사정(칸 선발 대회)으로 발길을 멈추고 말머리를 돌리면서 당시 주둔 지역이었던 러시아를 식민지로 삼습니다. 유럽은 간신히 한숨을 돌렸지만 이때부터 러시아는 유럽 사회에서 비웃음거리가 됩니다. 러시아는 유럽의 일원이 될 수가 없었습니다. 유럽 대륙 중 로마 이후로 유일하게 식민지 경험을 제대로 했거든요. 그것도 동쪽의 먼 제국, 원에 의해서 말이지요.

이렇게 동쪽에서의 압박과 이로 인한 유럽 내부의 민족대이동으로 유럽 지도는 서서히 경계를 지으면서 오늘날의 원형을 만들었습니다. 이것이 유럽의 물리적 지형도라면, 화학적 지형도는 매우 복잡하게 얽혀 들어갑니다. 이제부터 화학적 지형도를 살펴보겠습니다.

로마가 무너진 이후, 꼬투리가 터지면서 그 안의 씨앗들이 흩어지듯 유럽 전역에 흩어진 고만고만한 공국들은 징글징글하게 서로 싸웁니다.(공국은 국이라는 명칭이 붙었지만 나라가 아니라 성을 중심으로 한 작은 영토들입니다. 영토 주인을 영주라 하고 공국을 영지라 부릅니다. 서구 동화에 나오는 왕들이 바로 이 영주이며, 동화에 툭하면 왕자와 공주가 등장하는 배경이기도 합니다. 한반도의 왕과 동격으로 보면 안 됩니다.) 마치 선생님이 사라진 교실에서 아이들이 귀청 터져라 소리 지르고 떠들고 싸우는 모습입니다.

갈리아 지역은 그즈음 프랑크족이 살고 있었으므로 이들의 이름을 따서 프랑크라고 부릅니다. 프랑크는 그나마 유럽 대륙의 중심지였기에 로마제국 당시 제국의 금고였습니다. 로마의 알짜배기 속주였죠. 알짜배기를 차지하기 위해 프랑크의 여러 영주들이 사방팔방으로 싸웁니다. 이 과정에서 이베리아 쪽에서 온 이슬람 군을 물리치기도 하고 교황을 등에 업고 황제 노릇도 하면서 서서히 프랑크라는 지역성을 습득하며 비록 오십 년의 수명에 불과하지만 프랑크제국도 만듭니다.

독일 지역은 로마제국 당시 변방의 황무지였습니다. 로마 문명의 빛을 덜 받은 낙후된 지역답게 프랑크제국이 분열하면서 동프랑크왕국이 되었다가 조용히 문을 닫습니다. 부족 연맹체 정도가 모여 있던 이 지역에도 뒤늦게 올망졸망 각 지역의 골목대장들이 나타납니다만 오토라는 영웅이 나타나서 위기에 빠진 교황을 살려주는 바람에 졸지에 신성로마제국이란 명칭을 교황에게서 받습니다. 독일은 이 때문에 지역성을 체득한 뒤 통일 왕국을 건설하는 공식을 놓쳐 버립니다. 무늬만 제국이면서도 제국답게 각 지역의 영주들은 황제(그래봐야 좀 나은 환경의 공국 영주일 뿐인)로부터 로마식대로 자치권을 부여받아 다스렸기 때문에 지역 정체성을 만들지 못하고 분권화에 안착해 버립니다. 독일 지역은 근대에 이르러서도 영토국가 개념을 획득하지 못한 채 지내다가 프랑스, 영국 등이 국민국가로서 막강한 힘을 세계로 뿌리던 19세기에 이르러서야 겨우 통일을 이룹니다.

로마가 사라진 후 무주공산이 되어 버린 브리타니아로 서고트족의 남하에 놀란 앵글족과 색슨족, 유트족이 건너갑니다. 이들이 원래 있던 민족들과 치열한 패싸움을 전개하면서 각 지역의 귀족으로 성장합니다. 이러다가 6세기경에 교황의 전도에 귀족들이 넘어가면서 마침내 유럽 무대에 데뷔는 했지만 인기는 별로 없었습니다. 데뷔 이후 4백여 년간은 그저 유럽의 꼬랑지에 붙은 황무지 정도로만 취급받다가 프랑스 때문에 상황이 매우 복잡하게 전개됩니다. 프랑스와 영국이 티격태격하는 복잡한 이야기는 따로 정리하겠습니다.

이탈리아 북부는 아예 힘의 공백 지대였습니다. 이탈리아 중부는 교황령이 자리 잡아 다툼의 무풍지대였고, 이탈리아 남부와 시칠리아는 비잔틴제국령이라 손도 대지 못하는 상태입니다. 이탈리아 반도는 옛 로마제국의 이름에 전혀 맞지 않게 최소한의 지역성도 갖추지 못한 채 지내다가 19세기에 이르러서야 겨우 통일합니다.

이탈리아 북부와 마찬가지로 프랑스에 접경한 독일 북부 해안도 지역 다툼의 사각지대에 속합니다. 이곳에는 고대의 페니키아처럼 지역 다툼에 뛰어들지도 못하는 버림받은 이들이 각자 오두막을 짓고 근근이 연명을 하고 있었습니다. 아무도 눈길을 주지 않은 덕택에 십자군전쟁 이후 자유시를 만들 수 있었고 해상무역으로 경제력을 키웠으며 그 힘을 바탕으로 유럽의 르네상스를 이끌어 나갑니다.

스칸디나비아 반도 쪽에는 남진을 한 무리 외에 여전히 남아 있던 무리가 있었습니다. 워낙 오지라 남은 이들은 떠난 이들의 지원도 받지 못한 채 자립을 해야 했습니다. 10세기 이후에야 비로소 덴마크가 나타나면서 나라꼴을 갖추기 시작했습니다.

이베리아 반도 쪽은 이슬람제국이 지브롤터 해협을 건너 속국화시킨 지역입니다. 유럽이 각개약진을 하면서 부글부글 끓을 때에도 이 지역은 비교적 변화가 없었습니다. 15세기에 이르러서야 비로소 이슬람을 몰아내고 옛 땅을 회복하는데, 에스파냐와 포르투갈은 세워지자마자 벤처 정신으로 무장하고 대서양을 건너 신대륙을 차지하는 대히트를 치면서 유럽의 강자로 자리매김합니다. 데뷔 치고는 극적인 데뷔지요.

발칸 반도 지역은 완전히 몰락한 전통의 그리스와 동고트족에 밀려서 남하한 슬라브족이 자리를 잡았습니다. 이 지역은 원래 있던 민족, 슬라브족, 동고트족, 노르만족까지 아주 다양한 종족이 다양한 종교와 얽힙니다. 비잔틴제국의 근거지였으므로 아리우스파로부터 발전한 동방정교 지역이었는데 황당한 4차 십자군전쟁의 결과 잠시 들어선 라틴제국의 영향으로 로마가톨릭의 물이 들었고, 마지막으로는 비잔틴을 점령한 오스만투르크에 의해 이슬람으로 변한 덕분에 다양한 종교와 민족이 뒤범벅됩니다. 오늘날 이 지역이 유럽의 화약고가 된 원인입니다.

동북부 지역은 워낙 낙후된 지역이라 이 지역에 정착한 노르만족은 상당히 고생했습니다. 거기다가 몽골군의 강력한 원투 스트레이트에 그로기 상태가 되어 유럽 역사에 그리 큰 발자취를 남기지 못하고 은둔의 세월을 보냅니다. 그러다가 러시아가 나폴레옹을 패퇴시켜 버리면서 유럽 무대에 데뷔했고 20세기에 이르러 공산혁명으로 세계사에 제대로 명함을 내밀었습니다.

전쟁의 법칙

이렇게 각 지역이 각개약진을 하다 보면 충돌하게 마련입니다. 지역끼리의 충돌을 전쟁이라 하지요. 고만고만한 패거리들이 신나게 싸웁니다. 여기서 착각하지 말아야 할 것은, 우리가 알고 있는 전쟁과 이들이 하고 있던 전쟁은 개념이 다르다는 것입니다. 동양의 역사와 이들의 역사는 진행 양상이 정말 다릅니다. 한반도는 중국 문명의 강한 영향력 아래에 있는 지역답게 영토국가의 면모를 갖추고 역사 속으로 첫출발했습니다. 영토국가답게 지역 헤게모니를 장악하고 상대를 멸하기 위해 전쟁을 치렀습니다. 이것이 동양의 전쟁 법칙입니다. 로마제국 이후 유럽은 각자의 지역에서 골목대장을 하기 위해 머리 터지게 싸웠지, 패권을 놓고 서로 다른 지역과 쟁투를 한 동양식이 아니었습니다. 각자의 골목에서 영역권을 확보하려는 싸움이었죠. 그래서 전쟁도 상대를 아예 지도에서 지워 버리는 식이 아니었습니다. 2등이 있어야 1등도 있는 법이란 걸 시작부터 알았다고나 할까요? 자기 골목에서 부하를 만들고 서열을 정하기 위한 전쟁을 했다는 뜻이지요. 동양의 전쟁이 상대를 굴복시키거나 접수하려는 목적의 전쟁이었다면 유럽의 전쟁은 순위 결정전 성격이 강합니다. 코피만 터뜨리면 상황 끝이지요.

어쨌건 싸움은 싸움입니다. 나름대로는 치열합니다. 싸우다 보면 힘이 달릴 때도 있습니다. 이럴 때는 옆 골목에 원조를 요청하기도 합니다. 공짜는 아니죠. 때로는 여동생을 소개시켜 주거나 먹을 것을 나눠주기도 하고 때로는 딱지 몇 장을 주거나 골목길 통행권을 약속하기도 합니다. 이익에 따라 오늘의 적이 내일의 동지가 됩니다. 동맹이니 혈맹이니 하는 것도 이익이 있어야 성립하는 관계입니다. 서로가 서로에게 용병이 되는 것이지요. 오늘날도 서구와 동맹이니 혈맹이니 하면서 관계를 지속하려면 그 대가를 반드시 지불해야 합니다. 지금 혈맹이라고 대가도 지불하지 않으면서 의리를 지켜 줄 거라 생각하면 큰코다칩니다. 그건 동양식일 뿐입니다. 용병의 역사가 워낙 오래되다 보니 이들에게는 이것이 상식입니다. 이러다 보니 이 골목 저 골목의 관계가 완전히 뒤엉켜서 누가 적이고 누가 아군인지 구분도 못하는 상황이 되었습니다. 인적 관계가 대단히 복잡하게 얽혀 있습니다. 서로의 세력 유지를 위해 곳곳의 영주들이 왕자와 공주를 짝짓기시키고 은근슬쩍 사돈네 땅을 넘보는 일이 다반사였습니다. 겸직하는 왕이 속출하고 결혼한 왕 부부 덕분에 두 지역이 하나로 뭉치기도 합니다. 훨씬 나중의 일입니다만 합스부르크 가문은 다수의 나라를 소유하기도 하죠. 곳곳에 있는 사돈들이 얽히고설킨 소유권 문제로 으르렁댑니다. 제1차 세계대전도 따지고 보면 난마처럼 얽힌 유럽 왕가들의 사돈 관계가 전쟁의 방아쇠를 당긴 원인이 되었습니다. 물론 속내는 돈이었지만요.

　이 복잡한 족보를 다 외울 필요는 없습니다. 많은 사람들이 세계사를 공부하다 포기해 버린 이유가 이 때문이거든요. 우리가 알고자 하는 건 유럽의 계보, 족보가 아니라 복잡함을 해결하는 그들만의 방식입니다. 이런 복잡한 족보는 정략적이기 때문에 오늘의 돈독한 사이가 내일의 원수가 되기 십상입니다. 족보가 복잡해질수록 갈등은 차곡차곡 쌓여 갑니다. 이 갈등을 해결하는 방법이 바로 전쟁과 협상입니다. 그래서 당시 유럽은 땅을 뺏고 멸망시키는 전쟁이 아니라 적당히 싸우다가 결국은 협상과 타협으로 실리를 챙기는 식으로 복잡성을 해결합니다. 바로 이 지점에서 교황은 분쟁의 조정자로 제 몫을 하는 거지요. 협상과 타협을 하자면 불편부당하며 이해득실에 간여치 않는 조정자가 있어야 합니다. 아무리 둘러봐도 이만한 자격을 갖춘 이는 교황밖에 없습니다. 그러다 보니 각 지역의 실력자들은 교황의 권위를 인정해야만 했습니다. 권위도 없는 이에게 조정의 역할을 맡기지는 않으니까요. 교황은 이런 상황에서 가랑비에 옷 젖듯 서서히 권위를 획득해 갑니다. 물론 처음부터 각 지역의 실력자들이 독실한 기독교인일 리가 없습니다. 목적에 따라 정략적으로 기독교인이 된 것이니까요. 교회도 이들에게 수도사 격의 엄격한 교리를 요구할 필요가 없습니다. 그러다가 신자들 다 떨어져 나가면 망하니까요. 적당히 현실에 맞는 교리가 필요합니다.

요즘의 교회 모습도 이와 별로 다르지 않습니다. 그러고 보면 기독교는 영혼의 영역에 속해 있으나 현실의 땅에 굳건히 발붙이고 있는, 기복 신앙의 한계를 이미 갖고 있는지도 모릅니다. 하긴 밀라노칙령과 니케아공의회도 정치 전략적 산물이긴 합니다만. 이 상태가 오래가다 보니 각 지역의 영주들도 적당히 현실화된 기독교를 삶의 기본 조건으로 생각하고 일상으로 받아들이게 됩니다. 특별한 것이 일상이 되면 더 이상 특별하지 않아집니다. 로마가톨릭이 유럽의 보편 종교가 되었습니다. 로마가톨릭 입장에서는 좋은 일이나 더 이상 특별하지 않다는 것은 그만큼 현실에서의 힘이 위축된다는 뜻이기도 합니다. 종교 자체로는 좋은 일이나 교황에게는 그다지 좋은 일이 아닙니다. 그래서 많은 문제가 교회 내부에 쌓여 갑니다. 이 이야기는 종교분쟁(개혁)에서 다시 하겠습니다.

이런 식으로 유럽은 각개약진을 통해 각자의 영역을 정하면서 현대 유럽의 기본 모습을 갖춰 갑니다. 이들이 혼성, 혼합의 방식으로 기본 모습을 갖추었기 때문에 오늘날 유럽 각국의 국경선이 연성화되고 국적을 옮기는 일도 그리 큰 일이 아니게 되었습니다. 우리가 생각하는 국가, 국왕, 국경선, 국적의 개념과 이들이 생각하는 개념의 차이는 바로 이런 국가 형성 과정에서 나왔습니다. 지금 무역자유화, 세계화를 외치면서 국경선, 국적을 허물어뜨리려는 시도는 그들 입장에서는 너무나 자연스런 행위입니다. 역사에서 난데없이 뚝 떨어지는 제도, 시스템은 절대 없습니다. 과거를 뒤져보면 씨앗을 발견할 수 있습니다.

이런 각개약진의 물리화학적 형태에 또 하나 힘을 실어 준 계기가 있습니다. 십자군전쟁입니다. 십자군전쟁은 사실 무모했고 실패한 전쟁입니다. 기독교의 지하드 격인 십자군전쟁은 알려진 바대로 성지 탈환이 목적이 아니라 교황의 주도권 확보 전략의 일환입니다. 여기에 봉건제도의 모순이 겹쳐져서 동네 싸움하듯이 와글와글 몰려들어 이슬람 세계와 한판 붙은 전쟁이지요. 결과는 지리멸렬입니다. 보통 서양사를 보면 십자군전쟁에 많은 양을 할애합니다만 그럴 필요가 없는 단순한 이벤트일 뿐입니다. 성지 탈환은 핑계일 뿐, 목적한 바는 교황권의 확립에 있으니까요.

그런데 아무리 교황이 선동했다 치더라도 왜 유럽 전역에서 힘깨나 쓴다는 기사들이 모두 이 전쟁에 참가했을까요? 역시 경제에 답이 있습니다. 그래서 십자군전쟁은 성지 탈환이 아니라 유럽 경제 도약의 토대 확립이라는 다른 역사적 성과를 낳았습니다. 세 가지 면에서 그렇습니다. 하나는 십자군전쟁 실패의 책임을 지고 하늘의 권력이 세속의 권력에서 완전히 손을 뗌으로써 세속이 정신적 독립을 할 수 있었다는 것과, 우물 안 개구리였던 유럽이 선진 문물을 접하게 되어 모든 면에서 눈을 뜨게 된 것, 나머지 하나는 안 그래도 경제 위주로 진행된 역사에서 이제는 노골적으로, 경제가 역사를 주도하게 되었다는 점입니다. 이 모든 것은 유럽의 독특한 봉건제도에 뿌리를 두고 있습니다.

중국산 vs 유럽산

누군가가 지금부터 시작한다고 선언해서 봉건제가 출발한 것은 당연히 아닙니다. 특히 서양은 더더욱 그렇지 않습니다. 서양사를 보면 나라 이름도 정하지 않고, 언제 섰는지도 모른 채 어물쩍 나라를 세우고 문을 닫곤 하는 일이 흔합니다. 로마만 해도 언제부터 시작되었는지는 아무도 모르고(비록 로마의 건국 일자가 기원전 753년 4월 21일이라고 딱 정해져 있습니다만 이거야말로 엉터리 연대입니다), 왜 세웠는지도 모호합니다. 그저 안 잡아먹히고 먹고살려고 하다 보니 그렇게 된 것이지요. 서구가 정치 지향이 아니란 증거입니다. 동양은 다르지요. 한 왕조를 무너뜨리면 국호부터 정합니다. 언제 어느 때, 딱 떨어지는 개국 원년을 갖고 있지요. 그만큼 동양에서 나라와 정치는 한 몸입니다. 서구는 이와는 사뭇 다릅니다. 프랑스도 언제 프랑크에서 프랑스로 변했는지, 노르망디의 윌리엄이 잉글랜드를 정복했지만 그 잉글랜드가 언제 개업을 했는지는 아무도 모릅니다. 독일이나 이탈리아는 19세기 들어서 통일을 했으니까 정확한 개업 일자가 있지만요. 안 굶으려고 바쁘게 살다 보니 그렇게 되었다는 식입니다. 서구 역사는 모든 것이 먹고사는 문제, 즉 경제에 초점을 두고 진행됩니다. 그런 점을 염두에 두고 로마가 무너진 이후부터 절대왕권이 갖춰지던 시기까지의 유럽 모습을 살펴보고자 합니다.

로마가 전성기였던 시절, 정복이 끝나고 노예 공급이 중단되자 경제 시스템이 변하기 시작했습니다. 노예로 농사를 짓던 라티푼디움은 토지를 쪼개어 소작농에게 빌려주고 경작하게 하는 콜로나투스로 바뀌었습니다. 로마 붕괴 후 라티푼디움은 영지로, 그것을 소유하고 있던 귀족은 영주로, 소작농은 농노로 변화합니다. 쇠퇴기 로마의 상비군은 대부분 용병이었습니다. 나라가 어지럽고 힘이 없어지자 군인들은 졸지에 직업을 잃게 되었습니다. 나라의 보호를 받기 어려워진 라티푼디움은 스스로를 보호해야 할 필요를 느꼈고, 급여 연체로 어려움을 겪던 군인들을 고용하기 시작했습니다. 라티푼디움 소속 용병들이 생겼습니다. 이 용병들이 중세에 기사로 변화합니다. 로마의 국교는 기독교입니다. 예배를 집전하는 성직자들이 배출되었고, 이들은 로마 붕괴 이후에도 변함없이 성직을 수행합니다. 이렇게 해서 기도하는 자(성직자), 지배하는 자(영주), 싸우는 자(기사), 일하는 자(농노)로 계급이 갈라졌고 각자의 역할이 정해졌습니다. 이것이 유럽 봉건제의 기초가 됩니다.

여기서 또 한 번 동양과 서양을 비교해야겠습니다. 그동안 계속해서 동서양의 문명을 비교했고, 그 잣대는 지리에 있다고 했습니다. 중국은 중원이란 명분과 역사의 중심 덕분에 통일을 목적으로 투쟁했고 패권을 쥐기 위해서 명분을 획득해야 했기에 정치 지향의 역사가 진행되어 왔다고 했습니다. 반면 서양은 지리적 중심이 없었기 때문에 문명 자체가 계속 이동하면서 확장해야 했고 그 동력이 경제라는 것도 누차 강조해 왔습니다. 양 문명의 봉건제도 역시 이 기본 틀 아래서 진행됩니다.

중국은 황제가 제후들을 책봉하는 형태로 지배 체제를 구축했습니다. 농사가 경제의 주축이며 국고는 농민들이 내는 세금으로 채워졌으므로 토지제와 세제의 확립이 가장 중요한 국가 시책이었습니다. 세금을 걷기 위해서는 관리가 필요하죠. 그래서 관리를 등용하기 위한 과거제가 시행되었습니다. 과거를 치르기 위한 형식이 필요했고 그 형식은 국가 이데올로기에서 나옵니다. 중국의 이데올로기는 유학입니다. 이에 따라 유학을 국가 이데올로기로 한 중앙집권 형태의 관료제가 정착되었습니다. 이 모든 것은 지배 체제였지요. 말하자면 중국식 봉건제는 지배와 피지배의 관계였습니다.

이에 반해 서양의 봉건제는 로마가 무너지면서 자연히 구분된 계급에 따라 직능이 나누어지면서 구성된 제도입니다. 직능이 나누어진다는 것은 경제활동입니다. 로마가 워낙 농사가 아닌 정복과 약탈의 경제 체제를 갖추었기에 이후의 영주들에게도 토지에서 나오는 세금은 각종 수입 중 일부에 불과했습니다. 토지제 같은 건 그리 신경을 쓸 필요가 없었지요. 오히려 대장간, 방앗간, 항구, 도로 같은 사회 인프라에서 걷는 비용(세금)이 훨씬 중요한 수입원이었습니다. 또 한 가지, 로마의 전통은 계약에 의한 보호와 피보호였습니다. 지배와 피지배라는 개념과는 상당히 다릅니다. 아래 계급이 노동과 충성을 바치면 위 계급은 보호해 주는 것이 로마 사회 구성의 골간입니다. 로마 시민은 황제에게 충성하는 대신 황제는 그들을 보호할 의무가 있다는 개념이지요. 그러자니 황제도 돈이 많아야 했고 투자를 해서 돈을 벌어야 했습니다. 잘 보호하기 위한 경비를 벌기 위해서입니다. 저 혼자 잘 먹고 잘 살자고 투자하는 게 아니란 거죠. 당시 그들의 투자와 돈벌이를 오늘날 이 땅의 그것과 비교해 보는 것도 사회구성체의 측면에서 꽤 흥미로운 일입니다. 로마 시민 보호의 의무를 다하지 못하면 황제 목숨도 파리 목숨이었습니다. 이 개념은 군대에도 적용됩니다. 이렇게 상비군마저 계약에 의해 조직된 용병들이었으니 모든 사회조직은 계약이 토대입니다.

물론 영주와 농노가 계약서를 작성하고 도장을 찍은 것은 아니었습니다. 그러나 영주는 농노를 보호하는 대가로 모든 인프라 사용에 대한 비용을 받을 수 있었고, 농노는 비싼 비용을 치르면서 힘겹게 살아야 했지만 최소한 굶어 죽지 않고 전쟁에 나가 피 흘려 죽지 않으면서 생명의 안전은 유지할 수 있었습니다. 당시 유럽은 북방의 무서운 야만족에다가 걸핏하면 홀연히 나타나서 모든 것을 쓸어가 버리는 악마 같은 훈족, 투르크족, 몽골족 때문에 영주의 성에서 멀리 떨어져서는 목숨을 부지하기 어려운 환경이었습니다. 그러니 힘없는 농노의 입장에서는 영주에게 고용된 기사의 무력에 의지해야 했고, 자연히 영주의 보호를 받는 입장이 될 수밖에 없었습니다. 영주 입장에서는 농노가 있어야 영지를 유지할 수 있었기에 농노를 보호하기 위해서 기사를 고용해야만 했지요. 이런 모든 것이 유기적으로 얽혀 있었습니다. 그러므로 서양의 봉건제는 그 근본이 계약에 의한 것이었습니다. 거기에다가 서양의 봉건제는 자급자족 시스템입니다. 성과 성을 연결하는 도로망을 걸핏하면 야만족들이 끊어 버렸기에 필요한 것은 성 안에서 충족시켜야 했습니다. 이러다 보니 사람, 물자의 교류는 활기를 잃었겠지요. 그래서 서구의 중세를 암흑기라고 부르는 모양입니다만, 모든 것을 성 안에서 다 만들어야 하니 얼마나 많은 모색과 시도, 실패가 있었겠어요. 서구의 중세는 암흑기라기보다는 각자 생존에 골몰한, 치열한 투쟁기였습니다.

역사를 들여다볼 때 잊지 말아야 할 원칙이 당시로 돌아가서 당시의 창으로 그 시대를 들여다보는 것입니다. 서구의 봉건제를 뒷받침한 것이 계급제라고 했습니다. 오늘날의 상식에서 본다면 계급제는 인간의 존엄성을 해치는 제도입니다만 인민의 생명과 재산, 존재를 보호하는 국가라는 개념이 없던 당시, 힘없는 이들이 자신의 생명을 부지할 수 있는 유일한 길은 힘센 이에게 자신을 의탁하는 것입니다. 보호의 대가로 자신의 노동, 즉 돈이나 무력을 제공하면서. 이것은 당시의 사회에서 인간으로 살아갈 수 있는 최소한의 조건이었습니다. 계급제는 자연스러운 현상이었습니다. 반면 동양에서는 영토국가라는 개념이 고대사회에서부터 존재했기에 계급이라는 개념 자체가 완전히 달라, 지배와 피지배라는 정치 개념이 존재한 것이지요.

그러므로 동서양의 봉건제 차이는 그저 정치적 수직 관계와 계약적 수평 관계라는 도식으로만 해석할 수는 없는, 양 지역의 역사 층위에 따른 거대한 차이입니다. 이 차이가 오늘날 서구 문명이 세계 문명이 된 주요 동인입니다. 정치적 수직 관계는 지배와 피지배 관계입니다. 여기에 신분제가 얽히면 지배계급과 피지배계급이 역전되는 사태는 있을 수가 없습니다. 간혹 가물에 콩 나듯 신분이 상승할 수는 있습다만 사회 전체로 본다면 그런 기회는 없는 것이나 마찬가지지요. 이렇게 정체된 사회는 상상을 할 수 없는 사회입니다. 새로운 꿈은 지배계급에서나 가능한 일이었고 그 꿈도 사회 변혁이나 미래지향이 아니라 권력을 쟁취하기 위한 정도에 불과했습니다. 꿈을 꿀 수 없는 사회는 혁신보다는 정체, 즉 보수적 태도를 취하기 마련입니다. 물론 보수가 나쁘고 혁신이 옳다는 건 결코 아닙니다. 보수는 정교한 시스템을 만드는 데 장점이 있으니까요. 문제는 세상이 단 하나가 아니라는 데 있습니다. 문명 혹은 국가, 사회 단위가 서로 존재를 알고 교류하고 혼성되다 보면 보수는 교류 대상의 역동성에 밀려 자신을 정교하게 다듬을 시간이 없습니다. 그저 있는 것을 지키는 데 급급해지기 마련이고 이는 보수를 수구로 고착시키는 정도가 아니라 과거로 회귀시켜 버린다는 데 심각한 문제가 도사리고 있습니다.

조선 후기 숙종 때는 궁 안에 아예 대보단이란 것을 만들어 이미 사라지고 없는 명나라 황제의 은덕을 기리고 제사까지 지내는 멍청한 짓을 경건하게 했었습니다. 이렇게 과거로만 몰입하니 조선이 망했지요. 중국의 역대 제국들이 망한 건 정도의 차이가 있을 뿐, 자기를 보호하려는 보수의 과거 회귀 성향 때문입니다. 지금도 마찬가지입니다. 세계는 어리둥절할 정도로 급변하고 있는데 우리 사회는 끝도 없이 과거로 회귀하고 있습니다. 정말 심각합니다. 회귀의 끝은 멸망이니까요. 역사가 증명하고 있습니다. 정치 지향 사회가 어쩔 수 없이 회귀 성향을 갖고 있다고는 하지만, 역사가 꾸준히 그 결과를 증명하고 있다면 이 흐름을 바꿔야 하지 않을까요? 한반도는 정치가 유난히 강한 지역입니다.

메이드 인 유럽

_ 십자군전쟁

유럽산 봉건제도는 시스템을 만들고 거기에 사람과 상황을 적용시킨 것이 아니라, 물 흐르듯 필요할 때 필요한 방식으로 만들면서 진행이 되었습니다. 로마가 붕괴된 이후에 곳곳에 만들어진 영주들의 성도 이런 식으로 조성되었습니다. 라티푼디움의 소유자인 귀족은 자연히 각 지역의 우두머리가 됩니다. 이들이 영주입니다. 영지의 크고 작음, 경제력의 대소에 따라 각 영주들의 서열도 암암리에 정해졌습니다. 위 서열의 영주는 아래 서열의 영주를 보호해 줘야 할 의무가 있었고, 아래 서열의 영주는 위 서열의 영주에게 대가를 지불해야 했지요. 유럽 대륙은 이런 식으로 마치 점조직처럼 연결되었습니다.

이렇게 큰 영주와 작은 영주, 영주와 농노는 역할이 딱 정해졌는데, 기사는 아주 애매한 입장입니다. 기사는 영지 전체를 외부의 침입으로부터 지키는 자, 싸우는 자입니다. 그러니 싸움이 없으면 기사가 할 일도 없는 셈입니다. 노동을 안 하는데 임금을 지급할 수는 없지요. 무노동 무임금입니다. 그래서 늘 싸움을 만들어야 하고 그마저 없다면 마상 무예 경기라도 해서 스트레스를 달랬습니다. 싸울 거리가 없는 싸우는 자들은 자칫 양아치나 조폭으로 변신할 우려가 많습니다. 서양 중세가 큰 전쟁 작은 전쟁으로 조용할 날이 없었던 이유를 이런 데서 찾아볼 수도 있습니다.

당시의 유럽은 장자가 전부 상속을 받는 사회였습니다. 차남부터는 국물도 없습니다. 영주도 마찬가지입니다. 장남은 왕위를 물려받는 왕자가 되어서 백설공주랑 결혼하고 왕이 될 수 있었지만 차남은 왕자이기는 한데 받을 재산도 없고 할 일도 없습니다. 서둘러 독립하지 않으면 완전히 찬밥 신세가 되기 일쑤입니다. 독립하지 않고 그대로 뭉개고 있으면 못된 귀족들이 들쑤셔서 왕위를 찬탈하려는 쿠데타를 일으키기도 합니다. 그래서 영주들은 차남 이하 아들들이 어느 정도 크면 위 서열의 영주에게로 보내서 기사 수업을 쌓게 합니다. 말이 수업이지 자기 영지에서 나중에 말썽 일으키지 말고 거기 가서 기사 노릇하며 밥벌이나 하라는 거였죠.

그래서 차남들은 위 서열의 영지로 가서 기사로 재직합니다. 재직한다 해도 전쟁이 없으면 봉급도 없는, 미래가 없는 따분한 신세들이지요. 이런 판이니 전쟁이라도 벌어지면 이들은 완전히 신이 납니다. 십자군전쟁에 유럽 대륙의 힘깨나 쓴다는 기사들이 죄 모여든 이유가 바로 여기에 있습니다. 전쟁을 하니 월급을 받을 수 있고 혹여 새로운 땅을 차지한다면 자신도 영주가 될 수 있다는 꿈에 부풀어 유럽의 모든 차남 이하 실업자 기사들이 모여든 거지요. 당시 교황도 동방이 부자라고 선동하며 모병 업무를 했습니다.

십자군전쟁은 당사자들의 동상이몽 집합체였습니다. 교황은 교황권의 강화를 목표로 선동했고, 영주들은 전투력을 과시하여 지역 헤게모니를 장악할 수 있는 기회로 봤으며, 기사들은 일확천금의 꿈을 꿨고, 순진한 농부들은 교황의 선동에 넘어가서 순수한 신앙심을 불태우며 참전했더랬습니다. 이렇게 일사불란은커녕 지휘 계통조차 존재하지 않는 십자군이었으니 당연히 실패할 밖에요. 사실상 십자군은 오합지졸 관광객이었습니다. 하늘의 권력 대행자 교황이 앞장선 전쟁이므로 이기는 것은 따 놓은 당상이고, 잘하면 영주도 될 수 있고 못해도 한몫 잡는 건 당연하니 이참에 성지순례나 하자는 게 당시 십자군 정신이라면 정신이었습니다. 첫 번째 원정은 그럭저럭 성공했지만 사실 이건 당시 이슬람 세계가 분열하고 있던 틈을 탄 승리였을 뿐 그 이후로는 정신을 차린 이슬람에 연전연패, 오합지졸의 특성을 고스란히 드러낸 전쟁이었습니다. 그런데 이 십자군전쟁은 전쟁에서는 졌지만 유럽의 역사 쪽에서 보면 대단히 유용한 이벤트였습니다.

교황은 자신의 선동으로 유럽 전체를 집합시킬 수 있다는 자신감을 얻었습니다. 각지 영주의 입장에서는 골치 아픈 계륵인 기사들의 봉급을 해결할 수 있는 찬스이기도 하고 자신의 세를 과시할 수도 있었지요. 기사들은 그럭저럭 목표한 부를 얻을 수 있었고 농민들은 자발적 참여로 자신들도 역사적 이벤트의 주인공이 될 수 있다는 존재감을 획득한 전쟁이었습니다. 이 존재감과 자신감이 11세기부터 이탈리아 북부 지중해 연안과 북해 연안 플랑드르 지역에 세워진 자유도시로 그들을 이끌었으며 중세를 벗어나면서 시민으로 변신을 하는 동력이 되었습니다. 시민의 개념과 존재가 없었다면 오늘날 서구 사회는 전혀 다른 모습이 되었을 정도로 그들의 존재는 중요합니다. 현대 민주주의는 각성한 시민이 없다면 극도로 효율이 떨어지는 정치 시스템이거든요. 이 존재의 씨앗이 십자군전쟁 때 싹 튼 겁니다. 이러고 보면 십자군전쟁에서 이기고 지는 것은 모든 당사자에게 그리 큰 문제가 아니었습니다. 정말 이상한 전쟁이지요. 이슬람 입장에서 봐도 십자군전쟁은 별 볼일 없는 유럽의 실력을 한번 검토해 본 이벤트에 불과해서 이후에는 자신감 있게 자신의 문화를 발전시키는 계기가 되었습니다.

이 모든 것보다 훨씬 더 큰 수확은 십자군전쟁이 유럽 경제의 흐름을 탔다는 데 있습니다. 십자군의 이동 경로는 예전 로마 군대처럼 그 자체가 바로 경제의 흐름이었습니다. 유럽 곳곳에서 몰려나온 이들이 머무는 곳엔 병참기지가 섰고 이것이 후일 자유도시로 변합니다. 약탈한 물건들은(정신 나간 십자군들은 심지어 같은 동업자인 비잔틴제국의 콘스탄티노플을 점령하고 약탈하기까지 합니다) 도시화된 병참기지를 통해 유럽에 흘러 들어갔습니다. 경제가 활성화(!)되니 자연히 상업의 여러 시스템이 갖춰집니다. 계약과 신용, 상품의 제작과 판매, 투자, 금융 등의 초기 단계가 발전합니다. 이것이 후일 대항해시대와 르네상스를 여는 중요한 동력이 됩니다.

유럽 사회가 어느 정도로 철저한 계약사회인지는 4차 십자군전쟁에서 여실히 드러납니다. 아주 재미있기도 하지만 서양 문명의 근대적 모습을 갖추는 중요한 계기이기도 해서 총 8차례의 십자군전쟁 중 이 전쟁만 간략하게 정리하겠습니다. 한 가지 명토 박을 사실은, 이 계약사회를 선진화된 사회로 착각하지 말자는 것입니다. 영주가 중국의 제후처럼 강력한 정치권력을 갖고 있었으면 당연히 명령 지휘 계통으로만 군대를 꾸렸겠지요. 그런 정치권력 자체가 없었으므로 이벤트를 위해선 계약을 맺을 수밖에 없었던 것이지, 계약이 선진 기법이라서 이런 상황을 만든 건 아닙니다. 자고로 힘이 없으면 돈이나 몸으로 때워야 하는 법이지요.

중세판 개그콘서트
_ 계약사회의 한 단면

　1차 십자군 원정 외에는 지리멸렬에 빠져 초조해진 유럽의 영주들과 교황은 방법을 바꿔 이번에는 해로로 이슬람의 땅인 이집트를 먼저 치기로 합니다. 작전의 발안자는 잉글랜드의 리처드 왕(영주입니다. 동양식 왕과 혼동하지 마세요)입니다. 해로로 이집트를 공격하자면 이탈리아 쪽에서 출발하는 게 정석입니다. 과거 로마의 옥타비아누스가 안토니우스를 치기 위해 갔던 바로 그 원정 루트입니다. 해로 진격이니 당연히 배가 필요하지요. 로마가 붕괴된 이후 유럽은 늘 땅에서만 치고받았기 때문에 해군이 없습니다. 군함? 없습니다. 할 수 없이 이들은 당시 지중해의 해상무역 중심지 베네치아 공화국에 주목합니다. 오늘날의 개념이라면 전시 상태이므로 민간 선박이라 해도 징발 대상이겠죠? 그러나 당시의 상황에서는 천만의 말씀 만만의 콩떡입니다.

　때는 1201년, 베네치아는 독립 공화국이었고 상업 도시였으므로 영주도 없었고 교황의 거룩한 말씀도 선택 사항일 뿐, 아무것도 강요할 수 없는 곳이었습니다. 그렇다면 무력으로 배를 징발하면 될까요? 이것 역시 천만의 말씀입니다. 베네치아는 독립 공화국이란 말씀을 드렸습니다. 자기 재산은 자기가 지키는, 일하는 자가 싸우는 자이기도 한 곳이지요. 그렇다고 천하의 유럽연합군인 십자군이 겨우 그 정도의 무력에 기죽을 일은 없습니다. 무력으로 배를 징발하지 못한 이유는 딴 데 있습니다.

서양에서 계약은 유전인자와 같습니다. 이집트는 국경 수비를 용병에게 맡겼고 이집트와 붙은 히타이트 군대도 용병이었습니다. 페르시아도 마케도니아도 연합군 성격의 용병이었고 로마 군대도 용병이었습니다. 모두 군대와 계약을 하고 전쟁을 치렀지요. 로마 황제도 로마 전체와 계약을 한 것과 같습니다. 그래서 로마를 잘 이끌지 못하는 황제는 계약 위반으로 축출되었습니다. 영주와 기사, 영주와 농노의 관계도 역시 계약입니다. 계약만 잘하면 문제될 게 전혀 없는 사회였기에 계약을 이행하지 않는다는 건 사회적 자살 행위였습니다. 그러므로 십자군도 배를 이용하기 위해서는 여지없이 배 주인과 계약을 해야 하는 거지요. 그래서 십자군은 베네치아의 도제 엔리코 단돌로와 병력 수송에 관한 계약을 체결합니다.

십자군 : 우리가 전쟁하러 바다를 건너야 하니 배를 빌리자. 돈 줄게.

단돌로 : 얼마 줄 건데?

줄다리기 끝에 총 계약금 8만 4천 마르크, 수송 인원 4만 명, 50척의 무장 갤리선 제공, 식사 제공, 왕복 수송, 수송 일자 1202년 6월로 계약이 체결됩니다. 옵션으로 원정이 성공하면 정복지의 반을 받는다는 조건도 포함되었습니다. 십자군 입장에서는 영 재미없는 장사지만 안 하는 것보다는 낫습니다. 사업이란 게 원래 그렇거든요. 이것이 유럽 전쟁의 전형적인 모습입니다. 계약은 잘 체결되었는데 십자군 쪽에서 계약을 위반하면서 상황이 우습게 전개됩니다. 계약 이행 일자가 되었는데 십자군에서 모은 병력이 만 명도 되지 않았습니다. 시작도 하기 전에 흥행 실패의 예감이 팍팍 옵니다. 4만 명이 모여야 계획했던 대로 참가비 모금이 되는 건데 성원이 되지 않으니 애초 목표했던 모금액이 차지 않았습니다. 십자군 원정이란 게 별로 투자가치가 없는 전쟁이라는 소문이 돈 모양입니다. 무장 갤리선을 50 척이나 항구에 붙잡아 두었는데 계약 금액이 안 들어오니 손해가 이만저만이 아니게 된 단돌로는 화가 잔뜩 났습니다. 그래서 그는 십자군 만 명을 베네치아 항구에 볼모로 붙잡아 버립니다.

단돌로 : 늬들 계약 위반했어. 약속한 돈 내놔. 안 그러면 아무도 여기서 못 나가. 밥도 안 줄 거야. 돈 줄 때까지 부두에서 꼼짝도 하지 마.

그 서슬에 십자군 지휘관들이 황급히 부두에 묶인 병사들에게서 돈을 더 걷습니다. 항구에는 험상궂은 베네치아 군이 갤리선을 지키고 있고 부두에는 창, 칼, 투구, 갑옷, 방패를 든 완전무장의 만 명이나 되는(오늘날로 따진다면 사단 병력 정도 될까요?) 군대가 꼼짝 못하고 주머니를 뒤져 돈을 꺼내는 장면입니다. 그냥 한 줌도 안 되는 베네치아의 군대를 제압하고 배에 올라타면 되는 거 아닌가 하고 생각한다면 계약의 무서움을 모르는 겁니다. 계약 위반은 신용에 금이 가는 것이며 신용은 곧 돈입니다. 돈이 없으면 죽는 거죠. 십자군은 겨우 5만 마르크 정도를 만들었습니다.

십자군 : 5만 마르크는 만들었으니까 이제 배 태워 주라. 우리 전쟁하러 가야 해. 좀 봐주라.
단돌로 : 웃기지 마. 내가 언제 늬들에게 전쟁하라고 했어? 그건 니네들 사정이고 난 돈을 받아야 하니까 원래 계약한 8만 4천 마르크 다 내놔. 장난해? 돈 더 가지고 와.

십자군은 대략 난감입니다. 단돌로는 이리저리 머리를 굴리면서 돈을 더 받아 낼 수 없다면 돈에 상응하는 다른 대가를 받을 속셈으로 십자군에게 제안을 합니다.

단돌로 : 늬들 돈 없지? 그러면 헝가리 놈들에게 빼앗긴 이웃 도시 차라를 탈환해 줘. 늬들 천하의 십자군이잖아. 차라를 되찾아 주면 어느 정도 빚을 탕감해 줄게.

어쩔 수 없이 십자군은 차라를 점령해서 베네치아에게 돌려줍니다. 이거 십자군이 완전 베네치아의 용병이 된 셈입니다. 빚쟁이니까 찍소리 못하고 시키는 대로 했습니다. 그런데 이 소식에 펄펄 뛴 사람이 교황입니다. 노발대발, 십자군 전체를 파문해 버립니다.

교황 : 이놈의 자식들이 하라는 원정은 안 하고 같은 동업자(차라도 로마가톨릭권입니다)를 침략해? 이것들이 제 정신이야? 늬들은 이제 가톨릭교도가 아냐! 나가!

십자군은 더욱 대략 난감해졌습니다. 파문을 당했으니 이제 십자군 원정의 명분 자체가 사라져 버렸습니다. 용병 신세로 전락해서 낙담하고 있는 십자군을 바라보며 단돌로는 나머지 돈을 받을 궁리를 합니다. 때마침 '의뢰'가 들어옵니다. 비잔틴제국의 황태자가 삼촌에게 제위를 강탈당하고 절치부심하다가 이 소식을 들은 모양입니다. 황태자 알렉시우스는 십자군이 수도 콘스탄티노플로 쳐들어가 황제를 폐위하고 자신을 황제로 앉혀 주면 십자군이 단돌로에게 줄 돈을 대납하겠다고 제안했습니다.

알렉시우스 : 십자군 시켜 황제 자리를 되찾아 줘. 그러면 나머지 돈은 내가 줄게.
단돌로 : 정말이지? 그럼 십자군을 콘스탄티노플로 출정시킬 테니 너 약속 꼭 지켜.

이제 단돌로는 십자군의 매니저가 되었습니다.

단돌로 : 늬들이 콘스탄티노플 점령하고 저 녀석이 황제가 되게 해주면 저 녀석이 늬들
이 내야 할 돈 대신 내준대. 그러면 계약 완료니까 가서 콘스탄티노플을 쳐.

십자군 : 제장…. 그러면 정말 빚 다 탕감하는 거지?

단돌로 : 장사 하루 이틀 해? 우리는 신용이 생명이야!

십자군 : 알았어. 약속 꼭 지켜야 해!

빚을 탕감해 준다는 조건으로 콘스탄티노플을 점령한 십자군은 알렉시우스가
약속을 지키지 않자 쫓아내 버리고 다시 콘스탄티노플로 쳐들어가 쑥대밭으로 만
들고 원정의 목적을 달성합니다. 엄청난 약탈을 한 거죠. 단돌로에게 빚을 갚은 것
은 물론, 이슬람제국에 세웠어야 할 십자군 왕국을 비잔틴제국에 세워 버리고 의
기양양해합니다. 그것이 이름도 생뚱맞은 라틴제국입니다. 이 사건으로 비잔틴제
국은 망명정부까지 세우고 전전긍긍하다가 제국을 되찾기는 했습니다만 결국 후
유증을 극복하지 못하고 1453년 오스만투르크에 의해 문을 닫습니다. 베네치아는
이 전쟁으로 비잔틴제국 영토의 40퍼센트를 차지했고 이 땅으로 라틴제국과 협상
하여 크레타 섬을 소유하게 되어 이를 지중해 무역 기지로 삼습니다. 지중해는 이제
베네치아를 위시한 이탈리아 북부 자유무역도시의 수중에 떨어집니다.

이것이 13세기 초, 지중해를 무대로 벌어졌던 중세의 개그콘서트 한판이었습니
다. 이 상황이 잘 납득이 되세요? 그들에게 계약은 숨 쉬는 공기와 같습니다.

소유권 분쟁

오늘날 유럽의 4강은 영국, 프랑스, 독일, 이탈리아입니다. 전통적 강국은 영국과 프랑스며, 독일은 못 말리는 동네 양아치 노릇을 하면서 강국이 되었고, 이탈리아는 워낙 깊은 역사의 유산으로 한자리를 차지한 나라입니다. 넷 중에서도 오늘의 유럽을 이끈 두 나라가 영국과 프랑스입니다. 이 둘의 갈등 관계를 파악하지 않고서는 서양사를 살필 수가 없습니다. 눈만 뜨면 머리채 붙잡고 싸우느라 정신없던 영국과 프랑스 덕분에 서구는 정돈되면서 중세를 벗어납니다. 원래 형이 혼나는 동안 동생은 눈치 빠르게 처신하면서 혼도 안 나고 부모로부터 사랑도 더 받습니다. 머리 터져라 싸우는 영국과 프랑스는 다른 지역에게 좋은 공부거리였습니다.

영국과 프랑스의 갈등은 소유권 문제였습니다. 이 혼돈은 노르만족에서부터 시작되었습니다. 노르만족이 남하하면서 프랑스 북부 해안 지역에 정착하자 이들을 몰아내기에는 힘이 부친 프랑스가 어쩔 수 없이 그 지역의 영유권을 인정해서 노르망디공국이 세워집니다. 10세기의 일입니다. 노르망디공국은 프랑스의 한 영지가 된 셈이지요. 당시는 프랑크제국이 공식적으로 문을 닫은 후였습니다. 샤를마뉴 사후 그 아들들이 동, 서, 중 프랑크로 나눠 먹고 이리저리 다투다가 베르됭조약이 체결되면서 제국을 공식 해체한 후 870년의 메르센조약으로 동, 중, 서 프랑크는 각각 오늘날의 독일, 이탈리아, 프랑스의 원시적 형태로 변합니다. 라인강 서쪽을 차지한 서프랑크 왕국인 프랑스는 다시 고만고만한 영지들로 쪼개져 고만고만한 다툼을 벌이고 있었고, 왕이라고 해봐야 파리 지역의 영지를 다스리는 정도일 뿐이었습니다. 그 고만고만한 영지의 영주들 중에서 앙주, 카페 등 실력을 키워 나중에 왕실도 되고 유력 귀족도 되는 실세 가문이 나타나고 있던 중이었습니다. 이런 프랑스에 노르망디가 숟가락 하나 들고 식탁 한 귀퉁이를 차지한 거죠.

그랬던 노르망디가 브리타니아로 건너가서 잉글랜드를 아예 정복해 버립니다. 11세기의 일입니다. 그전까지 로마의 별 볼일 없는 속주였던 유럽의 변방 섬나라 브리타니아에 게르만족의 남하에 놀란 앵글족, 색슨족, 유트족이 건너가 만든 나라가 잉글랜드입니다. 그 잉글랜드를 노르망디공국이 점령해 버린 겁니다. 노르망디 왕(영주)이 잉글랜드의 왕(영주)을 겸업합니다. 투잡입니다. 소유권 문제로 계산이 좀 복잡해졌습니다. 노르망디가 잉글랜드를 정복했으니 잉글랜드는 당연히 노르망디의 소유입니다. 그런데 노르망디는 프랑스의 영지이기도 합니다. 그렇게 본다면 노르망디는 프랑스에 소유권이 있으므로 잉글랜드 또한 당연히 프랑스가 소유권을 주장할 수 있습니다. 거기다가 기왕 잉글랜드 왕이 되었으니까 노르망디는 잉글랜드 소유라고 해도 무방합니다. 그런데 노르망디는 원래 프랑스가 등기해 놓은 땅입니다. 이거 대단히 복잡합니다. 잉글랜드의 땅이 프랑스 지역에 있는 건지, 프랑스 지역의 노르만족이 잉글랜드의 주인인 건지, 노르망디가 어차피 프랑스의 영지이니 잉글랜드의 소유권은 프랑스에 있는 건지 계산이 복잡해졌습니다. 여기에다가 프랑스 남부에 있는 앙주 가문이 복잡한 사돈 관계로 끼어들어 우여곡절 끝에 앙주 가문에서 잉글랜드 왕이 탄생합니다. 이러다 보니 프랑스 내에 있는 앙주는 자연히 잉글랜드의 소유가 되어 버립니다. 그렇지만 앙주는 엄연히 프랑스에 있는 땅. 프랑스가 그냥 보고 있을 리 만무합니다. 프랑스는 잉글랜드의 소유권을 주장하고 잉글랜드는 프랑스 땅에 있는 앙주와 노르망디의 소유권을 주장합니다. 이젠 단순

계산으로는 풀 수조차 없는 상황이 되었습니다.

　이런 상황에서 십자군전쟁을 하느라 왕(큰 영주)들이 총출동을 하니 비어 있는 왕좌를 두고 암투까지 벌어집니다. 로빈 후드는 이때쯤의 잉글랜드 상황을 묘사한 얘기입니다. 이 정도면 해결책은 단 하나뿐입니다. 전쟁이죠. 전쟁을 치르기 위해서는 일단 단결부터 하는 법입니다. 단결하자면 중심이 있어야 하는데 귀족(작은 영주)들은 다 제각각이니까 결국 왕(큰 영주)을 정점으로 뭉칠 수밖에 없습니다. 왕을 정점으로 뭉치는 사회, 이것이 왕조 국가죠. 소유권 분쟁을 통해 잉글랜드와 프랑스는 서서히 절대왕조시대로 들어갑니다.

바람 잘 날 없는 집

_ 마그나카르타와 모델의회 - 잉글랜드

잉글랜드를 점령한 노르망디의 윌리엄은 귀족들에게 토지를 분배하면서 그 지역에 속한 농민들까지 덤으로 함께 나누어 주고 각 영지로부터 세금을 받습니다. 이것이 영국의 봉건제인데, 중앙집권의 중국 제국을 닮았습니다. 다른 점이 있다면 잉글랜드 왕이 잉글랜드 전체를 소유하지 못했다는 거지요. 그래서 각 지역의 귀족은 세력을 키워 갑니다. 이 귀족들과 왕의 갈등이 영국 역사의 핵심입니다.

귀족들이 왕과의 대결에서 먼저 승리합니다. 이것이 1215년에 잉글랜드 왕이 어쩔 수 없이 도장 찍은 마그나카르타입니다. 우리는 마그나카르타를 근대 민주주의의 시작쯤으로 이해하고 있습니다만(학교에서 그렇게 가르쳤으니까!) 이건 대단한 오해입니다. 마그나카르타는 귀족들이 왕을 굴복시킨 사건입니다. 당시의 왕이 무능했다는 증거이기도 하고 잉글랜드가 아직 국가로서의 기틀을 갖추지 못했다는 증거이기도 합니다. 그 와중에도 잉글랜드는 프랑스와 티격태격하면서 프랑스 내에 있던 잉글랜드의 영토를 거의 다 빼앗겨 버립니다.

앙주 가문에서 잉글랜드 왕이 나온 후, 잉글랜드 귀족들은 잉글랜드도 대륙(프랑스가 대륙의 대표입니다)의 질서에 속해 있다고 생각했습니다. 이것 역시 오늘날과 다를 바 없는 현상입니다. 대한민국의 귀족들도 대한민국이 세계 질서의 중심인 아메리카합중국(미국)에 속해 있다고 믿고 있습니다. '미국'이면 만사 오케이고 '반미'를 하면 큰일 난다고 생각하죠. 당시 잉글랜드도 그랬습니다. 정신 빠진 왕이 프랑스에게 잃은 땅(앙주)을 되찾겠다고 세금을 걷으니 가만두고 볼 수 없다고 귀족들이 한 방 먹인 사건이 마그나카르타인 거죠. 그런데도 왕이 정신 못 차리고 있으니까 귀족들이 한 펀치 더 먹였습니다. 이것이 1258년의 옥스퍼드 조항인데 이제 권력은 귀족들의 연합체인 15인 위원회로 넘어가 버립니다. 사실 귀족들이 이렇게 총궐기해서 왕을 제압한 것은, 표면으로는 공공연히 타도 프랑스를 외치는 왕에게 제동을 건 것입니다만 속내는 따로 있습니다. 타도 프랑스를 하자면 전쟁을 해야 하고 전쟁은 국가 비상사태이므로 권력은 자연히 왕에게 집중됩니다. 귀족들은 바로 이 왕권 집중, 강화를 견제한 것이지요.

이 정도면 왕이 속 터집니다. 속 터진 왕이 스스로 쿠데타를 일으켰다가 실패합니다. 왕을 제압한 귀족들은 아예 이참에 권력을 공고히 하자고 결심하고 귀족, 성직자, 각 도시 대표자로 오늘날의 의회 비슷한 통치 기구를 만듭니다. 그러다가 다시 왕의 역습을 받습니다. 왕의 귀환입니다. 참 어지럽습니다. 그냥 암중모색으로 정치적 줄다리기를 한 게 아니고 치고받고 싸웠습니다. 이 현상을 당시의 세계 질서 속에서 볼 때 권력 분산이란 선진 상황으로 봐야 할까요, 아니면 왕권조차 제대로 갖추지 못한 후진 상황으로 해석해야 할까요. 역습이 성공하자 왕은 무엇보다도 시급한 왕권 강화에 착수합니다.

십자군 원정에서 돌아온 에드워드는 잉글랜드를 대륙에서 독립한 국가로 만들려 합니다. 왕실재판소도 만들고 법도 만듭니다. 그리고 1295년, 마침내 모델의회를 만듭니다. 후대의 역사가는 이것을 모범의회라고 번역하기도 합니다만 이러면 오해가 생깁니다. 마치 이 의회를 민주주의 의회의 시금석으로 착각하게 만드니까요. 의회는 오로지 귀족을 견제하고 왕권을 강화하는 데 목적이 있습니다. 그러자면 일반 평민의 도움이 절실했으니까 의회라는 것을 만들어 평민을 정치에 끼워 넣은 거죠. 자고로 동서고금을 막론하고 왕과 귀족은 늘 다투는 법이고 평민은 바로 위 서열인 귀족보다는 왕과 더 손을 잘 잡는 법입니다. 군대에서도 가장 무서운 고참이 바로 위 기수 고참이듯.

에드워드는 잉글랜드 구성원을 총망라합니다. 고위 귀족, 성직자, 각 지역의 기사, 시민 대표, 하급 성직자 등을 모두 불러 모읍니다. 왕의 기세에 눌리긴 했지만 고위 귀족과 성직자는 촌놈들과 고귀한 신분을 절대 못 섞습니다. 그래서 그들만의 의회인 귀족원, 촌놈들의 의회인 시민원으로 의회를 나눴습니다. 어디선가 본 구도이죠? 맞습니다. 로마의 원로원과 평민회입니다. 이 양자가 오늘날 상원과 하원으로 발전합니다.

의회가 구성되더라도 왕권이 강하면 의회는 거수기 역할을 할 수밖에 없습니다. 실제로 모델의회는 당분간 거수기로 작동합니다. 이것으로 잉글랜드는 왕권을 제대로 확립하고 14세기의 격동기로 들어갑니다.

동네 깡패 등장

난데없이 잉글랜드 땅이 되어 버린 앙주를 다시 되찾은 프랑스는 이제 대륙의 강국으로서 모습을 갖추기 시작합니다. 예나 지금이나 일단 외형을 키우고 나면 그다음에 해야 할 일은 내치입니다. 프랑스도 잉글랜드와 마찬가지로 왕실재판소를 운영합니다. 재판소가 흥행에 성공하자 밀려드는 사건을 잘 소화하기 위해 고등법원을 설치합니다. 이 고등법원에 일반 서민 사건 말고도 굵직한 국제 사건들이 중재를 요청합니다. 원래 분쟁 조정은 로마교황의 일이었는데 프랑스가 야금야금 시장을 잠식하기 시작했습니다. 13세기 후반 들어 교황의 권력이 급격히 약화되는 일면을 보여줍니다. 그러다가 마침내 왕권을 확실히 강화시키는 제도를 만드는데, 이것이 삼부회입니다. 인간들은 대체로 비슷한 시기에는 비슷한 생각을 하는 모양입니다. 서양과 동양의 같은 시기를 비교해도 비슷한 상황이 일어나고, 같은 지역을 봐도 앞서거니 뒤서거니 비슷한 생각을 하고 비슷한 제도를 만들거든요. 프랑스가 삼부회를 만든 것은 잉글랜드보다 약간 늦은 1302년의 일입니다. 삼부회의 역할, 형태는 모델의회와 같습니다. 의미조차 왕권 강화입니다. 잉글랜드가 프랑스와 싸우려고 모델의회를 만들었다면 프랑스는 교황과 일합을 겨루려고 삼부회를 만들었다는 차이뿐입니다.

이제 프랑스 내부를 정비한 필립은 교황과 정면 대결을 합니다. 교황은 유럽 세계에 꼭 필요한 존재였는데 왜 정면 대결을 해야 했을까요? 시대와 상황이 바뀌었기 때문입니다. 다들 고만고만한 골목대장이었을 때는 코피 터지게 싸우다가도 적당히 말려 줄 사람이 필요합니다. 그래야 체면도 지키고 너 다음에 두고 봐, 난 지금 쟤 때문에 참는 거야 하면서 적당히 물러설 수가 있으니까요. 하지만 절대 강자가 등장하면 싸움을 말리는 이가 귀찮아지는 법입니다. 말리지만 않는다면 한 방에 다 쓸어버릴 수 있거든요. 프랑스가 바로 그 상황이었습니다. 그러니 분쟁에 일일이 개입하려 드는 교황이 미울 수밖에요. 그렇지만 하늘의 대리자인 교황을 아예 쓰러뜨릴 수는 없어 기발한 꾀를 냅니다. 교황을 아예 납치해서 가두어 버립니다. 희대의 납치 사건이 발생했습니다. 아비뇽유수입니다.

교황마저 독차지한 프랑스의 기세가 하늘을 뚫을 듯합니다. 이 상태라면 유럽 사회에서 프랑스의 적수가 될 만한 나라는 없습니다. 겨우 잉글랜드 정도인데, 프랑스 속주와 진배없었던 잉글랜드야 우습지요. 그런데 문제가 생겼습니다. 강력한 왕권을 구축한 프랑스의 카페왕조가 후사가 없어 문을 닫는 사태가 생겼습니다. 왕을 새로 뽑아야 합니다. 그래서 탄생한 왕조가 발루아왕조입니다. 문제는, 카페왕조의 후사가 아예 없지는 않았다는 데 있습니다. 그가 잉글랜드의 왕 에드워드 3세입니다. 유럽이 사돈 관계로 이리저리 얽혀 있었던 것은 아시지요? 카페왕조의 후손이 잉글랜드 왕입니다. 그러니 잉글랜드 왕도 프랑스 왕에 출마할 수 있는 거죠. 잘하면 투잡이 가능한 상황입니다. 그런데 프랑스 귀족들은 섬놈이 웬 왕? 하고 출마를 원천 봉쇄, 자격도 안 줬습니다. 국가와 국민이라는 지역성이 구축되고 있는 일면이 보이는 사건입니다.

일단 기분이 나빠진 에드워드가 그래도 참고 잉글랜드의 숙원 사업이었던 스코틀랜드를 점령하려 하자 프랑스에서 스코틀랜드를 지원하는 사태가 발생했습니다.

이젠 못 참습니다. 프랑스 왕의 후계에서 소외됐던 묵은 감정이 폭발합니다. 에드워드는 플랑드르로 건너가서 자신이 프랑스 왕임을 선언해 버립니다. 독일, 네덜란드와 동맹을 맺고 대(對)프랑스 공동전선을 구축합니다. 프랑스가 앉아서 이 꼴을 두고 볼 리가 없지요. 프랑스는 명백한 반란 행위에 프랑스 내에 남아 있는 마지막 잉글랜드령인 가스코뉴를 몰수해 버립니다. 오늘날로 치면, 노골적인 적대 행위를 한 나라를 응징하기 위해 잉글랜드가 프랑스에 소유한 모든 재산을 동결하고 몰수하는 강수를 둔 것입니다. 유럽의 묵은 도화선에 불이 붙었습니다. 이제 아무도 이 불을 못 끕니다. 그나마 불을 끌 수 있는 교황은 프랑스에 갇혀서 힘도 못 쓰는 상태거든요. 전쟁입니다.

헤쳐 모여!

1337년부터 1452년까지 무려 115년을 잉글랜드와 프랑스가 머리 터져라 싸웁니다. 이것을 백년전쟁이라 합니다. 백 년 동안 내내 싸운 것은 아니고 중간에 지칠 만하면 쉬고 생각나면 다시 싸우고 그랬습니다. 잉글랜드가 프랑스 서부 지역을 거의 점령하고 프랑스 왕을 납치하기까지 합니다. 잉글랜드가 좀더 셉니다. 로마제국의 적통을 이어받았다고 자부하는 프랑스가 왜 신생국 잉글랜드에게 밀렸을까요? 프랑스는 전통을 그대로 이어받아 용병 체제로 군대를 구성한 데 반해 잉글랜드는 전통의 세례를 못 받은 신생국가답게 귀족의 자발적 참여로 군대를 구성했다는 차이가 양쪽의 기세를 결정했습니다. 용병에게 무한 충성은 기대하기 어렵죠. 잉글랜드는 그런 점에서 서양사에 새로운 개념을 심었습니다. 바로 자발적 참여입니다. 이 정신이 백년전쟁 이후 유럽 전역에 퍼지면서 르네상스, 종교분쟁(개혁)과 맞물려 서구 정신의 골간을 형성합니다. 자발적 참여는 구성원의 자존감을 존중해야 만들어지는 법입니다. 이것이 훗날 시민사회를 형성하는 바탕이 되지요.

위기에 빠진 프랑스를 구출하는 영웅이 탄생합니다. 잔 다르크입니다. 잔 다르크의 활약에 힘입어 프랑스는 마침내 대역전에 성공합니다. 여기서 힘을 얻은 프랑스 왕은 저연비 용병 체제를 끝내고 고연비 상비군을 편성합니다. 원래 싸우면서 상대에게 배우는 법입니다. 프랑스는 잉글랜드와 싸우면서 잉글랜드를 닮아 갑니다. 마침내 프랑스 영토에서 잉글랜드를 완전히 몰아내고 이 지루하고 끔찍한 전쟁의 막을 내립니다.

백년전쟁의 결과, 오늘날의 프랑스와 영국의 국경이 결정되었습니다. 중세 질서의 중요한 전환점인 영토국가가 확립되는 순간입니다. 백년전쟁 동안 전시 총동원령 체제를 기반으로 양국은 왕권을 강화해서 왕국다운 왕국이 되었고 영토국가로까지 발전했습니다. 영토 내의 시민들은 한 국가에 소속된 국민이라는 개념이 싹틉니다. 절대왕권, 영토, 국민. 이 세 가지 개념이 중세를 관통하면서 서구 문명에 또 하나의 동력을 만듭니다. 동력을 만들었으면 전진해야 하는 법이지요. 서구는 로마 멸망 이후 천여 년의 분방한 이합집산을 끝내고 바야흐로 새로운 시대의 문을 열 참입니다.

잉글랜드는 귀족의 자발적 참여가 곧바로 서열화로 연결되었습니다. 전쟁 중이니 세력이 큰 귀족 휘하로 세력이 약한 귀족이 들어가서 명령 계통을 만들기 마련이지요. 그렇게 탄생한 대귀족은 왕마저 폐위시킬 정도로 힘이 막강해졌습니다. 그렇다고 다시 귀족의 세상이 왔을까요? 그렇지는 않습니다. 왕을 폐위시킨 사건은 아주 큰 사건입니다. 귀족이라면 왕이 될 수도 있다는 생각이 싹텄습니다. 예전에는 웬 왕? 하고 왕 자리 차지하기를 꺼렸지만 이제는 시대가 바뀌었죠. 왕위는 아주 탐나는 자리가 되었습니다. 그래서 귀족 가문끼리 왕위를 차지하기 위해 내전이 터집니다. 장미전쟁입니다. 랭커스터와 요크 가문이 죽을힘을 다해 싸우다가 어부지리로 헨리 튜더가 왕위에 오릅니다. 오늘날까지 이어지는 튜더왕조의 시작입니다. 일단 왕위에 올랐으니 다른 귀족이 왕위를 넘보지 못하게 해야 합니다. 다음 행보는 당연히 왕권 강화입니다. 시대의 대세죠. 이제 잉글랜드는 절대왕조시대의 문을 열었습니다. 이제부터 잉글랜드는 오늘날의 국호인 영국으로 부르겠습니다. 그 정도로 통합성을 갖추었으니까요. 때는 바야흐로 15세기 후반, 유럽의 대격동기를 앞둔 시점이었습니다.

영국에 비해 프랑스는 비교적 간단합니다. 처음에는 왕을 중심으로 귀족들이 휘하에 모이고 용병을 지휘하다가 잔 다르크 이후 상비군 체제로 진입하면서 왕권은 더욱 강력해졌습니다. 백년전쟁이 끝날 즈음에는 과거의 어떤 왕도 누리지 못할 정도의 강력한 권력을 손에 쥐고 프랑스도 다가올 대격변기를 기다립니다.

영국과 프랑스는 이렇게 시대를 준비하고 있었는데, 다른 지역은 어떠했을까요? 독일 지역은 남쪽의 황제 직할령을 선두로 중부의 고만고만한 영주들이 아옹다옹거리고 있었고 북부에는 영지도 아니고 농촌도 아닌 이상한 집단이 생겨났습니다. 십자군 원정 기간 내내 자생한 도시국가들입니다. 이들은 한자동맹을 맺고 과거의 페니키아처럼 강력한 해상 세력을 구축했습니다. 비록 합스부르크 가문이 세습 왕조를 구축했다고 하나 영국과 프랑스처럼 절대왕권으로는 갈 수가 없었습니다. 독일 지역은 이름도 거룩한 로마제국이었으니까요. 독일의 영방 체제는 시간이 갈수록 공고해지며 시대의 흐름에서 멀어지고 있었습니다. 새 시대는 국가 단위의 쟁투가 기다리고 있습니다. 영방 체제인 독일이 끼어들 쟁투가 아니지요. 독일은 이후 수백 년간 유럽의 별 볼일 없는 지역으로 뒤처집니다.

스칸디나비아는 가장 후진 지역답게 선진 지역으로부터 뭔가를 배워야 했는데, 불행히도 붙어 있는 선진 지역이 독일이었습니다. 그러니 영방식의 봉건제도를 도입할 밖에요. 그러다가 어찌어찌 통일까지는 했습니다만 결국 덴마크, 스웨덴, 노르웨이로 원위치해 버립니다.

러시아는 아직도 몽골의 식민지였습니다. 이들이 식민 상태에서 벗어난 것은 원이 몰락한 후인 15세기 후반입니다. 러시아는 때마침 무너지기 직전의 비잔틴제국 황실과 사돈 관계를 맺으면서 비잔틴제국의 적통을 잇는다고 선언했습니다. 그리하여 아리우스파의 기독교인 동방정교회는 러시아정교회로 모습을 바꿉니다.

발칸 반도는 바야흐로 사분오열의 계절이었습니다. 4차 십자군의 지중해 개그콘서트로 된통 얻어맞은 후 비잔틴제국이 힘을 잃자 제국의 속주로 있던 발칸 반도의 불가리아, 세르비아가 강성해졌고(이미 독립한 것이나 다름없습니다) 비잔틴제국은 오스만투르크에게 소아시아마저 내주며 발칸 반도의 서쪽에서 비참한 신세가 되고 있었습니다. 이탈리아 반도 북부의 자유무역도시에 지중해 상권마저 내주고 경제가 아예 붕괴해 버렸습니다. 이 늙고 허약한 비잔틴제국의 숨통을 오스만투르크가 마침내 끊어 버립니다. 1453년의 일입니다.

이베리아 반도에서는 오스만투르크가 비잔틴제국에 집중하는 사이 이슬람 세력을 몰아내고 드디어 에스파냐, 포르투갈이 탄생합니다. 이때가 1492년입니다.

15세기 중후반, 마침내 유럽은 오랜 혼돈 상태를 극복하고 정돈됩니다. 그러나 이 정돈은 제국으로의 통일이 아니라 영토와 국경선을 확정한 영토국가로의 분할 정돈입니다. 영토국가니 당연히 왕권이 절대적이겠죠. 이렇게 강화된 왕권은 새 시대에 접어들면서 절대왕조시대를 구가합니다. 그러나 착각하지 말아야 할 것은 이 절대왕조의 모습이 동양식은 결코 아니라는 겁니다.

아무리 절대왕권이라는 정치적 상황이 왔다고는 하나 성립 과정을 보면 단 하나도 인위적으로 진행되지 않고 그 시대에 필요한 상황에서 필요한 제도로 만들어져 왔습니다. 독일과 러시아는 비교적 인위적으로 진행되었는데, 그 덕분에 유럽에서는 거의 왕따가 되어 버렸지요. 이렇게 유럽은 먹고살아야 한다는 생존 욕구의 흐름에 따라 사회구성체가 변화합니다. 절대왕조는 먹고살자는 경제 관점에 힘이 있어야 살 수 있다는 개념이 합쳐져 자연히 만들어진 것입니다. 그래서 강화된 왕권이 정치로 흐르지 않고 경제를 우선으로 작용합니다. 왕이 국민들과 함께 동업하는 형태로 갑니다. 당시의 구호가 '부자 되세요'입니다. 이 형태가 16세기 이후의 유럽을 오늘날의 모습으로 결정하는 엔진이 됩니다.

3부

지역 예선
(15, 16세기)

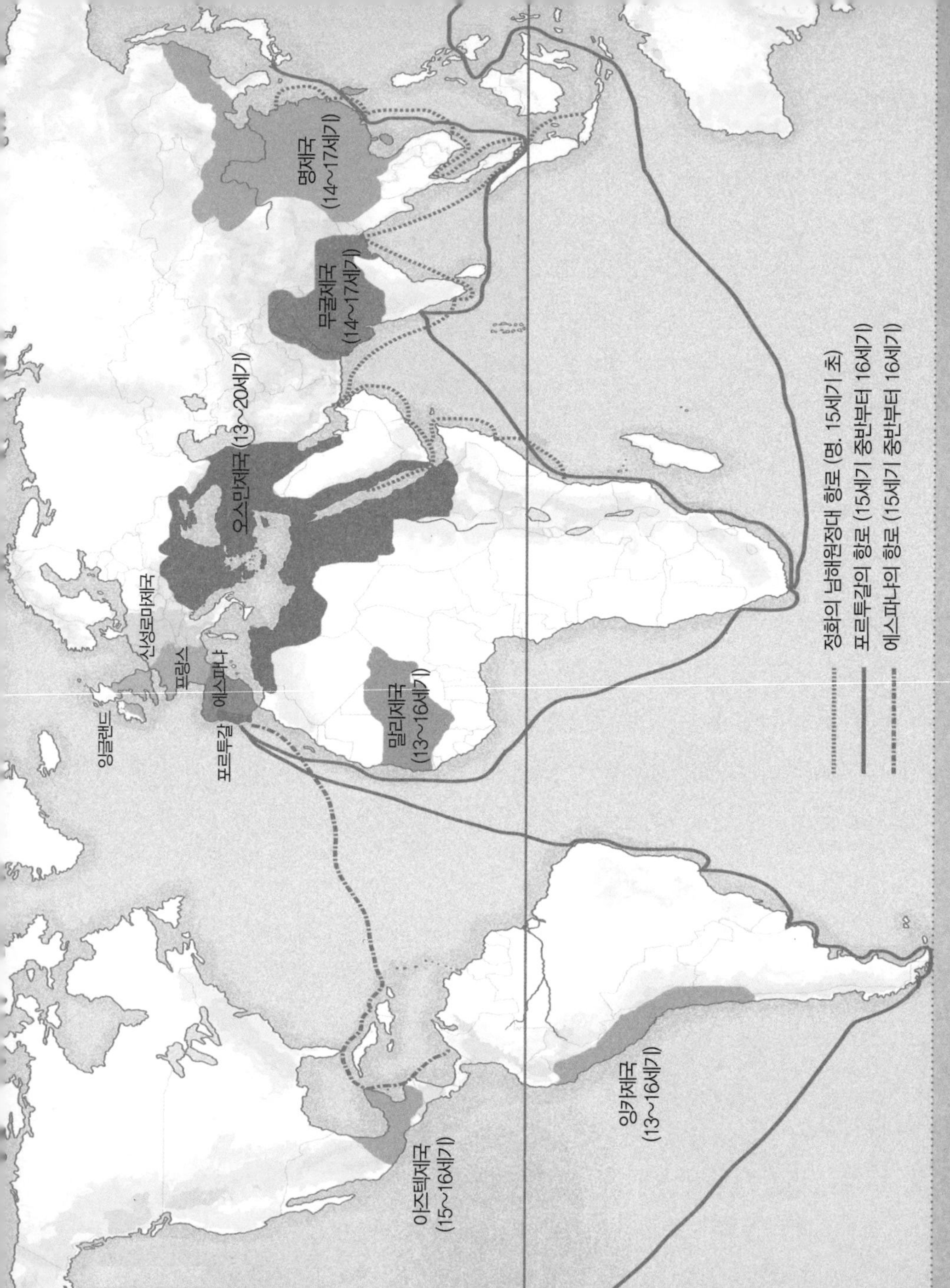

15, 16세기의 세계 15세기 초 정화의 남해원정대에 뒤이어 포르투갈이 아프리카와 남아메리카를 돌자 15세기 말 에스파냐가 뱃길에 합류, 중부 아메리카를 접수하면서 세계를 조각내기 시작했다. 당시 세계는 명, 무굴, 오스만, 말리, 아즈텍, 잉카가 각 대륙에서 제국을 구축하고 있었으나 공교롭게도 모든 제국이 16세기에 이르러 힘이 약해지면서 유럽에 뱃길을 열어주기 시작했다. 오스만제국과 명제국을 이은 청제국만 20세기까지 명맥을 유지하다 사라졌다. 당시 유럽은 포르투갈, 에스파냐, 프랑스, 잉글랜드, 신성로마제국으로 나눠져 지역성을 각성하며 국가시대를 맞이하던 무렵이었다.

역사 사용 설명서 III

어느 시대건 그 시대를 끌고 가는 동력이 있습니다. 동력은 엔진에서 나오지요. 우수한 엔진은 수명이 깁니다. 이것은 주 엔진입니다. 수명은 짧으나 힘이 강력한 엔진도 있습니다. 임시 엔진입니다. 한 시대가 다음 시대로 끊임없이 연결되려면 주 엔진의 수명이 다하는 적절한 시기를 파악하여 새로운 엔진으로 교체하는 동안 강력한 힘을 발휘하는 임시 엔진을 장착해서 동력 공급이 끊이지 않아야 합니다. 역사에서 수명이 긴 주 엔진은 시스템이 담당하고 수명이 짧은 임시 엔진은 전쟁이 담당합니다. 그래서 역사를 잘 사용하려면 시스템을 살피면서 동시에 전쟁이 어떻게 그 시대의 임시 동력으로 작용했는지를 살펴봐야 합니다.

임시 엔진만 달고 달리는 차는 금방 주저앉습니다. 전쟁만 일삼는 나라는 반드시 망했지요. 임시 엔진이 시원치 못해도 문제입니다. 전쟁에 지면 나라가 문을 닫거나 쪼그라들어 힘을 못 쓰게 됩니다. 오래 써야 할 주 엔진은 복잡합니다. 역사라는 차의 주 엔진은 이념이라고도 하고 제도라고도 하는 시스템입니다. 이 엔진이 멈추면 차는 동작 그만, 역사 진행은 중단됩니다. 차 엔진은 수리하고 나서 다시 가면 되고 멈춘 만큼 목적지 도착이 늦어질 뿐이지만, 역사 진행이 중단되면 그 역사를 만들던 지역은 무너집니다. 나라가 망하고 역사의 뒤안길로 사라져 버립니다. 지금까지 지구라는 행성에 나타난 수많은 나라들은, 아무리 거대한 제국이라 해도 시스템이 멈추면 예외 없이 사라졌습니다.

그래서 전쟁을 살필 때는 반드시 그 기간 동안 어떻게 새로운 시스템을 만들었는지도 함께 살펴봐야 합니다. 3부를 관통하는 키워드는 바로 이 역사를 진행시키는 동력인 시스템과 전쟁입니다. 서구에서의 15, 16세기는 숱한 전쟁을 치르면서 현재까지 서구를 끌고 가는 동력인 시스템의 기본이 갖춰지는 시기였습니다. 그러므로 지금부터 들춰 볼 모든 전쟁과 사건은 시스템의 형성 과정이라는 렌즈로 들여다봐야 합니다. 이것을 보지 못하면 이 시대의 역사를 아무리 들춰 봐야 보이는 건 서구인들은 위대했다는 거짓 증언일 뿐입니다.

　3부는 서양사에서 '르네상스'라는 찬사로 불리는 15세기 말부터의 유럽 역사입니다. 지금까지도 그랬지만 이제부터는 더욱더 조심스러운 태도로 역사의 갈피들을 들여다봐야 합니다. 자칫 잘못하면 거짓의 함정에 빠져 그들이 각색한 위대한 역사에 찬탄을 보내야 하는 상황을 맞을 수도 있기 때문입니다. 그래서 3부를 보기 위해 필요한 또 하나의 키워드가 '거짓말 탐지'입니다.

　학교에서 우리가 만난 서양사에서는, 이집트가 어쩌고 하다가 그리스, 로마가 튀어나오고 중세 암흑기 운운하다가 갑자기 르네상스로 화려하게 개화한 유럽을 만나게 됩니다. 르네상스 시대의 화가, 건축가, 음악가들이 줄지어 역사의 무대로 올라옵니다. 미켈란젤로, 라파엘로, 레오나르도 다빈치, 바흐, 헨델, 하이든 등 천재 예술가들과 화려한 의상을 입은 귀족들, 그들의 화려한 생활들이 학교교육을 착실하게 받은 우리의 기억 속에 박혀 있습니다. 이 기억에 의하면, 서구는 16세기 들어 화려하게 비상했고, 그에 반해 서구 이외의 세상은 깜깜한 암흑 속의 야만시대로 그려집니다. 왜 이런 이름들을 기억해야 하고 르네상스를 상세하게 알아야만 했는지, 혹시 르네상스라는 것이 유럽의 역사 진행 중 그저 일어났어야 할 일이었던 건 아닌지, 혹시 이 정도의 문화를 화려하게 기술해야 할 정도로 당시 그들의 수준이 형편없었던 것은 아닌지 우리는 살펴보지 않았습니다. 우리가 배운 역사는 서구 중심의 역사였고 현재의 승자는 그들이니까요.

　어느 시대나 전쟁, 생존 투쟁과 함께 종교와 문화 활동도 당연히 있습니다. 그러나 유럽의 르네상스는 유독 선명하게 역사 속에 존재하고 있습니다. 그들이 기록한 르네상스를 보면 유럽은 그때부터 세계를 견인하는 강력한 동력이라는 느낌을 강하게 받게 됩니다. 과연 그럴까요? 그 기록들이 사실이라면 그렇게 찬란한 문화와 예술을 꽃피운 땅에서 왜 그렇게 엄청난 전쟁이 계속해서 일어났고 생태학적 질병으로 전 유럽 인구의 삼분의 일이 몰살당해야 했을까요? 그렇게 위대한 그들이 왜 인도와 중국의 경제에 종속되어 신음해야 했을까요? 3부를 통과하면서 우리가 해야 할 일은 그들이 기록한 역사에서 거짓들을 하나하나 벗겨 내는 것입니다.

엔진들

_ 시스템과 제도들

역사 사용 설명서에 나온 대로 역사라는 차의 엔진룸을 열고 엔진을 들여다보겠습니다. 보면 아시겠지만, 서양의 엔진과 동양의 엔진은 대단히 다릅니다. 이 둘을 비교해 보면 오늘날 왜 서구 문명이 세계문명이 되었는지를 알 수 있습니다. 먼저 동양을 살펴보겠습니다. 괜히 남의 나라인 중국을 볼 필요 없이 조선만 보면 됩니다.

청이 명을 축출한 이후, 정신 나간 조선은 소중화를 자처하면서 그야말로 죽은 중화를 한반도에서 열심히 재생하고 있었습니다. 조선은 세조 이후엔 사대부가 나라를 좌지우지했고 왕은 허수아비나 다름없는 존재였으므로 왕통이 끊긴 거나 진배없습니다. 말하자면 귀족지배 체제인데, 이 체제를 유지하자면 무엇보다도 경제가 뒷받침되어야 합니다. 자고로 백성들은 등 따시고 배불러야 말을 잘 듣는 법이니까요. 헌데 조선은 경제의 엔진이 없었습니다. 그러니 이념의 엔진으로 무장할밖에요. 돈이 없으면 정신력으로 버티는 도리밖에 없습니다. 그런데 이 이념 엔진의 생산자가 부실해서 문제입니다.

당시 이념 엔진을 생산했던 공장인 명은 고질적인 제국병에 걸려 언제 문 닫아도 이상할 것 없는 부실기업이었습니다. 그러다가 마침내 공장이 폐업합니다. 부도나서 폐업한 처지라 엔진 업그레이드는 고사하고 낡은 엔진을 정비할 부품도 공급할 수 없습니다. 원래 수입품이란 게 그렇지요. 보통 이런 상황이 되면 아깝긴 하지만 단종된 엔진은 버리고 새 엔진으로 바꿔야 합니다. 그게 상식이지요. 당시 조선의 귀족들에게는 이 상식이 없었던 모양입니다. 아니면 지나친 자신감에 가득 찬 건지도 모르지요. 귀족들은 엔진 부품을 직접 만들자고 나섰습니다. 그동안 정비 기술자들(유학자들)도 꽤 배출했으니까 가능하다고 생각한 모양입니다. 생산 공장은 이미 문을 닫았는데 엔진 정비 공장 간판을 내걸고 영업을 시작합니다. 정비 매뉴얼은 이미 있습니다. 아주 과거의 것들이죠. 중국의 유학을 번역한 조선 성리학입니다. 그렇게 조선은 과거로 거꾸로 걸어가고 있었습니다. 정비사들이 귀족들이니 나라의 주도권은 당연히 귀족이 쥐게 마련입니다. 왕권은 더욱더 약해져 왕은 허수아비나 마찬가지가 됩니다. 지역을 막론하고, 귀족이 권력을 쥔 나라는 반드시 정치가 파행 상태로 가고 평민의 생활은 도탄에 빠집니다. 귀족권력의 고칠 수 없는 특성입니다. 조선은 그렇게 비틀거리며 누더기 엔진으로 흘러흘러 가다가 강력한 정비사를 맞았습니다. 그 사람이 정조입니다. 조선은 운이 좋았습니다. 정조가 아니었더라면 고종까지 가기도 전에 폐업했을지도 모르니까요. 아니면 운이 나쁜 건지도 모르겠습니다. 기왕 죽을 거, 그때 절명했더라면 부활하기가 훨씬 수월했을지도 모르죠. 당시는 아직 제국주의가 제대로 자라기 전이었으니까요.

　새 정비사는 신형 엔진을 개발하려 했습니다. 근대의 세계를 운행할 수 있는 강력한 왕권이라는 엔진이지요. 옛 정비사들이 밥줄 끊길 판이라 반발합니다. 혁신은 언제나 보수의 방파제를 넘어가야 합니다. 이거 쉽지 않습니다. 밥그릇 싸움이기 때문입니다. 가랑비에 옷 젖는다고 옛 정비사들의 파업, 태업, 저항에 정조도 물이 들었나 봅니다. 정조 말년엔 결국 신형 엔진 개발을 멈추고 구형 엔진으로 운행하려 했습니다. 이미 수명이 다한 엔진이었지요. 조선은 엔진을 교체할 수 있는 마지막 찬스를 놓쳤습니다. 나라가 멈췄습니다. 멈춘 나라는 망합니다. 그래서 조선이 망했습니다.

중국과 조선의 엔진은 수천 년 전이나 그 당시나 같은 버전, 같은 운영체제였습니다. 단 한 번도 엔진을 교체하지 않았습니다. 왕조가 뒤집힐 때마다 번번이 폐차에서 엔진을 들어내 새 차에 장착할 뿐이었습니다. 나라 이름만 다르지 내용물은 똑같습니다. 엔진은 진즉에 멈췄는데 그걸 감지하는 이가 없었으니 시작부터 망조가 든 겁니다. 중국이 제아무리 이름을 진, 한, 수, 당, 송, 명으로 이름을 바꾼다 해도 그건 명함만 바꾼 거지 제국의 내용은 동일합니다. 한반도도 마찬가지입니다. 신라, 고려, 조선으로 이름을 바꿔 봤자 알맹이는 늘 그놈이 그놈입니다. 이런 판이니 그 운명이야 뻔하지요. 시대가 달라지면 디자인도 달라져야 하고 부품도 업그레이드해야 하고 필요에 따라서는 아예 제품 자체를 교체하기도 해야 하는 법입니다. 동양에서는 일본 말고는 이렇게 한 나라가 없습니다.

반면 서양의 엔진은 매우 다양하고 용도도 각각 달랐습니다. 적절한 시기에 엔진을 업그레이드했고 수명이 다한 엔진은 미련 없이 폐기하고 새 엔진으로 교체했습니다. 엔진 생산 공장도 단일하지 않았습니다. 각지에서 엔진을 만들고 실험하고 버리고 가동하고 했지요. 동양과 서양이 확연히 다른 점이 바로 이 관 주도와 민 주도입니다. 오늘날의 국영 기업과 민간 기업의 경영 상태, 기업 효율을 비교해 보면 어느 것이 우위에 있는지 아실 겁니다. 물론 시작할 때는 국영 기업이 규모, 경쟁력, 운영체제 등 모든 면에서 뛰어나지만 회사 운영이 자리를 잡은 이후 성장 과정에서의 변신과 진보는 민간 기업에 한참 뒤떨어집니다. 이런 차이가 있었기에 서양의 엔진은 비록 시작과 중간 과정은 강력한 동양의 엔진에 상대가 되지 않는 조악한 것이었으나 적절한 시기에 적절한 업그레이드와 교체를 하면서 운행을 중단하지 않은 결과, 18세기 후반쯤에 마침내 전 지구적 범용 엔진으로 화려하게 무대에 오르게 된 겁니다.

서양이 만든 엔진의 목록은 이렇습니다. 계약, 신용, 금융, 민법, 분권화, 민간 주도, 무역, 기독교, 장원, 신분 체계, 역할 분담, 자연철학, 신학, 대학, 길드, 자유무역도시, 시민, 의회, 절대왕권, 탐험, 국민국가…. 서양이 이런 다양한 엔진을 만들고 있을 때 동양에서 생산한 엔진의 목록입니다. 제국, 중앙집권, 유교, 정치, 관료제, 토지제, 형법, 백성, 사대부…. 엔진의 종류, 기능, 유효기간에서도 차이가 많이 납니다. 바로 이 엔진의 차이가 양대 문명의 오늘날의 차이를 만들었고, 우리가 서양사를 들여다봐야 하는 이유가 됩니다. 이미 범용이 된 이 엔진들을 업그레이드하고 나아가 새로운 엔진을 만드는 것이 역사, 생명을 지속가능하게 만드는 것이니까요.

서양이 동양보다 뛰어나다는 말이 아닙니다. 동양이 시작부터 너무나 완벽했던 게 문제라면 문제였지요. 원래 생명체라는 것이 부족함이 없으면 모자람을 채우려 노력을 하지 않는 법입니다. 문명을 가꾸기에 동양이 서양보다 너무나 많은 기본 조건을 갖고 있었기에 변화의 필요성을 그다지 느끼지 못했던 것, 그것이 문제였습니다. 그리고 이제 5천 년 만에 상황이 역전되어 동양이 많이 부족한 시대가 왔습니다. 그렇다면 부족함을 채우려 노력하겠지요? 그 증거가 20세기 이후 동북아시아에서 나타나고 있습니다. 대단히 중요한 공부를 해야 할 때가 바로 이럴 때입니다. 그래서 서양을 보자는 것입니다. 그들이 어떤 노력을 했고 결과가 어떤지를 알면 지금부터 우리가 준비해야 할 것이 무엇인지도 알게 될 테니까요.

우리 것이 좋은 것이여라는 지극히 감성적인 생각만으로는 결코 새 엔진을 만들 수 없습니다. 그렇다고 수입품이 좋은 것이여라는 사대적 생각으로는 결코 그들의 엔진 성능을 따라잡을 수도 없습니다. 우리에게 정말 필요한 것은 역사적 통찰력이고 이를 바탕으로 한 상상력입니다. 이것이 역사를 공부하는 진짜 이유입니다.

거짓말 탐지기

역사는 '승자의 기록'이랍니다. 이 말이 맞는다면 우리가 그동안 학교에서 배운 서구의 역사는 19세기, 마침내 서구가 승자의 자리에 섰을 때 정리한 기록입니다. 이 기록을 고스란히 역사라는 이름으로 받아들인다면 삼국사기를 쓴 김부식의 시선으로 신라를 들여다보는 것과 같습니다. 김부식의 시선을 걷어 내어야 신라의 참모습이 보이는 것처럼, 19세기 서구의 세계관을 걷어 내어야 서구의 참모습이 보입니다. 르네상스라는 용어도 16세기 당시의 용어가 아니라 후대에 그들이 승자가 된 후 과거의 역사에 추서한 훈장일 뿐입니다. 그래서 마치 고대의 유적을 발굴하듯 조심스럽게 역사의 갈피를 하나하나 들추어내고 후대가 입힌 색을 벗겨 내는 작업을 해야 합니다. 대단히 불편하죠? 할 수 없습니다. 그게 역사를 보는 재미이기도 하지요. 그래서 자립의 시선, 비판, 중심을 들여다보는 노력이 필요한 겁니다.

9·11테러 이후, 많은 이들이 이것을 기독교와 이슬람의 문명충돌이라고 표현했습니다. 과연 그럴까요? 그렇다고 한다면 지금의 세계는 두 메이저 문명인 기독교 문명(이것이 서구 문명입니다)과 이슬람 문명의 충돌로 해석해야만 합니다. 이렇게 해석하면 부시의 이라크 침공은 11세기부터 자행했던 십자군전쟁을 계승한 정통성을 부여받게 됩니다. 그 추악한 약탈과 존재 말살의 악행이 대단히 성스러운 역사

적 행위로 돌변하게 됩니다. 가톨릭 교황이 20세기 들어서야 십자군전쟁을 잘못된 전쟁이라면서 역사에 용서를 구했다는 사실을 기억하시기 바랍니다. 십자군전쟁은 사실, 문명의 기치를 높이 든 전쟁이 아니라 교황 자신의 영향력 확대라는 정치적 의도에 참가자들의 동상이몽이 결집된 추악한 탐욕의 결정체였습니다. 탐욕이 목표하는 탄착점은 어딜까요? 거칠게 표현하면, 이 탄착점이 바로 자본주의입니다. 근대 세계를 구성한 것은 이와 같이 자본주의를 열망한 국민–민족국가의 탐욕이었습니다. 이것이 서구가 그토록 가리고 싶어 하는, 그들의 뿌리입니다. 그것을 가리기 위해 부시가 문명충돌이라는 거창한 용어를 쓰면서 이라크를 침공한 것이지요. 15세기까지 우리가 본 것은 탐욕의 씨앗입니다. 16세기부터는 씨앗이 자라면서 내린 뿌리를 들여다볼 차례입니다.

16세기의 그들을 들여다보기 위한 준비 작업이 꽤 번거롭죠? 지금까지는 약간만 파헤쳐도 역사의 거짓 진술을 가려낼 수 있었지만 이제부터는 차원이 다르니 어쩔 수 없어요. 그들이 대단히 정교하게 '서구의 부상'이라는 논리로 거짓을 다듬어 놓았기 때문에 자칫하면 그들이 정교하게 배치한 허위 진술 덕분에 역사의 진실을 가린 껍질 위를 배회하기 십상이니 정신 바짝 차립시다. 장하준은 『나쁜 사마리아인들』이라는 책을 통해 그들이 만든 허위의 껍질을 낱낱이 벗겨 낸 바 있습니다. 장하준의 수사 결과로 그들의 역사 논리를 간단하게 요약하면 이렇습니다.

"축하합니다. 어떻게 공부해서 수석 합격을 할 수 있었지요?"
"과외 안 하고 잠 푹 자고 학교공부 열심히 하고 교과서를 중점으로 공부했습니다."

사실 그는 열심히 과외하고 열심히 참고서 들여다보고 잠 줄여 가며 남몰래 공부한 결과 수석 합격을 했습니다. 수석 합격을 한 사실은 축하받을 수 있지만 그가 한 거짓 진술은 비난받아 마땅합니다. 소위 선진국들이 이런 논리를 폅니다.

"축하합니다. 어떻게 해서 선진국이 될 수 있었지요?"

"서구는 원래 우월했습니다. 역사를 보시지요. 그리스의 민주정, 로마의 공화정, 영국의 마그나카르타, 르네상스, 신대륙 발견, 산업혁명, 프랑스대혁명 등 서구의 역사는 지금 세계를 추동할 만하지 않습니까? 우리는 그런 우월한 역사를 바탕으로 자유무역을 하며 실력을 키워 여기까지 온 겁니다. 그러니 관세를 폐지하고 시장을 개방하고 무역을 자유화하세요. 그것이 우리처럼 선진국이 될 수 있는 길입니다."

사실 그들은 열악한 환경에서 살아남기 위해 이리저리 변신을 감행해야 했습니다. 힘이 모자라서 어쩔 수 없이 민주정, 공화정을 만들었고, 배가 고파 아메리카 대륙을 약탈했으며, 모자란 실력으로 살아남기 위해 높은 관세율, 무역장벽 등으로 자국의 산업을 보호하면서 근근이 버텼지요. 그러다가 좀 살 만해지자 자신보다 약한 나라의 국경을 강제로 열면서 세를 넓혀 세계 자본의 블랙홀이 되었습니다. 다른 나라의 예를 볼 것도 없습니다. 조선의 제물포와 부산포가 누구의 요구로 어떤 사건을 겪고 어떻게 개항되었는지를 다들 알고 계시지 않나요?

그들은 거짓말을 하고 있습니다. 그들은 자신들이 세계화, 무역자유화로 지금의 부를 만들었다고 거짓말을 하면서 모든 비유럽 나라에게 자신들을 따라 하기를 강요하고 있습니다. 그들이 내세운 세 악당이 국제통화기금(IMF), 세계무역기구(WTO), 세계은행(IBRD)입니다. 그런데 그들의 방식(민주정 도입, 자본주의 발달 과정 채택 등 서구적 시스템 운용)을 따라 한 수많은 비유럽 국가들의 실력이 갈수록 형편없어지고 그들과 격차가 벌어지는 이유는 어디 있을까요? 그들을 따라 하면 그들처럼 된다고 했는데 말이지요. 21세기 들어 국가 간의 빈부 격차를 좁히는 일은 그들의 방식을 따라 하는 한 불가능하며 오히려 더 악화될 뿐이란 것은 이제 누구나 다 알고 있는 사실입니다. 그들이 역사의 진실을 뭐라고 규정하든 말입니다.

유럽의 16세기로 들어서기 전 당시 유럽 사회의 비극 한 가지를 알려드리겠습니다. 유럽 16세기를 이해하는 단서가 될 수 있을 겁니다. 몽골이 유럽을 침공했던 때가 13세기였습니다. 이 몽골군을 따라온 작은 생명체가 있었습니다. 쥐입니다. 쥐를 타고 온 더 작은 생명체가 있었습니다. 쥐벼룩입니다. 쥐벼룩을 타고 온 더 작은 생명체가 있었습니다. 페스트균입니다. 당시 유럽은 이들 작은 생명체가 살기에 대단히 적합한 환경이었습니다. 거리는 온통 설거지물이나 분뇨로 질퍽거리고, 외출이나 일을 마친 후 집안에 그 차림 그대로 들어와서 흙 묻은 장화를 침대 밑에 벗어놓고 씻지도 않고 침대로 들어가 잤습니다. 화장실도 따로 없었고 농촌이나 도시나 분뇨는 인근에 그대로 내버려두었습니다. 그들은 퇴비를 몰랐습니다. 밥은 씻지도 않은 손으로 먹었고 목욕은 할 생각도, 할 환경도 안 되었습니다. 똥 냄새, 음식쓰레기 썩는 냄새, 땀 냄새로 유럽 전체가 악취 소굴이었습니다. 그들은 이 악취를 가리기 위해 향수를 만들었죠. 파트리크 쥐스킨트의 소설을 영화로 만든 〈향수〉에서 묘사한 거리 풍경을 보면 당시 유럽의 환경을 짐작할 수 있습니다(그 영화의 시대 배경은 르네상스 한참 후, 근대의 문을 열기 직전입니다. 그 시기쯤에도 사회 전반의 환경은 그랬습니다). 이런 환경이었으니 쥐와 쥐벼룩과 페스트균은 천국을 만난 겁니다.

14세기 중반, 마침내 페스트균이 폭발적으로 증가하면서 흑사병이 창궐했습니다. 당시 유럽 인구 삼분의 일 이상이 희생되었지요. 가장 타격을 입은 세대는 면역력이 부실한 아이들이었습니다. 주산업이 농업인 당시 사회에서 식구는 양날의 칼입니다. 가족이 적으면 농사짓기가 힘들고 가족이 많으면 먹여야 할 입이 많아서 힘들지요. 페스트로 인구가 획기적으로 줄었습니다. 노동인구도 줄었고 부양해야 할 인구도 줄었습니다. 당시 유럽에 이 현상은 유리했을까요? 불리했을까요? 단연코 유리했습니다. 노동인구가 줄었으니 먹고살기 위해 더 열심히 일해야 했습니다. 열심히 일하는 태도가 생활 습속이 되면서 생산량도 인구 감소 이전 상황으로 증가했습니다. 부양가족이 줄어 소비하고 남은 식량은 농가들이 자본 축적으로 사용했습니다. 열심히 일하는 태도로 생산량이 증대되고 자본이 축적되자 삶의 질을 높이려는 욕망이 싹텄습니다. 16세기의 문을 열 수 있는 힘이 생긴 것이지요.

그러므로 그들이 말하는 대항해시대, 르네상스, 종교분쟁(개혁)의 원동력은 바로, 몽골군과 함께 따라온 페스트균 덕분이었습니다. 유럽인들이 우월해서 페스트균이 유럽으로 간 걸까요? 아니면 유럽인이 우월해서 인구 감소가 일어난 걸까요? 유럽인이 우월해서 열심히 일했을까요? 그들은 이 생태학적 진실을 역사로 기록했을까요?

르네상스는 과연 그들의 말대로 인문주의를 일으켜 중세를 인간 중심의 시대로 견인한 역사적 사건일까요? 그렇지 않습니다. 사실 유럽의 르네상스는 '로마가 무너진 후 수백 년간의 이합집산을 거쳐 영토국가로서의 개념을 수립한 유럽 각국 중 비교적 경제적 성공을 거둔 이탈리아 북부와 플랑드르 지역의 도시국가가 경제적 성공을 바탕으로 그전까지의 사회구성 시스템이었던 지상의 권력과 종교의 권력을 해체하고 그들의 생존을 보장받을 수 있는 새 질서로 시스템 자체를 바꾸려는 노력으로 나타난 현상'으로 간단하게 정리할 수 있을 정도의 사건입니다. 이보다는 16세기에 접어들면서 그들이 그동안의 불공정 무역(유럽은 심각한 무역적자 지역이었습니다)을 통해 알고 있던 유럽 이외의 세계와 현격하게 벌어진 격차(정치, 사회, 문화, 경제 전반에 걸친)를 좁히기 위해 벌인 그들의 온갖 노력(침략과 전쟁, 약탈, 사기를 포함한 모든 시도들)을 제대로 해석하는 일이 훨씬 중요합니다.

이 작업을 해야 오늘날 그들이 만든 세계 질서의 핵심을 들여다볼 수 있습니다. 그래서 승자의 손으로 기록한 화려한 역사로 가려서 무대 뒤로 감춰 버린 당대의 세계들을 들여다보겠습니다. 이를 위해 역사를 보는 필터를 잠시 교체합니다. 역사를 인식하는 방식은 정치사, 경제사, 사회사 등의 주류 방식만 있는 것이 아닙니다. 미시역사학에서는 유물론적 관점, 지정학적 관점, 생태적 관점, 교육사적 관점으로 접근하기도 합니다. 이러한 관점들을 모두 직조해야 제대로 된 역사를 관람할 수 있습니다. 그러므로 이 주변 필터를 통해서 당시의 세계를 들여다보겠습니다.

신석기부터 18세기까지 지구에서 가장 중요한 산업은 농업이었으므로 농업 생산량은 선진 지역과 후진 지역을 가르는 절대 기준이었습니다. 18세기라면 소위 산업혁명이 시작된 시기입니다만 그때까지도 힘을 기르는 가장 중요한 도구가 농업이었다는 의미입니다. 농업 생산량은 땅의 크기, 기후, 인구수에 따라 차이가 납니다. 세 조건이 가장 좋은 지역은 황허와 인더스였고 네 문명 중 가장 열악한 조건을 갖고 있던 지역이 이집트와 메소포타미아였습니다. 특히 의학과 생태 지식의 수준이 아주 낮았던 당시에 인구수의 증가와 감소, 즉 인구 조절은 전쟁보다는 질병과 기아라는 자연 시스템에 의해서 일어났습니다. 이 시스템을 역사학자 로버트 마르크스는 '생물학적 구제도'라고 명명합니다(물론 이런 용어와 이름을 기억할 필요는 전혀 없습니다). 이 생물학적 구제도는 조건이 열악한 쪽에서 늘 더 강하게 작용하곤 합니다.

혁명이라고 하기에는 다소 밋밋한 흐름을 가진 '농업혁명'이 일어난 시기는 대략 만 년 전쯤으로 봅니다. 빙하기가 끝날 무렵, 신석기 시절의 일입니다. 이후 5천 년 정도의 농업기술 축적과 천문, 역법 등 관련 기술의 개발을 끝내고 기원전 3천 년경에 세계 각 지역에서 동시에 문명이 시작된 것은 앞에서 들여다봤습니다. 이중 가장 부유한 지역은 당연히 가장 넓은 땅과 많은 인구수를 보유하고 있는 황허 유역의 중국이었고, 인도 또한 인더스 강·갠지스 강 유역을 바탕으로 안정된 부와 시스템을 축적해 왔습니다. 이집트, 메소포타미아 지역이 가장 열악한 자연환경을 갖고 있었고 그 덕분에 문명이 서진하면서 헬레니즘, 헤브라이즘을 양 근간으로 한 유럽 문명을 일궜습니다. 하지만 바탕이 워낙 열악했기에 다른 지역과는 달리 14세기 들어서야 비로소 영토국가 개념을 세울 수 있었습니다. 그렇다면 세계의 다른 두 지역, 아메리카와 아프리카는 어땠을까요?

아프리카를 보려면 먼저 이슬람부터 살펴봐야 합니다. 간단하게 정리하면, 7세기에 등장한 이슬람교는 단순하고 강력한 교리를 바탕으로 아라비아 반도를 통일한 후 페르시아 지역, 팔레스타인, 이집트, 북아프리카, 이베리아 반도의 대부분, 인도 서북부 지역까지 장악하여 8세기 중반에 거대한 이슬람제국을 건설합니다. 이슬람은 원래 유목민족입니다. 장사해서 먹고살던 민족이죠. 따라서 이슬람은 적을 섬멸하는 따위의 짓은 하지 않았습니다. 손님들을 다 죽이면 장사를 할 수 없지요. 그래서 이슬람은 대단히 관대하고 포용력이 컸습니다. 이러한 이슬람제국이 유라시아 대륙과 아프리카의 일부(당시 유럽 입장에서는 중국을 제외한 세계의 전부였습니다)를 장악했다는 것은 세계사 전체로 보면 대단히 중요한 사건이었습니다. 전 세계를 아우르는 통합의 도구를 이슬람이 제공했으니까요. 바로 언어입니다. 아랍어는 당시 전 세계에서 통하는 공용어였습니다. 아랍어 덕분에 유라시아와 아프리카를 아우르는 전 세계가 연결될 수 있었습니다. 아랍어가 없었다면 아마 유럽은 배를 몰고 아프리카를 돌아 인도양으로 갔다 한들 이슬람이 이미 개척해 놓은 이 일대의 커다란 무역 벨트에 합류할 수 없었을 겁니다. 그들의 성정으로 보아, 이슬람처럼 다른 문명을 통합, 수용할 리가 만무했을 테니까요. 아마 머리 터져라 싸웠을 겁니다. 실제로도 싸웠고요.

이슬람의 관대함은 학문의 번성으로 이어졌습니다. 이슬람에서 발전한 학문은 유럽의 학문, 기술 발전에 큰 몫을 했습니다. 이것이 유럽에 끼친 이슬람의 빛이라면 지중해 지역을 장악하여 해상 상권을 독점한 것은 유럽에 드리운 어두움에 해당합니다. 유럽은 지중해에 작은 통나무 하나도 띄우기 힘들었고 동이든 서든 남이든 갈 수 있는 곳이 없었습니다. 북쪽으로 가 봤자 무서운 한파에 얼어 죽는 자살 행위였지요. 유럽의 동, 남, 서는 이슬람이, 북은 기후가 유럽을 가로막았습니다. 이것은 유럽의 무역과 경제 위축으로 이어져 안 그래도 자원 기반이 미약한 유럽 사회를 오늘날의 용어로 말한다면 저개발지역으로 묶어 버렸습니다.

이런 이슬람도 분열하면서 13세기에 이슬람 세계의 서쪽에 해당하는 오스만제국, 15세기에 페르시아 지역의 사파위제국, 16세기에 인도의 무굴제국으로 갈라집니다. 오스만제국은 투르크족의 합류로 오스만투르크로 변신한 후 로마의 마지막 숨통인 비잔틴제국을 멸망시킵니다. 이 사건으로 유럽은 동부 지중해를 잃어 지중해 상권이 몰락, 그나마 이슬람을 통해 아시아의 부에 접근할 길조차 잃었습니다. 다른 경로를 찾아야 했는데 마침 운 좋게 비슷한 시기에 이베리아 반도에서 이슬람 세력을 몰아내는 데 성공하여 지중해를 벗어나 서쪽으로 갈 수 있는 길을 확보했습니다. 동쪽으로는 갈 방법이 없으니까 서쪽으로라도 가야 했던 거지요.

그때는 안 이랬다 1

아프리카 대륙 중 북아프리카, 사하라사막 남부, 동아프리카가 이슬람에 속하기 시작한 때가 7세기부터입니다. 아프리카에는 인류의 발상지답게 이미 6세기경 여러 지역에 도시국가(이제는 이 국가라는 용어를 동양식의 왕권, 영토국가와 혼동하지 않겠지요?)가 있었고 이중 서부 아프리카 지역의 가나왕국이 제국으로 성장하고 있던 중이었습니다. 가나왕국은 사바나, 열대우림, 사막 등 다양한 생태계를 아우르고 있었으므로 다양한 환경에서 생산되는 여러 작물을 활용하여 이슬람 지역과 활발한 무역을 했습니다. 아프리카 북부 지역을 장악한 이슬람의 영향으로 가나왕국은 10세기경 이슬람으로 개종하고 국내에서 생산되는 황금을 이슬람 지역과의 주요 거래 수단으로 활용하면서 대단히 번성했습니다. 12세기부터 14세기경까지는 말리 제국이 가나왕국을 대체하여 서부 아프리카의 패자로 군림했습니다. 이슬람 지역답게 말리왕국은 문화와 경제가 함께 번성했고 학문도 발전하여 이슬람 신학교가 백여 곳이 넘었습니다. 이슬람으로 흘러 들어간 말리의 황금은 당시 유럽에서는 유일하게 이슬람으로부터 지중해 무역의 승인을 받은 베네치아를 통해 유럽으로 퍼져 나갔습니다. 황금은 당시 유럽의 통화정책을 결정하는 중요한 자원이었습니다. 아프리카가 유럽에 간접으로 끼친 영향이지요.

아프리카의 서부 지역만 유난히 발전한 것은 아니었습니다. 동부 아프리카는 기원전부터 고대 그리스나 로마와 교역하기 위한 항구가 있었는데 이슬람 세력이 확장되면서 활발해진 무역로 덕에 중국, 인도와도 교역을 했습니다. 이 지역은 다양한 민족이 혼혈하면서 해안 지역 특유의 문화가 발전했고, 아랍어의 영향으로 스와힐리어도 탄생했습니다. 동부 아프리카의 주요 교역 물품은 상아, 짐승 가죽, 황금, 그리고 노예였습니다.

가나, 말리처럼 대제국으로 성장한 지역도 있었지만 대부분은 크고 작은 고만고만한 정치 세력들이 도시국가를 이루고 있었고, 이들 역시 치열하게 싸우면서 문명을 엮어 내고 있었습니다. 특이하게도 아프리카의 도시국가들은 서로의 영토를 뺏는 전쟁을 하지 않았습니다. 아프리카 특유의 토지 공개념 덕분입니다. 아프리카인들은 땅을 누구 개인이나 국가의 소유가 아니라 아프리카 전체의 부의 원천이라는 생각을 갖고 있었습니다. 토지는 누구의 것도 아니며, 동시에 모두의 것이기도 한, 아프리카식 토지 공개념입니다. 따라서 아프리카에서 부의 척도는 땅이 아니라 땅을 일구는 노동력, 즉 노예였습니다. 아프리카에서 노예는 우리가 오늘날 알고 있는 노예와는 좀 다릅니다. 그들은 노예를 넓은 의미의 자식으로 여겼습니다. 농경사회에서는 당연한 논리입니다. 농사만 잘된다면(토지, 기후 여건 등의 조건만 좋다면) 노동력이 많아야 부를 이룰 수 있고, 노동력을 가장 쉽게 확보하는 방법은 자식을 많이 두는 것이지요. 자식을 많이 낳는 것은 한계가 있으니까 다른 방식으로 자식을 많이 둬야 하는데, 이런 인위적 자식이 아프리카에서는 노예였고, 노예를 확보하려고 각 도시국가들이 전쟁을 치른 것입니다.

잠시 노예에 대한 각 지역의 개념 차이를 언급하겠습니다. 동양에서 노예는 노비라는 다른 말로 부릅니다. 노비는 주로 가정 내에서 주인을 보좌해서 가사노동을 전담했으므로 인간 취급을 받지 못하는 비참한 상황이긴 하지만 주인과 운명을 함께하는 2등 가족과 같았습니다. 따라서 노비가 주인의 손을 벗어나 소속이 달라지는 일은 극히 드물었습니다. 노비를 사고팔기도 했지만 상설 시장은 존재하지 않았지요. 유럽에서 노예는 로마에서 봤다시피 농장 노동 등 생산 활동에 종사하는 계급이었고 사고파는 재산이었습니다. 그래서 노예는 주인의 경제 상황에 따라 노예시장에서 매물로 나와 소속이 바뀌곤 했습니다. 아프리카의 노예는 주인이 전쟁이나 금전으로 획득하는 자식이었습니다. 아프리카의 노예시장은 일종의 입양 기관이었지요. 이렇게 각 지역의 노예 개념이 달랐습니다. 서구가 16세기 이후 아프리카를 접수하면서 노예무역으로 부를 쌓을 수 있었던 것은 아프리카식 노예제도 덕분에 노예시장 접근이 쉬웠던 데다가 아프리카 노예를 그들의 노예 개념으로 멋대로 해석해 버렸기 때문입니다. 아프리카인들은 서구인들도 자신들과 같이 노예를 잘 먹이고 잘 대우해 줘서 함께 사는 자식으로 본다고 생각해서 노예시장 접근을 허용했는데 서구인들은 재산에 불과한 노예에게 유지보수 비용을 들이지 않았습니다. 시장에서 싸게 산 노예들을 배에 싣고 돌아가면서 밥도 제대로 안 줬지요. 운송 도중 죽은 노예는 바다에 던져 버리고 운 좋게 살아남은 노예를 추려 비싸게 팔아치우는 것이 노예 전부를 보살펴 유럽에 데리고 가는 것보다 더 큰 이익을 올릴 수 있습니다. 싸게 사서 유지보수 비용 안 들이고 비싸게 팔아먹을 수 있으니 꽤 전망 좋은 장사였지요. 이렇게 자기들 기준으로 제멋대로 모든 것을 파악해 버리는 것이 서구인 특유의 세계관입니다. 서구인들이 세계를 여행하면서 현지어가 있는데도 불구하고 싹 무시하고 자기네 언어만 사용하는 이유가 그것입니다.

그들은 아프리카의 노예 개념을 묵살하고 그들 식대로 노예를 해석했습니다. 노예라는 뜻의 slave 어원이 슬라브인 데서 알 수 있듯 유럽의 노예 공급처는 원래 아프리카가 아니라 동부 유럽의 슬라브 지역이었습니다. 그러다가 기독교가 동유럽을 포함한 유럽 전역에 퍼지자 같은 기독교인을 노예로 부리는 것은 성서의 가르침에 맞지 않는다고 하여 눈을 돌린 곳이 아프리카였죠. 아프리카인은 이슬람교도이거나 무속 신앙을 믿는 등 비기독교인이므로 성서의 가르침대로라면 인간이 아니었기에 사냥하듯 노예를 잡아들일 수 있었던 것입니다. 이것이 오늘날 서구에서의 극심한 인종차별로 이어져 사회 갈등의 한 축으로 존재합니다. 인종차별은 그 뿌리가 지독하게 깊습니다. 그러나 인종차별은 서구의 개념일 뿐입니다. 우리가 이런 추악한 인종차별을 자행해야 할 이유가 눈곱만치도 없음에도 대한민국은 대단히 지독한 인종차별 국가입니다.

15세기의 아프리카는 깜깜한 암흑의 땅이 아니라 서부와 동부 전체가 문명을 일구고 있었고, 이슬람의 세력 확장 덕분에 세계 문명에 편입하여 각 지역과 활발히 교류하던 지역이었습니다. 포르투갈인들도 처음에는 아프리카에 존재한다고 알려진 기독교 국가(에티오피아로 짐작됩니다)를 찾아 그들과 손을 잡고 이슬람 세력에 대항하고자 아프리카 해안을 탐색했으니까요. 그 덕분에 희망봉도 발견하고 인도양 항로도 개척하면서 중국의 마카오까지 조차할 수 있었고, 아프리카 해안에서 실수로 서쪽으로 튕겨 나가면서 브라질도 차지하는 행운을 잡을 수 있었습니다.

그런데 포르투갈이 아프리카 해안을 탐험했다는 이유만으로 번성했던 아프리카가 그리 쉽게 유럽 세력에게 굴복했던 역사의 미스터리는 어떻게 풀어야 할까요? 간단합니다. 유럽은 무시무시한 몽골의 도움으로 아프리카를 유린할 수 있었습니다. 이 얘기는 잠시 뒤에 [갱스터즈 파라다이스]에서 풀기로 하지요.

그때는 안 이랬다 2

인도는 서구인들의 세계관 때문에 아시아의 일부로 취급되고 있지만 땅의 넓이, 근대 이전 세계사에서의 역할 등을 미루어 볼 때 하나의 독립된 대륙으로 봐야 합니다. 인도가 세계사에 커다란 영향을 끼치지는 않았지만 만약 인도가 없었다면 유럽은 16세기를 만들 수 없었을 겁니다. 서구인들에게 인도는 세계의 동쪽 끝이었고 반드시 가야 하는 목적지였으니까요. 이런 목적의식이 있었기에 이슬람의 지중해 해상봉쇄에도 불구하고 서쪽으로라도 배를 띄워 험난한 바다를 향해 비장하게 나아갈 수 있었습니다. 왜 이렇게 유럽은 인도에 가지 못해 안달이었을까요?

이전에도 동쪽과의 무역을 통해 인도와 중국의 존재, 또 그들의 부를 알고는 있었지만 11세기에 시작한 십자군전쟁은 이슬람 세계를 통해 동양의 부와 화려함이 본격적으로 유럽에 알려지게 된 계기가 되었습니다. 유럽인들은 자신들이 상대적으로 빈곤하고 수준이 낮다는 사실을 알게 된 것이지요. 미제란 말을 아세요? 한국전쟁을 겪은 직후 우리 사회에서 미제는 꿈에서나 볼 수 있는 환상의 나라에서 온 신기한 물품의 총칭이었습니다. 미제 라디오, 미제 선풍기, 미제 과자를 접하고 소유하고 소비하는 일은 고위층이나 가능했습니다. 당시 유럽도 마찬가지였습니다. 중국제 도자기, 중국제 비단, 인도산 면직, 인도산 향신료와 금은 세공품은 당시 유

럽인들에게는 환상의 세계에서 온 물품이었습니다. 이런 선진 문물을 접하려는 욕
망에 불이 붙기 시작했습니다.

사실 그보다 더 절박한 문제는 식량문제였습니다. 세 차례에 걸친 동쪽에서의
침공으로 유럽은 각각의 성(도시국가)이 고립되어 섬 같은 존재로 변해 갔습니다. 성
가까이 말고는 농사를 짓기가 힘들었지요. 거기다가 14세기 유럽을 휩쓴 흑사병은
인구를 격감시켰습니다. 농경 사회에서 인구 감소는 수확량 감소로 이어집니다. 14
세기부터 유럽 사회는 경작할 땅은 많고 일손은 적은, 심각한 노동력 부족 현상에
시달렸습니다. 땅을 개간하는 데 일손이 달리니까 이를 해결하고자 유럽인들은 말
을 사육했고, 개간할 수 없는 대부분의 땅은 가축의 사료를 얻는 목초지로 남겨 둘
수밖에 없었습니다. 문제는 겨울이었지요. 겨울엔 말을 비롯한 가축을 먹일 사료
가 턱없이 부족했기에 가을에서 겨울로 접어들 즈음엔 많은 가축을 도살해야 했습
니다. 도살하면 남은 문제는 고기의 저장이지요.

당시 유럽인들의 농법은 대단히 수준이 낮았습니다. 일정한 면적의 땅에 농사를
지으면 지력이 떨어져 다음해는 휴경으로 땅을 쉬게 해야 하다 보니 안 그래도 개
간을 못해서 모자라는 농지가 더욱 줄어들 수밖에 없습니다. 거기다가 유럽인들은
인분과 가축 분뇨를 퇴비로 활용하는 방법을 알지 못했습니다. 당시 동아시아에서
는 인분과 가축 분뇨를 귀중한 퇴비로 활용하고 있었는데 말이지요. 이렇게 수확
량이 형편없으니 겨울과 봄의 보릿고개는 도축한 가축의 고기로 연명해야 했습니
다. 소중한 고기를 상하지 않게 보관하는 것이 대단히 중요했지요. 서구의 육식 중
심 식습관도 이런 역사의 뿌리를 갖고 있습니다. 당시 고기를 보관하는 방법은 소
금이나 후추에 절이기, 훈제하기, 또는 이 방식의 혼용이었는데 육질을 가장 잘 보
관할 수 있는 재료가 후추였습니다. 훈제한 고기가 가장 질 나쁜 고기로 주로 서민
들의 식량이었고 후추에 절인 고기는 상류층의 식재료였습니다.

그런데 후추는 유럽에서 나지 않고 오로지 아시아에서만 나오는 물자입니다. 대

단히 귀중하고 값비싼 물자여서 엄청난 이윤이 남는 장사를 할 수 있습니다. 후추 독점 거래권을 이슬람으로부터 따낸 곳이 제노바와 베네치아입니다. 그래서 당시 유럽인들은 제노바와 베네치아를 차지하기 위해 늘 군침을 흘렸고 그들의 침략을 막기 위해 이 두 도시는 작은 덩치에도 불구하고 대단한 전투력을 갖추었습니다. 덕분에 4차 십자군을 갖고 놀 수 있었던 것이지요. 상황이 이렇다 보니 두 도시는 호위함을 붙여서 지중해 무역을 했고 이것이 서구의 무역 방식으로 정착되었습니다. 상선이 곧 군함이므로 교역 요구를 거부하는 지역에는 두말없이 대포를 들이대 버리는 것이지요. 사실 이 강도짓의 근원은 고대 그리스 해적떼로 거슬러 올라 갑니다. 그들의 전통이지요. 그때 이후로 세계는 침공 후 거래 요구라는, 거의 도적질에 가까운 서구의 추악한 침략 무역에 몸살을 앓게 됩니다. 어쨌건 아시아의 물자는 반드시 확보해야 할 전략물자였기에 유럽인들은 어떻게 해서든 인도로 가야 했습니다. 육로로 인도나 중국에 접근하는 일은 이슬람 세력과 무서운 동쪽 민족들 때문에 엄두도 내지 못했고, 남은 것은 해로인데, 지중해 동부를 거쳐 이슬람 지역을 지나 인도로 가는 길은 아예 봉쇄되어 유일한 선택은 배를 서쪽으로 돌리는 것뿐이었습니다.

기원전 16세기경, 인도의 서부, 인더스 강 유역에 최초의 문명을 건설했던 드라비다족은 남하한 아리안족을 피해 인도의 동부, 갠지스강 유역까지 갑니다. 이로써 인도 북부 지역의 동서는 문명의 벨트로 연결되지요. 인더스강 유역은 유난히 외침이 잦았습니다. 마케도니아의 침공, 훈족의 남하에 이어 8세기의 이슬람 세력, 12세기의 투르크족 등이 번갈아 인도를 침략했습니다. 침략이 잦은 지역은 다 그만한 이유가 있습니다. 비옥한 땅과 풍성한 수확물이 있기 때문이지요. 잦은 침략 덕에 인도 북부 지역은 외부의 문화와 종교의 영향을 많이 받습니다. 그러나 인도 남부 지역은 좀처럼 외부 세력에 점령당하지 않았습니다. 가운데가 볼록한 인도의 땅 모양과 엄청나게 습하고 무더운 기후 덕분이지요. 알렉산드로스도 인도를 남하하지 못하고 철수했고, 다른 침략자들도 마찬가지였습니다. 이런 영향으로 인도의 북부와 남부는 완전히 다른 성격을 갖고 있습니다. 북부는 이슬람의 영향을 강하게 받은 지역이고 남부는 인도 전통 종교인 힌두교 지역입니다. 오늘날 파키스탄과 인도의 갈등과 분쟁은 이런 뿌리를 갖고 있습니다. 인도가 전 지역을 통일한 때는 16세기의 무굴제국 시절인데, 이후 인도는 뚜렷하게 통일된 정치 시스템을 갖지 못하다가 영국의 제국주의에 식민지로 전락합니다.

비옥한 땅을 가진 지역답게 인도는 서부, 남부, 북부에 방대한 섬유산업 지역이 있었습니다. 면화산업의 중추입니다. 세 곳에서 생산되는 면직물은 인도 국내 수요를 충당함은 물론 그 품질이 매우 우수해 세계로 수출까지 하고 있었습니다. 인도의 대외무역에는 인도 상인은 물론 이슬람 상인의 역할이 컸습니다. 인도의 수출 항구들이 문호를 활짝 연 것은 이슬람 상인의 출입을 쉽게 하여 수출액을 늘이기 위한 조치였습니다. 이 개방된 문호가 나중에 포르투갈 무역선의 해적질을 용이하게 만든 이유가 되긴 했습니다만.

인도는 면화산업을 주요 산업으로 키우면서 면화 생산 농가, 섬유 제조 장인, 면직물 수집상 등으로 직종을 섬세하게 나누었습니다. 이 직종들은 식량을 생산하는 분야가 아니기에 주곡 생산 농가로부터 식량을 사들여야 합니다. 식량을 사고파는 시장이 생겼습니다. 주곡 생산 농가도 시장에서 이익을 올리면서 차츰 자급자족 규모를 넘어 시장에 내다 팔기 위한 농업을 했습니다. 주곡 생산 농가는 식량을 팔아 얻은 이익으로 면직물 시장에서 옷감을 샀습니다. 이 선순환 구조로 면직물 시장의 규모가 커지면서 해외에도 수출하게 되었는데, 면화산업이 각 직종의 전문화, 다각화, 상업화를 촉진하면서 대외무역으로까지 산업구조를 확장한 것이지요. 당시의 수준으로 보면 이런 산업구조는 선진 지역에서만 가능한 구조였습니다. 인도의 산업은 고도로 발전했으며 경제성장과 총 생산력은 중국에 이어 세계 2위였습니다. 인도의 경제력이 없었더라면 유럽은 향신료와 식량을 구할 방법이 없어 흑사병과 기아에 시달리다가 오늘날의 아프리카나 남미처럼 위축되었을지도 모릅니다.

　이런 사회답게 인도 각 지역의 왕들은 무역을 적극 후원했습니다. 무역은 장사입니다. 장사는 농업과 달리 유연한 태도를 생명으로 여깁니다. 그랬기에 통일을 이루지 못하고 분열된 정치 시스템을 갖고 있는 한계에도 불구하고 인도 전 지역은 함께 고루 성장했으며 아프리카, 이슬람, 중국 등 세계 곳곳의 사람들에게 적대감 없이 개방할 수 있었습니다. 15세기의 인도는 중국과 함께 근대 이전 세계의 첨단산업 지대였습니다.

1368년, 한 세기에 걸친 원의 중원 지배가 끝나자 다시 한족이 중국을 통일합니다. 명이 등장했습니다. 명을 반석에 올려놓은 이는 조카의 제위를 찬탈한 영락제입니다. 영락제는 몽골을 몰아내기 위해 수도를 베이징으로 옮기고 중앙아시아와 베트남까지 병합합니다. 1405년 가을, 3백 척의 선박과 2만7천 명의 어마어마한 대규모 선단이 남해 원정을 위해 양쯔강에 대기합니다. 정화의 남해원정대입니다. 이 원정대는 유럽의 탐험대와 달리 국가가 조직한 국영 무역회사이자 외교사절단이었습니다. 흔히 역사학자들은 남해원정대를 중국이라는 제국의 위용을 세계에 드높이기 위한 일종의 정치 쇼로 폄하합니다만 꼭 그렇지만은 않습니다. 영락제는 명의 농업경제 시스템을 중상주의 시스템으로 바꾸려 했던 겁니다. 비옥하고 넓은 땅이 있었지만 농업경제가 안고 있는 한계를 읽었기 때문이지요. 이 인식에는 원과 남송의 영향이 큽니다. 남송은 양쯔강 이남 지역에 강역을 두고 있던 제국이었습니다. 이 지역은 농사로 승부를 짓기엔 부적합했습니다. 기후는 농사에 유리한 지역이었지만 습지가 많아 다양한 농작물을 생산하기 어려웠던지라 남송은 장사를 주요 산업으로 삼았습니다. 오늘날 화교라 부르는 장사꾼들의 원조가 바로 이들입니다. 남송은 원에게 망했지만 원을 물리친 명은 한족 제국인 남송의 정통성만 계승한 게 아니라 장사꾼의 감각도 이어받았습니다. 원의 경제 감각도 당연히 이어받았겠지요.

정화의 남해원정대에는 중국의 또 다른 급박한 고민이 숨어 있습니다. 영락제가 등극하던 때 중국은 극도의 경제 침체에 빠져 있었습니다. 영락제의 대외 과시용 토건 사업(자금성 건설, 남해원정대 준비 사업 등)으로 국고를 탕진한 탓이기도 하고, 중국 특유의 시스템인 토지제가 벌써 한계에 봉착했기 때문이기도 하고, 원 몰락 후 발행한 지폐와 은화가 극심한 인플레이션을 불러왔기 때문이기도 합니다. 농경 사회로는 모두 감당하기 어려운 경제 위기였습니다. 이 위기를 자세히 관찰하면 명의 몰락 원인을 알 수 있는 아주 중대한 대목입니다만 그러다가는 중국사 전체를 관통해야 하기에, 이 얘기는 서양사 다음 편으로 나올 『동양사』에서 들여다보기로 하겠습니다. 그러나 정화의 남해원정대가 왜 세계를 향해 돛을 펼쳤는지는 알아야 하니까 명의 경제 위기를 화폐제도로 잠시 살펴보겠습니다.

모든 화폐제도는 인플레이션을 애초부터 안고 있습니다. 경제학에 수요와 공급의 법칙이란 게 있습니다. 수요와 공급이 서로 잘 맞아떨어져야 경제가 안정된다는 거지요. 수요는 인구 증가든 생활수준의 향상이든 늘 조금씩이나마 늘게 되어 있습니다. 여기에 맞춰 공급, 즉 생산도 늘어야 합니다. 경제성장이 꾸준히 되어야 한다는 뜻이지요. 어떤 이유로든 경제성장이 멈추면 늘어나는 수요를 공급이 맞추지 못해 인플레이션이 발생합니다. 인플레이션이란 화폐가치가 떨어져서 물가가 상승하는 경제문제입니다. 어제는 십 원이었던 물건 값이 오늘은 이십 원이 된다면 물가상승률은 100퍼센트가 되고 이런 현상을 인플레이션이라고 합니다. 원인은 물건 부족, 즉 공급의 부족입니다. 인플레이션은 공급량을 늘리면 잡힙니다. 물론 이렇게 간단한 문제는 아닙니다만 원리는 이렇다는 뜻입니다. 산업구조가 농업이 아닌 상업과 공업이라면 인플레이션 문제를 완화시키기는 상대적으로 쉽습니다. 생산량과 유통량의 조절이 농업보다는 용이하기 때문입니다. 그러나 농업은 마음대로 공급량을 늘릴 수 있는 산업이 아닙니다. 기후 조건, 인력 동원, 인구 규모 등 인간의 힘으로는 어찌할 수 없는 조건이 너무나 많아 인위적인 생산량 증대는 기대하기 어렵습니다.

화폐제도가 없는 상황에서는 물물교환이 시장의 주 거래 수단이므로, 농업 생산량이 감소하면 교환할 상품의 교역량도 함께 줄어들어 시장의 위축 현상은 올지언정 가치 하락은 그다지 없습니다. 하지만 화폐제도가 도입되어 화폐로 교환가치가 정해지면 문제는 달라지지요. 농업 생산량이 감소하면 시장에 공급되는 양이 줄어들고 이는 물가 상승으로 이어져 인플레이션이 생깁니다. 공급량을 늘릴 수 없으면 거꾸로 화폐를 더 발행해서 이 사태를 진정시키는데, 이 현상이 반복되면 화폐는 휴지 조각처럼 가치가 추락하여 화폐제도를 근간으로 한 경제구조 자체가 무너지게 됩니다.

농업 생산량은 왜 줄어들까요? 기후 문제도 있고 농업 기술의 문제도 있고 농업 생산성 향상이 인구 증가율을 못 따라간 때문이기도 하고 토지제 때문이기도 합니다. 명의 토지제는 간단하게 설명하면 토지로 공무원의 급여를 지급하는 시스템입니다. 땅 자체의 소유권을 주는 것이 아니라 수조권, 즉 그 땅에서 수확되는 농산물에서 세금을 걷을 수 있는 권한을 주는 것이지만 사실상 토지 소유권을 주는 것과 다를 바 없습니다. 땅이 저절로 자라지는 않습니다. 그러니 땅을 떼서 급여를 지급하다 보면 언젠가는 급여로 지급할 땅이 모자라게 되는 건 당연한 이치입니다. 중국의 토지제는 늘 이런 한계에 봉착했는데, 제국이 새로 설 때마다 지급했던 토지를 모두 몰수하여 원상태로 돌려놓고 새로 급여를 지급하다가 약 백 년 정도 지나면 또 한계에 부닥치곤 했습니다. 그렇다고 관료제가 근간인 나라에서 공무원에게 급여를 안 줄 수는 없습니다.

그러다 보니 이미 봉급으로 준 토지를 다른 공무원에게 또 지급할 수밖에 없게 되었습니다. 그 토지에 농사를 짓는 농민의 입장에서는 세금을 바칠 주인이 하나 였다가 어느 날 갑자기 둘이 되어 버리는 황당한 사태가 되는 거죠. 토지제의 혼란이 깊어지면서 하나의 땅에 수조권을 가진 관리가 셋, 넷이 되기도 했습니다. 아무리 뼈 빠지게 농사를 지어도 세금으로 다 뜯기고 제 식구 입에 풀칠도 못하는 상황이 되면 농민은 보따리를 싸서 야반도주하는 길밖에는 없습니다. 이렇게 야반도주하는 농민이 늘어나면 농사지을 농민이 없으니 농촌 공동체가 무너지고 나라 전체의 수확량도 급감할 수밖에 없습니다. 이렇게 감소한 곡물 수확량은 화폐 제도와 맞물려 인플레이션으로 이어져 경제 자체가 위험해집니다. 영락제 때가 바로 이 경제 위기에 봉착했던 시기입니다. 그래서 영락제는 해외무역을 경제 회복의 돌파구로 봤습니다. 중농주의로 안 되면 중상주의로 나가야지요. 영락제의 판단은 옳았습니다.

1405년, 드디어 정화가 1433년까지 총 일곱 차례에 걸쳐 시행한 원정의 첫 항해를 시작합니다. 이 원정 기간 동안 남해원정대는 동남아시아의 향로제도를 지나 인도양, 페르시아 만, 아프리카 동부의 모잠비크까지 순양했습니다. 유럽을 제외한 전 세계를 훑은 거지요. 유럽은 왜 가지 않았을까요? 당시 중국의 항해술이라면 희망봉을 넘어 아프리카 동부 해안을 따라 북해나 지중해로 가는 것이 어려운 일이 아니었을 텐데요. 두 가지 이유로 추측됩니다. 하나는 원제국을 통해 알게 된 것으로 유럽은 교역할 만한 실력이 없는 지역이라(원의 유럽 침공 당시 유럽은 아시아와 무역을 할 만한 생산품이 거의 없었습니다. 있다고 해봐야 금속 세공품과 모피 정도였으니까요) 굳이 유럽으로 가야 할 이유가 없었다는 것이고, 또 하나는 영락제의 정치 기반이 약화되어 더 이상 해외 원정을 계속할 수 없는 상황이었기 때문입니다. 해외 원정이 막바지에 이르렀을 때 중국 조정은 원정을 지속해야 한다는 해외파와 아직 가시지 않은 북방 몽골의 재침략에 대비해야 한다는 국내파로 분열되어 있었습니다.

마지막 해외 원정 2년 후 영락제가 죽으면서 국내파가 득세하여 중국은 다시 유교에 입각한 농경문화로 회귀해 버렸습니다.

만약 명이 영락제 이후에도 중상주의 시스템을 계속 이어나갔더라면 그렇게 빨리 무너지는 일은 없었을지도 모릅니다. 그러나 영락제 이후 명은 다시 중농주의로 회귀했고 국가 이데올로기는 여전히 충과 효를 강조하는 유교 체제였으며 국정 운영은 토지제와 관료제였습니다. 이런 낡은 시스템으로 늘어난 인구와 구성원들의 다양한 요구를 충족시킬 수 없음은 당연한 일입니다. 명은 사실 영락제 이후 무너질 수밖에 없던 제국이었습니다.

원정이 절정에 이를 당시, 남해원정대는 유라시아 대륙, 인도, 아프리카를 아우르는 해상무역로를 개척했고 인도양에서 막강한 해상 세력을 구축했습니다. 당시 중국을 능가하는 해군은 지구상 어디에도 없었습니다. 강력한 이슬람제국조차 해상에서만큼은 중국의 적수가 되지 못했지요. 이런 막강한 중국 해군이 인도양에서 사라지자마자 때마침 희망봉을 돌아 인도양에 진입한 포르투갈 선단이 첨단 무기를 앞세워 방어 체계가 전혀 없던 인도양을 뒤집었습니다. 유럽인들이 해적질로 무역을 진행하는 역사는 고대 페니키아 시절 그리스 해적 때부터 시작된, 대단히 오랜 전통과 역사를 자랑합니다. 무엇보다 그들은 그것 외에는 무역의 방식을 모릅니다.

이렇게 보면 역사는 서구인들이 주장하는 필연이 아니라 우연의 연속으로 이루어져 있습니다. 정화가 포르투갈의 선단을 피해 철수한 것도 아니고 포르투갈이 정화의 함대가 철수한 것을 확인하고 인도양으로 간 것도 아니거든요. 만약 정화의 함대가 그대로 인도양을 장악하고 있었더라면 허약한 포르투갈 범선들은 중국의 우수한 화포에 그대로 수장되었을 겁니다. 남해원정대의 기함은 길이 120여 미터, 폭 50여 미터에 9개의 돛을 단 어마어마한 규모였고 대포로 중무장한 전함이 함대를 호위하고 있었습니다. 명의 국내파가 저도 모르는 사이에 유럽을 살렸습니다.

　인도양의 해군은 중국 내부 사정으로 철수했지만 중국이 해상무역 자체를 포기한 것은 아니었습니다. 포기하고 싶어도 중국의 선진 생산품들을 세계가 원하고 있는 이상 그렇게 되지는 못합니다. 아무리 정치 이데올로기 때문에 경제가 후퇴하고 경기가 침체되었다 해도 중국은 당시 세계 제1의 강대국이었고 첨단산업 기지였습니다. 15세기의 중국은 아무도 함부로 건드릴 수 없는 강력한 선진국이었습니다.

그들만의 세상
_ 아메리카

아메리카는 서구인들에게는 신대륙이지만 그 땅의 원주민들에게는 오랜 역사의 땅, 구대륙입니다. 중앙아메리카에는 유라시아 대륙보다는 좀 늦은 기원전 15세기에 화려한 문명이 꽃을 피웠습니다. 마야문명입니다. 이 문명은 7세기부터 고도로 발달된 농업을 바탕으로 전성기를 누렸으며 주변의 모든 부족들이 멕시코 계곡으로 모여들었습니다. 덕분에 15세기에는 수많은 도시국가들이 섰고 15세기 중반에 이르러 강력한 제국이 모습을 드러냅니다. 아스텍제국입니다. 아스텍제국을 세운 민족은 멕시카족인데 이들이 멕시코 계곡에 정착한 시기는 14세기 중반입니다. 정착 초기에는 다른 부족에게 심한 핍박을 받으며 절치부심, 실력을 키워 제국을 건설했는데, 이런 까닭에 철권통치로 제국을 운영했습니다. 강력한 공포정치는 아스텍제국 내부에 균열을 일으켰고 거기에 에스파냐가 침략하여 분열을 이용해 제국을 무너뜨렸습니다.

다른 문명 지대는 기원전부터 강력한 제국이 건설된 데 비해 아메리카 대륙에서 제국의 형성이 이토록 늦은 이유에 대해서는 학설이 분분하지만 역시 지리에서 그 이유를 찾을 수 있습니다. 이 지역은 유럽과 마찬가지로 중심이 될 만한 면적을 가진 땅이 그리 없었고 대부분의 도시국가가 고원 지역의 계곡 사이에 분포했으므로 세력 확장보다는 생존에 주력해야 했기 때문이라는 게 설득력이 있습니다(오늘날 북아메리카 대륙의 광활한 땅이 있지 않느냐고 할 수도 있겠지만 지구에 문명이 개화할 당시 이 지역은 아직도 추운 지역이라 그리 매력적인 땅이 못 됩니다). 그리고 유럽과는 달리 주변에 영향을 끼칠 만한 문명권이 존재하지 않았기 때문에 외부 침입을 우려하지 않고 고립된 상태로 역사가 진행되어 왔다는 것도 이유가 될 수 있겠지요. 여기서 착각하지 말아야 할 게 있습니다. 제국이라는 정치집단의 형성이 늦었다는 것이지 문명 자체가 늦게 형성된 것은 아닙니다. 서구의 노략질과 파괴로 문명 자체가 철저히 훼손되어 남은 유구로 해석하기 대단히 힘들긴 합니다만, 문명의 개화는 어쩌면 4대 문명의 시작과 동일하지 않았을까요. 인간은 어디서건 비슷하게 생각하고 비슷하게 행동하니까요.

남아메리카 대륙의 태평양 연안에도 문명이 존재했습니다. 잉카문명입니다. 유라시아 대륙과 달리 아메리카 대륙의 문명은 산악의 고원지대에서 발생했다는 특징이 있습니다. 고고학적 분석에 의하면 오늘날 페루에 해당하는 지역의 고원에 잉카족이 정착한 시기는 13세기 중반이라고 합니다. 그렇다면 멕시코 계곡을 차지하지 못하고 밀려난 부족들이 남하하다가 여기에 정착했다고 짐작할 수도 있습니다. 이들이 태평양 연안의 고지대로 간 이유 또한 타 부족의 추적을 따돌리기 위한 것일 수도 있지요. 그렇다면 왜 잉카문명이 문명을 일으키기에는 부적당한 고원지대에서 문명을 건설했는지 설명이 용이해집니다.

잉카제국은 남북으로 수천 킬로미터에 달하는 길이를 지녔지만 동서로는 좁기 짝이 없고 높이로는 이삼 킬로미터 사이의 고지대에 건설되었습니다. 고도 차이가 심하고 농경을 하기 부적절할 정도로 농토가 적었으므로 생산하는 작물도 수확량이 적어 제국을 운영하기 힘들었을 겁니다. 그럼에도 문명을 이룬 동력은 잉카제국의 독특한 권력 승계 시스템에 있습니다. 잉카제국의 황제는 태양신이므로 죽고 나면 미라로 만들어 후손들이 태양신과 계속 연계해야 했는데 이것은 대단히 중요한 임무였습니다. 그래서 황제의 직계 후손은 전임 황제의 땅을 포함한 모든 재산을 물려받는 대신 황제 제위를 포기하고 태양신과 세속을 연결하는 임무를 맡았기 때문에 후임 황제는 빈손으로 맨 땅에서 새로 시작해야 했습니다. 새로운 땅을 개척할 수밖에 없었지요. 그래야 자신의 재산도 불리고 권력도 확립해서 황제 노릇을 할 수 있거든요. 이런 이유로 잉카제국은 끊임없이 정복 전쟁을 수행해서 영토를 확장할 수 있었습니다. 잉카제국도 아스텍제국처럼 16세기에 이르러 강력한 세계를 건설합니다. 그러나 정복할 땅은 한계가 있는 법, 더 이상 정복할 땅이 없자 황족 내부에 갈등이 쌓여 갔고 이 균열 지점에 에스파냐가 칼을 들이댔습니다.

갱스터즈 파라다이스

그동안 유럽과 중국은 대단히 다르다는 점을 누차 강조했습니다. 15세기의 두 지역을 간단하게 비교하겠습니다. 중국은 기원전부터 분열기를 겪고 나면 반드시 강력한 제국으로 통일을 거듭해 왔습니다. 15세기 중국은 명으로 다시 부활했고 단일 왕조가 거대한 지역을 통치하면서 제국을 경영할 시스템을 완비하고 있었습니다. 비록 농경문화를 기반으로 한 정치 시스템이라는 한계(변화에 적응하기 쉽지 않고 끊임없이 체제를 유지하려는 과거 회귀적 보수 시스템) 때문에 늘 내부 모순에 직면하곤 했습니다만 다른 지역에 비해 상대적으로 강력한 힘과 생산력을 갖고 있었습니다.

그에 반해 15세기의 유럽은 어느 정도 정리가 되었다고 하나 도시국가의 공화국부터 왕국, 공국, 공작령, 교구령 등 수많은 정치집단으로 분열되어 있었습니다. 이들은 살아남기 위해 합종연횡하며 서로를 경계하고 전쟁을 벌였고 상비군을 두고 긴장하고 있었습니다. 이들의 긴장에 한몫을 한 것은 비유럽권의 침략이었습니다. 유럽은 6세기 훈족 침입으로부터 8세기 이슬람 침략, 다시 13세기 몽골의 침략에 이르기까지 끊임없이 외침에 시달렸습니다. 이 정도로 시달렸으면 단결할 법도 하지만 각 정치집단이 섬처럼 존재했던 바람에(이 역시 외세, 특히 동쪽의 침략에 의한 것입니다) 단결할 엄두도 못 내고 늘 불안에 떨어야 했습니다. 11세기 들어 프랑크가 제국 형성에 실패하자 유럽의 모든 정치집단은 파편화된 상태로 극심하게 싸우면서 16세기까지 갑니다. 이런 와중에 몽골로부터 두 가지 선물을 받습니다. 하나는 흑사병이고 하나는 대포와 화약입니다.

14세기에 유럽 전역을 휩쓴 흑사병으로 인구의 30퍼센트가 사라지자 안 그래도 좋지 못한 경제 상황이 악화되면서 극심한 경제난에 시달립니다. 그래도 살기는 해야 하는 법입니다. 노동력 감소는 일인당 노동량을 증가시켰고 생산량이 어느 정도 회복되자 이제는 줄어든 인구가 오히려 경제성장을 돕습니다. 미약하긴 하지만 이런 경제성장으로 유럽 각 지역의 정치집단은 권력을 강화하면서 조금씩 영토국가의 면모를 갖추어 갑니다.

유럽이 각자 싸우던 시절의 무기는 창, 칼, 활이었습니다. 이런 무기에 대응하는 가장 좋은 수비 전략은 견고하게 쌓은 높은 성입니다. 유럽 곳곳에 성이 많은 이유지요. 공성 무기도 있었지만 유럽의 지형 특성상 성을 깨뜨릴 정도의 결정적 위력은 없었습니다. 그런 상황에서 몽골이 침략해 옵니다. 몽골의 전술은 날렵한 기마대와 말에 앉은 채로 활을 쏘는 신기의 궁술, 그리고 대포였습니다. 날렵한 기마대, 귀신같은 궁술은 어쩔 수 없지만 대포는 군침을 흘릴 만한, 대단히 두렵고도 신기한 무기였습니다. 각 성은 몽골군에 꼼짝하지 못하면서도 몽골 진영에서 대포를 훔치기도 했고 쌈짓돈을 털어 몰래 사기도 했습니다. 그들은 이 무기를 몽골군을 물리치는 데 쓰지 않고 유럽 각 지역에서 각축하던 서로의 성을 깨뜨리는 데 쓰기 위해 연구를 거듭합니다. 당시 유럽은 로마가톨릭의 세상답게 각 지역에 로마네스크 성당이 많았고 성당의 상징은 종이었습니다. 종을 주조하는 기술이 있었던 거지요. 이 기술을 바탕으로 대포를 개량하여 강력한 무기를 확보한 영주는 지역의 패자가 될 수 있었습니다.

이제 전쟁의 양상은 어느 쪽이 얼마나 많은 대포를 잘 쓰느냐에 달렸습니다. 오스만투르크가 콘스탄티노플을 무너뜨릴 때도 대포를 앞세웠고 프랑스가 영국과의 기나긴 백년전쟁을 역전승으로 장식할 수 있었던 것도 대포 덕분이었습니다. 에스파냐는 180문의 대포로 그라나다를 함락시키면서 이슬람 세력을 이베리아 반도에서 몰아낼 수 있었지요. 그러나 이런 막강한 무기를 앞세우고도 유럽을 통일할 수는 없었습니다. 창이 있으면 방패가 있는 법, 대포가 성을 깨뜨리기 시작하자 각 성은 잽싸게 돌벽 뒤에 흙벽을 쌓은 이중 성벽으로 대응했거든요. 유럽의 성은 다시 공격을 피해 두더지처럼 숨을 수 있는 요새가 되어 버렸습니다. 방비를 덜한 성은 깨지면서 합병되었고 제대로 수비한 성은 살아남아 독자적 정치 세력을 구축해 갔습니다. 이 과정을 거치면서 유럽은 서서히 지역을 통합했고 점점 단위 국가로 발전합니다. 이제 제국으로의 통일은 완전히 물 건너갔습니다. 깔고 앉은 자리에서 살아남기에 골몰합니다. 자연히 뜯어먹을 것 별로 없는 좁아터진 유럽 땅에서 시선을 외부로 돌립니다. 개량한 대포는 외부로 나가는 데 대단히 유용합니다. 그들은 대포를 앞세워 이전부터 그랬던 것처럼 외부 세계와의 무역에 사용했습니다. 세 살 버릇 여든까지 간다고, 여전히 그 못된 버릇을 버리지 못하고 있습니다. 현재 세계 곳곳의 분쟁이나 전쟁 지역을 보면 그들의 끈질긴 버릇을 알 수 있습니다.

당시 유럽을 압박하던 이슬람 세력과, 그럼에도 외부로 나갈 수밖에 없었던 유럽의 경제 상황, 여기에 그들이 치고받으면서 개량한 무기가 합쳐져서 배는 서쪽으로 갑니다. 그들의 배가 약탈해 온 물자들로 유럽은 오랜 기간 침체되었던 경제를 회복할 수 있었고 경제성장에 힘입어 문화가 발전하기 시작했습니다. 어느 시대고 사회가 이런 발전의 궤도를 밟아 가면 그동안 생존에 골몰하느라 잊고 있었거나 묻어 두었던 시스템의 모순이 수면 위로 떠오르는 법입니다.

시스템의 모순은 주로 이데올로기의 균열에서 발생합니다. 중국이 분열기에 들어갈 때는 황제 권력의 약화와 귀족의 발흥, 권력 쟁투, 그로 인한 사회 불만의 증폭이 균열의 도화선이 되었지요. 대한민국만 해도 반민주 독재체제는 각 시대를 끌고 나가는 이데올로기의 균열점에서부터 증폭한 모순을 각성한 시민이 앞장서서 깨뜨렸습니다. 이승만 정권은 반민족 세력 청산, 식민주의 청산은 하지 않은 채 반공주의를 내세웠는데, 이런 허술한 민족적 각성으로는 정권의 정당성을 획득하기 어려웠을 뿐 아니라 반공주의 자체가 이승만 정권의 균열 지점이 되었습니다. 이 모순을 덮기 위해 이승만 정권은 독재체제로 갈 수밖에 없었죠. 시민들은 전쟁의 공포에서 벗어나면서 이승만 정권의 모순을 각성했고, 결국 이 각성된 시민에 의해 이승만 독재 정권은 무너졌습니다. 박정희의 매판자본과 국가독점 경제체제, 반민주주의 균열점, 전두환의 몰역사, 반민중 철권통치의 균열점도 늘 각성한 시민들에 의해 마침내 역사의 뒤안길로 사라졌습니다. 현대 세계사를 살펴봐도 역사의 진보는 늘 그런 식으로 이루어지고 있습니다.

유럽의 당시 이데올로기는 로마가톨릭이었습니다. 현실 정치권력이 크게 약화된 가톨릭은 권력 대신 자본에 집착합니다. 하늘의 권력이 세속의 자본에 집중하는 것은 이데올로기를 스스로 부정하는 것이지요. 이 모순에 항거하여 발생한 사건이 종교분쟁(개혁)이었습니다. 서구인들은 그들의 표현대로 하자면 대항해시대, 르네상스, 종교개혁(과연 개혁일까요?)의 세 가지 사건이 유럽의 16세기를 뜨겁게 달구어 서구가 역사 위로 부상하는 계기가 되었다고 주장합니다. 하지만 그들의 주장과는 달리 그로부터 3백여 년이 지난 후, 중국이 붕괴하면서 비로소 그들은 세상 밖으로 나올 수 있었습니다. 그러므로 그때까지 그 세 가지 사건은 세계사적 관점에서 볼 때 그들만의 열기, 찻잔 속의 태풍입니다. 그들이 화려한 미사여구로 치장한 대항해시대, 르네상스, 종교개혁은 서구의 부상이 아니라 가까스로 일어나기 위한 안간힘에 불과합니다. 그나마 그 시도도 실패했다면 오늘날의 유럽, 서구는 존재하지 않았을지도 모릅니다.

그런데 그들의 성공을 잘 살펴보면 그 원인과 배경이 자신들의 실력이 아님을 알 수 있습니다. 그렇다면 무엇이 그들의 안간힘을 성공으로 이끌었을까요? 그들이 자신의 주장대로 유난히 뛰어나서일까요? 그런데 만약 그 당시 감히 넘보지도 못할 선진국이었던 이슬람, 인도, 중국이 유럽을 노렸다면, 그 엄청난 힘으로 그들의 안간힘을 짓밟았다면 어떻게 되었을까요? 그 답은 지금도 진행 중인 현대사를 보면 알 수 있습니다. 16세기 당시 제3세계(현대 용어입니다만)에 불과했던 그들이 선진국이 된 지금, 그들이 현재의 제3세계에게 어떤 짓을 하는지, 그들에게 당하는 제3세계가 어떤 꼴인지를 잘 살펴보시기 바랍니다.

그들이 16세기의 분수령을 통과할 수 있었던 이유는 천만다행으로 그들을 방해하는 악당이 없었기 때문입니다. 그런데 그들은 21세기의 악당이 되어 16세기 당시의 자신들과 비슷한 처지인 지금의 제3세계에 지독한 악당 짓을 하고 있습니다. 뿐만 아니라 그들이 만든 질서 속에 가까스로 뒤따라 들어간 악당의 똘마니들도 그들이 하는 짓을 그대로 따라 하고 있습니다. 자, 이제 16세기로 들어갑니다.

그들이 사는 법

두 가지 큰 사건이 얽히고설키면서 15세기 이후의 유럽이 만들어집니다. 가톨릭의 몰락과 유럽의 아메리카 대륙 점령이 그것입니다. 15세기 들어 가톨릭은 현저히 세력을 잃으면서 타락해 갔습니다. 독재자는 원래 권력의 영향력이 현저히 감소하면 그 상실감을 돈으로 치유하려 합니다. 거대한 하늘의 권력을 독점한 독재 권력이었던 가톨릭이 몰락하면서 탐욕의 눈을 뜹니다. 탐욕은 권위의 추락을 가속하고 추락이 진행될수록 탐욕도 커지는 악순환이 반복됩니다. 하늘의 권력에 짓눌려 있던 고만고만한 땅의 권력들이 고개를 듭니다. 유럽에는 바야흐로 전 방위 전쟁의 기운이 무르익어 갑니다. 거기다가 이베리아 반도가 살아남기 위해 대서양에 배를 띄우면서 유럽의 좁은 세계는 확장을 시작합니다. 세계가 넓어지면 할 일도 많아지지만 이데올로기도 그에 맞게 바뀌어야 하는 법입니다. 유럽의 좁은 세상은 그렇게 바뀌고 있었습니다. 먼저 대서양에 배를 띄운 사건부터 살펴보겠습니다.

15세기의 유럽은 어른이 사라지고 아이들만 남은 집처럼 하루도 바람 잘 날 없이 시끄러웠습니다. 애들은 싸우면서 큰다고 하지요? 유럽의 꼬마들이 열심히 싸우면서 크고 있습니다. 유럽의 각 지역이 꼬마들이라면 동쪽에 있는 이슬람은 힘센 동네 형쯤 됩니다. 더 동쪽에 있는 인도와 중국은 다 큰 어른들이지요. 그러니 꼬마들은 유럽 동쪽으로는 얼씬할 생각도 안 합니다. 서쪽도 안 갑니다. 이베리아 반도는 서유럽에서 마지막까지 이슬람 세력이 둥지를 튼 지역입니다. 유럽 꼬마들에게 이베리아 반도는 잊힌 지역이 되어 버렸습니다. 그렇다고 그곳에 꼬마들이 없을 리는 없지요. 여기에 사는 애들이 포르투갈과 에스파냐인데, 제일 답답한 꼬마들입니다. 이들에게 이슬람은 두려운 존재가 아니라 원수입니다. 이 깡패만 없었더라면 서유럽의 다른 꼬마들과 토닥거리며 살았을 텐데, 다른 꼬마들이 아예 없는 애 취급을 했거든요. 포르투갈과 에스파냐는 이슬람을 몰아내기 위해 갖은 애를 씁니다. 이것을 레콩키스타(국토회복운동)라 부릅니다.

포르투갈은 이 원수 같은 이슬람을 몰아내기 위해 함께 손잡을 동지를 구하러 나섰습니다. 서유럽의 다른 꼬마들은 지네들끼리 투닥대며 싸우느라 신경도 안 씁니다. 포르투갈이 동지를 구하러 나설 길은 대서양이 유일합니다. 지중해 쪽은 이슬람 세상이라 쳐다보지도 못하고 북해 쪽에서는 프랑스와 잉글랜드가 치고받고 싸우느라 정신이 없는데다가 무서운 바이킹까지 눈을 부라리고 있거든요.

아프리카 어느 쪽에 십자군이 세운 기독교 왕국이 있다더라. 그 나라만 찾으면 함께 싸우자고 할 수 있을 거야. 포르투갈은 대서양으로 배를 띄워 아프리카 서해안을 따라 남쪽으로 갑니다. 그런데 포르투갈이 전설만 좇아서 아프리카 해안을 뒤진 것은 아니었습니다. 원래 어떤 일이든 하나만 목적으로 하지는 않지요. 포르투갈은 내심 향료를 찾아 나섰습니다. 향료는 유럽에서는 나지도 않는, 그러나 대단히 유용하게 쓰이는 매우 귀한 제품입니다. 엄청 비싸지요. 이 향료만 들여올 수 있다면 그야말로 팔자 바뀌는 겁니다. 전설 속의 기독교 국가도 찾고, 아프리카 해안을 따라가면서 향료가 나온다는 인도도 찾고, 잘만 한다면 유럽의 제일 찌질이 꼬마 처지에서 벗어날 수도 있습니다. 사실 이건 해도 좋고 안 해도 그만인 톰 소여의 모험이 아닙니다. 그렇게라도 살 길을 찾지 않는다면 허약한 가난뱅이 신세에서 빠져나올 길이 없었습니다. 힘이 약하면 누군가에게 먹히기 마련이지요. 이슬람에게든 서유럽의 다른 지역에게든. 포르투갈에겐 이 길이 어쩌면 살아남을 수 있는 마지막 카드일지도 모릅니다. 같은 동네 꼬마 에스파냐보다 포르투갈이 조금 더 약삭빨랐습니다. 아무도 간 적 없는 망망대해, 대서양에 배를 띄웁니다. 이것이 그들이 대항해시대라고 부르는 사건의 시작입니다. 15세기 초였습니다.

여기서 잠시 개념 정리를 해야겠습니다. 편의상 국가라는 표현을 쓰고 있는데 당시 유럽을 오늘날의 영토국가 개념으로 오해할 수도 있고, 각 지역의 대외정책을 국가 시책으로 잘못 받아들일 수도 있으니까요. 우리가 속해 있는 동양과 유럽은 모든 면에서 판이하게 다르다고 그동안 틈날 때마다 강조했습니다. 국가라는 명칭도 동양에서는 단일 정치 체제가 지배하는 영토국가로 정의할 수 있습니다. 그러나 유럽은 칭할 말이 없어 국가라는 용어를 쓰긴 했지만 사실 동양식의 영토국가는 존재하지 않았습니다. 그저 사는 지역을 중심으로 지역명을 취할 뿐, 어느 나라의 국민, 시민, 백성이란 말은 성립이 되지 않습니다. 15세기, 16세기 들어서도 역시 마찬가지입니다.

왕도 그런 용어입니다. 동양에서 왕은 임금이지요. 왕통이란 혈통이 있고 이것을 거스른다는 건 삼족, 구족을 멸하는 대역죄에 해당할 정도로 강력한 권력입니다. 유럽은 그렇지 않습니다. 왕은 거의 대부분 지역에서 선거로 뽑았고, 세습을 하더라도 원칙이 없었으며 왕통 또한 자주 끊어져서 그럴 때마다 귀족들이 모여 선거로 왕가를 교체했습니다. 특히 영국은 대륙에서 왕을 수입하는 일도 허다했습니다. 그러다 보니 각 지역에는 왕을 많이 배출한 유력한 가문이 있을 정도입니다. 합스부르크 가문이 그러했지요. 투잡, 쓰리잡을 하는 왕도 있었습니다. 그러니 왕은 왕일 뿐 별다른 의미가 없습니다. 그런 왕이니 강력한 권력이 아니라 그 지역의 유력자(영주들) 대표 정도의 지위일 뿐이었습니다. 현대에 와서도 왕이나 대통령, 수상 등 국가수반을 대하는 시민들의 자세가 동양과 서양이 다른 이유가 바로 이것입니다. 할리우드 영화에서도 종종 나오지요? 대통령 앞에 있는 국무위원이나 백악관 직원들의 자세가 건방지다 싶을 정도로 건들거리잖아요. 다리 꼬고 앉기도 하고 심지어는 대통령의 어깨에 팔을 두르기도 하는 건 이들의 역사 속에서 그 연원을 찾아봐야 합니다. 동양에서 왕은 하늘이 내린 존재이지만 서양에서 왕은 필요에 따라서 뽑아 놓은 우두머리일 뿐입니다.

국가정책도 그렇습니다. 동양에서는 왕이 결정하면 국가 전체가 동원되는 정책이 됩니다. 하지만 유럽에서는 왕이 결정한 사항은 왕 자신의 책임에 국한됩니다. 왕이 결정했다고 국가 전체가 따라야 할 이유가 없습니다. 쉽게 말해 국가정책을 왕이 공표하고 집행하는 건 의무이지만 왕의 정책을 국가정책으로 삼아야 할 이유는 없다는 겁니다. 국가정책을 결정할 시스템조차 갖추지 않았습니다. 관료제의 역사에 익숙한 우리로서는 잘 이해되지 않겠지만 당시 유럽이 그랬습니다.

따라서 왕실에서 무언가를 하기 위해 돈을 투자하는 건 왕 개인의 몫이지 국가가 투자해야 하는 국책 사업이 아닙니다. 투자의 성과 또한 국가가 아니라 왕 개인의 몫일 뿐입니다. 물론 왕이 부자가 되면 국가경제가 활성화되기는 하겠지만 이것이 국가정책으로까지 연결되지 않는다는 것이지요. 유럽 대부분의 왕은 그 나라의 가장 큰 재벌이라고 생각하면 됩니다. 국가의 재산이 곧 왕의 재산인 동양에서는 이해하기 힘든 개념입니다. 이것이 유럽 사회구성체의 원리입니다.

부자가 아닌 왕은 일을 벌이자면 늘 돈을 빌려야 했지요. 이렇게 해서 유럽에서는 비교적 일찍 금융업이 생겼습니다. 이 현상을 잘 간파한 유대인들이 당시 유럽의 금융업을 장악하고 있었습니다(이 역사가 오늘날까지 이어졌습니다. 국제 자본의 배후에는 늘 유대인이 있습니다). 사실 유대인이 할 수 있는 일이 그것 외엔 없었습니다. 당시는 가톨릭이 삶의 지표, 사회 이념이었던 시대, 그리스도를 신으로 인정하지 않는 유대인이 그 사회에서 인정받는 직업을 갖기는 불가능했지요. 그래서 유대인들은 필요악이라고 할 수 있는 업종에 종사했고, 그중 가장 벌이가 좋은 업종이 금융업이었습니다. 좋은 말로 해서 금융업이지 오늘날 고리대금 사채업자 정도로 알면 됩니다. 유대인들이 유럽인들에게 꾸준하게 박해받고 조롱받은 이유가 이것입니다. 고리대금 사채업자를 좋아할 이는 예나 지금이나 없으니까요.

당시 유럽에서 일어나는 모든 역사 사건들(대형해진 전쟁이긴)은 모두 왕실에서 계획하고 왕실에서 벌인 개인 사업입니다. 왕실에 돈이 없으면 아무것도 못하지요. 왕실의 욕심으로 전쟁을 치르느라 왕실이 파산하고 그 여파로 국가도 파산하는 일이 비일비재했습니다. 이 위기를 벗어나기 위해 발달한 것이 채권 같은 금융 기법입니다. 이것은 다음에 살펴보기로 하겠습니다. 어쨌건 당시 유럽의 사회구성체 개념을 잘 이해하고 있어야 동양식 사회구성체에 익숙한 우리가 그들의 역사를 이해하기 쉽습니다. 다시 포르투갈로 돌아갑니다.

조폭들

15세기 초, 포르투갈의 왕 엔리케는 전 재산을 투자해 대서양에 선단을 띄워 아프리카 해안을 뒤지면서 남하를 시작합니다. 이슬람의 지배 속에서 간신히 살아남은 포르투갈은 가난했습니다. 포르투갈 전체에 돈이라고는 없었지만(오늘날의 제3세계를 생각하면 됩니다) 그래도 왕가에는 그나마 돈이 있었습니다. 엔리케는 자신의 전 재산을 새 항로를 찾는 데 투자했고 모자라는 돈은 대부업자에게 빌려 충당했습니다(당시 대부업자는 북이탈리아의 자유도시와 네덜란드, 영국에 집중되어 있었습니다. 왜 하필이면 그곳이었는지는 같은 시대에 벌어졌던 종교분쟁(개혁)에서 살펴보겠습니다).

이 벤처기업은 반드시 성공해야만 했습니다. 안 그러면 파산이지요. 아프리카 해안을 따라 내려가면서 포르투갈 선단은 머무는 곳마다 유럽에서의 오랜 전통대로 무역을 빙자한 약탈을 합니다. 당시 아프리카에도 만만찮은 세력이 있었습니다만 그들에게 없는 결정적 초강력 무기인 대포를 들이대면서 포르투갈은 가장 이윤이 많이 남는 장사인 노예무역을 했습니다(아프리카에서 노예는 전쟁만 하면 생기는 계급입니다. 그들의 노예에 관한 관점은 15세기 아프리카를 정리한 [그때는 안 이랬다 1]에서 살펴보세요). 거래한 노예를 유럽에 팔기도 했고 아프리카 해안에서 경영한 대농장의 노동력으로 쓰기도 했습니다. 대농장에서 재배하는 작물은 당시 유럽의 주점에서 인기리에 팔리는 럼주를 생산하는 원료, 사탕수수입니다. 포르투갈 왕실은 엄청난 투자를 했으니 본전을 뽑기 위해 무지 노력합니다. 이 경험은 후일 브라질에서 빛을 발하고 이 방식을 영국과 프랑스도 에스파냐로부터 강탈한 카리브해 섬들에서 써먹습니다. 식민지 경제 침탈 방식을 만든 원조가 포르투갈입니다.

포르투갈이 계속해서 아프리카 해안을 뒤지는 동안 서유럽 전체에 엄청난 변화가 있었습니다. 비잔틴제국이 오스만투르크에게 무너졌고, 잉글랜드와 프랑스는 무려 백 년간 싸우다가 프랑스가 결국 이겼으며 에스파냐는 그라나다를 180문의 대포로 무너뜨리며 마침내 레콘키스타를 완성했습니다. 그리하여 포르투갈과 에스파냐가 서유럽 무대에 데뷔합니다.

포르투갈은 아프리카 최남단 희망봉을 돌아 드디어 인도양 항로를 개척했습니다. 인도양은 유럽과 아메리카를 제외한 세계 모든 상인들이 흔하게 무역을 하는 곳이었으므로 포르투갈 선단을 경계하지는 않았습니다. 이제 꿈에도 그리던 향료를 배에 실어 포르투갈로 갖고 오기만 하면 될까요? 아닙니다. 인도까지는 어떻게 가긴 했는데 장사할 돈은 없었습니다. 돈이 없으니 당연히 향료를 살 수가 없지요. 포르투갈의 배짱도 참 어지간합니다. 배만 띄우면 장사는 어떻게든 해결될 거라는 도둑놈 심보로 인도까지 갔으니까요. 하긴, 도둑놈이 도둑놈 심보를 갖고 있지 뭘 갖겠어요.

인도 해안에 다다른 포르투갈 배는 전공을 살려 노략질을 합니다. 이때가 16세기 초입니다. 평화롭던 인도 해안이 발칵 뒤집어졌습니다. 난데없이 들어 보지도 못한 포르투갈 배가 나타나서 노략질해 대더니 급기야는 다른 해적들로부터 보호해 준다고 협박하며 보호비를 뜯어 갑니다. 해적은 자신들이면서 말이지요. 이게 바로 조폭입니다. 그들 자신이 폭력배이면서 다른 폭력배로부터 가게를 보호해 준다는 핑계를 대고 위협으로 돈을 뜯어 가는 겁니다. 포르투갈은 인도 해안의 일곱

개 도시를 이런 식으로 무력 점령했고 홍해를 봉쇄한 다음 저항하는 이집트와 인도의 연합함대도 초강력 신무기 대포로 물리쳤습니다. 마침내 인도양을 장악한 포르투갈 조폭은 여기를 지나는 무역상들에게 통행세를 걷었습니다. 또 의문이 생길 겁니다. 포르투갈은 약했다며? 그런데 어떻게 한 방에 인도양을 장악해? 경찰 열이 도둑 하나 못 잡는 법입니다. 경찰을 제 아무리 많이 깔아 놔도 범죄가 근절되던가요? 군대가 있어도 해적이 설칠 판인데 당시 인도양엔 해군을 파견한 국가가 하나도 없었습니다. 인도양은 늘 평화스러운 바다였거든요. 군함이라곤 없었지요. 세계 최강의 순양함대인 정화의 남해원정대는 이미 본국으로 철수한 후였습니다. 이 잔잔한 바다에 대포로 중무장한 해적선이 나타난 겁니다. 그러니 인도양은 완전히 포르투갈 세상이 된 거지요.

　포르투갈은 강제로 걷은 통행세 정도로 향료를 무역할 자금을 만들지 못하자 향료도 강탈했습니다. 처음에는 그랬지요. 하지만 이들의 노략질에 정신이 번쩍 든 인도 각 무역도시들과 향료제도의 통치자들이 무장하기 시작했습니다. 특히 수마트라 북부의 아체는 오스만제국(이제부터 오스만투르크를 오스만제국이라 부르겠습니다)의 도움으로 막강한 해군을 육성했습니다. 그 후에는 조폭들이 쉽게 향료를 강탈할 수 없었습니다. 오히려 포르투갈이 봉쇄한 인도양·항로와 말라카 해협도 종종 뚫리곤 했습니다. 평화롭던 인도양은 이렇게 어지러워지고 있었습니다.

　인도양 항로 장악에 실패한 포르투갈은 계속 서쪽으로 가서 마카오 주변의 해적떼를 물리친 대가로 중국 정부로부터 마카오를 하사받는 성과도 올리고 일본까지 가서 은을 얻기도 했지만(일본은 이때 건네받은 화승총을 개량한 조총으로 임진왜란 때 조선군을 쓸었습니다) 가장 중요한 향료는 많이 구할 수 없었습니다. 천신만고 끝에 인도양 항로를 개척한 대가는 별 볼일 없었을 뿐만 아니라 평화롭던 인도양만 무장시킨 꼴이 되어 버렸습니다. 그러나 인도양 항로를 개척한 대가는 엉뚱하게도 정반대 방향인 대서양 항로에서 나타났습니다. 브라질을 점령했기 때문입니다.

　포르투갈 선단이 이슬람 세력의 저지를 뚫고 다시 인도양을 돌아 리스본에 도착하자 급해진 건 에스파냐입니다. 나도 저 생각을 했는데! 뒤늦게 에스파냐도 인도로 가려 했지만 포르투갈이 바보도 아니고, 죽 쒀서 개 줄 일 있나요. 절대 길목을 안 비켜 줍니다. 비록 본토에서 이슬람 세력을 물리쳤다고는 하나 지중해는 여전히 강력한 이슬람과 북이탈리아 무역도시의 세상입니다. 갈 수 있는 방향은 서쪽으로 열려 있는 망망대해 바다뿐입니다. 이때 아프리카 항로가 아니라 제대로 서쪽으로 가서 인도를 찾겠노라며 포르투갈 왕실에게 요청했다가 거절당한 선원이 에스파냐 왕실에 지원을 요청했습니다. 포르투갈은 인도양 항로에서 본전을 건지느라 정신이 없어 세상 끝 서쪽으로 가겠다는 선원을 미친놈 취급했습니다. 에스파냐에 호박이 제 발로 넝쿨 채 굴러 왔습니다.

　에스파냐 왕실은 모험을 하지요. 그 선원에게 투자합니다. 포르투갈의 절반의 성공을 알고 있던 에스파냐 왕실은 이 모험이 성공만 하면 단박에 상황을 역전시킬 수 있다는 희망을 갖습니다. 그렇게 해서 수평선 너머로 배를 끌고 사라진 콜럼버스가 1492년, 인도를 발견했다는 낭보를 가지고 에스파냐로 귀환합니다. 얼씨구나! 에스파냐 왕실은 난리 났습니다. 돈은 이렇게 벌어야 하는 게! 그런데 콜럼버스는 빈손이었습니다. 그가 발견한 것은 인도가 아니었기 때문입니다. 그곳에 향료 같은 건 없었습니다. 이게 뭐야! 투자자에게 야단맞은 콜럼버스가 다시 배를 타고 서쪽으로 갑니다. 콜럼버스는 죽을 때까지 카리브 해의 여러 섬을 인도로 착각하면서 없는 향료를 찾아 헤맸습니다. 이 소식을 들은 에스파냐의 오사리잡놈들(표현이 거칠지만 잡놈들이 맞습니다. 대서양을 건너간 이들은 물려받은 돈도 없고 직업도 없는 양아치 건달이 대부분이었습니다)이 카리브 해의 여러 섬들을 차례차례 접수하고 드디어 멕시코만으로 진입, 아스텍제국과 마주칩니다. 황금의 땅이라고 들었던 곳입니다. 여기만 접수하면 향료 정도는 문제가 아닙니다. 에스파냐는 대박을 터뜨리기 일보 직전까지 갔습니다.

그러자 원래 자기 차지일 뻔했는데 판단 착오로 에스파냐로부터 뒤통수를 맞은 포르투갈이 입이 부었습니다. 그거 원래 내 거야! 무슨 소리야! 그건 네가 버린 패였잖아! 둘이서 투닥대자 오랜만에 일거리를 찾은 교황이 중재에 나섰습니다. 너희들 싸우지 말고 포르투갈이 아프리카 탐험하면서 찾은 아프리카 서쪽 끝단 베르데 곶에서 서쪽으로 6백 킬로미터 지점에 줄을 그어줄 테니까 포르투갈은 그 선의 동쪽, 에스파냐는 서쪽을 먹어. 그러면 공평하잖아. 양측은 교황이 내건 조건에 수락했지만 포르투갈은 아무래도 그렇게 해서는 영 손해 보는 느낌입니다. 그래서 교황이 그은 금에서 서쪽으로 천 킬로미터를 더 이동시킨 수정안을 제시, 양측이 합의, 싸움은 정리되었습니다. 포르투갈은 내심, 대서양 남쪽에 있다고 생각한 미지의 땅을 생각한 거지요. 그래서 포르투갈은 그나마 브라질을 차지할 수 있었습니다. 신대륙이라 생각했던 곳의 브라질을 제외한 나머지 땅은 모조리 에스파냐 차지가 되었습니다. 남아메리카 각국의 언어가 스페인어인데 반해 브라질만 유일하게 포르투갈어를 공용어로 쓰는 이유입니다(에스파냐와 스페인이 헷갈릴 거 같아 잠시 정리합니다. 에스파냐는 자국의 국명이고 스페인은 에스파냐의 국제 공식 명칭입니다. 우리나라를 우리끼리는 한국이라 부르지만 국제 명칭은 코리아인 것과 같습니다). 죽은 포르투갈이 열심히 쐈는데 에스파냐가 날름 먹어 버렸습니다. 할 수 없이 포르투갈은 브라질에서 사탕수수 농장을 개업하여 유럽으로 수출합니다. 그래도 이게 장사는 꽤 잘되었습니다. 아프리카에서 이미 연습했던 장사였거든요. 이것이 후일 유럽이 세계 곳곳에서 식민지를 경영하면서 써먹었던 플랜테이션입니다.

포르투갈이 비교적 얌전하게(?) 약탈과 장사를 한 데 비해 에스파냐는 기를 쓰고 무력을 앞세워 침략과 정복을 하고자 애썼습니다. 여기에는 종교 시장이라는 또 한 가지 원인이 작용합니다. 뒤에 다시 한 번 16세기를 훑겠습니다만 에스파냐가 쿠바에서 호시탐탐 아스텍을 노리던 당시의 유럽은 종교분쟁(주류 역사학에서 종교개혁이라고 부르는 사건을 자세히 들여다보면 개혁도 혁명도 아닌 밥그릇 싸움이었습니다)이 한

창이었습니다. 가톨릭이 위세를 급격히 잃어 가던 시점이었죠. 유럽에서 가톨릭이 아직 위세를 잃지 않고 있는 땅은 이베리아 반도와 신성로마제국의 남부로 좁혀졌습니다. 가톨릭을 국교로 삼고 있는 이베리아 반도 입장에서는 신생국가로 겨우 유럽 사회에 명함을 내민 처지에 가톨릭이 무너지면 만사 끝입니다. 에스파냐와 가톨릭이 한 몸이 된 데는 합스부르크가의 통혼 정책 덕분이었습니다. 에스파냐와 신성로마제국은 합스부르크가 덕분에 친인척 관계가 되었거든요. 전 유럽이 신교의 물결에 휩싸였을 때도 에스파냐에서는 예수회가 탄생하여 가톨릭 내부를 개혁할 정도로 이베리아 반도, 특히 에스파냐는 가톨릭이 이데올로기였던 지역이었습니다.

가톨릭 입장에서 보자면 유럽은 이미 세를 만회하기 힘든 땅이 되어 가고 있으니 남은 길은 이베리아가 발견한 새 땅에 가톨릭을 전파하는 길뿐입니다. 자칫하면 올라오자마자 다시 굴러 떨어질 수도 있다는 에스파냐 정치 세력의 위기감과 세가 쪼그라들어 고사할 수도 있다는 가톨릭의 위기감이 일치했습니다. 가톨릭으로서는 선교하고 영향력을 넓혀 새 영역과 시장을 개척할 수 있는 절호의 기회였습니다. 그러나 새 땅은 그들이 보기에는 우상으로 가득 찬 땅이었습니다. 기독교의 주특기는 공격적 포교입니다. 말도 안 통하는 우상의 땅에 공격적 포교를 하자면 군사력을 앞세워야 합니다. 이것이 에스파냐가 무력으로 아메리카를 정복하게 된 숨은 이유입니다.

1519년, 에스파냐의 코르테스는 멕시코 해안에 상륙합니다. 그는 거기서 엄청난 황금 제국이 공포정치로 수많은 다른 부족의 원한을 사고 있다는 소식을 들었습니다. 코르테스의 병력은 달랑 660명. 하지만 그는 신이 자신을 보호한다는 근거 없는 자신감으로 아스텍제국의 수도, 테노치티틀란으로 진격합니다. 그는 반드시 성공해야 했습니다. 이 원정에 자신의 전 재산을 투자했을 뿐 아니라 많은 투자도 받았으니까요. 에스파냐 왕실은 이 원정을 승인하지 않았으므로 실패할 경우 알거지가 됨은 물론 정치적 책임까지 져야 할 판이었습니다. 절체절명의 절박한 그의 원정은 다행히 성공했습니다. 황금은 녹여서 에스파냐로 가져갔고 아스텍의 문명은 철저히 파괴되었습니다. 아스텍은 엄청난 힘을 갖고 있던 제국이었는데 왜 달랑 660명의 에스파냐군에게 무릎을 꿇었을까요? 전염병 때문이었습니다.

아메리카 대륙으로 인류가 이주한 때는 마지막 빙하기인 뷔름기였습니다. 당시 북극해는 꽁꽁 얼어붙어 아시아와 아메리카 대륙을 연결하고 있었지요. 인류는 걸어서 북극해를 건넜습니다. 빙하기가 끝나고 양 대륙을 연결했던 얼음이 녹자 두 대륙은 완전히 떨어졌습니다. 유라시아 대륙은 수많은 사람들과 짐승들이 각종 전쟁으로 얽히면서 전염병이 수시로 창궐했고 서서히 면역 체계가 잡혀 갔습니다. 아메리카 대륙은 전염병의 원인균에서 차단된 무균실과 같았습니다. 그런데 유럽에서 사람들이 왕래하면서 세균도 같이 아메리카로 건너왔으니 유라시아 대륙의 세균에 저항할 면역 체계가 전혀 없던 아메리카 사람들은 속수무책으로 당할 수밖에 없었습니다. 마치 14세기에 유럽 전역을 휩쓸었던 흑사병과 같습니다. 16세기 내내 아메리카에는 무려 17차례나 전염병이 번져서 이전까지 유지했던 인구의 90퍼센트가 감소했다는 기록이 있을 정도입니다. 아스텍은 2,500만 명이었던 인구가 75만 명으로 떨어졌고 잉카도 정확한 기록이 없지만 역시 비슷했을 겁니다. 코르테스가 테노치티틀란으로 진격할 당시 아스텍은 이미 천연두로 인구의 절반 이상이 사망한 상태였습니다. 외부의 침공이 없다 할지라도 제국을 끌고 나갈 동력을 상실한 상태입니다. 코르테스는 그동안 멕시카족의 공포정치로 원한에 사무친 다른 부족의 힘을 합쳐서 병든 제국의 숨통을 끊어 버렸습니다. 물론 아스텍이 그리 쉽게 침공을 허락한 건 아닙니다. 코르테스는 죽을 고비를 넘기면서 아스텍과 싸웠습니다. 전투 와중에 입은 문화적 충격과 분노, 동행한 가톨릭 사제의 사주로 코르테스는 승리 후 아스텍의 모든 문명을 허물어 버렸습니다.

피사로는 코르테스보다 훨씬 더 적은 160명의 병사를 이끌고 잉카를 허물어뜨렸습니다. 피사로는 1531년에 잉카로 진격합니다. 잉카는 이미 창궐한 전염병으로 아스텍 이상의 타격을 입고 있던 상태였습니다. 거기다가 제국을 유지하던 정복 사업이 어려워지자 권력 구조가 약해져 두 명의 황제로 나뉘어 서로 다투기까지 합니다. 피사로는 이런 잉카의 약점을 교묘히 이용하여 잉카를 무너뜨렸습니다. 강력한 문명이었던 잉카와 아스텍은 가장 작은 적, 세균에 무릎을 꿇었고 마침 그 자리에 있던 에스파냐가 죽은 제국을 날름 접수해 버렸습니다. 이제 아스텍과 잉카의 모든 황금은 에스파냐의 차지가 되었습니다. 성공입니다. 에스파냐 왕실은 일약 유럽의 부자가 되었습니다. 투자 대비 엄청난 수익입니다.

졸지에 본국의 수십 배나 되는 땅을 차지한 에스파냐 왕실은 식민지 총독을 파견하고 식민지를 분할하여 정복자들에게 나눠줌으로써 논공행상을 했으며 점령지마다 가톨릭 성당을 세워 식민지 경영 체제를 갖추었습니다. 각 점령지를 상으로 받은 건달들은 포르투갈에게서 배운 플랜테이션 경영을 합니다. 그런데 문제는 인구입니다. 원주민들로는 도저히 노동력 조달이 안 되었거든요. 그래서 아프리카로부터 대규모로 노예를 수입합니다. 이때부터 18세기에 노예무역이 공식 중단될 때까지 통계 수치는 다르지만 많게는 4천만 명의 아프리카 노예가 아메리카로 수출되었다는 기록이 있을 정도로 아프리카는 유럽의 아메리카 경영에 중요한 역할을 합니다. 에스파냐의 아메리카 경영은 유럽 사회를 살찌운, 유럽이 아메리카에 꽂은 빨대였고 그 빨대는 아프리카의 눈물과 피로 만들어졌습니다. 오늘날 유럽이 가진 힘의 근원이 이렇습니다.

멕시코와 안데스 산맥의 곳곳을 누비며 열심히 노략질하던 에스파냐가 멕시코에서 2차 대박을 터뜨립니다. 1545년 멕시코 포토시에서 엄청난 규모의 은광을 발견한 것입니다. 금광이 아니고 은광을 발견해서 에스파냐가 아쉬웠을까요? 아닙니다. 이거 진짜 대박입니다. 당시 유럽에서 금과 은은 각각 용도가 달랐습니다. 신항로 개척 이전 구체제 무역에 의해 유럽 경제를 순환시켰던 것이 아프리카의 금이었으므로 금은 유럽의 기축통화 역할을 했습니다. 유럽 안에서만 본다면 은은 뭐 그다지 높은 가치를 갖고 있지는 않습니다. 하지만 중국과의 관계로 보면 은이야말로 금보다 훨씬 중요합니다. 중국과의 교역에 필요한 결재 통화가 은이기 때문입니다. 당시 중국은 은본위제도를 채택하고 있었습니다. 중국과 교역하기 위해 반드시 필요한 은이 멕시코에서 발견되었으니 에스파냐는 유럽에서 중국행 비행기 퍼스트클래스 항공권을 가진 것이나 다름없습니다. 에스파냐는 중국과 직접 교역하기 위해 당시 태평양 항로 개척 와중에 접수한 필리핀 식민지로 채굴한 은을 직접 수송했을 정도입니다.

엄청난 은이 에스파냐로 유입되어 유럽 전체의 경제와 정치 지형을 바꾸기 시작했습니다. 에스파냐는 직접 돈(은)을 가져왔고 포르투갈은 브라질 사탕수수 플랜테이션으로 상품을 들여왔습니다. 그들이 아시아에서 직수입한 향료, 면직물, 기타 선진 물품은 고가의 이슬람 수입품을 대체해 갔습니다. 유럽에서 가장 가난했던 에스파냐와 포르투갈은 일약 스타가 됩니다. 데뷔치고 이만큼 극적인 데뷔도 별로 없습니다. 돈을 갑자기 벌면 사람 정신 상태가 이상해지지요? 아니나 다를까, 떵떵거린 것도 잠시, 얼마 지나지 않아 이베리아 반도는 쪼그라듭니다.

죽 쒀서 개 주기

이베리아 반도의 활약으로 유럽 경제가 성장하기 시작했습니다. 신대륙에서 가져온 금, 은, 향료, 사탕수수보다 더 가치 있는 수입품도 있었습니다. 옥수수, 감자, 강낭콩, 호박, 면화, 토마토 등의 종자를 아메리카로부터 가져왔습니다. 이중 감자는 유럽의 굶주림을 해결하는 일등 공신이었습니다. 감자 덕분에 굶어 죽을 염려를 하던 유럽 사회가 얻은 안정감은 대단히 컸습니다. 덕분에 유럽은 다른 꿈을 꿀 수 있었지요. 제국의 꿈과 영토국가의 꿈입니다. 이 두 가지 상반된 꿈이 경제성장으로 겨우 자리에서 일어난 유럽을 전화에 휩싸이게 만듭니다.

유럽의 서쪽은 흥청망청합니다. 동쪽에서 향료와 면직물을 직수입했고 서쪽에서는 금, 은, 신종 작물을 들여왔으며 남쪽에서는 아프리카 노예를 잡아들였습니다. 문명의 태동기에 유럽 동쪽 끝에 자리 잡았던 경제 중심은 이제 서진을 완료합니다. 이베리아 반도가 한껏 부풀어 올랐습니다.

이들의 약진에 그동안 상업의 중심지였던 북이탈리아와 플랑드르의 상인들이 아연 긴장합니다. 새로운 방법을 찾지 않으면 망할 판입니다. 그들은 상품의 생산과 판매 과정을 지켜보면서 두 가지를 발견합니다. 하나는 자금을 빌려주는 금융업이고 다른 하나는 자금을 출자하는 방식인 회사입니다. 이 새로운 업종은 지중해보다 북해 지역이 훨씬 유리합니다. 지중해는 막힌 바다고 북해는 대서양과 직접 닿는 열린 바다니까요. 북이탈리아보다 플랑드르가 새로운 방식을 적용하기 훨씬 유리한 지역이 되었습니다. 네덜란드, 영국, 프랑스가 앞다퉈 은행과 무역회사를 차렸습니다. 물론 민간회사입니다. 예전에 역사를 배울 때 동인도회사라는 용어가 자주 나와서 헷갈렸던 적이 있었을 겁니다. 식민지를 경영하면서 무슨 회사인가 했겠지요. 국가 단위의 힘이 약한 유럽은 무슨 일을 하건 민간의 힘을 빌릴 수밖에 없었습니다. 식민지 침략과 경영이라는, 그들 입장에서는 아주 중요한 국책 사업도 마찬가지입니다. 민 주도의 오랜 역사 경험 때문이지요. 아메리카 대륙을 발견하고 점령하고 경영했던 것도 겉으로는 국가 주도 같지만 실상은 민간이 주도했을 정도입니다. 투자, 신용 등 오랫동안 이 지역 경제 운용의 원칙이 집결된 것이 바로 무역회사입니다.

북이탈리아는 새로운 실험에서 탈락합니다. 전 유럽을 덮친 종교분쟁의 소용돌이에서 가톨릭 바로 코앞에 있던 이 지역은 새로운 물결을 타기 어려운 여건이었습니다. 화려한 르네상스를 마지막으로 북이탈리아는 조용히 역사의 뒤안길로 사라집니다. 북해 연안은 새로운 실험인 동인도회사의 성공으로 활황을 맞습니다. 북해는 대서양 뱃길과 바로 연결되는 바다이고, 네덜란드는 바다를 주름잡던 바이킹의 후손입니다. 바다로 승부하는 건 자신이 있지요. 그렇다고 포르투갈과 에스파냐가 백 년 이상의 노력을 기울여 개척한 뱃길을 순순히 내줄 리는 없습니다만 에스파냐의 헛된 꿈이 모든 것을 무너뜨립니다.

포르투갈과 에스파냐의 해상무역로 개척 성공은 유럽에게는 복음과 같았지만 오스만제국에게는 악몽이었습니다. 15세기 중반 비잔틴을 멸망시킨 오스만제국은 16세기 초 이집트를 정복하면서 아시아, 유럽, 아프리카를 제패한 옛 이슬람제국의 영광을 재현하고자 했습니다. 이슬람 세력의 최고 전성기이자 마지막 전성기였지요. 그때까지 이슬람 세력 앞에서 숨도 제대로 못 쉬었던 에스파냐는 레콘키스타를 완성하고 아메리카 침략으로 힘을 길러 이만하면 해볼 만하다고 판단했습니다. 복수혈전입니다. 베네치아, 교황과 함께 연합함대를 구성하여 오스만제국 해군과 지중해에서 한판 붙었습니다. 결과는 참패. 이때가 1538년입니다. 아직은 때가 아니었던 모양이지요. 이후 에스파냐 왕실은 합스부르크 가문의 전통 정책인 통혼으로 포르투갈을 합병하고 덩치를 키웁니다. 아메리카에서 은을 비롯한 온갖 물자가 수입되고 아시아 항로에서도 서서히 성과가 생기자 에스파냐의 경제는 활황을 맞았고 이는 오스만제국의 무역 부진으로 이어졌습니다. 기회가 무르익었습니다. 경제 불황에 빠져 힘을 잃은 오스만제국은 1571년, 레판토에서 다시 한 번 연합함대를 조직한 에스파냐에게 무참히 패합니다. 불과 삼십 년 만의 역전입니다. 에스파냐 함대는 무적함대라는 별칭을 들으며 바다를 지배합니다. 오스만제국을 물리친 에스파냐는 일약 유럽의 맹주 자리를 넘봅니다. 제국의 꿈을 꿨지요. 다른 지역이 가만히 두고 볼 리 없습니다. 전쟁의 불씨가 조금씩 커집니다.

이 당시의 유럽은 간단한 시대별 정리나 사건별 정리로는 역사의 한 단면도 훑어볼 수 없을 정도로 복잡합니다. 오스만제국에게 멸망한 비잔틴제국의 유산이 흘러 들어간 북이탈리아 자유도시들에서는 그리스 문화의 재조명이 이루어져 신의 굴레를 깬 인간 중심의 사고 체계가 기지개를 켰습니다. 이것이 알프스를 넘어 스위스와 북부 독일 쪽으로 가면서 유럽의 이데올로기, 가톨릭에 균열을 일으킵니다. 이렇게 탄생한 신교 지역과 구교 지역의 종교 갈등은 마침내 영토 전쟁으로 비화했습니다. 에스파냐는 대항해 모험의 성공과 합스부르크 가문의 복잡한 통혼 정책이 더해져서 동로마제국과 함께 제국 아닌 제국이 되어 버렸고, 로마제국 부활을 꿈꾸다 신구교 갈등과 영토 전쟁의 중심에 놓여 버립니다. 에스파냐의 뒤를 이어 영국과 네덜란드, 프랑스가 대서양 항로를 장악했다는 것은 에스파냐가 이 치열한 경쟁에서 탈락했다는 증거입니다. 이런 판이니 당시의 유럽은 그저 단순한 시대별 정리나 사건별 정리로는 도저히 들여다볼 수가 없습니다. 우선 에스파냐의 몰락부터 보겠습니다.

에스파냐는 이슬람에 대한 적대감을 가톨릭으로 풀었습니다. 이슬람은 관대한 종교인데 왜 에스파냐는 적개심을 품었을까요? 가톨릭 때문입니다. 가톨릭은 자신의 존재를 세우기 위해 이슬람을 적으로 분류했지요. 이슬람의 세상은 가톨릭 입장에서는 정복하거나 배척해야 할 악마의 땅입니다. 정복보다는 배척이 쉽습니다. 덕분에 서유럽의 이슬람 세상인 이베리아 반도는 왕따가 되어 버렸습니다. 아무리 이슬람이 관대하다고 한들, 같은 동네 애들에게 왕따당한 보상은 되지 못합니다. 여기에 가톨릭은 끊임없이 이베리아 반도 꼬마들을 들쑤셔 적대감을 키웁니다. 레콘키스타는 이런 바탕에서 이루어졌습니다.

온갖 노력을 기울인 끝에 이슬람 세력을 몰아낸 에스파냐는 이제 가톨릭 세상입니다. 여기에 유럽의 최대 가문인 합스부르크 가문이 복잡한 통혼 정책으로 에스파냐의 왕가가 됩니다. 합스부르크 가문은 신성로마제국의 중심 지역인 오스트리아에 세력권을 형성하고 있습니다. 이러니 가톨릭이라는 보수적 사고 체계가 에스파냐를 지배합니다. 당시 유럽의 다른 지역은 새로운 국민, 영토국가를 만들어 가던 시절이었으니 모든 면에서 차이가 납니다. 국가를 경영할 새 시스템은 갖추지 않은 채 대서양 항로 개척의 과실들이 쏟아져 들어왔습니다. 왕실은 흥청망청했고 경제적 성공에 자신감을 얻은 에스파냐는 교황과 신성로마제국을 발판 삼아 제국으로 성장할 미몽을 꿉니다. 당연히 바로 옆에 있는 강력한 이웃, 프랑스가 각을 세웁니다. 전통의 원수 오스만제국과도 싸워야 합니다.

전쟁에는 돈이 들죠. 에스파냐에 들어온 돈은 전비로 홀랑홀랑 빠져나갑니다. 와중에 아직 독립국가가 되지 못하고 있던 네덜란드가 에스파냐를 상대로 독립전쟁을 벌입니다(이 전쟁은 네덜란드에 정착한 칼뱅파를 에스파냐의 가톨릭이 짓누르면서 시작되었는데 종교가 주권 확립의 수단으로 이용되던 당시의 유럽 정치 지형을 잘 보여주는 사건입니다). 종교와 영토 분쟁의 성격을 갖고 있는 이 전쟁에서 네덜란드가 승리, 독립합니다. 표면의 타격은 가톨릭이 입었지만 실제의 타격은 에스파냐가 입습니다. 1588년에는 그 막강한 무적함대가 영국 함대에게 패하면서 북해의 제해권을 상실했고 영국은 당당히 대서양 항로를 먹어 들어갑니다. 설상가상으로, 최초의 유럽 전쟁인 30년전쟁이 터지자 전쟁에서 아무런 역할도 못한 에스파냐는 제국의 꿈을 접어야 했으며 아메리카에서도 영국과 프랑스에 패하면서 식민지를 잃어 갑니다.

에스파냐는 이렇게 시대의 흐름을 거스르다가 그 엄청난 경제 성공을 단번에 날려 버립니다. 시대의 흐름은 이렇게 중요합니다. 거슬러 가면 망합니다. 한 시대를 끌고 나갈 강력한 힘이 있다면 거슬러도 좋습니다만 역사에서 그런 강력한 힘을 가진 주체는 단 한 번도 보지 못했습니다. 우리가 기억하는 강력한 제국들도 흐름을 거스르다가 모두 땅 밑으로 가라앉았습니다. 로마, 이슬람, 몽골, 중국의 각 제국들 모두 그렇게 스러져 갔습니다. 지구상에서 가장 강력한 세력은 시대의 흐름, 그 자체입니다. 그렇기 때문에 인간이 만든 그 어떤 강한 권력도 이 힘을 이기지 못하는 것이지요.

지금 세계는 어떤 흐름을 형성하고 있는지, 그 흐름에 오류는 없는지, 우리는 현재 어떤 모습으로 이 흐름 위에 있는지, 잘 타고 있는지 거스르고 있는지를 살피는 것은 대단히 중요합니다. 역사를 공부하는 유일한 이유가 이것이라 해도 좋습니다. 그저 대세를 따르자는 말이 아닙니다. 흐름을 알아야 입장을 정리하고 태도를 결정할 수 있기 때문에 흐름을 알아야 한다는 것이죠. 지금, 이 땅 대한민국은 시대의 흐름 어디쯤 위치하고 있을까요? 혹시 미몽을 꾸고 있는 건 아닐까요?

영국, 네덜란드, 프랑스가 동인도회사를 차리고 에스파냐의 위세를 꺾은 후 각개약진 합니다. 네덜란드가 가장 약하죠. 그래서 조상이 같은 영국에 손을 내밉니다. 영국과 네덜란드가 동맹을 맺고 프랑스와 각축을 벌입니다. 이들이 에스파냐에게서 아메리카 대규모 사탕수수 플랜테이션을 빼앗은 덕분에 유럽으로 들어오는 사탕수수의 가격이 뚝 떨어집니다. 에스파냐의 주 수입원은 사탕수수와 노예무역, 아시아 항로에서의 향료 무역과 멕시코 은광에서 채굴한 은입니다. 그런데 은은 중국과의 무역역조 해소와 전쟁 비용으로 들어오는 족족 빠져나갔고 사탕수수는 가격경쟁에서, 노예무역과 향료무역은 무력에서 영국, 프랑스와 경쟁할 수가 없게 되었습니다. 화려하게 한 시대를 열었던 에스파냐와 포르투갈은 열심히 죽 쒀서 결국 영국과 프랑스에게 다 내주고 다시 유럽의 변방 자리로 돌아갔습니다.

4부

본선
(16세기~18세기)

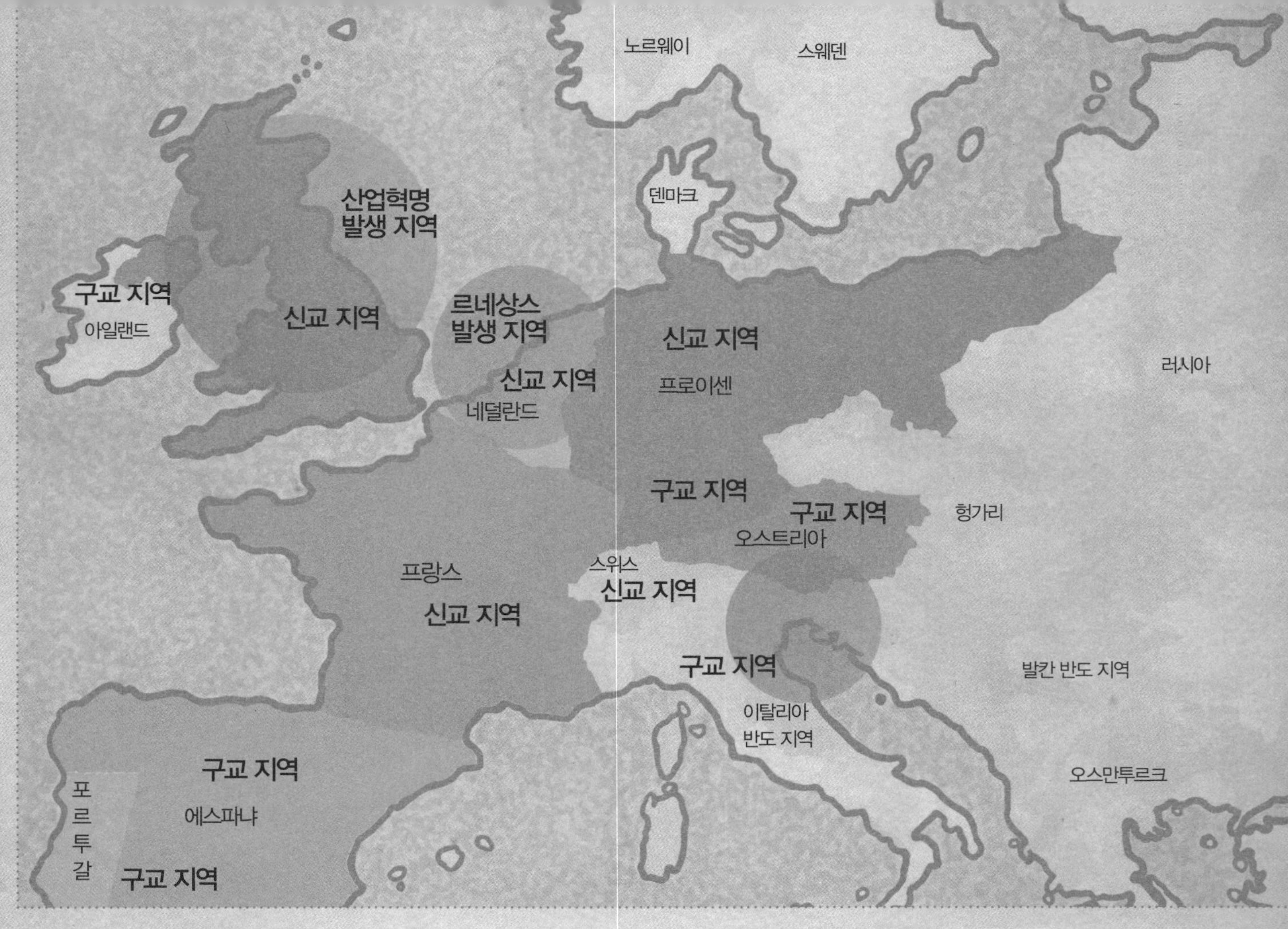

17세기의 유럽 르네상스로 촉발된 종교분쟁은 유럽을 구교와 신교 지역으로 나누어 유럽 전체가 분쟁에 휩싸였다. 수차례의 전쟁 끝에 영국, 프랑스, 에스파냐, 포르투갈, 네덜란드는 국경선을 확정한 영토국가가 되었고 프로이센은 독일통일의 기반을 닦기 시작했다. 반면 오스트리아 지역은 아직 신성로마제국 그림자를 떨쳐내지 못했고 그 외 지역도 아직 지역성을 획득하지 못하고 있었다. 이즈음 영국에서 시작된 산업혁명은 유럽을 또다시 뒤흔들 뇌관으로 자라고 있었다.

역사 사용 설명서 Ⅳ

'언어는 존재의 집이다.' 하이데거가 한 말입니다. 어려운 말입니다만 언어는 지 칭하는 대상의 성격을 규정한다는 정도로 해석하면 되겠습니다. 예를 들어 '돼지' 라고 말하는 순간 우리는 네 개의 짧은 다리, 뭉툭한 코와 드러난 두 개의 콧구 멍, 돌돌 말린 꼬리가 있는, 맛있는 삼겹살을 갖고 있는 가축을 떠올립니다. '소'라 고 말하면 머리에 뿔이 있고 유순한 가축이며 맛있는 소갈비와 불고기의 원료를 그리지요. 광우병, 촛불집회 같은 정치 현상을 떠올리기도 합니다. 돼지와 소가 앞 에 없어도 우리는 말만으로도 그것의 모습, 용도 등을 자연스럽게 떠올립니다. 무 엇을 돼지라고 하고 무엇을 소라고 하자는 일종의 약속이 있었기 때문이죠. 손가 락 걸고 한 약속은 아닙니다만 오랜 시간 동안 그렇게 써왔기 때문에 말과 의미를 자연스럽게 연결합니다. 만약 '돼지'를 돼지라 부르지 않고 '소'라고 부르기로 약속 했다면 맛있는 삼겹살을 쇠고기라고 생각할 겁니다. 이 개념을 깊게 발전시킨 학 문이 언어학입니다.

역사 사용 설명서에서 갑자기 웬 언어학? 4부를 보려면 언어학을 공부해야 하는 거야? 하며 의아하게 생각하지는 마세요. 언어학을 말하려는 게 아니고 우리가 말 을 하고 들을 때는 미리 명칭과 의미, 성격을 대응시켜 규정했고 그렇게 쓰기로 약 속한 사실을 인식하지 못하고 있다는 것을 말하고자 복잡한 언어학을 꺼냈을 뿐 입니다. 언어 사용의 수동적 자세에 관한 위험성을 경고하는 것이기도 합니다. 특 히 역사학이 그렇습니다. 모든 역사 사건의 명칭들은 그들(늘 강조하지만 역사의 승자 라고 스스로 칭하는 이들)이 원인과 의미를 딱 정해 버렸기 때문에 그냥 그런가 보다 하고 넘어가 버리면, 우리는 그들이 유도하는 대로 비판과 의심 없이 그대로 받아 들이고 인식하게 됩니다. 그렇게 할 거라면 역사를 군이 '공부'까지 할 필요가 없어 집니다. 이 책도 불필요하게 됩니다. 그래서 역사교육이 학교에서 천대받는 거지요.

눈치 빠른 독자들은 이 대목에서 아마 꽤 흥미진진해질 것입니다. 4부는 본격적으로 역사 뒤집기를 하자는 것이니까요.

　4부는 주류 역사학에서 이미 의미와 해석 방식을 확정한 용어와 명칭이 매우 많이 나옵니다. 공인되고 통용되는 용어들입니다. 그래서 역사를 다른 시각으로 보고 그 의미와 영향력을 새로 파악한답시고 새로운 용어를 임의로 만들어 쓰면 매우 혼란스러워집니다. 이를테면 책상이라고 통용되는 물건을 걸상이라 부른다든지 해야 할 판이니까요. 약속한 당사자 외엔 아무도 알아듣지 못합니다. 그건 암호지 언어가 아닙니다. 그런 이유로 여기서도 주류 역사학에서 쓰는 역사 용어를 대부분 그대로 쓸 수밖에 없으니, 용어에서 규정된 의미까지 함께 떠올리지 않도록 매우 조심스럽게 접근해 달라는 당부를 합니다. 4부를 보기 위해서는 창의력과 상상력이 필요합니다.

　종교개혁, 권리청원, 명예혁명, 권리장전, 백년전쟁, 신성로마제국, 절대주의, 의회, 시민혁명, 동인도회사, 서인도회사, 중상주의, 프랑스대혁명, 신대륙 발견, 영토국가. 4부에 나오는 역사 용어들입니다. 모두 대강이나마 알고 있는 굵직굵직한 용어들이지요? 각 용어에 해당하는 사건들을 잘 살펴보면 그 정도의 무게를 갖고 있지도 않는 아주 사소한 일에 거창한 이름을 붙인 것도 있고 원래는 노란색인데 의미를 만들면서 파란색으로 바꾼 사건도 있고 후대에 가서 의도적으로 의미 자체를 왜곡해 버린 사건도 있습니다. 부정을 긍정으로 바꾸는 기막힌 재주를 부리기도 합니다. 이렇게 승자가 역사를 제멋대로 주무른 증거들이 도처에서 나타납니다. 그런데도 왜 우리는 그동안 이 용어들을 고칠 생각도 안 하고 그대로 사용했을까요? 조작한 역사를 이용하려는 사람들이 있었기 때문입니다. 그들의 현실적 힘이 강력하기 때문에 알면서도 끌려갈 수밖에 없었던 겁니다. 그들이 '기득권자'입니다.

언어는 인류가 발명한 모든 무기 중 가장 무서운 무기입니다. 가장 강력한, 인류를 멸종시킬 수 있는 악마의 무기가 핵무기라면 핵무기를 만들어 낸 메타 무기가 바로 언어입니다. 핵무기가 있어야 평화를 지킬 수 있다는 프로파간다가 핵무기를 만들게 했으니까요. 그래서 평화는 전쟁으로 지켜야 한다는 교묘한 요설이 정설이 되었고 21세기, 지구는 또다시 전쟁으로 몸살을 앓고 있습니다.

21세기 초입의 대한민국에는 '4대강 살리기'라는 사건이 있습니다. 언어 왜곡으로 원하는 상황을 만들어 내는 과정을 볼 수 있는 아주 중요한 소재입니다. 이 말에는 '4대강은 죽었다'는 전제가 깔립니다. 죽었으니까 살리자는 거지요. 실제로 죽었는지 펄펄 살아 있는지는 상관없습니다. '살리기'라는 말로 그냥 죽은 것으로 기정사실화시켜 버립니다. 그래서 논의 자체를 '어떻게 살릴 것이냐'로 가져가 버립니다. 그 논의 이전에 반드시 해야 하는, 죽었나 살았나의 검증 단계는 '살리기'라는 단어 하나로 무산시켜 버렸습니다. 그래서 '4대강 살리기' 논쟁은 '왜 죽었나, 진짜 죽었나'가 아니라 '어떤 방법으로 살릴 것인가'라는, 방법론의 논쟁이 되어 버렸습니다. 찬성하는 쪽은 '이렇게 살리자'고 주장하고 반대하는 쪽은 '그렇게 하면 안 된다'라고 주장합니다. 이런 논쟁은 늘 그렇듯 현실의 힘을 가지고 있는 쪽의 논리로 끌려가게 마련입니다. 이런 현상을 언어학자 조지 레이코프는 '프레임(frame)'이라는 용어로 설명했습니다. 사실 여부를 떠나, 누가 먼저 논쟁이나 논점의 인지구조를 짜느냐가 중요하지, 그 구조 속의 진실은 중요하지 않습니다. 프레임은 논쟁을 자신이 원하는 결론으로 유도하기 위한 정치적 장치라고 보면 되겠습니다. 이처럼 역사를 볼 때는 역사 용어를 그대로 따라가지 말고 누가, 왜, 어떤 방법과 기교로 역사 용어를 규정했는지를 반드시 살펴봐야 합니다. 그러지 않는다면 역사 공부는 할 필요가 없습니다.

역사는 공부할 필요가 없다. 그래야 우리가 역사를 무기로 지배 권력을 유지할 수 있다. 이것이 역사에 관한 기득권자들의 노림수입니다. 역사는 제대로 공부하면 각 사회 공동체의 동력과 구성원 각각의 삶의 지표로 쓰이게 되고, 공부하지 않으면 지배 권력의 강력한 통치 도구로 쓰이게 됩니다. 역사학은 정치학이며 사회학입니다.

대한민국 현대사의 3, 4공화국은 박정희의 쿠데타로 시작된 군사독재시기입니다. 이 당시 유난히 강조된 조선의 역사가 임진왜란입니다. 나라가 쑥대밭이 된 역사로 치면 병자호란도 임진왜란 못지않지만 임진왜란은 유난히 강조되었습니다. 이순신 장군 때문입니다. 이순신 장군을 역사의 성웅으로 만들기 위해 필요한 무대 장치가 임진왜란이었거든요. 이순신 장군은 나라 전체를 구했을 정도의 전공을 올린, 우리 역사에서 보기 드문 위대한 군인입니다. 그러나 다른 역사 사건 속에도 나라를 구하는 결정적 공을 세운 분이 많은데 왜 박정희 정권은 유독 이순신 장군을 성웅으로까지 끌어올리면서 강조했을까요?

박정희 정권은 무력으로 권력을 강취한, 민주주의의 정통성이 전혀 없는 정권입니다. 정통성이 없으면 국민들에게 소위 말발이 안 먹힙니다. 네가 무슨 자격으로 우리에게 이래라 저래라 하느냐는 저항에 부딪히지요. 그들은 없는 정통성을 획득하기 위해 아주 다양한 방법을 썼습니다. 2공화국 시절 입안하여 실행하려 했던 경제개발계획을 자신들의 발명품으로 포장하여 공표했고, 각종 사회악 일소 등의 민심 수습책을 세우는 한편, 반공주의를 내세워 전쟁의 상흔이 가시지 않은 국민들에게 어필했으며 아메리카합중국의 요구를 수용하여 정권 탈취의 승인을 받아 내기도 했습니다. 이렇게 갖은 노력으로 정권 탈취의 정당성은 획득할 수 있었지만 정통성은 획득하기 어려웠습니다. 당연하지요. 민주주의는 선거로만 정권을 획득할 수 있는 제도니까요. 당시의 대한민국 헌법 제1조 1항은 지금과 같이, 여전히 '대한민국은 민주공화국이다'입니다.

그래서 그들이 찾은 것이 역사 속의 군사 영웅이었습니다. 자신들을 이순신의 직계로 공표하여 역사 속에서 자신들이 나타날 수밖에 없었던 당위성을 캐내려 했던 거지요. 그들이 건져 올린 월척이 이순신이었습니다. 무능이 극에 달한 왕권, 당쟁에 날을 지새우는 조정, 도탄에 빠진 백성들, 호시탐탐 조선을 노리는 악당 일본, 백척간두의 위기에 처한 조선을 구하기 위해 모든 것을 다 버리고 희생한 이순신, 그런 이순신을 모함하는 간교한 소인배 원균. 이렇게 모든 주연, 조연, 무대배경을 다 모아서 시나리오를 짜고 각색을 하고 무대에 올린 역사극이 이순신 성웅 만들기였습니다. 물론 다 사실입니다. 조정은 무능하기 짝이 없었고 백성들은 세종대의 태평성대를 물 말아 먹은 조정 덕에 죽지 못해 살고 있었으며 일본은 늘 조선의 해안을 습격하여 쑥대밭을 만들곤 했습니다. 그러나 조선이 그런 형편무인지경이었던 적이 어디 선조대뿐이었겠습니까. 조선의 역사를 잘 살펴보면 세종과 성종, 영정조 시대를 제외하면 늘 그 모양 그 꼴이었습니다. 나라를 유지하고 있었다는 게 기적에 가까울 정도로요. 그래도 그런 조선이 목숨이나마 부지할 수 있게 기적을 만든 이들이 있었기에 조선을 한반도의 마지막 왕조로나마 기록할 수 있었던 겁니다.

이순신도 기적을 만든 이들 중 한 명입니다. 조선 역사에도 수많은 영웅들이 존재합니다. 그이들 중 유독 이순신이 그들의 눈에 뜨인 건 쓰러질 나라를 구한 유일무이한 군인이기 때문입니다. 그들은 군부 출신들입니다. 같은 군인이니까 그들 자신이 이순신의 적통을 이어받았다고 주장할 수 있지 않겠어요? 무능한 정부와 사사건건 싸우기만 하는 국회와 호시탐탐 남침을 노리는 북괴로부터 도탄에 빠진 국민을 구하기 위해 일어선 영웅들. 그들에게 이순신은 반드시 필요했던 역사 속 고마운 조상이었습니다. 이순신 신화는 이렇게 만들어졌습니다. 그래서 우리는 선조시절의 조선을 나라를 생각하는 영웅은 이순신밖에 없는, 이순신이 아니었으면 일본에게 먹혀 버렸을 나라로 기억하고 있는 겁니다. 조선을 1960년대의 대한민국으로, 이순신을 박정희로, 악당은 일본 대신 북한으로 치환하면 민족의 영웅 이순신 장군은 민족의 영웅 박정희 대통령으로 연결됩니다. 거기다 양념으로 간신배 원균은 야당으로 치환합니다. 이순신 신화 만들기는 권력이 어떻게 역사를 사용하고 있는지를 이해하는 데 좋은 자료입니다.

문제는 여기부터입니다. 권력이 일단 역사를 이런 용도로 쓰게 되면 다른 해석은 절대로 허용하지 않습니다. 겨우 만든 권력의 정통성에 균열을 주기 때문입니다. 그래서 다른 해석, 다른 시각은 탄압을 받습니다. 〈천군〉이란 영화가 있습니다. 남북이 공동으로 핵을 개발했는데 주변의 압력으로 핵무기를 제거해야만 했고, 국제사회의 압력에 저항하다가 황당무계한 일을 겪어 임진왜란 당시의 조선으로 시간여행을 한 일행이 정신 못 차리고 있는 날건달 이순신을 자각시켜 민족의 영웅으로 만든다는 내용의 영화입니다. 만약 이 영화를 박정희 정권 시절에 만들었다면 관계자들은 당장 중앙정보부로 끌려가 모진 고초를 겪었을 겁니다. 감히 이순신을 폄하하고 날건달로 묘사했다는 이유 때문이죠. 권력이 해석한 이순신을 재해석했으니까요. 농담이 아닙니다. 당시에 이런 일은 비일비재했습니다. 해석권의 독점은 정말 무섭습니다.

역사학은 역사 자체로만 존재하는 단순한 영역이 아닙니다. 역사는 모든 학문을 담고 있는 학문의 어머니입니다. 역사 해석권을 권력이 쥔다는 것은 학문 소유권이 권력에 있다는 말과 같습니다. 학문은 다양한 상상력과 창의력으로 발전하고 깊어지는, 누구도 소유할 수 없는 사회적 자연재입니다. 그래서 학문 소유권을 강취한 권력이 가장 흔히 자행하는 것이 인권 탄압입니다. 상상력과 창의력이 사라진 사회는 탄력성이 떨어지고 획일화됩니다. 학문은 억제되고 학자는 정권의 도구로 활용

됩니다. 사회의 모든 것이 권력 앞에 줄서기를 합니다. 기업가는 권력을 등에 업기 위해 뇌물, 상납, 성접대 등 온갖 아부를 하고 공무원은 시민 위에 군림하면서 큰 권력, 작은 권력을 만들어 냅니다. 권력의 비판은 곧 죽음이 됩니다.

이것이 독재입니다. 민주주의는 사멸되고 사이비 민주주의의 독가스가 사회 전체에 퍼집니다. 독가스를 제거하려면 시민들이 목숨을 걸고 저항해야 합니다. 엄청난 피를 흘린 후에야 사회는 정상으로 복원됩니다. 영원히 복원되지 못해 역사 뒤로 사라지기도 합니다. 역사를 독점하거나 왜곡, 가공하면 이런 무시무시한 결과가 옵니다. 역사를 정확하게 보는 것은 이렇게 중요한, 반드시 해야 할 일입니다.

3부에서 역사의 갈피에 숨어 있던 거짓을 파헤친 경험은 4부를 보기 위한 맞춤식 연습이었습니다. 이제 이미 규정된 의미의 숲을 헤치면서 진짜 그랬는지, 무엇을 감추고 무엇을 드러냈는지, 왜 그랬는지를 면밀히 살펴봅시다.

독식하다 배탈 난 이야기

오늘날의 유럽을 만든 주요 사건이 대항해와 종교분쟁입니다. 대항해에 이어 종교분쟁을 보겠습니다. 종교분쟁을 주류 역사학에서는 종교개혁이라고 표현합니다만 사실 이것은 종교 자체를 개혁하자는 소박하고 순진한 사건이 아닙니다. 종교개혁이라고만 하면 상황이 종교 자체에 집중됩니다. 이 사건은 종교를 떠받치고 있던 거대한 바탕, 시스템의 변화로 어마어마하게 번져 나가면서 종교를 떠나 버린 사건이었습니다. 당시 유럽의 가톨릭은 종교 이상의 존재였지요. 권력자에게는 지배 이데올로기를 제공하는 조정자이며 일반 민중에게는 영혼세계를 지배하는 가장 무서운 존재가 가톨릭이었습니다. 그러기에 가톨릭이 무너진다는 건 누구도 상상할 수 없는 일이었습니다. 가톨릭이 무너지는 건 종교가 아니라 세상을 지탱하고 있는 시스템 자체가 붕괴되는 것입니다. 시스템이 붕괴하면 수많은 사건들이 발생합니다. 내전과 전쟁이 창궐하고 혼란이 극에 달하며 이 혼란이 수습되는 단계로 접어들면 이전과는 전혀 다른 새로운 세상이 열립니다. 개벽이지요. 과연 종교분쟁이 마무리되자 새로운 세상이 열렸습니다. 국경선이 분명하고 그 지역 내의 모든 사람은 한 국가의 구성원이 되는 국민국가의 시대가 되었습니다. 그래서 종교개혁이라는 주류의 표현 대신 종교분쟁이라는 용어를 씁니다. 이것은 종교끼리의 싸움도 아니고 개혁을 해서 새로운 모습으로 탈바꿈하는 것도 아니었고, 종교를 핑계 삼아 이리저리 이합집산을 되풀이하면서 시스템 자체를 변모시킨 사건이었기 때문입니다.

종교분쟁은 현실 권력이 약화된 가톨릭의 타락, 대항해시대로 인한 경제성장, 멸망한 비잔틴제국의 유산들이 북이탈리아 자유도시로 넘어가 시작된 르네상스, 이 세 가지 방향에서 싹이 틉니다. 현실 권력자들과의 경쟁에서 지고 프랑스에게 호되게 얻어터진 가톨릭은 영향력이 약화되면서 외형에 집착합니다. 허장성세라고 하죠. 속이 약하면 화려하게 치장이라도 하려고 합니다. 또한 성서에 관한 모든 정보를 움켜쥐고 그 해석권을 독점하려 합니다. 저항하는 자에게는 죽음을 선물합니다. 이것이 속이 빈 권력의 특성입니다. 정보독점은 언론 장악과 탄압으로 이어지고 모든 정책은 큰 규모, 화려한 수사로 장식합니다. 대규모 공사를 기획하고 온갖 현란한 정치적 수사로 광고합니다. 이 정책에 반대하려면 죽음을 각오해야만 합니다. 이것이 독재 권력의 특성입니다. 이 원리는 21세기 들어서도 변함이 없습니다.

당시의 가톨릭이 그랬습니다. 성경은 어려운 라틴어로 비싼 양피지에 필사본으로 제작되어 일반 서민은 소유는커녕 구경조차 힘든 귀한 책입니다. 교회가 성경해석의 독점권을 쥐고 필요에 따라 신자들을 협박도 하고 무릎도 꿇리는 도구로 씁니다. 신자들의 확실한 신앙을 확보하려면 화려한 성당 건설은 필수입니다. 성당은 당시 가장 큰 대규모 토건 사업이라 당연히 많은 돈이 듭니다. 그 돈은 헌금, 면죄부 판매, 종교재판 뒤편에서 은밀히 오가는 뇌물 수수 등 온갖 수단을 동원해서 끌어 모았습니다. 돈이 있는 곳에 비리도 따라갑니다. 성직자들은 모은 돈만큼 타락해 갔습니다. 이들의 부패는 모든 사람들이 다 아는 사실이지만 하늘의 권력에 저항한다는 것은 곧 종교재판을 받고 사형을 언도받는 죽음을 뜻했기에 아무도 감히 드러내 놓고 저항하지 못합니다. 이것이 16세기 초반 유럽의 모습이었습니다.(오늘날에는 교회와 성당이 기독교 교파 구분의 용어로 통용되는데 원래의 뜻은 전자는 종교 집단을, 후자는 교회 건축을 지칭하는 용어였습니다. 이 글에서는 원래의 뜻대로 구분하여 사용합니다.)

이베리아 반도를 통해 들어온 풍부한 물자는 권력자의 세력을 공고히 하는 재원이 되었고 서민에게는 기아의 공포에서 탈출하는 수단이 되었습니다. 에스파냐는 전쟁을 치르기 위해 플랑드르 지역에서 무기를 사들였고 모자라는 전비는 역시 플랑드르 지역과 영국, 이탈리아의 금융가들에게 꾸었습니다. 영국, 플랑드르, 북이탈리아 지역은 가톨릭으로부터 비교적 자유로운 지역이라 종교 탄압이 덜했습니다. 주로 금융업에 종사하던 유대인들이 정착하기 쉬웠고, 특히 영국과 플랑드르 지역은 칼뱅파 신교가 스며든 지역입니다. 나중에 살펴보겠지만 칼뱅파는 예정설을 앞세워 부를 쌓는 것을 신의 축복으로 여긴 터라 칼뱅파 지역은 금융업을 하기에 적절했습니다. 전비가 달린 유럽 각국의 왕실이 이 지역의 금융가들에게 돈을 꾸었는데, 가장 확실한 현금원인 에스파냐의 부가 흘러들어 가면서 이 지역의 힘이 서서히 증가합니다. 후일 자본주의가 태동할 수 있는 발판이 만들어지고 있었지요.

아메리카 대륙에서 넘어온 새로운 작물들은 페스트 창궐로 피폐하기 이를 데 없이 가난한 농민들에게 훌륭한 구황작물이 되어 주었습니다. 특히 감자는 가난한 빈 식탁을 채워 주었습니다. 고픈 배를 교회의 반 협박성 신앙으로 달래던 가난한 서민들이 아사의 공포에서 벗어나면서 서서히 눈을 뜨기 시작했습니다. 뭔가 잘못되어 가는 것을 그제야 발견하게 된 거죠.

1453년, 로마의 영광을 끈질기게 이어가던 비잔틴제국이 마침내 오스만제국에게 함락됩니다. 많은 피난민들이 발생했고 국외로 탈출했습니다. 이들은 같은 뿌리의 땅, 북이탈리아에 있는 피렌체, 베네치아 같은 도시국가로 몰려들었습니다. 경제적으로 성공한 부자 동네답게 이들 도시는 비잔틴의 망명객들을 흔쾌히 수용했습니다. 망명객 입장에서도 기왕 이렇게 된 마당에 권력자가 득세하는 곳보다 비교적 자유로운 도시를 선호했으니 정착은 순조롭게 진행되었습니다. 비잔틴 망명객은 이 지역에 새로운 활력을 불어넣었습니다. 망명객 중 학자들이 메디치가의 후원을 받아 피렌체에 플라톤 아카데미를 열어 그리스 고전을 강연했습니다. 비잔틴제국은 로마제국입니다. 로마는 그 정신세계의 뿌리를 그리스에 두고 있습니다. 당연히 비잔틴제국 내에서 그리스 철학과 학문은 면면히 계승되었고, 이것이 망명 학자들을 통해 북이탈리아 도시국가에 소개되었습니다. 그리스는 신의 나라라고 하지만 신은 인간의 욕망을 현화한 존재일 뿐 그 정신의 바탕은 인간에게 있습니다.

이런 정신이 북이탈리아 도시국가에 퍼지기 시작했습니다. 비잔틴 멸망 이전부터 망명객들은 사실 북이탈리아와 플랑드르 도시국가로 많이 빠져나갔습니다. 단테가 신곡을 쓴 때는 비잔틴이 멸망하기 전인 1321년이었습니다. 가톨릭이 위세를 상실하기 시작한 건 이미 오래전 일이었지요. 프랑스가 교황을 아비뇽에 납치, 연금시킨 사건이 일어난 때도 14세기였으니까요. 이와 같이 비잔틴 멸망을 전후한 당시는 가톨릭이 위세를 상실하고 부패하던 시절이었고 북이탈리아 도시국가들은 교황의 입김에서 비교적 자유로웠습니다. 종교의 위세가 그리 크지 못한 지역이었지요. 이런 지역에 인간 중심의 그리스 철학, 문화가 퍼지고 있으니 그 파급 효과는 매우 컸습니다. 시대를 비판하는 작가군이 등장했고 화가들도 새로운 기법으로 성화가 아닌 인간과 풍경을 그리기 시작했습니다. 새로운 유행이 북이탈리아를 물들이며 알프스를 넘어 북유럽으로 전파되기 시작했습니다. 이것을 후일 19세기 들어 르네상스라고 이름 지었습니다.

알프스를 넘어가면 플랑드르 지역의 도시국가가 있습니다. 북이탈리아 도시국가들에서 그리스 문화가 재생한 것처럼 플랑드르의 자유도시들에서도 이런 움직임이 일어났습니다. 에라스무스가 『우신예찬』을 지어 성직자들을 위시한 권력자들의 위선을 통렬하게 비판했고 프란시스 베이컨은 귀납법을, 코페르니쿠스는 지동설을 주장했습니다. 유럽 전체가 신이 강요한 긴 잠에서 서서히 깨어나기 시작했습니다.

꿈속에서는 신의 부속이었지만 잠을 깨면 인간 자신이 됩니다. 유럽인들은 자신이 인간임을 깨닫기 시작했습니다.

이 움직임이 일어나기 전에 세계사를 바꿀 사건이 일어납니다. 독일의 장인 구텐베르크가 발명한 활판인쇄술이 급속히 유럽 전역에 퍼졌고 중국에서 넘어온 제지술과 합쳐져 싼 인쇄물을 공급할 수 있게 되었습니다. 인쇄술은 중국에서 세계 최초로 발명했는데 왜 막상 중국은 이 기술을 궁실 한구석에 처박아 두었고 유럽에서는 경천동지할 사건의 배후가 되었을까요?

이것이 동양과 서양의 뚜렷한 차이점입니다. 관 주도와 민 주도의 차이를 극명하게 보여주는 사건이지요. 중국은 출판을 보급의 차원에서 보지 않고 기록 관리, 보존의 차원에서 봤습니다. 인쇄술도 조정의 각종 기록을 쉽게 하고 보존판을 만들기 위해 개발했으므로 책을 찍어도 몇 부 되지 않았고 그나마 민간에 유통한 게 아니라 국립도서관에 소장, 소수의 권력자, 관리들만 열람할 수 있게 했습니다. 모든 것이 황제의 것이니 백성들이 감히 함부로 보지 못하게 하는 건 당연했지요. 유럽은 모든 것이 민 주도입니다. 관이 강력한 중앙집권을 하지 못하니 필요한 것은 민간이 만들어 쓸 수밖에 없습니다. 누가 만들었냐가, 그것으로 얼마를 버느냐가 중요해졌습니다. 돈만 번다면 못할 짓이 없지요. 근대적 의미의 저작권, 소유권 개념은 이렇게 생기기 시작합니다. 오늘날 아시아권에서 일본을 제외하면 저작권, 소유권 개념이 약한 이유도 바로 이 차이 때문입니다.

구텐베르크의 인쇄술은 유럽 전역으로 급속히 퍼져 나갔습니다. 코페르니쿠스의 지동설이 순식간에 유럽 전체를 술렁이게 만든 것도 이 덕분이지요. 이 사건은 앞으로 있을 여러 사건이 단순히 발생한 지역에 머무르지만은 않을 거란 증거이기도 합니다. 사람들이 가장 읽고 싶었던 책인 성경이 대량으로 인쇄되어 베스트셀러가 됩니다. 그동안 성서는 교회와 성직자들만 소장하고 교리를 해석하던, 가톨릭

전가의 보도였습니다. 그런데 르네상스 덕분에 인간 중심의 사고를 하게 되자 도대체 성경에 무슨 말이 있기에 성직자들이 저렇게 기세등등한지 궁금해진 사람들이 성경을 각자의 언어로 번역하기 시작했고, 이 번역본은 인쇄술과 종이 덕분에 싼값에 시장에 진열되었습니다. 글을 알고 성경을 살 돈이 있는 사람들은 성직자의 도움이 없어도 성경을 읽을 수 있게 되었습니다. 교회 권력의 최고 비밀이 노출되어 버렸습니다. 사람들은 이제 생각하기 시작했습니다. 교회에선 이렇다고 했지만 성경에는 그렇게 쓰여 있지 않잖아!

불타는 교황청

후스는 영국 옥스퍼드의 위클리프 사상을 이어받은 보헤미아의 신학자였습니다. 보헤미아는 신성로마제국의 심장부, 가톨릭의 가장 신뢰할 만한 앞마당입니다. 그런 까닭에 1412년 후스는 교황의 면죄부 판매를 격렬히 비판하다가 종교재판으로 화형당했습니다. 프라하의 시민들은 이에 격분하여 폭동을 일으켰고 보헤미아의 농민들이 가세하면서 내전으로 이어졌습니다. 가톨릭의 위신이 어느 정도인지를 짐작케 하는 사건입니다. 유럽 농민들의 삶이야 어디서나 팍팍하긴 마찬가지였을 텐데 왜 유독 보헤미아 지역에서 이런 사건이 발발했을까요? 로마 교황청의 앞마당에서 말이지요.

당시의 유럽 지형도를 다시 들여다보겠습니다. 프랑스와 영국은 국가 체제를 공고히 하면서 한걸음 앞으로 나가고 있었습니다. 양 지역은 가톨릭으로부터 사실상 독립한 지역이었습니다. 둘은 전쟁을 치르면서 서서히 강성해져 갔습니다. 북이탈리아와 플랑드르 지역은 무역과 금융업으로 힘을 기르고 있었습니다. 가장 뒤처진 이베리아 반도도 레콘키스타를 벌이면서 바다로 배를 띄워 새로운 활로를 모색하기 시작했지요. 신성로마제국 지역만 유독 교황권에 발이 묶여 아무것도 못하고 교황청의 젖소 노릇을 하고 있었습니다. 그 지역 사람도 눈이 있고 귀가 있을진대, 어찌 다른 지역의 움직임을 몰랐겠습니까. 자신이 사는 지역만 이렇게 가톨릭에 눌려 숨도 못 쉬고 있으니 불만이 부글부글 끓을 수밖에요. 그것이 터진 겁니다.

1517년, 비텐베르크 대학 신학 교수였던 마르틴 루터는 교황 레오 10세가 발급한 면죄부를 조목조목 반박한 반박문을 비텐베르크 성당 정문에 내걸었습니다. 이 반박문은 인쇄되어 독일 전역에 빠르게 퍼졌습니다. 교황청이 신성로마제국의 황제를 시켜 루터를 추방하자 작센의 선제후가 루터를 보호합니다. 루터는 선제후의 보호 속에 성서의 독일어 번역 작업에 착수했습니다. 당시 유럽에서 가장 낙후된 지역답 게 아직도 농노제가 확연한 이곳에서 수 세기에 걸쳐 누적된 신분제의 모순이 루터 의 저항과 급격하게 반응하여 독일 전역에 농민전쟁이 터집니다. 당대의 명사는 루터. 이들은 루터에게 동참해 줄 것을 호소했지만 루터는 오히려 군주들에게 농민 전쟁을 가혹하게 진압하라고 권고합니다. 루터의 목표는 교황청으로부터의 자유이지, 자칫하면 사회 체제를 근본에서부터 개혁해야 할지도 모르는 농민 전체의 자유가 아니었기 때문이죠. 이제 왜 이 책에서 주류 역사학의 용어인 종교개혁을 쓰지 않고 종교분쟁이라는 용어를 쓰는지 이해가 되시겠지요? 주류 역사학에서 말하는 종교개혁은 종교가 개혁되어 인간의 자유와 자존을 살렸던 사건이 아니라 종교권 력이 이동되고 분산되어 새로운 정치권력이 탄생하는 정치적 사건이기 때문입니다. 이 사건으로 루터가 마음에 든 독일 북부 지역은 루터파로 뭉치고 남부는 전통의 가톨릭 지역답게 반(反)루터파가 됩니다. 분열입니다. 분열은 전쟁을 일으키는 법. 전쟁의 기운이 무르익습니다. 1546년에 드디어 전쟁이 터졌고 1555년 아우크스부르 크화의를 통해 종교 선택의 자유를 지역 군주에게만 허용합니다. 이 결과 독일 북 부 지역이 군주들의 자유의지에 따라 루터파로 개종합니다. 군주가 선택한 종교가 마음에 들지 않는 사람은 고향을 등지고 떠나야 했습니다.

독일이 이렇게 부글부글 끓던 때, 에스파냐에서는 조용한 개혁이 일어납니다. 예 수회가 탄생했습니다. 이거야말로 개혁입니다. 가톨릭 내부의 정화 운동이 시작된 거지요. 예수회 덕분에 이베리아 지역은 계속 가톨릭으로 남았고, 유럽 전역을 휩쓴 프로테스탄트의 흐름에서 멀어져 시대의 뒤안길로 걸어가게 되었습니다. 대신 예수회의 활약으로 에스파냐와 포르투갈이 점령한 식민지들은 모두 가톨릭으로 개종당합니다. 중남 아메리카 전체와 필리핀이 오늘날 가톨릭 지역인 이유입니다.

바다 건너 영국은 대륙이 부글부글 끓던 그때도 가톨릭을 유지하고 있었습니다. 그런데 사건이 터졌지요. 장미전쟁이 끝나 왕권을 강화한 헨리 7세의 아들 헨리 8세는 죽은 형의 아내를 자신의 아내로 삼았다가 앤과 재혼하기 위해 이혼 청원을 교황청에 넣었습니다. 교황청 입장에서는 헨리 8세가 가톨릭교도라서 이혼을 승인해 주고도 싶었지만 그가 이혼하려는 형수는 에스파냐 왕실의 딸인 데다가 그녀의 조카가 신성로마제국 황제 카를 5세입니다. 교황은 이리저리 재다가 헨리 8세의 청원을 거절합니다. 에스파냐와 신성로마제국을 영국과 바꾸기는 어렵다고 본 거겠지요. 청원을 거부당하자 헨리 8세는 수장령을 발표하고 자신이 직접 교회의 수장이 되겠다고 나섰습니다.

이혼은 핑계였습니다. 수장령을 선언한 이유는 따로 있습니다. 헨리 8세는 강골이었습니다. 당시 유럽 전체의 흐름을 읽었고, 어떤 핑계로든 가톨릭의 영향에서 벗어나야 한다고 판단했지요. 영국은 귀족들의 세상입니다. 왕권을 강화하려면 귀족들의 권력 바탕인 가톨릭을 약화시켜야 하는데, 그 고리가 바로 가톨릭으로부터의 독립입니다. 6세기경 브리타니아의 각 영주들과 귀족들이 가톨릭을 받아들여 자신들의 권력을 강화하는 이데올로기로 삼았던 때부터 이 지역의 지배 권력자들은 가톨릭교도들이었습니다. 이들의 권력을 약화시킬 가장 중요한 고리가 가톨릭으로부터의 분리인지라 이혼을 핑계로 초강수를 둔 겁니다. 그렇기에 만약 교황청이 이혼을 승인했다면 다른 사건을 일으켜서라도 가톨릭에서 독립했을 겁니다. 그 당시 프로테스탄트의 바람이 유럽 전역을 휩쓸고 있었지만 프로테스탄트를 받아들이면 시민의 힘이 함께 커져 감당하기 힘들어진다는 것도 계산에 넣었을 겁니다.

교황이 헨리 8세의 계산대로 해주자 예정대로 수장령을 선포하고 가톨릭으로부터 독립, 권력 강화와 국력 신장의 구멍을 뚫었습니다. 이 사건으로 영국과 에스파냐는 제대로 원수가 되어 버립니다.

독일 북부 지역이 루터파로 개종하고 난 후 전쟁의 불씨는 꺼졌을까요? 아닙니다. 아우크스부르크화의는 루터파만 인정했을 뿐이니까요. 독일 북부의 칼뱅파는 여전히 인정받지 못하는 이단이었고 신자는 사는 곳을 옮겨가야 했습니다. 칼뱅파의 발생지는 스위스입니다. 스위스는 13세기 말부터 독립운동을 시작한 지역답게 시민층이 두터운 지역이었습니다. 먼저 츠빙글리가 공개 토론회를 열어 가톨릭을 공격하자 그 뒤를 이어 칼뱅이 제네바에서 도덕과 규율을 앞세운 종교개혁을 주장하면서 장로제를 제안합니다. 시민들의 지지를 등에 업은 칼뱅은 제네바의 정치까지 장악, 고결한 도덕에 바탕을 둔 엄격한 신정정치를 펼칩니다. 이때가 1541년입니다.

칼뱅은 내세를 위해 현실의 비참함을 견디라는 가톨릭의 설교를 거부하고 미래는 신이 예정해 두었다는 예정설을 주장, 현실의 삶에 무게를 둡니다. 이 사상은 당시 싹을 틔우고 있던 신흥 자산가들의 구미에 딱 들어맞았습니다. 미래는 신께서 미리 정해 두었으니 미래를 걱정하지 말고 현실을 열심히 살아라. 열심히 살면 부자가 되고 그것이 신의 은총이다. 오늘날 교회의 주장과 같은 교리입니다. 그렇게 보면 대한민국의 기독교는 5백여 년 전의 칼뱅으로부터 단 한 걸음도 더 나가지 못한 역사의 지진아입니다. 5백 년 전의 교리로 21세기를 넘어가려니 제대로 되는 일이 있겠어요? 당시 칼뱅파의 주장은 혁신이었으나 지금은 수구입니다. 혁신이 걸음을 멈추면 보수로 변하고 보수를 진보시키지 못하면 가치를 상실한 채 수구로 변합니다. 시대를 읽고 예측하고 과감히 변신을 시도하는 것은 대단히 중요합니다. 당시의 칼뱅이 그랬듯. 그러나 그 변신에 안주하면 시대의 진보를 막는 수구로 변합니다. 현재의 한국 교회가 그렇듯.

칼뱅의 교리는 머지않아 다가올 자본주의의 정신적 기틀을 제공했습니다. 당시 이베리아 지역의 성공에 힘입어 유럽 전역에서 자라고 있던 자본가들이 모두 칼뱅의 교리를 앞다투어 받아들인 것을 보면 칼뱅의 교리가 얼마나 자본주의'적'인지 알 수 있습니다. 프랑스에서는 위그노, 스코틀랜드에는 장로파, 잉글랜드는 청교도, 네덜란드에는 고이젠이 탄생합니다. 모두 칼뱅파 신교도입니다. 이들 모두를 프로테스탄트라고 불렀습니다.

이제 가톨릭은 유럽 땅에서 이탈리아와 이베리아 반도 쪽에서 겨우 명맥을 유지합니다. 이베리아 반도의 경제적 성공과 이탈리아 북부와 플랑드르의 르네상스는 종교분쟁으로 이어졌고, 이것으로 유럽의 권력 지형이 변하기 시작했습니다. 이 변화는 더 큰 폭발의 예고편입니다. 예고편 덕분에 유럽 전역은 전쟁의 불길 바로 앞에 서 있게 되었습니다. 왜 종교분쟁이 전쟁의 불씨가 되었을까요?

유럽의 정치를 통합하고 있던 가톨릭이 마침내 붕괴되면서 중재자가 완전히 사라져 버렸습니다. 이젠 아무도 싸움을 말리지 못합니다. 걸핏하면 영국 머리끄덩이 붙잡고 싸우던 프랑스가 에스파냐와 새로이 갈등을 일으킵니다. 가톨릭과 프로테스탄트의 대립 같으나 이 둘은 제국의 꿈으로 대립할 수밖에 없었습니다. 영국과 에스파냐는 헨리 8세 덕분에 원수가 되었습니다. 표면 원인은 수장령이고 내부 원인은 대서양 항로의 독점입니다. 에스파냐가 자신의 영토인 네덜란드에서 프로테스탄트를 탄압하자 고이젠들이 거세게 저항하며 독립운동을 시작했습니다. 거기다가 신성로마제국은 가톨릭과 루터파로 분열되었고 영국은 청교도와 국교인 성공회의 내부 갈등이 증폭되고 있었습니다.

15세기부터 유럽을 흔든 종교분쟁은, 성서 해석에 근거하여 나온 새로운 교리로 가톨릭의 기독교 독점에 항거한 단순한 사건이 아닙니다. 당시는 중세의 질서가 붕괴되면서 각 지역이 영토국가, 국민국가로 변모하며 분열하던 시기였고, 단일한 사회 운용 원칙이 각 지역의 역량에 따라 다양하게 분화되던 시기였습니다. 한 시대가 저물어 가고 있었지요. 새 시대에 낡은 이데올로기는 맞지 않습니다. 가톨릭은 이미 시대에 뒤쳐신 낡은 이데올로기가 되었습니다. 변화하고 있는 사회의 다양한 요구를 낡은 이데올로기가 수용하지 못하면 가장 고통받는 계급은 기층 민중입니다. 지배 권력이야 낡은 이데올로기로도 잘 먹고 잘 살거든요. 어떤 사회건 그렇습니다. 그래서 지배계급은 보수가 되는 거고 피지배계급은 저항을 하면서 혁신으로 가는 겁니다. 당시의 유럽 사회가 바로 이런 현상에 부닥친 거죠.

낡은 이데올로기를 고쳐라. 못 살겠다. 이 기층 민중의 요구가 종교분쟁으로 터졌습니다. 지금의 상황이라면 요구를 진압하거나 수용하면 되겠지만 당시 유럽은 아직 국가 정체성조차 확립하지 못한 국가 형성 단계에 있었습니다. 요구에 대응할 뚜렷한 주체가 없어 제어가 불가능한 상황이라 결국 급격한 시스템 변혁에까지 이르게 됩니다. 각 지역은 이해득실에 따라 이합집산을 거듭하면서 내 편, 네 편을 갈라 땅에 금 긋기를 시작합니다. 중재자도 없는 마당에 평화롭게 금 긋고 담장 치기를 기대하는 건 무리지요. 멱살잡이를 하고 승부를 봐야 결론이 날 겁니다. 전쟁은 필수입니다. 유럽의 종교분쟁은 전쟁의 화약고에 불을 붙였습니다. 이제 터지는 일만 남았지요.

삽질하다 망한 이야기

_ 에스파냐의 몰락

16세기 들어 에스파냐는 거의 제국화되고 있었습니다. 합스부르크 가문 덕택입니다. 이 가문은 통혼 정책으로 각 지역의 왕실을 그물 엮듯 엮었는데 뚜렷하게 엮인 지역이 신성로마제국, 헝가리, 보헤미아, 에스파냐, 네덜란드 지역입니다. 이 지역들을 묶어 합스부르크제국이라 불러도 무방합니다만 제국의 중요한 면모인 황제와 지방 제후, 봉건제 등은 아예 없습니다. 제국의 헛된 꿈만 꾸고 있었다고 보면 됩니다. 각 지역은 국경선을 가진 영토국가로 나아가고 있었는데 난데없이 낡은 제국이라니, 이것을 용인하면 유럽 전역이 다시 제국으로 변해 그동안 만들었던 권력과 부를 내줘야 할 판입니다. 당연히 앞서 나가던 지역은 강하게 반발합니다. 프랑스는 합스부르크 가문 때문에 신성로마제국의 황제 자리를 빼앗겨서, 독일영방(영방領邦, Territorialstaat: 연방은 작은 독립'적' 지역들이 모인 하나의 나라를 뜻하며, 영방은 독립'적'이 아니라 '독립된' 국가들이 모여 더 큰 국가를 이루고 있는 형태를 뜻하는 용어) 북부는 신교라는 이데올로기를 지켜야 하니까 반발했고, 전통의 강국 오스만제국은 비잔틴을 삼키고 헝가리까지 삼킨 다음 에스파냐의 제국화를 견제하고 있었습니다.

합스부르크제국의 가장 알짜배기는 신흥 부자 에스파냐입니다. 제국의 꿈을 버리지 않는 한 에스파냐 혼자서 이 강력한 적들을 상대해야 합니다. 오스만제국과는 해전에서, 프랑스와는 북이탈리아 쟁탈전에서, 독일 북부 신교 지역과는 내전에서 패퇴합니다. 특히 프랑스와의 지루한 전쟁으로 왕실 재정이 바닥나고 파산을 선언하기도 하는 등 그칠 줄 모르던 무리수가 에스파냐를 주저앉혔습니다. 에스파냐 속령이었던 네덜란드는 본국의 지나친 신교도 탄압에 저항, 독립전쟁을 일으켜 에스파냐로부터 떨어져 나갑니다. 게다가 레판토해전에서 에스파냐의 무적함대가 승리한 것도 잠시, 영국과의 일전에서 무적함대가 무너졌습니다. 에스파냐는 제국의 꿈을 완전히 접습니다. 이제 천하무적 자리는 영국에 돌아갑니다. 물론 프랑스가 가만있지는 않겠죠. 문명과 전쟁의 중심은 유럽을 시계 방향으로 회전하여 북해로 옮겨 갑니다.

에스파냐가 삽질하는 동안 다른 지역들도 묵은 숙제를 해결하고 있었습니다. 비록 교황을 납치하기도 했지만 아직은 구교 지역이었던 프랑스에도 스위스의 칼뱅파 신교도가 자리 잡습니다. 이들을 위그노라 불렀죠. 자리 잡는 게 쉽지는 않았습니다. 탄압과 학살에 맞서 내전을 일으킵니다. 위그노전쟁입니다. 프랑스는 30여 년간의 지독한 내전 끝에 1588년 낭트칙령을 발표하면서 일정 지역에서 위그노의 종교 자유를 허용합니다. 신교를 허용한 구교 지역이라는 이상한 형태가 되었습니다만 실질적인 신교의 승리입니다. 이제 전통의 가톨릭 지역이었던 프랑스도 신교로 배를 갈아탑니다. 내전을 수습한 프랑스는 중상주의를 표방하며 힘을 기르기 시작합니다. 이 시기에 힘을 잔뜩 기른 프랑스는 근대국가의 중요한 요소인 국경선을 거의 확립하고 유럽의 강자로 재등장합니다. 여기까지가 전쟁의 예선전입니다. 이제 본선을 치러야 합니다.

본선 무대와 주인공은 갈등의 전통을 자랑하는 합스부르크 가문과 오스트리아(독일 남부 가톨릭 지역)입니다. 프랑스 가톨릭이 신교에 의해 무너지는 것을 본 독일 남부 지역의 가톨릭 세력은 내부를 탄탄히 하기 위해 보헤미아 신교도들을 탄압합니다. 보헤미아는 오스트리아에 있습니다. 1618년, 보헤미아 신교도 귀족들은 단합하여 저항했으나 실패합니다. 그저 조용한 내란 정도에 그쳤을 뻔했던 이 전쟁은 루터파 덴마크가 개입하면서 국제전으로 비화합니다. 덴마크 국왕이 직접 군사를 이끌고 독일 북부로 침공했습니다. 이유는 신교파 보호였지만 내심은 국경선 확장입니다. 덴마크가 지자 스웨덴이 교체 선수로 등장합니다. 스웨덴 참전은 손 안 대고 코풀려 했던 프랑스가 사주했습니다. 프랑스는 내심 국경선을 동쪽으로 넓혀 알자스로렌과 북이탈리아 지역을 차지하고자 했습니다. 북쪽에 정신이 팔리면 프랑스가 집적대도 대응할 수 없을 거란 계산을 한 거죠. 스웨덴의 참전 명분도 덴마크와 같았으나 내심은 발트 해를 가톨릭 세력에게 빼앗기지 않기 위해서입니다. 스웨덴이 이겼으나 전투에서 국왕이 사망하여 전황이 묘해졌습니다. 어쩔 수 없이 프랑스가 직접 나섭니다. 프랑스는 독일 남부를 직접 공격합니다. 스웨덴도 때맞춰 공격을 재개했습니다. 유럽의 대부분이 이 전쟁에 뛰어들었습니다. 유럽 최초의 국제전입니다. 프랑스가 승리하고 양측은 1648년 베스트팔렌조약을 맺으며 30년전쟁이라 부르는 기나긴 전쟁에 종지부를 찍습니다. 베스트팔렌조약으로 유럽의 지형도가 완성되었습니다.

프랑스는 국경선을 알자스로렌 지역으로 확장했고 스웨덴은 발트 해의 제해권을 확보, 네덜란드는 에스파냐로부터 완전 독립, 오래전에 독립했던 스위스도 이 조약으로 국제사회에서 독립을 인정받았습니다. 독일 북부 지역의 독일영방 국가들도 완전 독립을 얻었는데 이중 프로이센이 체제를 정비하면서 지역 맹주로 떠올라 오늘날 독일의 초석을 만들었습니다. 오스트리아의 보헤미아 지방만 낙동강 오리알이 되어 버렸습니다. 베스트팔렌조약을 시작으로 전쟁 후 조약 체결이라는 전쟁의 공식이 유럽에 성립합니다. 이전에는 교황이 중재를 했지만 이제는 각 국가가 직접 협상을 체결하는 방식으로 변했습니다. 그만큼 주권이라는 개념이 다듬어졌다고 봐야 합니다. 30년전쟁으로 유럽은 완전히 새로운 시대로 접어듭니다.

그런데 왜 에스파냐는 구교 세력권이면서 이 국제전에 참전하지 않았을까요? 사실 초기에는 오스트리아와 함께 싸웠습니다만 네덜란드가 완전히 독립하겠다고 전쟁을 재개하는 바람에 네덜란드와 싸우느라 다른 곳에 신경 쓸 틈이 없었습니다. 그 바람에 전쟁에는 제대로 참전하지도 못했으면서 패전의 멍에만 뒤집어써 버렸습니다. 에스파냐는 그런 사정으로 그랬다 치고, 에스파냐로부터 대서양 항로의 패권을 빼앗은 영국은 왜 가만있었을까요? 영국은 나름대로 사정이 급했습니다.

에스파냐 무적함대를 무찌르고 북해와 대서양의 제해권을 확보한 영국은 막대한 부를 쌓기 시작합니다. 그러다가 17세기 접어들자마자 왕통의 대가 끊기는 사태가 발생합니다. 고민하던 의회는 튜더 가문의 후손인 스코틀랜드 왕을 데려와 왕에 앉혔습니다.(영국은 최대의 왕 수입국입니다. 걸핏하면 왕을 수입합니다) 제임스 1세입니다. 그는 대륙의 강대국인 프랑스를 본받으려 했습니다. 왕권 강화를 위해 왕권신수설을 주장했고 영국에도 상륙한 칼뱅파인 청교도를 박해했습니다. 박해를 견디다가 102명의 청교도가 1620년에 메이플라워호를 타고 북아메리카로 건너 가 버립니다. 종교가 마음에 안 들면 고향을 등졌던 종교분쟁 시절의 관습이지요. 제임스 1세 덕분에 아메리카합중국이 탄생한 거네요.

의회는 이렇게 왕권을 강화하는 왕에 아연실색, 각을 세웁니다. 국교이자 구교인 성공회는 신교인 청교도와 대립 중입니다. 이러면 전선이 형성되죠. 왕과 주교가 한편을 먹고 의회와 청교도가 한편을 먹습니다. 국내에서는 양 파가 으르렁대고 나라 밖에서는 프랑스, 에스파냐와 늘 전쟁입니다. 전비가 달립니다. 세금을 걷어야죠. 세금을 걷기 위해 왕은 의회를 소집합니다. 기다렸다는 듯 의회는 권리청원을 왕에게 들이밉니다. 국왕이 의회의 동의 없이 세금을 함부로 걷지 말라는 게 권리청원의 주요 골자입니다. 4백 년 전의 마그나카르타와 같은 요구입니다. 국왕이 세금을 함부로 걷어 가면 지주들은 받을 세금이 줄어들고 자유 시민들은 살림살이가 팍팍해지기 때문이죠. 아직 농민들은 안중에 없습니다. 당장 전비가 급한 왕은 권리 청원에 사인을 합니다. 1628년의 일입니다.

그러다가 실수로 스코틀랜드와 또 전쟁을 치러야 했습니다. 전비가 필요해서 1640년에 의회를 소집했습니다. 이번에는 의회의 요구가 만만치 않았습니다. 왕이 사법권과 종교재판권을 함부로 행사하지 말 것을 요구했습니다. 이번에도 왕이 무릎을 꿇었습니다. 영국의 왕은 왜 일이 있을 때마다 무릎을 꿇었을까요? 영국은 유럽의 정치 후진국답게 귀족이 왕을 선발하는 시스템이었고, 국내 왕 선발대회의 결과가 신통치 않으면 외국에서 수입하곤 했기 때문에 왕의 국내 정치 기반이 대단히 약했습니다. 그런 왕이 배후가 든든한 귀족과 의회를 상대로 이길 수가 없었죠.

왕권이 약화되자 영국의 국교회도 덩달아 약해졌습니다. 영국이 수장령을 포고하고 가톨릭이 아닌 성공회를 국교로 삼았지만 당시 성공회의 내면 모습은 가톨릭과 다름없었습니다. 성공회도 가톨릭처럼 구교입니다. 이런 구교가 약화되자 당시 유럽의 유행대로 신교가 득세, 종교 갈등이 표면화됩니다. 이 와중에 아일랜드에서 가톨릭 연맹을 결성, 독립을 선언하는 사건이 발생했습니다. 가톨릭이 공격적인 포교를 하던 6세기 무렵, 브리타니아에서는 귀족들만 가톨릭을 받아들였고 가장 낙후하여 귀족 세력조차 없었던 아일랜드는 전 주민이 가톨릭교도가 되었더랬죠. 그래서 아일랜드는 가톨릭 세력으로 남아 있었습니다. 그 아일랜드가 가톨릭을 전면에 내세우면서 독립을 선언했습니다. 국왕인 찰스가 이 반란을 진압하려 하자 의회가 제동을 겁니다. 적의 적은 동지입니다. 발끈한 국왕이 의회의 동의 없이 움직일 수 있는 별도의 군대를 편성합니다. 이제 영국 군대는 왕의 군대와 의회의 군대로 대립합니다. 이러면 내전입니다. 이때가 1642년, 대륙에서 30년전쟁이 막바지로 치달을 때입니다. 1648년, 의회 군대의 최고사령관인 크롬웰이 드디어 찰스를 붙잡아 공개 처형해 버립니다. 청교도인 크롬웰은 스위스의 칼뱅 이상으로 도덕성을 내세우면서 공포정치를 합니다. 왕이 죽고 없으니 크롬웰이 왕 대신 통치를 한 거죠. 그런데 칼뱅도 그랬지만, 도덕성을 앞세우고 정치를 하는데 왜 공포정치가 될까요? 칼뱅도 크롬웰도 스스로에게 대단히 엄격하고 소박한 도덕적 인물이었습니다. 그런데 왜 그들이 이끈 정치는 공포로 채색되었을까요? 도덕성이 공포로 연결되는 건 아닙니다. 문제는 딴 데 있습니다. 정치 지도자 개인의 신념과 철학을 구성원의 동의를 구하지 않고 구현하려 하면 강제가 됩니다. 그것이 긍정이든 부정이든 상관없이. 정치 지도자의 신념이 강하면 강할수록 강제는 더 거세지고 결국 공포로 가게 되어 있습니다. 그래서 현대 정치 용어를 빌자면 '국민적 동의와 합의'가 반드시 전제되어야 어떤 정책도 제대로 굴러가는 법입니다. 영국은 이때 공화정으로 갈 수도 있었습니다만 공화정의 전통이 없었던 데다가 굳이 그럴 필요성도 느끼지 못했고 왕이 필요하기도 했습니다. 왕이 없으면 왕 뒤에 숨어 안전하게 권력과 부를 쌓지 못하는 등 여러 가지로 불편한 것이 많지요.

당시 북해의 해상권은 네덜란드가 쥐고 있었습니다. 에스파냐와 수차례 전쟁을 치르면서 독립을 쟁취한 네덜란드는 에스파냐의 몰락으로 무주공산이 된 대서양 항로를 손쉽게 얻으면서 특유의 장사꾼 정신으로 무장, 대서양 무역을 확장하고 있었습니다. 영국은 놀았나요? 당시 영국은 왕과 의회가 치고받기에 바빠서 네덜란드가 설치는 꼴을 그냥 내버려 둘 수밖에 없었습니다. 전통의 강국 프랑스는 아직 대서양에 배를 띄울 생각이 없었습니다. 그래서 무주공산 대서양은 네덜란드 앞마당이 되었습니다. 크롬웰이 정권을 잡으면서 영국이 정신을 차립니다. 항해조례를 발효하여 네덜란드 배를 묶었습니다. 울컥한 네덜란드가 영국에게 대들다가 항복하고 영국과 손을 잡습니다. 이제 북해는 명실공히 영국과 네덜란드의 안마당으로 변했습니다. 크롬웰은 이런 성과를 올린 반면 아일랜드의 가톨릭은 철저히 탄압합니다. 이 탄압의 끔찍한 기억이 오늘날 북아일랜드의 독립 저항으로 이어집니다. 왕이 아닌, 그러나 왕보다 더 지독한 전제정치를 펼친 크롬웰은 왕의 존재를 다시 부각시켰습니다. 크롬웰 때문에 영국은 공화국으로 갈 생각을 완전히 버렸습니다. 통제 가능한 왕이 통제 불가능한 독재자보다 훨씬 낫다는 게 의회의 판단이었죠. 의회는 크롬웰이 죽자 잽싸게 다시 왕을 수입해서 왕성으로 돌아갑니다.

이제 왕이나 의회나 피차 조심스럽습니다. 의회 입장에서는 왕이 사라지자 왕권 이상의 공포정치가 발생했으니 왕을 존속시키려 했고, 왕 입장에서는 의회에 대들어 봤자 죽음이 기다릴 뿐이니 눈치만 살핍니다. 의회는 왕당파인 토리당, 의회파인 휘그당으로 나뉘었으나 새로 당파를 만든 것이 아니고 원래 그렇게 나뉘어져 있던 파를 그렇게 불렀을 뿐입니다. 한동안 서로 조심스러워하다가 긴장이 풀린 왕 쪽에서 다시 예전의 자세로 돌아갑니다. 신교 거부, 의회 거부, 프랑스 경도의 예전 자세 말이지요. 다시 왕을 죽이기도 뭐한 의회는 한숨만 쉬면서 왕이 어서 죽기만 바랍니다. 왕에게 아들이 없었거든요. 그런데 늙은 왕이 떡하니 아들을 봅니다. 놀란 의회는 프랑스와 대립각을 세우고 있던 네덜란드 총독 빌렘에게 대책 없는 우리 왕 쫓아내 달라고 손을 내밉니다. 빌렘은 에스파냐와 싸우기 위해 영국의 힘이 필요한 판이어서 이게 웬 떡이냐, 하며 의회의 초청을 받아 영국으로 쳐들어갔습니다. 그러자 놀란 영국 왕이 프랑스로 내빼 버렸습니다. 1689년, 빌렘 부부가 왕위에 오릅니다. 영국식 발음으로 윌리엄 3세와 메리 2세입니다. 이제 영국의 왕은 투톱이네요. 왕을 수입하지 않나, 부부를 모두 왕으로 앉히지 않나, 좌우간 영국은 별별 짓을 다 합니다. 피 한 방울 안 흘리고 정권을 잡았습니다. 별 거 아닌 사건을 놓고 명예혁명이란 거창한 이름을 붙였습니다.

의회는 수입품 부부 왕을 믿지 못하겠으니 의회를 무시하지 말라는 각서를 내밀었고 윌리엄은 기꺼이 서명했습니다. 의회의 막강한 힘을 직접 목격했으니까요. 이것을 권리장전이라 합니다. 각서의 내용은 이렇습니다. 가톨릭교도를 왕위 계승자로 삼지 말 것(가톨릭이라면 아주 지긋지긋해). 의회를 자주 소집할 것(그래야 우리가 널 감시할 수 있잖아).

별것 아닌 내용이지만 권리장전의 의미는 사실 큽니다. 이제 의회의 권력이 왕권보다 훨씬 커졌다는 것. 크롬웰 때 학습한 경험으로 왕은 반드시 있어야 하지만 통치는 하지 말라는 것. 경제성장과 종교분쟁에 힘입어 사회 중추 세력으로 자란 신교 자본가들이 국가를 운영한다는 것. 영국은 절대주의의 막바지로 가고 있는 대륙의 질서에서 벗어나 새로운 질서를 확립한 것입니다. 권리장전으로 갈아입은 새 옷은 입헌군주제도이고 갈아탄 새 배는 자본주의입니다. 이제 영국은 에스파냐로부터 뺏은 대서양 항로로 거침없이 항해를 시작했습니다. 죽을 처음 쑨 이는 에스파냐와 포르투갈이었고, 처음 이 죽 그릇을 접수한 이는 바이킹의 후예 네덜란드였으며, 네덜란드와 한 몸이다시피 한 영국이 마지막으로 부엌 자체를 접수해 버렸습니다.

대륙은 영국의 이런 행보에 긴장하며 영국과 같은 옷과 배로 갈아타기 위해 노력하기 시작합니다. 그리하여 유럽은 마침내 기나긴 분쟁, 전쟁, 금 긋기를 끝내고 18세기의 문을 열었습니다. 각 지역에서 단단해진 근대국가들의 경쟁이 시작되었습니다. 물론 선의의 경쟁은 아닙니다. 필요하면 전쟁도 불사하는 경쟁이지요. 유럽의 성장이 눈부신 듯합니다만 아직도 유럽 전체의 힘은 중국에 비해 턱없이 부족합니다. 무역역조는 늘 되풀이되는 일이었고 우수한 인도와 중국 제품은 유럽 시장을 잠식하고 있었습니다. 약탈과 침략으로 얻는 은은 중국으로 쓸려 들어가고 있었지요. 유럽 각국은 중국 무역의 주도권을 잡으려 치열한 각축을 벌입니다. 몸부림치다 보면 운동이 되는 법이지요. 이 각축이 효력을 발휘하여 18세기에 들어서면서 중국으로 현저히 기울어져 있던 문명의 저울추가 조금씩 균형을 향해 움직입니다. 새로운 그림이 세계지도에 그려지기 시작했습니다.

　　1648년 베스트팔렌조약으로 끝난 30년전쟁 이후에도 유럽 전역은 크고 작은 전쟁으로 몸살을 앓았습니다. 주류 역사학에서는 이 전쟁을 자세히 해부합니다만 전쟁사 연구에서나 할 일을 통사를 살피는 입장에서 굳이 할 필요는 없겠지요. 중요한 건 전쟁의 원인과 결과물입니다. 아직 완전한 영토국가로 나뉜 건 아니지만 어느 정도 선이 그어진 각 지역(이제부터는 나라라고 불러도 될 만한 지역도 생겼습니다)들이 상대를 바꿔 가며 무던히도 싸웁니다. 그 모든 전쟁에 프랑스는 약방의 감초처럼 꼭 끼어들곤 했습니다. 전통의 원수 영국과 에스파냐는 물론이고 베네치아, 오스만제국, 오스트리아와 합스부르크 연합, 네덜란드, 덴마크, 스웨덴 등 멀리 떨어진 동유럽의 폴란드, 러시아, 브란덴부르크를 빼면 전 유럽의 전 세력, 국가들과 전쟁을 했다고 보면 됩니다. 프랑스가 유난히 오지랖이 넓어서 상대를 바꿔 가며 열심히 싸웠을까요? 아니면 세계 선수권 연습을 했을까요? 아닙니다. 프랑스가 유럽의 중심 지역이었기 때문입니다. 프랑스의 팔자지요.

　　프랑스는 사실, 제국으로의 꿈을 무의식으로 갖고 있을 수밖에 없는 나라입니다. 로마 멸망 후부터 계속, 샤를마뉴 때는 특히, 영국과의 백년전쟁 또한 그런 식으로, 30년전쟁도 물론, 그 이후 나폴레옹전쟁과 지금까지의 모든 분쟁과 전쟁에

도 프랑스는 늘 어떤 식으로든 개입되어 있습니다. 21세기 들어서는 워낙 아메리카
합중국이 온갖 분쟁과 전쟁에 끼어드는 판이라 프랑스가 슬쩍 가려져 있지만 아
메리카합중국이 보이는 행태의 원조는 영국과 프랑스, 특히 프랑스입니다. 제국이
아니면서 이렇게 많은 전쟁을 일으키고 끼어든 나라는 프랑스와 아메리카합중국
뿐입니다. 제국은 전쟁 없이 존속할 수 없고 전쟁 없는 제국은 분열 직전의 모습일
때뿐이었습니다. 제국의 꿈이 없다면 그토록 많은 전쟁에 간여할 이유도 없습니다.
아메리카합중국을 이런 관점에서 보면 왜 그러고 있는지 답이 나오지요. 아메리카
합중국이 꾸는 제국의 꿈. 21세기에 가능한 꿈일까요?

　지리가 그 지역에 주는 역사적 무의식은 대단합니다. 유럽의 중심 지역이라는 자
리가 프랑스에게 준 역사적 무의식인 제국화는 사라질 수 없는 숙명입니다. 21세기
에 들어선 지금도 그럴까요? 아마 그럴걸요? 유럽연합을 주도하는 중심 세력은 프
랑스입니다. 프랑스의 남쪽 바다는 지중해고 북쪽 바다는 북해입니다. 유럽을 횡단
하려면 반드시 프랑스를 거쳐야 합니다. 프랑스가 얌전히 있으려 해도 주변이 그렇
게 놔주질 않습니다. 프랑스가 기침만 해도 주변국들은 저것이 고함을 질러! 하고
생각하는 거죠. 18세기 이후 제국주의 시대를 이끈 두 나라, 영국과 프랑스의 힘은
근원과 질이 다릅니다. 영국은 고립된 섬나라의 이점을 최대한 활용해 발칙한 상상
을 거듭해서 기른 힘으로, 프랑스는 제국화의 역사적 무의식으로 시대를 이끌었습
니다. 이 무의식을 나타내는 생생한 예가 파리에 있는 루브르박물관입니다. 온 세
계에서 훔친 모든 문명과 문화가 루브르박물관에 다 있습니다. 프랑스는 이것을 그
들의 문화유산이라고 강변합니다(루브르박물관과 쌍벽을 이루는 초대형 장물 전시장
이 대영박물관입니다). 우리의 직지심경도 루브르박물관에 있습니다. 그런 프랑스니
모든 분쟁과 전쟁에 개입할 수밖에 없었습니다. 그들이 원하든 아니든 상관없이.
이 과정에서 프랑스는 자연스럽게 강국으로 자라고 있었습니다.

　17세기의 유럽은 프랑스처럼 단순한 민족국가를 넘어서서 영토 개념을 확실히

한 강국으로 면모를 다지는 국가도 생겨났고 아직 영토국가의 개념까지 미치지는 못하지만 각 정치 단위들이 통합되면서 형태를 갖추기 시작하는 지역도 나타났습니다. 복잡계가 힘의 균형점을 찾으면서 정리되는 현상입니다. 에스파냐 합스부르크제국은 각 지역으로 쪼개져서 분해되었고, 북이탈리아 도시국가들과 독일의 수많은 공국들은 프랑스나 영국 같은 강력한 국가에 대항할 수 없어 각 지역에 엎드리긴 했지만 나름대로 정돈 작업에 들어갑니다. 독일 공국들은 그 결과, 프로이센이라는 강력한 존재를 만들지요. 스웨덴, 네덜란드, 덴마크 등도 한때는 힘을 갖고 있었지만 그때는 영토국가라는 개념이 존재하기 전의 일이었습니다. 영토와 민족국가 개념이 유럽 전역에 번지자 규모에서 차이가 난 이 국가들은 주변으로 밀려났습니다. 적절한 자원과 인구 없이 기술력만으로는 국제 영향력을 키우기 어렵습니다. 폴란드 같은 동구 지역은 농업에서 다른 산업으로 전환하지 못하면서 경쟁에서 밀려나 분할되는 처지에 이르렀습니다. 이제 유럽은 작은 군소 국가들과 썩어도 준치 에스파냐, 낙후된 섬에 자리 잡은 덕분에 새 실험을 할 수 있었던 영국, 전통의 강국 프랑스, 서서히 눈을 뜨고 있는 프로이센, 거대한 땅을 바탕으로 홀로 크기 시작한 러시아로 정돈되어 갑니다.

17세기 내내 유럽은 걸핏하면 전쟁판으로 변했습니다. 프랑스, 에스파냐 합스부르크제국(합스부르크는 오스트리아 지역을 영지로 소유하고 있던 한 가문의 이름입니다. 한 가문이 제국으로까지 불리게 된 것은 이 가문이 각 지역의 왕을 많이 배출했기 때문입니다. 에스파냐, 신성로마제국, 프랑스, 영국, 네덜란드 등 모든 지역의 왕가에 합스부르크 가문의 피가 섞여 있었습니다. 이 가문이 직영하고 있던 지역이 오스트리아, 신성로마제국, 에스파냐, 네덜란드였기에 이 지역을 통칭해서 합스부르크제국이라고 부릅니다. 그중 16세기부터 부를 쌓아 힘을 기른 지역이 에스파냐라서 이 제국을 에스파냐 합스부르크제국이라고도 부릅니다.) 덕분인데, 아이가 자라는 일종의 성장통이라고 보시면 됩니다. 애들의 성장통이야 반항 정도지만 지역의 성장통은 꼭 전쟁으로 나타납니다.

전쟁을 하려면 막대한 돈이 필요합니다. 약탈을 하거나 세금을 징수하거나 꾸어야 합니다. 에스파냐는 주로 약탈을 했습니다. 약탈은 당장 큰돈을 가질 수 있으나 지속가능한 방법이 아닙니다. 영국에게 무적함대가 깨진 후 곧바로 쪼그라든 이유가 돈을 뺏어 올 생각만 했지 모은 돈으로 다른 시스템을 만들 생각을 안 했기 때문입니다. 에스파냐 합스부르크제국의 한계였지요. 원래 가진 놈은 딴 생각 없이 그거 파먹고 살고, 쉽게 돈 만지는 놈은 다른 생각 별로 안 하고, 가진 것 없는 놈은 온갖 노력을 다 하며 열심히 사는 겁니다. 에스파냐는 잘 나가던 시절, 최소한의 시스템조차 만들지 않았습니다.

에스파냐가 아닌 다른 지역은 전비 마련을 위해 세금을 걷어야 하는데 이게 쉬운 일은 아닙니다. 도시에서는 귀족과 부자들을 설득해야 했고 농촌에서는 지주들과의 충돌을 피해야 했습니다. 왕실이 상류층과 협상할 장치가 필요합니다. 그것이 의회였습니다. 그런데 의회를 상대하는 일은 보통 어려운 게 아닙니다. 유럽의 특징인, 왕실을 대하는 귀족의 태도 때문입니다. 왕실에 정통성이 있는 것도 아니고, 특별히 대단하지도 않고, 스스로 지킬 만한 확실한 부나 군사력도 없는 형국이니 왕의 입김이 다른 모든 귀족을 압도할 수 없었습니다. 영국에선 특별세를 걷어야 할 사안이 있을 때마다 늘 왕이 의회에 무릎을 꿇고 의회가 내민 각서에 사인을 하곤 했을 정도입니다. 의회를 구성하고 징세 동의를 얻더라도 세금을 걷을 국가기관이 필요합니다. 그전까지 세금 징수는 민간에 위탁했습니다. 세금 징수원은 일종의 지역 조폭입니다. 세금 누수도 만만찮고 농민과 시민들의 피해도 심각했습니다. 의회가 설립되어 세금 징수에 관한 체계적 논의가 이루어지면서 징세 방식도 바뀌었습니다. 국세청을 설립했고 공무원을 채용합니다. 동양에서는 아주 오래전부터 정착되었던 관료제가 이제야 도입되었습니다. 이 국가공무원제도는 세금 징수 기관에서 나아가 경찰, 검찰, 일반 행정으로 확대됩니다. 근대국가의 시스템이 나타나기 시작한 거죠(여기서 잠깐. 그럼 그전까지 서구에는 관료, 즉 공무원이 없었나요? 네, 없었습니다. 아무리 나라꼴을 갖추지 못했어도 한 지역을 통치하려면 꽤 많은 사람이 필요할 텐데 그 일은 누가 했을까요? 귀족들이 다 해먹었습니다).

세금을 징수해도 필요한 전비를 다 조달하지 못하면 돈을 빌렸습니다. 제 지역에 돈이 없으니 다른 지역의 부자들에게 빌렸는데 빌려준 부자들의 이익이 꽤 짭짤합니다. 그러다 보니 직업적으로 돈을 빌려주는 자가 나타났습니다. 대부업자들이죠. 대부업자들은 체계적으로 돈을 빌려주고 회수하기 위해 은행을 만들었습니다. 그들은 영업이 쉬운 지역에 모여들었는데, 바로 영국과 네덜란드입니다. 칼뱅파가 주류인 지역 중 장사꾼들이 모여 있는 지역이었거든요. 칼뱅파는 현실의 권력과 부를 신의 예정, 축복이라 설교했습니다. 돈 장사가 잘되자 영국은 국채라는 안정적인 투자 상품을 만들어 많은 자금을 유치했습니다. 이 자금이 영국을 새로운 패러다임의 세계, 자본혁명, 산업혁명으로 이끄는 동력이 됩니다.

전쟁의 직접 결과로 상비군제도가 정착합니다. 처음엔 왕실이 전쟁을 기획했고 군대 역시 서구의 전통적 방식인 용병으로 꾸렸습니다. 그러나 국가 전체의 명운이 달린 문제로 전쟁의 의미가 확대되자 왕실만으로는 전쟁의 무게를 감당할 수 없게 되었습니다. 게다가 안 그래도 별 거 없었던 왕실은 전쟁 수행을 위해 권력을 의회와 민간에게 분산시키면서 전쟁을 통제할 수도 없었습니다. 어쩔 수 없이 전쟁의 무게는 의회로 넘어갔고 의회는 군대를 국가 제도로 확립하여 상비군으로 정착시켰습니다. 귀족들이 전쟁에 참여하는 것을 의무나 영광으로 여기게 된 것도 이 상비군 덕분입니다. 권력을 잡자면 군대를 장악해야 하는데 군 복무 경력이 없는 자가 지휘권을 잡을 수는 없지요. 권력을 잡고 싶으면 궂은일부터 해야 합니다. 그래야 존경까지는 아니라도 존중은 받는 법입니다. 군대 안 가고 세금 안 내고 손 안 대고 코 풀려는 도둑과 얌체들이 높은 곳에 앉아 있는 대한민국의 권력은 국민들로부터 어떤 대접을 받고 있을까요?

유럽은 17세기의 전쟁을 치르면서 국가의 외형과 부속을 갖추었습니다. 이제 남은 것은 담아야 할 알맹이들이지요. 주류 역사학에서는 이 시기를 절대주의라고 부르지만 지난 세기보다 권력의 힘이 세졌을 뿐, 절대라는 용어를 쓰기에는 상당히 부적절한 상황이었습니다. 비록 국가라는 용어를 쓰기는 하지만 각국의 권력 구조는 제각각이었습니다.

크롬웰 사후 왕정복고를 한 영국의 권력은 의회로 옮겨갔습니다. 왕은 정치 무대에서 퇴장합니다. 이제 영국의 운명은 의회의 손에 있습니다. 의회라니까 이것을 현대 용어로 착각해서 입법부로 혼동할 수 있는데, 그냥 행정부로 이해하면 됩니다. 행정부가 법도 만들고 통치도 하는 상황입니다. 삼권분립은 18세기 프랑스 계몽주의 시절에 몽테스키외가 주장만 했을 정도로 당시에는 개념 자체가 없었습니다. 행정부의 각료들도 선출된 공무원이 아니라 귀족입니다. 의회의 기능이 이 정도니까 의회의 구성원 면면이 아주 중요해졌습니다. 영국의 의회는 달라진 시대답게 다양한 계층으로 구성되었습니다. 전통 귀족도 있지만 무역, 장사를 하며 힘을 기른 도시의 신흥 자본가도 의회의 한 축을 담당했습니다. 전통 귀족은 상원으로, 신흥 실력자들은 하원으로 모였습니다. 서구 민주주의 의회의 기본 축인 양원제는 이렇게 모양을 갖춥니다.

왕실이나 지주 중심의 전통 귀족이 아닌 신흥 실력자들이 의회를 통해 권력을 가진다는 것은 영국의 흐름이 내부의 권력 다툼보다 무역 등 상업 활로를 찾는 데 집중된다는 것을 뜻합니다. 신흥 실력자들은 장사꾼입니다. 이익을 최고의 가치로 여기는 집단이니 이 흐름은 당연합니다. 이들이 자본주의의 씨를 뿌린 탓에 오늘날 자본주의의 비인간, 몰역사, 반민중의 특징이 잡힌 거라 해석할 수도 있습니다. 이 말은, 이들이 아닌, 기층 민중의 지지 기반이 반드시 필요한 전통 귀족들에 의해 자본주의의 싹이 발현되었다면 현대 사회의 모습이 지금과는 상당히 달라진 모습일 수 있다는 가정도 가능하다는 뜻입니다. 자본주의의 출발점은 이익 창출이었습니다. 당시를 굳이 무슨 주의라는 말로 표현해야 한다면 이것은 중상주의에 해당합니다. 역사가들은 이 당시 영국의 흐름과 상황을 시민혁명이라 부르지만, 그렇지 않습니다. 시대를 운용하는 패러다임과 적용 시스템이 이전과 다르다는 점에서는 혁명이란 말을 쓸 수도 있겠지만 그 흐름 안에 아직 시민은 없었습니다.

역사라는 게 워낙 복잡하고 방대해서 주류 역사학은 늘 시기 구분, 용어 정리를 위해 시작 지점에 방점을 찍습니다. 이렇게 하면 분류가 간단해져서 좋지만, 이로 인해 마치 역사가 가게 개업하듯 개업 일자, 시작 일자를 분명히 하면서 진행된 걸로 오인하기 쉽습니다. 역사는 일부러 이렇게 진행해야겠다고 결정하고 진행되지 않습니다. 물 흐르는 것과 같지요. 어디서부터 시작된 건지도 모르고 언제 물살이 세어졌는지도 파악하기 어려운데 가다 보면 어느 새 계곡이 되고 폭포가 되고 거대한 물줄기가 되어 바다로 흘러듭니다. 농업혁명, 시민혁명, 산업혁명, 노예해방, 여성해방 등 우리가 알고 있는 모든 역사 용어와 시대 구분은 시작 지점이 모두 모호합니다. 시작은 그것이 무엇이든 아주 사소한 우연이었으며 거대한 흐름으로 만드는 데는 오랜 시간, 많은 이들의 시행착오, 투쟁, 희생, 피와 땀이 필요합니다. 딱 떨어지는 시대 구분과 용어는 이런 과정을 보지 못하게 만들고 마치 우주에서 떨어진 운석처럼 어느 날 갑자기 뭔가가 시작되는 것으로 착각하게 합니다. 시대 구분과 용어의 이런 착시 현상에 주의하기 바랍니다.

왕이 권력으로부터 멀어지는 일련의 사태 속에서 일반 시민, 농민들은 더 이상 왕, 귀족이라는 권력의 착취에 근거한 시스템 속에서 안전한 생활을 보장받을 수 없게 되었습니다. 형태도 없는 의회라는 모호한 권력 아래서 불안한 자유를 체감하고 있었습니다. 출근해서 각종 지시와 강도 높은 노동에 시달리지만 때가 되면 월급 받아 먹고살던 월급쟁이가, 퇴직해서 지시도 없고 하고 싶은 일을 할 수 있는 자영업자가 되면서 맛보게 되는 생존의 불안감입니다. 내가 먹을 밥그릇은 내가 챙겨야 했습니다. 이 과정에서 영국의 시민들은 독립된 개체로 성장하기 시작합니다. 이런 뜻으로 본다면 당시의 사건은 시민혁명이라기보다는 시민 태동기 정도로 요약할 수 있을 겁니다.

도시에 살던 시민들은 농사를 지을 수도 없고, 그렇다고 그냥 굶을 수도 없으니 뭐라도 해서 먹고살아야 했습니다. 당시 영국 농가는 양을 주로 키웠습니다. 양모가 많이 생산되었지요. 도시인들은 이 양모를 받아 모직물을 만들어 시장에 팔았습니다. 예전에도 그랬습니다만 권력의 이동으로 좀더 자유로워진 도시인들은 모직물 생산 가내수공업과 모직 취급 상점 경영에 주력했습니다. 모직물 산업이 커지기 시작했습니다. 수공업자가 늘어나자 양모를 확보하려는 경쟁에 불이 붙었습니다. 계산이 빠른 농가는 농지를 모두 초지로 바꾸고 대규모 양 사육업자로 변신했습니다. 이들 중 성공한 부자들이 생기고 그중 지역 정치 기반을 확보해서 중간 지주나 영주의 중간 계급층인 기사쯤 되는 요먼(Yeoman)으로 신분을 높인 자도 나타났습니다. 이 신흥 요먼들 중 일부는 좀더 영향력을 발휘하는 지위로 올라갔는데, 이들을 젠트리(Gentry)라고 불렀습니다. 신사를 뜻하는 젠틀맨은 젠트리의 파생어지요. 시민은 바로 이 젠틀맨들입니다. 그냥 아무나 시민이 되는 것은 아니었지요. 이 시기의 시민은 새롭게 탄생한 뿌리 없는 귀족쯤으로 해석하면 됩니다. 이제 도시의 성공한 모직물 자영업자들과 상인들, 시골에서 성공한 젠트리들이 시민사회를 형성하고 의회에 진출하여 영국의 중심 세력이 됩니다. 이들 대부분이 칼뱅파인 청교도들이었습니다.

이제 네덜란드를 보겠습니다. 네덜란드는 에스파냐의 무적함대가 영국에 패한

후 사라지자 바다로 나서 거침없이 세계무역을 했고 크롬웰의 항해조례에 굴복한
후에는 영국의 보조자로 바다를 누볐습니다. 네덜란드가 유럽 무대에서 주연을 한
시기는 이처럼 짧았고 서구 역사에 직접 선을 긋지는 못했지만 이 시기 네덜란드가
생각하고 실행한 시스템들은 오늘날의 서구를 만드는 데 아주 중요한 역할을 합니
다. 현대 자본주의의 부속을 그들이 만들었기 때문입니다. 네덜란드는 독립전쟁을
치르면서 사회 전체가 완전히 달라졌습니다. 영국의 시스템 변화를 시민혁명이라
하기엔 무리가 있습니다만 네덜란드는 상황이 다릅니다. 이 다른 상황이 엄청난 변
화의 밑바탕이었습니다.

에스파냐로부터 독립을 쟁취한 건 네덜란드 전 구성원이 참여한 독립전쟁 덕분
이었습니다. 이기고, 독립했지요. 전쟁에 이겼으니 논공행상이 필요합니다. 전쟁의
주체는 네덜란드 전 구성원, 오늘날의 용어로 한다면 국민, 시민쯤 됩니다. 이들에
게 돌아간 전쟁의 보상은 자유였습니다. 권력의 간섭 없이 직업을 갖고 일하고 먹고
살 자유가 시민들에게 보상으로 주어진 겁니다. 누가 은혜를 베풀거나 상을 준 게
아닙니다. 함께 피 흘리며 싸우고 이겼으니 모두가 다 당당해진 덕분입니다. 참여하
여 함께 흘린 피의 힘은 이렇게 큽니다.

시민들은 높아진 자긍심과 독립심으로 당당하게 자신이 할 일을 찾아 하기 시
작했습니다. 민주주의는 정치가 아닌 경제 쪽에서 먼저 싹을 틔웠습니다. 네덜란드
는 농사가 아니라 장사를 하던 곳이었습니다. 장사에는 도가 튼 사람들이지요. 게
다가 그들은 바이킹의 후예, 바다에 나가는 걸 겁내지 않는 사람들입니다. 에스파
냐가 물러난 바다를 누비며 세계 곳곳을 다녔습니다. 일본과도 교역을 했지요. 덕
분에 일본엔 난학이란 학문이 유행했고 네덜란드를 통해 유럽의 모든 것들을 수입
하여 소화했습니다. 일본은 이를 바탕으로 동아시아의 여타 지역과는 완전히 다른
행보를 취할 수 있었습니다.

당시 해외무역은 선단으로 했습니다. 배 한 척 정도로는 안전과 성공을 보장받

을 수 없었습니다. 선단을 꾸리려면 막대한 자금이 필요합니다. 처음에는 부자 몇이 모여서 선단을 꾸렸지만 곧 자금 부족에 시달리면서 자금을 댈 수 있는 투자자를 찾아서 끌어 모았습니다. 바다는 예나 지금이나 늘 불안합니다. 내보냈던 배가 침몰할 수도 있고 해적들에게 다 털릴 수도 있습니다. 대규모 선단을 내보냈다가 단 한 척도 돌아오지 못하면 자금을 댔던 이들은 모두 알거지가 됩니다. 선단이 무사히 고가의 수입품을 싣고 돌아오더라도 문제가 없는 것은 아닙니다. 이익의 분배 문제입니다. 이익이 안 나면 파산, 나면 분쟁입니다. 투자했던 이가 중간에 투자를 철회하고 돈을 돌려 달라고도 하고 배가 들어오기도 전에 투자자가 사망해서 보지도 못한 유가족이 권리를 행사하려 나타나기도 합니다. 아주 복잡한 문제들이 속출해서 본업인 무역보다 이 문제를 해결하느라 골머리를 썩여야 했습니다. 해결해야 할 중점 과제는 이렇습니다.

1. 자금을 만드는 방법
2. 이익을 분배하는 방법
3. 배가 침몰하거나 해적에게 털렸을 때 손실을 보전하는 방법
4. 투자자의 투자금을 돌려주는 방법
5. 투자금을 타인에게 양도하거나 상속하고 인정하는 방법

모든 물건이나 시스템은 필요하기 때문에 만듭니다. 해결해야 할 현안이 쌓이자 뭔가를 만들어야 했습니다. 각종 규칙을 정한 정관을 만들고 투자자의 투자금 관리와 이익 배당 원칙을 세웁니다. 이것이 회사입니다. 투자금을 직접 반환받는 복잡한 짓을 하지 않고도 투자자가 자신의 돈을 회수하거나 양도, 상속하는 방법으로 증권 제도를 만듭니다. 회사가 잘 나가니까 자기 돈도 투자하고 싶다는 사람이 생깁니다. 이들의 자금을 모으기 위해 주식도 생겼고 증권, 채권 등 자금을 모을 수 있는 각종 제도도 생겼습니다. 이 유가증권을 사고파는 시장도 생겼습니다. 이

른바 금융시장입니다. 배가 침몰하거나 해적에게 다 털렸을 때도 투자금을 지키기 위해 보험이라는 제도도 만들었습니다. 제법 시스템을 잘 짜고 있습니다. 당시의 그들은 당장 눈앞에 닥친 현안들을 해결하기 위해 궁리를 하고 제도를 만들었습니다만 이런 노력들이 모여 초보 자본주의가 탄생하고 있었습니다. 시스템은 의도해서 만드는 게 아니라 필요해서, 혹은 필요를 예측하고 만들어야 한다는 것을 네덜란드의 역사가 보여주고 있습니다. 무엇이든 정치로만 해석해 버리는 대한민국의 못된 버릇은 역사 공부를 하면 고쳐질 수 있을까요?

이렇게 해서 동인도회사와 서인도회사는 무역회사로서의 모습을 제대로 갖춰 갑니다. 처음에는 시민들이 만들었지만 회사가 난립하자(최대 10여 개까지 설립되기도 했습니다) 정부가 개입하여 국책회사로 통합합니다. 유럽인은 자기들 세상을 벗어난 다른 세상은 모두 인도로 통한다고 생각했습니다. 동쪽으로 배를 타고 가면 동인도가 있으니까 이 항로를 이용해서 무역하는 회사는 동인도회사이고 서쪽으로 배를 타고 가면 서인도가 나오니까(현재의 아메리카입니다) 이 지역에서 무역을 하는 회사를 서인도회사라고 불렀습니다. 네덜란드 동인도회사는 서쪽 항로보다 훨씬 긴 항로로 인도까지 가야 했으므로 중간 거점이 필요했습니다. 이 중간 거점이 아프리카 최남단 희망봉이었습니다. 동인도회사는 이 지역의 원주민들과 임대계약을 하고 거점을 확보해 케이프타운이라 불렀습니다. 여기를 관리해야 했으므로 네덜란드에서 정착민을 모집했습니다. 땅도 주고 집도 주고 동인도회사의 주식도 준다는 조건입니다. 많은 정착민들이 몰려들었고, 이들이 오늘날의 남아프리카공화국을 만든 보어인이 됩니다. 서인도회사는 오늘날의 뉴욕을 만들었습니다. 케이프타운과 마찬가지의 방식으로 개척한 이곳을 처음에는 새로운 암스테르담이라는 뜻으로 뉴암스테르담이라 불렀고 영국의 서인도회사가 뺏은 뒤에 새 요크란 뜻의 뉴욕으로 개명했습니다.

일개 회사가 한 지역을 접수하고 식민지로 통치하는 것이 가능했을까요? 당시는 그랬습니다. 당시 바다의 최대 골칫거리는 해적이었습니다. 배를 뺏기는 불상사를 막으려면 당연히 무장을 해야 했지요. 무역회사의 배는 상선이기도 하고 민간 군함이기도 했습니다. 더군다나 오늘날처럼 국제무역이 확립되고 무역항이 곳곳에 있는 것도 아니었습니다. 강제로 밀고 들어가 너희들과 장사하려고 하니 배를 대고 필요 물품도 선적하고 장사도 할 수 있게 항구를 개방하라고 압력을 가하려면 무력이 반드시 필요합니다. 조선의 제물포, 부산포가 개항되던 사건들을 떠올리면 이 상황을 이해할 수 있을 겁니다. 그러므로 에스파냐가 개척한 식민지를 쟁탈하던 해상과 해외에서의 전투는 국가 간이 아니라 회사와 회사의 전투였습니다. 민간 전투라고 해 두지요. 에스파냐의 무적함대를 깬 것도 영국 해역에서 노략질하던 해적이었습니다. 해적은 악당이긴 하지만 민간인입니다. 민간인이 먼저 발견하고 뺏으면 국가가 이를 승인하고 뒤를 봐주며 세금을 챙깁니다. 서구 역사는 이렇듯 민이 하면 관은 뒤를 따라가며 열매를 바구니에 담는 식으로 진행되어 왔습니다.

이웃집 웬수

_ 영국과 프랑스의 각축

서구 역사를 들여다보면 영국, 프랑스와 어떤 방식으로든 마주칩니다. 영국은 의회가 권력을 장악한 권리장전까지 살펴봤으므로 이제 프랑스로 갑시다. 30년에 걸친 위그노전쟁을 수습한 후인 17세기 초의 프랑스는 다른 지역과는 달리 왕을 정점으로 한 권력 구조가 이미 자리 잡고 있었습니다. 왕이 정점인 권력 구조에서 가장 큰 문제는 왕의 상태입니다. 별다른 사태 없이 평화적으로 정권을 교체하면 대부분 나이가 어리거나 경험이 미숙한 왕이 등극합니다. 왕 주변의 실력자들이 호시탐탐 권력을 노리지요. 이렇게 왕이 어리거나 건강하지 않거나 후사가 없으면 권력 구조에 지진이 일어납니다. 이 사태를 막으려면 어린 왕을 보필해서 권력 구조를 안정시킬 능력 있는 재상(총리라고 불러도 됩니다)이 필요했습니다. 재상들은 17세기 중반까지 왕을 대리하여 프랑스를 이끌면서 영국, 네덜란드를 벤치마킹해서 동인도회사와 서인도회사를 설립했습니다. 영국과 네덜란드는 민간이 회사를 만들었고 프랑스는 관 주도로 만들었습니다. 민간 회사가 운영에는 훨씬 탄력이 있죠. 영국과 네덜란드 회사들과 경쟁하여 성과가 별로 없자(프랑스는 육지의 강국이지 바다의 강국은 아닙니다) 프랑스는 다시 시선을 육지로 돌립니다. 30년전쟁의 결과로 큰 수확도 얻고 발언권도 세진 프랑스는 다시 슬그머니 제국화 카드를 꺼냅니다. 고질

병입니다. 권력에게 제국은 아주 매력 있는 시스템입니다. 동서고금을 막론하고 힘을 얻은 권력은 제국의 꿈을 꿨습니다.

제국을 경영하려면 강력한 이데올로기가 있어야 합니다. 서구에서 제국과 궁합이 가장 잘 맞는 이데올로기는 가톨릭입니다. 프랑스가 제국의 꿈을 다시 꾸자 자연히 가톨릭의 영향력도 커져 낭트칙령으로 맺은 신교와의 평화 협정이 깨졌습니다. 위그노는 탈출하여 칼뱅파의 세상, 네덜란드로 망명합니다. 때마침 영국 왕이 프랑스로 도망쳐 오고 네덜란드의 빌렘 총독이 영국 왕이 되는 사건이 발생합니다. 프랑스는 제임스를 복위시킨다는 구실로 영국이 아닌 네덜란드로 쳐들어갑니다. 프랑스의 속내가 보이는 침공입니다. 골치 아픈 영국은 제쳐 두고 대륙은 모두 다 평정하겠다는 속셈이지요. 영국, 네덜란드는 물론 에스파냐, 독일의 공국들이 모두 프랑스의 제국화를 저지하려 나섰습니다. 아우크스부르크전쟁이 터졌고 별 성과 없이 끝났습니다만, 전 유럽을 상대로 싸워 지지 않았던 프랑스의 실력, 즉 영국이 민 주도로 힘을 키운 반면 관 주도로 힘을 기른 프랑스의 실력은 증명되었습니다. 이 시대를 프랑스의 절대주의 시대라고 부릅니다만 이름이 어떻든 관 주도 방식의 효과도 유럽이 알게 되었습니다.

30년전쟁의 최대 피해국 에스파냐는 네덜란드를 잃고 합병했던 포르투갈도 다시 독립해 나갔으며 왕통도 끊어졌습니다. 프랑스가 제국의 꿈을 꾸고 있을 당시 유럽 왕가의 복잡한 혈통이 다시 전쟁을 불렀습니다. 에스파냐 왕가와 혈연관계이던 프랑스 왕이 에스파냐 왕가를 이을 뻔했으니까요. 프랑스가 또 제국의 꿈을 꿉니다. 프랑스와 에스파냐가 한 편을 먹고(에스파냐는 억지 춘향 격으로 끌려 들어갔습니다. 전쟁 제목이 에스파냐 왕위계승전쟁입니다) 나머지 모든 나라가 반대편에 서서 또 전쟁을 합니다. 프랑스가 졌습니다. 그러나 최대 손실은 또 에스파냐가 입었습니다. 영국에게 노예무역권 등 신대륙에 관한 거의 모든 권리를 박탈당했으니까요. 영국은 이때부터 아메리카 무역의 주도권을 쥡니다.

이후 한동안 프랑스는 제국화 카드를 꺼내지 못하게 되었습니다. 그러자 제국의 미련을 버리지 않았던 다른 선수가 링으로 올라옵니다. 이번에는 제국의 원조, 로마를 이어받은 신성로마제국 지역의 실력자 프로이센입니다. 주장은 강력한 군주, 프리드리히입니다. 마침 오스트리아에 여왕이 등장하자 국가도 아니고 제국에 여황제가 웬 말이냐고 시비를 겁니다. 이곳은 아직 신성로마제국 지역, 주장이 황제를 맡을 수 있는 곳입니다. 잠시 잠잠하던 프랑스가 다시 슬그머니 고개를 디밀어 프로이센과 손을 잡습니다. 유럽에 또 난리가 났습니다. 프랑스가 다시 일어서니까 영국은 오스트리아와 손을 잡습니다. 이 와중에 프로이센은 오스트리아와 협상(말이 협상이지 강탈입니다)하여 광산 지역인 슐레지엔을 먹고 오스트리아 여왕 등극을 승인하며 발을 빼는 바람에 전쟁터에 괜히 프랑스와 영국만 남았습니다. 하던 짓대로 양국은 장소를 이리저리 옮겨 다니며 계속 싸웁니다.

오스트리아에게 가장 얄미운 적은 처음엔 시비를 걸어 놓고 나중에는 달래면서 알짜배기 땅을 뺏어 간 프로이센입니다. 오스트리아는 프로이센을 고립시키기 위해 프랑스까지 설득해서 프로이센 주변국들과 동맹을 맺어 프로이센을 압박합니다. 프랑스가 이쪽에 있으면 영국은 반드시 저쪽에 있습니다. 영국은 프로이센과 손을 잡습니다. 어제의 동지는 오늘의 적입니다. 이 어지러운 이합집산은 제국화 저지, 가톨릭 수호 등 늘 내세우던 전쟁의 명분이 핑계거리일 뿐이라는 것을 증명합니다. 전쟁의 목표는 각 지역 혹은 국가의 이익입니다. 또 전쟁이 시작되었습니다.

군사력은 프랑스가 강하고 전비 마련은 영국이 강합니다. 체제 차이 때문입니다. 프랑스는 왕권이라는 운영체제(이것을 구체제, 즉 앙시앵레짐이라고 합니다)를 갖고 있었지만 당시 영국은 의회가 권력을 쥔 신 운영체제로 움직이고 있었습니다. 전비 마련을 왕실과 귀족에 의존한 프랑스와, 부분적이긴 하지만 의회를 통해 국민적 동의를 얻는 모양새로 전비를 조달한 영국. 양국의 전비 조달 규모 자체가 달랐습니다.

이제 무식하게 힘만으로 승부하는 시대는 끝나고 있었지요. 전쟁통인 프로이센은 내버려 두고 두 나라는 아프리카, 인도, 아메리카, 세상 그 어디에서건 치고받고 싸웁니다. 프로이센은 러시아의 도움으로 간신히 위기를 극복하고 자원의 보고 슐레지엔을 확고히 확보합니다. 덕택에 오늘날 독일이 있게 되었습니다. 그러거나 말거나 영국과 프랑스는 정말 열심히 싸웁니다. 18세기 중반 인도에서 영국이 프랑스를 이겨 인도를 단독 지배하는 데 성공합니다. 북아메리카에서도 영국이 이깁니다. 아프리카에서만 프랑스가 선전했습니다. 그 결과 인도와 북아메리카의 대부분은 영국의 수중에 떨어집니다. 영국의 영광이 서서히 가시권 안으로 들어옵니다.

인도는 프랑스에 이겨 쉽게 먹었으나 북아메리카는 그리 호락호락하지 않았습니다. 북아메리카에는 원주민이 아니라 영국에서 건너간 청교도들이 나라를 세워 살고 있었거든요. 서로를 잘 아는 상대입니다. 추워서 별 볼일 없는 북쪽(캐나다입니다)으로 프랑스를 몰아내고 드넓은 북아메리카 대륙을 손에 넣은 영국은 새로운 식민지 북아메리카(오늘날의 아메리카합중국입니다)인들에게 많은 세금을 부과하기 시작했습니다. 이에 반발한 북아메리카인들이 보스턴차 사건을 벌였고 마침내 독립전쟁이 터졌습니다. 영국이 있는 곳에 프랑스가 있지요. 프랑스가 팔을 걷고 북아메리카를 지원합니다. 영국에 당한 설움이 있던 에스파냐와 네덜란드도 동참합니다. 러시아, 프로이센, 덴마크, 스웨덴도 십시일반 돕습니다. 같은 유럽 출신 백인들이 만든 국가에게는 참 관대했네요. 1783년에 영국이 패하면서 전쟁은 끝났고, 북아메리카는 아메리카합중국이라는 국명으로 독립합니다.

신제품 출시

아프리카만 제외하면 영국에 연전연패, 에스파냐와 포르투갈로부터 강탈한 인도와 북아메리카 식민지를 모두 놓친 프랑스는 북아메리카 독립전쟁에 정성을 쏟으며 마침내 영국을 누르는 데는 성공했습니다. 그러나 영국에 한 번 이겨 보겠다고 올인한 후유증은 대단히 컸습니다. 권력 구조가 밑바탕에서부터 송두리째 바뀌어 버렸거든요. 프랑스는 왕국에서 공화국으로 전격 탈바꿈합니다. 제국의 꿈을 꾸었던 전통의 왕국 프랑스가 신생 공화국으로 돌변한 사건이 프랑스대혁명입니다.

30년전쟁 이후 계속 여러 전쟁에 뛰어들었던 후유증으로 프랑스의 재정은 그리 좋은 상태가 아니었는데 영국과의 식민지 경쟁에 패하면서 인도와 북아메리카라는 노른자위 식민지를 잃은 타격이 더해집니다. 이를 만회하고자 북아메리카 독립전쟁에 올인한 결과, 영국에는 이겼지만 재정은 거의 파탄 지경에 이르렀습니다. 심각한 재정난을 타개하려면 세금을 더 걷어야 합니다. 그러자면 의회를 설득해야 하죠. 루이 16세는 삼부회를 소집합니다. 무려 2백여 년 만에 개최된 삼부회는 제1, 2신분인 귀족 대표들과 제3신분인 평민(시민) 대표들 간 대립의 골이 깊습니다. 전쟁하느라 파탄에 이른 재정 상태와는 별개로, 17세기 중반까지의 강한 재상 시대에 칼뱅파의 교리에 따라 열심히 일해서 부자가 된 평민들의 힘이 그만큼 커져 있었지요. 그렇다고 프랑스 평민 전체의 힘이 늘어난 건 아닙니다. 기층 민중 입장에서 보면 전통 귀족에, 재산을 모아 힘을 길러 귀족화된 평민인 신흥 귀족이 더해져 살림살이는 더욱 팍팍해져 가고 있었습니다. 당시의 프랑스는, 상부는 신흥 귀족으로 인해 권력 구조가 몸살을 앓고 있었고 하부는 배고파서 죽을 지경인 평민들의 원한이 깔려 있었습니다. 이 양자가 합쳐져 폭발하면 혁명이 일어납니다. 프랑스에 혁명이라는 폭탄의 화약과 뇌관이 잘 마련되고 있었습니다. 이제 필요한 건 뇌관을 건드릴 동기입니다.

동서고금을 막론하고 시절이 하수상하면 삐딱해진 세상을 바로잡기 위해 용감한 먹물들이 종이와 펜으로 시대에 저항합니다. 중국의 제자백가들도 어수선한 세상에서 기세를 세웠고 그리스의 철학자들도 나라가 흔들릴 때 세상에 나타났습니다. 당시 프랑스는 보수적 신분제도를 비판한 볼테르, 삼권분립을 주장한 몽테스키외, 사회계약론의 루소, 백과전서를 발간한 디드로와 달랑베르 등이 나타나 생각의 자유를 프랑스인들에게 보급했으나(이래서 이 시기를 계몽사상의 시대라 합니다) 프랑스 지배층은 이대로 영원히를 외치며 사상을 탄압하고 자유를 억압했습니다. 지배층은 줄어드는 국부에도 불구하고 피지배층인 평민의 고혈을 짜내며 흥청망청했고, 신흥 귀족인 부르주아(어원은 프랑스어 성-bourg입니다. 성 안의 사람들이란 뜻인데 프랑스대혁명 당시 보통명사화되었습니다. 이때는 부르주아와 평민들이 서서히 분화되던 중이라 평민 안에 부르주아가 있는 정도였고 프롤레타리아라는 계급도 용어도 없었습니다. 신흥 귀족, 신흥 자산가, 시민 대표, 평민 대표를 부르주아라 보면 됩니다)들을 권력에서 소외시켰습니다. 부르주아의 불만이 팽배했고 평민의 원성은 하늘을 찌를 듯 높아만 갔습니다. 이런 상황에서 의회가 개회되었습니다.

평민의 적은 자고로 귀족입니다. 귀족을 무릎 꿇리지 않으면 평민이 꿇어야 한다는 것을 이들은 알고 있었고, 의회가 소집된 차에 시대를 운영하는 원칙을 바꾸려 했습니다. 귀족은 당연히 이를 저지하려 했지요. 원래는 재정난 해소가 목적이었는데 이것은 뒷전으로 밀려 버렸습니다. 의결 방식을 다수결로 하자고 주장하던 제3 신분은 이것이 먹혀들지 않자 국민의회라는 의회를 아예 따로 만들어 버립니다. 의회 속의 쿠데타입니다. 왕, 귀족, 평민으로 삼부회가 쪼개졌습니다. 각자 따로 속셈을 갖습니다. 왕은 왕권 강화, 귀족은 귀족권 강화, 평민은 생존권 보장입니다. 국민의회의 기세에 놀란 루이 16세는 평민 대표의 손을 들어주는 척하며 뒤통수를 칠 공작을 합니다. 귀족들에게 국민의회에 합류하라고 하는 한편 군대를 베르사유 궁전에 투입, 친위 쿠데타를 벌였습니다. 국민의회에서 헌법을 제정하려고 했던 평민 대표들은 분노했습니다. 평민 대표들은 착취 대상이던 가난한 평민들을 선동하여 바스티유 감옥을 습격하면서 왕과 귀족 대표를 동시에 제압해 버립니다. 이것이 1789년 7월 14일에 일어난 프랑스대혁명입니다. 그러나 이 정도에 그쳤다면 프랑스가 환골탈태하는 일은 없었을지 모릅니다. 이 소식은 재빠르게 프랑스 전역으로 퍼졌고 지방의 농민들은 중앙정부가 무너지고 나라가 사라졌다, 외국군이 쳐들어올지도 모른다는 극도의 공포심에 휩싸여 자위대를 조직하기 시작했습니다. 과거 백년전쟁의 끔찍한 기억이 되살아났을 겁니다. 농민들은 자위대를 조직하는 데서 한발 더 나아가 영주의 장원을 습격하고 문서를 불태웠습니다. 혁명의 불길이 프랑스 전역으로 번졌습니다. 마른 장작에 한번 붙은 불길은 거세게 타올랐습니다.

국민의회의 지도자는 입헌군주제를 옹호한 라파예트입니다. 라파예트는 혁명 초기에 베르사유에서 왕실의 물건을 훔쳐 달아나던 평민들을 붙잡아 극형으로 다스리면서 사유재산 보호를 선언합니다. 만약 그 사유재산을 만든 과정에 시선을 두었더라면 베르사유에 난입한 평민들의 박탈감, 분노를 읽었을 것이고 절도라는 현상적 죄에 집중하기보다 그보다 더 큰 사회구조의 모순을 해결하려 했을 겁니다. 그랬다면 자본주의는 오늘날 우리가 보는 것보다 훨씬 따스한 것이 될 수 있었겠지요. 이것이 라파예트와 프랑스대혁명의 한계입니다.

　　그러나 국민의회 안에는 입헌군주파만 있었던 건 아닙니다. 자코뱅파는 공화제를 주장했습니다. 끈 떨어진 연이 된 루이 16세가 국외로 망명하려다 체포된 사건으로 자코뱅파가 힘을 얻습니다. 왕이 망명을 하다니, 이런 왕을 정점에 두고 국가 운영체제를 만든다는 것은 말도 안 된다며 자코뱅파는 입헌군주파를 압박합니다. 국민의회는 입헌군주파인 왕당파와 자코뱅파가 주축이 된 공화파로 분열됩니다. 공화파가 권력을 쥐었고 1791년 헌법을 제정합니다. 이후 국민의회 해산, 입법의회 창설과 해산의 어지러운 상황을 거쳐 국민공회가 창설됩니다. 국민공회는 신흥 귀족인 부르주아의 이익을 대변하는 지롱드파와 기층 민중을 대표하는 산악파로 대립합니다. 산악파의 수장은 로베스피에르입니다.

　　여기서부터 역사의 주인공이 바뀝니다. 전통귀족, 성직자의 자리에 부르주아가 앉았고 부르주아의 자리에 프롤레타리아(프롤레타리아가 드디어 등장합니다. 아직 정식으로 이름을 받은 것은 아니지만 평민에서 부르주아와 프롤레타리아로 분화하면서 대립구도는 시작되었습니다. 기층 민중이 프롤레타리아입니다. 이후 일어날 2월혁명에서 프롤레타리아라는 이름을 갖습니다)가 앉았습니다. 프랑스 근대사는 여기서부터 출발했다고 보면 됩니다. 영국과는 사뭇 다른 행보지요. 산악파가 나타났다는 것은 엄청난 혼란을 거치면서 프롤레타리아의 존재가 역사 전면으로 부상했다는 뜻입니다. 물론 아직 자본주의는 부상하지도 않았을 때입니다. 프랑스에서 자본주의는 자본의 축적보다 계급의 부상과 대립이 먼저였습니다. 동양에는 비교가 되지 않지만 제국화의 숙명을 타고 난 프랑스의 정치 중심 사고방식과 운영 시스템의 일면을 읽을 수 있는 대목입니다. 산악파가 정권을 쥐면서 루이 16세를 처형하자 유럽 전역이 아연실색합니다. 안 그래도 프랑스의 행보는 늘 촉각을 곤두세우게 하는 국제 쟁점거리였는데 왕을 처형하다니, 주변 국가들은 그 불똥이 자기 앞마당으로 튈까 봐 내부 단속에 나서는 한편 프랑스의 행보를 예의주시합니다. 또다시 유럽은 프랑스로 인해 소용돌이 속으로 들어가야 합니다.

정권을 쥔 로베스피에르는 공포정치를 펼칩니다. 공포정치라니까 좀 나아 보이는데 사실상 독재입니다(공포정치라는 용어는 기득권자들의 입장에 선 보수 역사학자들이 윤색한 용어이긴 합니다만 민주주의라는 시각으로 본다면 이 표현도 틀린 것은 아닙니다). 산악파는 다시 종교(기독교)를 폐지하고 인간 이성을 최고의 가치로 두자는 급진파(에베르파)와 그것을 반대하는 파(당통파)로 분열했고, 이들이 의회에서 각각 왼쪽과 오른쪽 자리를 차지하여 좌파와 우파로 불립니다. 양 파의 분열을 탐탁지 않게 생각한 로베스피에르는 독재자답게 양파의 수장을 처형해 버립니다. 칼은 칼로 망하는 법, 독재 타도의 기치를 든 국민공회 의원들이 로베스피에르를 체포, 사형에 처합니다. 1795년에 새 헌법이 제정되고 유산계급에게만 선거권을 허용하는 총재정부가 출범합니다. 양원, 총재정부의 행정부가 설립되었습니다. 입법부와 행정부는 분리되었고, 사법부는 아직 행정부에 속해 있습니다.

프랑스는 제국화의 꿈을 꾸면서 수많은 전쟁에 끼어들어 그 후폭풍으로 구체제가 완전히 사라지는 대변혁을 겪었습니다. 영국이 비교적 온건한 방식으로 구체제를 소멸시켰다면 프랑스는 대단히 격렬한 방식으로 구체제를 역사 무대 아래로 끌어내렸습니다. 강한 권력이 존재하느냐 아니냐에 따라 사회구성체의 변화 방식이 이렇게 다릅니다.

유럽의 가장 중요한 두 국가인 영국과 프랑스는 문명이 탄생한 이래 계속되어 왔던 운영체제를 버리고 새 질서를 만들었습니다. 권력은 물 흐르듯 아래로 흐르기 시작했습니다. 나폴레옹처럼 역류시키려 한 사건도 있었지만 흐름 자체를 막을 수는 없었습니다. 상류의 작은 개천은 하류로 내려갈수록 크고 넓고 깊은 물길을 만듭니다. 물길을 정비할 수는 있지만 방향을 돌린다거나 강제로 막으면 반드시 탈이 납니다. 강을 정비한답시고 하상을 준설하고 보를 만들고 댐을 쌓아 물을 가두면 물은 썩어 들어갑니다. 구불구불한 강안을 직선화시키고 하상을 준설하고 흐름을 바꾸면 그 안의 생명체들이 죽고 강은 반란을 일으킵니다. 잘 흐를 수 있도록 보존하고 지키고 보수하는 것만이 강을 지키는 유일한 길입니다. 이것이 민주주의입니다. 영국과 프랑스가 전혀 다른 방식으로 만든, 권력이 아래로 흘러가는 이 새로운 운영체제가 바로 민주주의입니다.

이제 이 강에 배만 띄우면 물길의 흐름에 실려 큰 바다로 나갈 수 있습니다. 강이 민주주의라면 배는 자본주의입니다. 민주주의는 이렇게 시간이 흐르면서 필요에 따라 만들어졌는데, 자본주의는 어떻게 만들어졌을까요? 지금까지 본 유럽의 18세기를 다시, 다른 필터로 들여다보겠습니다.

조폭 습격 사건

포르투갈과 에스파냐가 독점했던 대서양에 처음엔 네덜란드, 그다음 영국, 영국을 뒤쫓는 프랑스, 마지막으로 유럽의 여러 다른 나라들이 배를 띄웠습니다. 대서양이 북새통이 됩니다. 말리제국이 쇠퇴하여 아프리카에서 외세를 막을 강력한 힘이 사라지던 시기에, 그동안 아프리카를 간 보던 에스파냐와 포르투갈도 공교롭게 힘이 약해졌습니다. 이 틈을 타서 네덜란드가 먼저 아프리카에 상륙했고 뒤이어 영국, 프랑스, 그 외의 유럽 조무래기들이 모두 아프리카로 몰려들었습니다. 아프리카의 비극은 바로 여기서 시작되었습니다. 원래 강자가 사라져 힘의 공백 지대가 생기면 그동안 강자에게 눌려 지내던 약자들이 고개를 들면서 각축을 벌이다가 다시 챔피언이 나오면서 정돈됩니다. 유럽도, 소아시아도, 중국도 그랬습니다. 아프리카도 그럴 수 있었지요. 그러나 말리제국의 공백을 수습하기도 전에 유럽의 모든 나라들이 하이에나처럼 덤벼들어 아프리카를 주저앉혔습니다. 아프리카는 자정, 자생력을 잃어버렸습니다.

·이들은 아프리카를 야금야금 갉아먹습니다. 그러나 최종 목표는 아프리카가 아닙니다. 유럽에게 아프리카는 동쪽으로 가는 뱃길의 중간 거점이며, 서쪽으로 가는 뱃길에 필요한 노예라는 자원을 수집할 수 있는 자원 창고일 뿐입니다. 아프리

카는 유럽 각국의 이런 이익에 따라 이리 쪼개지고 저리 쪼개지는 피자가 되었습니다. 영국, 프랑스, 네덜란드 등 힘이 있는 쪽은 아시아 항로로 가기 위한 중간 기착지로 아프리카 해안 지대에 식민지를 건설하는 한편 아메리카 대륙과 장사를 하기 위해 아프리카에서 장사 밑천을 훔쳤는데, 이것이 바로 아프리카 노예입니다. 이들보다 힘이 약한 유럽 국가는 아프리카 내부로 침투해 들어가면서 취할 수 있는 모든 것을 빼앗아 갔습니다.

영국과 프랑스는 세계 모든 지역에서 이유 불문, 마주치기만 하면 전쟁을 하면서 앞서거니 뒤서거니 인도에 상륙했고 중국의 문을 두드렸으며 에스파냐로부터 카리브해를 접수하고 남, 북아메리카에 상륙했습니다. 아메리카부터 들여다봅시다. 유의할 점이 있습니다. 영국, 프랑스, 네덜란드 등 국명으로 지칭하는 단어들 중 장사, 무역에 해당하는 행위는 국명 뒤에 아메리카 지역은 서인도회사, 아시아 지역은 동인도회사를 붙여야 정확한 명칭이 됩니다. 장사는 모두 민간 회사가 했고 전쟁은 이 회사를 보호하던 국가가 치렀습니다.

영국과 프랑스는 바르바도스, 마르티니크, 자메이카 같은 카리브 제도의 식민지에서 플랜테이션을 열어 사탕수수를 본국에 가져왔습니다. 식민지 입장에서 보면 수출입니다. 포르투갈이 15세기에 아프리카에서 실험하여 아메리카 대륙에 이식한 플랜테이션은 일종의 계획 작물 재배 농장입니다. 플랜테이션을 하려면 대단위 면적의 땅과 대규모 일손이 필요합니다. 땅이야 아메리카 대륙의 식민지에 널리고 널렸는데 문제는 일손입니다. 아메리카 대륙은 원주민의 수가 극히 적었던 데다가 그나마 있는 원주민도 가톨릭이 인간으로 인정하는 바람에 강제로 노역을 시키기 어려웠습니다. 그런데 아메리카 식민지 개척 초기에는 원주민을 야만으로 몰면서 그들을 죽이는 것을 살인으로 규정하지도 않았던 가톨릭이 왜 원주민을 인간으로 인정했을까요? 유럽에서 극도로 위축된 종교 시장 때문이었습니다. 종교분쟁으로 성장은커녕 오히려 점점 쪼그라들어 전전긍긍하던 차에 다행히 신대륙을 발견했으니 포교를 해서 세를 늘려야 하는데 사람이 있어야 포교를 하죠. 원주민을 사람으로 인정하지 않으면 포교 자체가 불가능합니다. 결론이 나왔습니다. 원주민도 사람이다!

에스파냐가 몰락하면서 원주민 강제 노역 금지 조치는 사실상 사문화되어 원주민을 다시 사람으로 안 볼 수도 있었지만 그때쯤에는 원주민과 유럽 백인들이 결혼으로 동화되기 시작했고 인구 규모도 보잘 것 없었으므로 영국과 프랑스는 아프리카에서 대량의 노예를 수집, 아메리카로 보냅니다. 아프리카 식민지 입장에서 보면 노예 수출이고 아메리카 식민지 입장에서 보면 노예 수입입니다. 수출과 수입의 주체는 식민지를 경영하는 유럽 국가입니다. 아프리카 식민지를 경영하는 유럽 국가, 아메리카 식민지를 경영하는 유럽 국가, 더 자세하게 말하면 그 유럽 국가의 회사 간 무역입니다. 무역은 물자와 물자가 교환되는 장사입니다. 서로 다른 지역에서 서로 다른 필요 물품을 주고받는 것을 삼각무역이라 합니다. 아메리카의 모든 생산물(사탕수수, 원목, 기타 작물과 수산물)을 유럽(주로 영국과 프랑스)으로 수출합니다. 유럽은 이를 받고 지역 내에서 제조한 상품(영국은 주로 면직물, 프랑스는 무기)을 아프리카로 수출하지요. 아프리카는 이것을 받고 노예들을 아메리카로 수출했습니다. 상품들이 대서양에서 거대한 삼각 라인을 형성했습니다. 이 삼각무역이 자리를 잡자 다른 방향의 삼각무역도 시작되었습니다. 북아메리카에서 럼을 만들어 아프리카로 수출하면, 아프리카는 이를 받고 노예를 카리브로 수출했으며, 카리브는 사탕수수를 북아메리카로 수출, 북아메리카는 이를 받아 더 많은 럼을 제조, 다시 수출합니다. 시간이 지나면서 삼각무역은 더 다양해집니다.

영국은 각 지역에서 프랑스와의 전쟁에 승리하여 카리브 제도와 중앙아메리카, 북아메리카 대부분을 수중에 넣었습니다. 남아메리카는 플랜테이션, 무역 등의 경제활동을 하기엔 효율이 낮았으므로 에스파냐와 포르투갈은 이 지역의 주도권을 그대로 유지할 수 있었습니다. 영국은 주로 카리브 제도와 중앙아메리카와 북아메리카 경영에 골몰했지요.

카리브 제도에서 생산하는 물자는 장사를 위한 계획 재배이므로 돈 안 되는 식량은 재배하지 않았습니다. 아메리카 노예들과 정착민들의 식량은 수입해야 했지요. 생선과 곡물 등 식량을 북아메리카에서 수입했습니다. 아프리카에서 수출한 노예의 수가 북아메리카의 곡물 생산, 어획량과 가격 결정에 영향을 끼쳤습니다. 이렇게 아프리카, 유럽, 아메리카를 잇는 무역으로 쌓은 부는 아시아와의 무역, 주로 중국과의 무역에 사용했습니다. 인도산 면직물은 영국을 거치지 않고 직접 아프리카로 수출되었고 노예가 카리브 해로 수출되었으며 사탕수수, 담배, 면화들이 영국(이때쯤엔 이 무역로를 영국이 완전히 장악합니다)으로 수출되었습니다.

영국은 이렇게 장악한 아메리카 무역로에서 최대한 수익을 창출하기 위해 노력했습니다. 프랑스와 북아메리카에서 싸운 이유도 이익 보호 때문이었지요. 해양 무역 초기였던 17세기 말, 네덜란드의 극성으로 영업을 제대로 하지 못해 영국 동인도회사가 어떻게 좀 해 달라고 난리를 쳤습니다. 회사가 영업 부진에 빠지면 세수(稅收)에 문제가 생기지요. 크롬웰이 항해조례를 제정해서 네덜란드의 해양 무역을 막은 덕분에 호황을 맞은 영국은 과외의 수입을 얻습니다. 안 그래도 강세였던 영국의 해운산업이 쑥쑥 자랐습니다. 해군 육성의 발판을 얻은 거지요.

아메리카로부터 가져온 면화로 맨체스터 지역에서 면직물 제작을 시작했지만 인도의 우수한 면직물에 품질과 가격에서 도저히 경쟁이 안 되자 이 지역의 산업이 붕괴 일보 직전까지 갔습니다. 할 수 없이 18세기 초에는 인도산 면제품 수입을 강력하게 제한하는 조치를 취하여 면직물 산업을 겨우 유지시켰는데 북아메리카에서 거대한 목화 플랜테이션이 조성되면서 대량으로 생산된 면화가 영국으로 수입됩니다. 원자재 수입 가격이 획기적으로 줄어드니 품질이 좀 떨어져도 가격경쟁력이 어느 정도 생겼습니다. 게다가 동인도회사가 인도를 장악하는 데 성공하면서 인도의 산업구조를 강제로 개편하는 반가운 사건이 생겼습니다. 면직물 생산 산업을 면화 재배로 바꾸어 버린 거죠. 2차 산업을 1차 산업으로 환원시킨 겁니다. 그리하여 인도가 아프리카로 수출하는 면직물을 영국산으로 대체할 수 있었습니다. 새로운 시장 창출에 성공했습니다. 영국 면직물 산업의 선순환이 시작되었습니다. 이후 이 지역에서 생산방식의 근본적 변화가 일어납니다. 산업혁명이라 부르는 사건의 진원지가 영국 맨체스터 지역입니다.

17세기 말에 영국이 북해의 해상권을 장악하고 프랑스와 각축을 벌이면서 서인도회사는 아프리카와 아메리카에 발을 뻗고 있었지만 동인도회사는 아직 인도에서 그럴 깜냥이 되지 못했습니다. 그저 인도의 우수한 옥양목을 들여와 파는 수준이었지요. 대단히 우수한 품질이라 장사는 아주 잘 되었습니다만 영국 국내 면직물 생산업자는 장사가 안 돼 죽을 맛이었습니다. 이들의 압박으로 인도산 면직물에 고율의 수입관세가 붙어 수입 자체가 어려워지면서 동인도회사는 영국 내수 시장을 고스란히 맨체스터 면직물 생산업자들에게 내주었습니다. 알짜배기 시장 확보에 실패한 동인도회사는 별 수 없이 아프리카, 아메리카 등 식민지 수출에 주력하고 있었는데 프랑스가 17세기 후반 무렵부터 인도의 벵골, 마드라스 인근 지역에 요새를 쌓아 신경을 긁습니다. 동인도회사는 본국에 군대 파견을 요청합니다. 영국 정부는 망할 놈의 프랑스도 한 방 먹일 수 있고 세금도 더 걷을 수 있고 잘하면 인도를 식민지로 접수할 수도 있는 기회이기에 마다 않고 군대를 파견합니다. 프랑스와 붙었고, 이겼고, 인도를 확실하게 장악했습니다. 이때가 1760년입니다.

그런데 인도는 왜 영국과 프랑스가 자기 영토 내에서 싸우는 것을 말리지도 쫓아내지도 못했을까요? 인도의 사정을 정리하면 이렇습니다.

인도 최초이자 마지막 제국인 무굴제국이 18세기 초 아우랑제브 사후에 기울어 식민 침탈을 저지할 힘을 잃었습니다. 거기다가 무굴제국 붕괴 후 각 지역에 할거한 권력자들은 외세에 기대어 자신의 권력을 강화하려 했기에 스스로 문을 열기도 했습니다. 인도 남부 지역은 통일조차 하지 못한 채 각각 따로 놀고 있어 외부 세력의 침입에 약한 상태인데 주요 국가나 도시는 남부 해안에 집중되어 있어 바다로 쳐들어오면 속수무책이었습니다. 이 지역은 무역에 집중하고 있었으므로 외부인들에게(악당에게조차도) 관대했습니다. 인도의 모든 조건이 유럽 악당들에게는 축복이었습니다.

또 한 가지 중요한 의문, 인도는 어떻게 해서 좋은 품질의 면제품을 싼 가격에 생산할 수 있었을까요? 유럽과 아시아의 생산성 격차 때문이었습니다. 산업구조 개편을 시작한 영국이 가장 곤란을 겪었던 부분은 생산성이었습니다. 이는 영국에만 국한된 현상이 아닙니다. 모든 부문에서 유럽은 아시아에 비해 경쟁력이 달렸습니다. 농업 생산성 역시 마찬가지입니다. 유럽과 아시아는 농업 기술력 자체가 달랐습니다. 문명의 질이 달랐으니 당연한 결과입니다.

서구는 18세기에 들어서서도 형편없는 농업기술로 농사를 지었습니다. 퇴비도 몰랐고 농토 조성도 형편없었고 종자도 열악했습니다. 그나마 경제 상황이 나은 영국의 엥겔계수가 80에 이를 정도였습니다. 돈을 벌어 식량을 사고 나면 아무것도 할 수 없는 상황이라는 뜻입니다. 살림은 형편없고 삶의 질은커녕 먹고사는 데 급급한 것이 당시 유럽 노동자들의 일반적 생활이었습니다. 이에 비해 인도의 농업은 대단한 생산성을 자랑하고 있었습니다. 아시아는 농업 선진 지역이었습니다. 18세기의 아시아는 높은 농업 생산성에 힘입어 엥겔계수가 대단히 낮았습니다. 돈을 벌어 식량을 사도 다른 살림살이를 할 돈이 있었다는 뜻이지요. 임금의 절대 액수는 영국이 높았으나 노동자의 실질소득은 인도가 높습니다. 인도 노동자는 영국 노동자보다 훨씬 낮은 임금으로도 높은 생활의 질을 유지할 수 있었으므로 인도의 면직물 생산원가는 영국보다 낮았고 질은 훨씬 뛰어났습니다. 게다가 인도의 농가들은 대단히 우수한 면화를 재배하고 있었습니다. 원자재의 품질, 생산원가, 생산품의 품질관리에서 경쟁이 안 되는 거죠. 그 결과 질 좋은 대량의 면직물이 유럽을 뒤덮었습니다. 그러나 영국이 인도를 경영하면서 상황이 달라집니다. 영국은 인도의 우수한 면화를 가공하지 않은 상태로 본국으로 수출하는 한편 인도의 면직물 산업은 억제했습니다. 인도는 면직물 생산, 수출국에서 원자재 수출국으로 격하되어 버렸습니다. 이제 영국으로 인도의 우수한 원자재, 면화가 엄청나게 공급됩니다. 맨체스터 지역은 원자재로 미어터질 지경입니다.

17세기와 18세기 전체에 걸쳐 유럽 다른 지역에서도 수많은 사건이 일어났지만 영국에서 발생한 1688년의 사건(명예혁명이라는 생뚱맞은 역사 용어로 불리는 사건)은 이전의 운영 원칙이던 신분제를 무너뜨린 사건입니다. 신분제는 구시대 권력 구조의 근간이었습니다. 이것이 무너졌으니 권력 구조의 재편이 필요합니다. 중세 해체는 그때부터 본격적으로 시작되었습니다. 신분제 해체를 시대 구분 기준으로 본다면 중세는 17세기 전반까지, 근대는 그 이후로 하는 편이 맞을 수도 있습니다. 그로부터 백 년이 넘게 엄청난 전화에 휩싸이면서 유럽은 시대를 바꾸는 대가를 제대로 치렀습니다. 30년전쟁으로부터 치자면 무려 2백여 년의 전란 시대입니다. 동양식으로 하자면 이 시대를 유럽의 춘추전국시대라 할 수 있겠지요. 엄청난 전비, 전사자, 민간인 사상자를 기록했고 수많은 지역이 이리저리 붙었다 떨어졌다 하면서 제자리를 찾는 혼란의 시대였습니다. 이 대가를 치르고 나서야 비로소 민주주의와 자본주의의 쌍두마차가 시대를 끌 준비를 할 수 있었습니다.

민주주의와 자본주의는 소개팅으로 만난 사이가 아닙니다. 이 둘은 처음 보자마자 불꽃이 튄 연인입니다. 결혼할 수밖에 없는 운명이지요. 어떤 인위적 조작을 가해도 이들은 떨어지지 않습니다. 자본주의 없이 민주주의가 없고 민주주의 없는 자본주의 또한 없습니다. 둘 중 하나만 갖고 있으면 엄청난 격동의 소용돌이에 빠집니다. 소비에트연방이 무너지고 냉전 질서가 무너진 건 둘 중 하나만 가져가려고 했던 인위적 조작에 대한 역사의 대응이었습니다. 강제 이혼시킨 대가죠. 우리는 이 부부를 선한 존재로 알고 있지만 사실 그렇지 않습니다. 상황 때문에 이들을 갈라놓아야 할 때도 있는 법인데 그렇게 하기만 하면 이들은 악마로 돌변하기 일쑤입니다. 이들은 떨어지면 악마가 되고 함께 있어도 서로를 견제하도록 만들지 않으면 악마가 됩니다. 자본주의 없는 민주주의는 처참한 독재로 변합니다. 제3세계의 수많은, 소위 민주주의 국가들이 독재를 하고 있는 모습이 그 증거입니다. 민주주의 없는 자본주의는 파시즘으로 변합니다. 굳이 따로 증거를 댈 필요도 없습니다. 나치가 그 대표이고 대한민국도 민주주의를 제대로 하지 못하면 파시즘성 국가로 변해 버리곤 합니다.

이들이 만나는 과정도 피가 필요했지만 결혼을 지속시키는 데도 많은 노력이 필요하고 때로는 어쩔 수 없이 피도 흘려야 합니다. 이들은 아주 많은 대가를 치러야 얻을 수 있는 양날의 칼입니다. 지키는 데도 엄청난 노력이 필요합니다. 대가를 치를 생각도 없이, 유지시킬 힘도 없이 이들을 가지려는 건 불행을 예고하는 일과 같습니다. 유럽은 이들을 가지기 위해 그 열악한 조건에서도 엄청난 피로 유럽 땅을 적셨습니다. 그리고 그것을 유지할 힘을 키우기 위해 선악 구별 없이 할 수 있는 일은 다했습니다.

그렇게까지 해서 민주주의와 자본주의를 지켜야 할 이유가 있나요? 버리면 되지 않나요? 그러기엔 이들을 맞이하기 위해 들인 시간과 노력이 너무나 큽니다. 이제 와서 다시 시작하기엔 이들을 받아들이고 유지하기 위해 흘리는 피 이상을 흘려야 할지도 모릅니다. 세계는 이미 이들에게 붙잡힌 신세입니다. 선택의 여지가 없습니다. 어쩔 수 없다는 말입니다. 피를 흘리는 대가를 치르지 않고 이들을 받아들인 지역의 민주주의와 자본주의를 유시민은 '후불제'라고 간명하게 정리했습니다. 생략은 불가능하다는 말이지요. 치러야 할 대가는 그때가 언제든 반드시 치러야만 합니다. 민주주의와 자본주의는 정치적 판단, 혹은 권력자의 이해득실 계산에 의해 받아들이는 시스템이 아닙니다. 물 흐르듯 자연스럽게 진행되어야 그나마 부작용이 최소화됩니다. 그래서 피 흘리지 않고 민주주의와 자본주의를 받아들인 비유럽권의 모든 나라들이 이 대가를 지금도 톡톡히 치르고 있는 중입니다. 대한민국 역시이 후불제 민주주의, 후불제 자본주의의 진통을 극심하게 앓고 있습니다.

유럽은 2세기에 걸쳐 피 흘린 대가로 국민국가, 영토국가를 갖게 되었고 각 국가 간의 서열 정리를 끝내면서 비로소 혼돈을 정리했습니다. 서열을 정했으니 서로 싸울 일은 별로 없습니다. 그러면 이제 오순도순 형, 아우 하면서 잘 살면 될까요? 천만의 말씀입니다. 혼돈은 정리했지만 오순도순 살기에는 먹을 것이 턱없이 부족합니다. 세상을 휘젓고 다닌 에스파냐, 영국, 프랑스, 네덜란드 덕분에 세상은 넓고 화려하다는 것, 자신들의 삶이 초라하다는 것도 알게 되었습니다. 어떻게든 살림살이를 펴야 했습니다. 영국이 먼저 몸부림을 칩니다. 영국은 유럽에서 가장 먼저 신분제가 무너진 지역답게 새로운 권력인 자본을 쥔 신흥 자본가들이 가장 많이 있던 지역이었으니까요. 신흥 자본가들의 목표는 이익입니다. 어떻게 하면 이익을 많이 낼 수 있을까 자나 깨나 머리를 굴렸습니다.

이익을 많이 내는 방법은 그때나 지금이나 같습니다. 지금이 그 시절보다 기법이 복잡해졌을 뿐, 방법 자체는 아주 간단합니다. 동일한 작업 시간에 많이 만들면 됩니다. 그러자면 사람보다 기계가 필요했고, 노동자들이 쉴 틈 없이 일하게 규칙을 만들어야 했습니다. 실제로 그렇게 했죠. 수많은 기계를 발명해서 현장에 투입했고 노동시간을 극도로 늘려서 이익을 짜냈습니다. 이러니까 세 가지 문제가 발생했습니다. 하나는 기계를 움직이는 동력을 더 이상 사람이나 짐승의 힘으로 해서는 생산성이 오르지 않는다는 문제, 또 하나는 이익을 자본가들이 독점하면서 노동자들의 삶이 점점 피폐해지는 문제, 마지막으로 이렇게 만든 대량의 상품을 팔 수 있는 시장의 문제입니다. 정교한 기법, 운영 원칙의 변화, 시장 개척이 필요합니다.

흔히 산업혁명이라면 기계와 동력의 발명을 드는데, 산업혁명은 세 가지 문제를 해결하는 방법의 창안 그 전체를 지칭하는 용어로 봐야 합니다. 산업혁명을 일으킨 동인은 삶의 질을 높이겠다는 의도나 좀더 인간답게 사는 세상을 만들겠다는 의지가 아니라 최대한 이익을 많이 내고자 하는 인간의 욕구와 욕망입니다. 자본주의의 출발점이 이랬습니다. 욕구와 욕망을 출발점으로 한 산업혁명을 긴 역사의 시선으로 보면 인류에게 축복이 아니라 재앙일지도 모릅니다. 권리장전 이후의 영국 의회에서 출발한 자본주의가 산업혁명으로 기지개를 켭니다.

1764년, 프랑스가 앙시앵레짐으로 인한 모순으로 부글부글 끓고 있을 때, 영국과 프랑스가 세계 곳곳에서 박 터지게 싸우고 있을 때, 영국의 하그리브스는 제니방적기라는 면직물 짜는 기계를 발명했습니다. 인도산 옥양목에 어마어마한 관세를 붙이게 해 영국 내의 시장을 안전하게 확보한 맨체스터 면직물 생산 공장주들이 서서히 자본을 쌓아 가던 무렵이었습니다. 공장주들 사이에서도 경쟁이 붙었습니다. 누가 더 좋은 제품을 더 많이 더 빨리 생산하느냐가 경쟁의 목표입니다. 궁리가 늘어나고 온갖 방법을 창안하던 끝에 나온 발명품입니다.

그러던 차에 인도가 동인도회사의 수중에 떨어지고 인도산 옥양목이 아닌 인도산 면화가 대량으로 영국으로 수입되기 시작했습니다. 맨체스터는 면화로 파묻힐 지경이 되고 있었습니다. 원자재가 산더미처럼 쌓여 있으니 공장주들이 좋아 죽었을까요? 아닙니다. 이건 원자재가 아니라 폭탄입니다. 자칫하면 목화의 대량 수입 때문에 맨체스터는 몰락할 수도 있었습니다. 생산력이 그에 따라 주질 못했으니까요. 원자재 대량 수입의 길은 열렸는데 이걸 가공해서 제품으로 생산하지 못한다면 원자재는 영국의 다른 곳으로 가서 맨체스터 이외의 지역이 면직물을 생산하는 기지가 될 수도 있고, 영국이 아닌 다른 나라에 면직물 공장이 세워질 수도 있습니다. 당시 유럽의 곳곳에서도 면직물을 만들고 있었습니다. 아메리카 대륙에서 건너온 면화 종자로 원자재를 자체 생산하기도 했거든요. 동인도회사도 회사입니다. 더 이익이 많이 나는 곳에 면화를 수출하는 건 당연하지요. 이익을 내지 않으면 정부가 허가증을 박탈하기도 했으니까 이익 내기에 혈안이 되어 있었습니다. 실제로 1770년대 동인도회사가 적자에 허덕이자 영국 정부는 동인도회사의 인도 운영권을 박탈하기도 했습니다. 원자재가 다른 곳으로 간다면 맨체스터의 경쟁력은 떨어질 겁니다. 당시의 생산기술이라야 아무리 발전을 해도 그 나물에 그 밥 정도의 수준이었으니까요.

만약 다른 지역에서 맨체스터 공장보다 질 좋고 값싼 면직물을 대량생산한다면? 그러면 맨체스터는 시장을 잃고 무너지는 수밖에 없습니다. 급히 생산력을 올리지 않으면 안 되었습니다. 제니방적기가 세상에 나온 이후 불과 20년 만에 방적기는 엄청난 수준으로 발전했고 생산력은 열 배 이상으로 증가했습니다. 맨체스터 공장주들이 생산력을 올리기 위해 얼마나 노력했는지 짐작이 갑니다. 죽기 살기로 방적기를 개발했겠지요. 덕분에 다른 지역으로 원자재가 흘러 나가지도 않았고 면직물 생산 기지도 맨체스터에 붙잡아 둘 수 있었습니다. 죽지 않으려는 이 노력이 북아메리카 면화 플랜테이션 지역에서 대량 수입되기 시작한 면화를 소화하면서 맨체스터의 생산력은 더 커졌습니다.

그러나 좋아 죽는 건 공장주들뿐입니다. 노동자는 죽을 맛입니다. 기계가 도입되자 전체 공정 속도가 한층 빨라졌고 기계를 만지는 노동자의 손길도 기계에 맞춰서 빨라져야 했습니다. 그러자면 노동력을 재편해서 가장 높은 효율성을 유지하게 해야 했습니다. 노동시간의 연장, 쉬는 시간의 감소, 공정 정리로 인한 단순노동의 증가, 출퇴근 관리가 엄격해졌습니다. 노동자들은 하루 대부분의 시간을 노동에 붙잡혀 그 외의 시간을 낼 수 없었습니다. 그렇다고 임금이 늘어나는 것도 아니었지요. 그 바람에 노동자층은 사회의 흐름에서 점점 멀어졌고 사회구조의 맨 밑바닥에 깔리기 시작했습니다. 신바람 난 건 공장주들, 즉 자본가들이었지요. 노동자들은 자기 노동의 결과물로 임금 이외에는 그 어떤 결정권도 혜택도 얻지 못했습니다. 이것을 노동의 소외라고 합니다. 자본주의가 시작되자마자 노동의 소외가 발생했다는 것은 아주 중요한 대목입니다. 이것이 자본주의의 뿌리이기 때문입니다. 노동의 소외는 노동자의 자각으로 이어지게 되어 있습니다. 우리가 왜 뼈 빠지게 일해서 자본가들을 배불려야 하는가라는 자각이지요. 공산주의와 사회주의의 이념이 발생하는 지점이 여기입니다. 19세기의 자각은 바로 여기에 뿌리를 두고 있습니다. 그러니 공산당선언을 한 마르크스가 독일의 끈질긴 추적을 피해 도망간 곳이 영국일 수밖에요. 영국은 자본주의의 모순으로 출발 지점에서부터 사회주의적 상황이 만들어지고 있었습니다.

공장주들도 압니다. 이대로 가다가는 노동자들의 불만이 폭발하여 폭동이 일어날 수도 있다는 것을. 프랑스가 이미 대혁명으로 그 가정을 현실로 보여준 바 있었습니다. 약간의 시간이 더 지난 후의 일이긴 합니다만 기즈의 주철 공장주 고댕은 자신의 공장노동자들을 위한 집합 주택을 만들기도 합니다. 이는 19세기의 사회주의 실험이기도 했지요. 건축학으로 이 시도를 보면 가족주의의 집단화로 해석할 수 있고 사회학으로는 꼬뮌주의와 자본주의의 역설적 상관관계 등으로 해석할 수도 있습니다만 이것은 각각의 학문에 넘기기로 하고, 이런 시도가 나올 정도로 당시 노동자들의 상황은 처참할 만큼 열악했다는 사실만 기억합시다. 그리고 한 가지 더 기억할 사실은 자본주의라는 냄비가 모순으로 들끓을 때는 반드시 잠시 불을 낮추고 냄비 뚜껑을 열어 모순의 김을 제거했다는 것도 기억합시다. 영국이 사회보장제도를 만든 이유가 바로, 냄비 뚜껑을 열어 김을 빼기 위한 것이었습니다. 비용도 들고 귀찮지만 그렇게 해야 물이 끓어 넘쳐서 불이 꺼지거나 폭발하는 것을 막을 수 있습니다. 이런 장치 없이 자본주의를 지속한다는 건 공멸하자는 말과 같습니다. 자본주의는 자본가와 노동자 사이의 시소게임입니다. 자본가 쪽이 훨씬 무겁습니다. 늘 자본가 쪽으로 시소는 기울고 노동자 쪽은 아우성치게 되어 있습니다. 이때 복지, 분배라는 추를 노동자 쪽에 올려 주어서 균형을 맞추어야 게임을 계속할 수 있습니다. 이렇게 하지 않으면 종국에는 노동자 쪽이 무너지면서 게임은 끝납니다. 게임의 끝은 공멸이지요.

그러나 공장주들이 초기 이익에 미쳐 돌아갈 당시에는 노동자들의 기초 생활 보장보다는 노동자들이 기계의 속도를 따라잡지 못하는 것에 더 주목했습니다. 사람이 기계를 따라잡지 못해서 사람의 작업 속도에 기계를 맞춰야 하는 건 곧 제품을 더 생산할 수 없는 생산 한계에 봉착했다는 것이고 이제 이익을 더 올릴 수 없다는 뜻이기도 합니다. 참을 수 없는 일입니다. 아이디어가 반짝이기 시작합니다. 사람 때문에 기계가 속도를 못 낸다면 동력원을 바꾸면 되겠지요.

5부

결승 전야
(18세기~19세기)

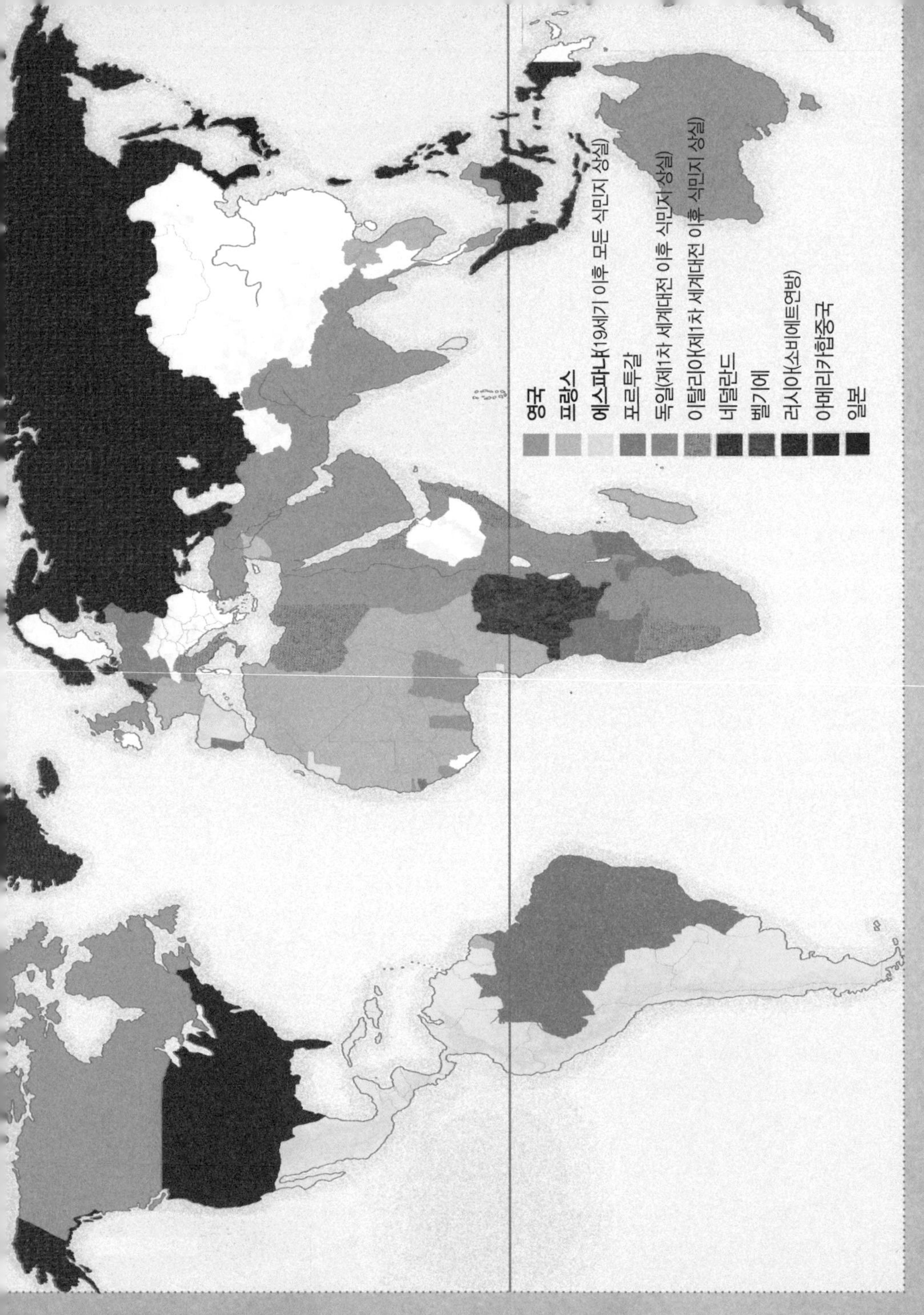

19~20세기의 세계   유럽에 의한 세계 분할 시대였다. 식민지로서의 의미가 그다지 없는 동유럽을 제외하면 아프리카의 에티오피아와 라이베리아, 중동 지역의 아프가니스탄, 동남아의 태국을 제외한 전 세계가 유럽 제국주의 국가의 먹잇감이었다. 일본은 조선과 대만을, 아메리카합중국은 태평양의 여러 섬과 필리핀을 식민지로 접수했다. 중국은 식민지는 아니었지만 전 세계의 공격 대상이었고 러시아조차 소비에트연방으로 탈바꿈하면서 동유럽을 잠식해 들어갔다.

　프로도는 마침내 절대반지를 끓어오르는 용암에 던져 넣어 자신의 임무를 완수합니다. 그 긴 여정 동안 반지를 차지하기 위해 덤벼든 수많은 적들이 있었지만 가장 큰 적은 프로도 자신이었습니다. 절대 권력을 가질 수 있다는 유혹은 프로도를 그에게 덤벼드는 적보다 더 위험한 악마로 만들기도 했습니다. 그러나 그 강력한 유혹을 벗어난 프로도가 만든 해피엔딩을 보면서 관객들은 후련한 마음으로 극장을 나올 수 있었습니다. 톨킨의 원작 소설을 극장용 영화로 만든 〈반지의 제왕〉 얘기입니다. 절대 권력을 쥘 수 있는 신묘한 물건인 절대반지를 절대악 사우론에게 빼앗기지 않고 불의 산까지 무사히 가져가서 영원히 폐기하려는 반지원정대의 사투를 그린 내용입니다. 반지원정대 중 절대반지를 지니고 있는 이가 프로도입니다. 단순한 판타지가 아닌, 선과 악, 인간 존재의 깊숙한 내면을 장대하고 치밀하게 엮어낸 소설이고 영화입니다.

　순수하고 맑은 영혼을 가진 프로도도 유혹할 수 있을 만큼 절대 권력의 유혹은 대단합니다. 5부는 바로 이 절대 권력을 가지려는 무모한 시도들이 지구와 인류를 어떤 고통에 빠뜨렸는지, 그 고통에서 헤어 나오기 위해 어떤 노력을 해야 했는지에 관한 기록입니다. 물론 지금까지 역사 사용 설명서로 조심조심 헤쳐 나왔듯, 이 기록들을 온전히 보자면 그들이 만든 함정과 부비트랩을 무사히 피해야 합니다. 처음이라면 어려운 일이겠지만, 지금까지 4부라는 긴 여정을 꽤 잘해 왔으므로 이번 지뢰밭도 무사히 빠져나갈 수 있을 겁니다.

　5부의 관문 앞에 설 때까지 독자를 이끈 도구는 '당시의 시각으로 확인한 후 해석하기' '상징단어 지우기' '거짓말 탐지하기' '언어의 함정 피하기'였습니다. 이 과정을 거치면서 역사라는 강을 무턱대고 건너다가는 물귀신에 발목 잡혀 빠져 죽을 수도 있다는 것을, 그리고 그 물귀신들이 승자라는 이름으로 역사에 등재되어 있다는 것도 알게 되었을 겁니다. 이 물귀신들이 독자들을 물속으로 끌고 들어가기 위해 강 중간에서 대기 중입니다. 어떻게 하면 강을 무사히 건너갈 수 있을까요?

높은 곳에 올라가면 아래를 내려다보지 말라고 합니다. 아래를 내려다보면 추락의 유혹에 질 수도 있습니다. 말 타기를 처음 배울 때 시선을 앞에 고정하라는 말을 듣습니다. 무섭다고 땅을 쳐다보거나 말을 쳐다보면 말에서 떨어지기 쉽거든요. 마찬가지로, 이 마지막 강을 건너갈 때 시선을 앞으로 고정하고 전체를 보면서 발을 떼시기 바랍니다. 지금까지보다 훨씬 강력한 용어들, 사건들, 고정관념들이 도사리고 있으니 이들 하나하나에 집중하다 보면 어느 새 물결을 놓치고 물살에 휩싸여 버립니다. 천천히 조심스럽게 물속을 걸어가면서 시선은 강 건너편에 고정시키고 온몸의 감각을 동원하여 물속에 숨어 있는 암초들, 물귀신들, 물살의 흐름을 감지하십시오.

산업혁명이 영국에서 시작된 것은 맞습니다. 그러나 그것으로 영국인이 으스대는 것은 꼴불견입니다. 그건 한평생 배추농사 지으며 살다가 갑자기 땅값이 뛰어 졸지에 부자가 된 1970년대 강남 졸부들의 꼴불견과 같습니다. 그 당시 강남은 강아지도 지폐를 물고 다닌다고 했지요. 산업혁명은 영국이 잘나고 똑똑해서가 아니라 몇 가지 우연과 행운이 맞아떨어진 결과인데도 영국은 의기양양, 그것으로 세계를 지배하려 했습니다. 산업혁명을 제대로 보지 않으면 5부의 강을 건너기 시작하자마자 첫 번째 물귀신인 산업혁명의 거짓 신화에 잡혀 버립니다.

두 번째 물귀신은 제국주의입니다. 이 물귀신은 변신술이 뛰어나고 상당히 끈질기니까 잘 피해야 합니다. 한때는 서양인들이 원래 잘나고 능력 있어서 세계를 주름잡는 줄 알았습니다. 그렇게들 떠들고 다녔으니까요. 꽤 오랫동안 사람들은 그 말을 믿었습니다. 백인이 우대받는 상황은 그렇게 만들어진 거지요. 그러다 제국주의 침략과 식민지 경영의 악행이 드러나자 자못 겸손한 태도로 세계를 위무하는 척한 덕분에 그 역사는 어쩔 수 없던, 그래야 했던 때에 그들이 했을 뿐인 것이라고 인정하고 넘어가게 만들었습니다. 그 결과 세계는 그들이 만든 시스템인, 제국주의를 바탕에 깔고 있는 자본주의를 변경할 수 없는 삶의 조건으로 받아들였습니다. 그 순간 우리는 뱀파이어에게 물려 그들의 동족이 되어 버립니다. 이것이 그들이 내세운 새로운 전략인 공범 만들기입니다.

이제는 신흥 자본국가라 하기에도 멋쩍을 정도가 된 대한민국은 지구 곳곳에서 자본을 앞세워 소제국주의를 실행하고 있습니다. 세계 곳곳에 있는 현지 공장에서의 노동 탄압, 인권 유린, 자본 침투는 필요악이 아닙니다. 해서는 안 될, 필요 없는 악행입니다. 우리가 당했던 자본주의 침탈 과정을 그대로 되풀이하고 있습니다. 왜 한강에서 뺨 맞고 종로에 가서 화풀이하죠? 참 못났습니다. 국경을 넘어야 제국주의, 식민지 경영이 되는 건 아닙니다. 우리 내부에도 이런 상황은 넘칩니다. 사회 양극화 현상, 도농 간의 격차, 학력 취득과 사회 신분과의 관계, 성차별, 사는 지역에 따른 계급 분리, 학교의 서열화, 뭐 일일이 다 열거하기도 숨찰 정도로 내부 식민 지배는 이미 일상입니다. 이렇게 제국주의는 여전히 현재진행형입니다. 21세기의 지구에는 눈에 보이는 식민지는 없지만 눈에 보이지 않는 식민지는 확산일로입니다. 대한민국처럼 뱀파이어에 물린 신종 뱀파이어들이 제국주의 대열에 속속 합류하기 때문입니다. 대한민국은 신종 뱀파이어일까요, 아닐까요? 신종 뱀파이어가 이미 되어 버렸다면 그대로 살아야 할까요, 아니면 치료제를 개발해야 할까요?

서양사를 보면서 왜 늘 우리를 떠올리는지는 이제 말할 필요 없을 겁니다. 역사는 자신을 비춰 보는 거울이거든요. 5부의 강을 건너가면서 우리의 모습이 어떤지 잘 살펴보시기 바랍니다. 우리의 모습이 프로도가 아니라 절대반지에 영혼이 잡혀 버린 불쌍한 스미골일 수도 있습니다.

운수대통

우리는 지금까지 무수한 역사 사건을 정리하면서 그 배후에 주목해 왔습니다. 어떤 사건이든 일어날 수밖에 없었던 상황이 있다는 것도 봤습니다. 기독교를 공인하여 정치 파트너로 삼지 않고서는 로마 황제의 정치 기반을 구축할 수 없었기 때문에 콘스탄티누스 황제가 밀라노칙령을 선포한 것도 봤고, 먹고살기 위해서 망망대해로 배를 끌고 나가는 미친 짓이라도 해야 했기에 포르투갈이 대서양에 배를 띄운 것도 봤습니다. 그 어떤 역사 사건이든 그렇게 하지 않으면 안 되는 절박한 상황이란 게 있습니다. 때로는 거대한 역사도 티끌처럼 작은 사건 하나로 방향을 틉니다. 그 티끌은 우주에서 뚝 떨어진 게 아니라 지구 표면 위에서 오랜 시간에 걸쳐 만들어진 것입니다. 그 사건을 보겠습니다.

17세기의 혼란을 끝내고 영국은 본격적인 민간의 시대로 들어갑니다. 중심은 런던이지요. 사람이 있는 곳에 시장이 있고 시장이 있는 곳에 돈이 있고 돈이 있는 곳에 사람이 모입니다. 런던에 사람이 몰려들었습니다. 런던이 북새통이 되어 갑니다. 런던의 곡물 소비량도 엄청나게 증가했고 난방과 취사를 위한 땔감의 수요가 엄청났습니다. 런던 주변의 산림이 땔감 채취로 점점 황폐해졌습니다. 17세기 말에 이미 영국 남부의 산림은 런던의 땔감 수요 조달로 황폐해져 버렸습니다. 농촌의 산림도 황폐해지긴 마찬가지였습니다. 일찌감치 내전을 끝내고 삶이 안정되자 인구가 늘기 시작했고 곡물 생산량도 증가하고 있었습니다. 당시 기술력으로 곡물 생산량을 늘리는 가장 유효한 방법은 토지 개간이었지요. 울창한 산림을 경작지로 바꾸어 갔습니다. 땔감을 제공하던 산림은 점점 줄어들었지요.

땔감이 없으면 모두 다 얼어 죽거나 폭동이 일어나거나 할 판입니다. 이 위기를 해결해 준 것이 석탄입니다. 아주 우연히도, 고맙게도, 런던 인근에는 대규모 석탄 광맥이 있었습니다. 석탄은 영국과는 아무런 상관이 없던 고생대(5억 년~2억 년 전)에 생성되었는데 영국이 깔고 앉은 땅이 바로 이 석탄층이었죠. 영국은 아주 운이 좋습니다. 석탄은 목재 땔감에 비할 수 없는 고효율의 에너지원입니다. 석탄을 채굴하는 산업이 시작됩니다. 기록에 의하면 1800년에 런던 인근에서 채굴한 석탄은 천만 톤으로, 전 세계 석탄 채굴량의 90퍼센트에 해당하는 양입니다. 이 어마어마한 양의 석탄은 바로 런던의 모든 가정과 공장의 연료로 소진되었습니다. 이제 석탄이 고갈될 지경입니다. 석탄 광산은 노천 광산에서 갱도를 파고 내려가는 지하 광산으로 서서히 변해 갑니다. 갱도는 좁았고 걸핏하면 무너졌습니다. 좁은 갱도에 사람이 직접 들어가서 채굴하고 운반해야 했기에 체구가 작은 어린아이들이 광부로 동원되었습니다. 다른 쪽의 사회사로 풀어야 할 소재이긴 합니다만 이 아동노동의 예는 그 당시까지 유럽에서 어린이라는 개념 자체가 없었다는 사실을 증명합니다. 어린이 개념이 없으면 당연히 가정이라는 개념도 희박하지요. 현재의 그들이 정한 문명과 야만의 기준으로 본다면 유럽은 아직 야만의 사회입니다.

점점 지하 깊숙이 갱도를 파자 문제가 생겼습니다. 나오라는 석탄은 안 나오고 지하수만 펑펑 솟구쳤습니다. 석탄을 캐내려면 갱도 안에 들어찬 물을 뽑아내는 작업부터 해야 합니다. 처음에는 말이나 사람이 수차를 돌려 퍼내는 방법을 썼는데 이건 그야말로 저효율 작업입니다. 사람 죽이는 짓이지요. 그러다가 드디어 물이 끓을 때 발생하는 증기로 피스톤을 움직이는 장비를 개발했습니다. 우리가 잘 아는 제임스 와트가, 토머스 뉴커먼이 18세기 초에 개발한 이 장비를 개선한 때가 1760년입니다(제임스 와트는 증기기관의 최초 발명자가 아니라 그것을 개량해서 특허를 내고 돈을 번 사람입니다. 이처럼 역사는 승자의 기록입니다). 이것으로 작업은 손쉬워졌지만 저효율이긴 마찬가지였습니다. 물을 끓이기 위해 어마어마한 석탄을 사용해야 했으니까요. 그래서 이 장비는 석탄이 나오는 갱도 입구에만 설치했고 오로지 지하수를 뽑는 데만 사용했습니다.

석탄산업의 문제가 지하수 뽑아내기만 있는 것은 아니었습니다. 두 번째 문제는 석탄 수송이었지요. 런던 인근의 석탄 광맥이 고갈되자 새 석탄 광맥을 찾기 위해 멀리 떨어진 지역까지 광산을 개발했습니다. 광산에서 런던까지 수송로와 수송 수단을 확보해야 합니다. 문제가 복잡해졌죠. 한 광산에서 아이디어를 냈습니다. 철로를 항구까지 깔고 그 위에 증기기관을 장착한 광차를 얹었습니다. 말은 간단하지만 이 과정은 꽤 힘들었습니다. 마침내 1825년에 최초의 철로가 개통되었습니다.

이제 석탄 채굴에 필요한 문제는 다 해결된 거 같았는데 또 한 가지 문제가 남았습니다. 철로 자체의 문제입니다. 철로를 까는 데 필요한 강철량이 어마어마합니다. 덕택에 철강산업이 발전하기 시작했습니다. 강철 생산이 늘어나자 석탄 생산량도 증가합니다. 각 산업 간에 긴밀한 선순환이 일어난 거죠. 석탄이 충분하지 않았다면 난방에 필요한 연료로 다 소진되어 강철을 생산할 필요 동력을 위해 많은 산림이 파괴되었을 것이고 이것이 한계에 부닥치면 철강산업은 퇴보했을 겁니다. 철강산업 퇴보는 석탄산업 퇴보로 이어졌을 것이고 런던의 도시화는 중단되고 영국은 다시 생산 없는 상업국가로 가면서 대륙 경제권에 흡수되었을 것입니다. 석탄은 강철 덕분에, 강철은 석탄 덕분에 제조산업의 붕괴를 막고 성장을 거듭할 수 있었습니다.

증기기관을 광차에 장착하여 석탄 수송 문제를 해결한 사건은 엉뚱하게도 맨체스터 공장주들을 흥분시켰습니다. 공장주들이 자나 깨나 고심한 것이 인력 외의 다른 동력원이었거든요. 당시 수력을 이용해 방적기를 돌리기도 했지만 그 저효율성은 인력을 이용한 수공업에 맞먹을 정도였습니다. 수많은 시도와 실패 끝에 증기기관을 방적기에 장착하는 데 성공합니다. 이제 원자재 재고에 신경 쓸 필요가 없어졌습니다. 마침 인도에서뿐만 아니라 북아메리카에서도 대량의 면화가 수입되었는데, 이 새 방적기 덕분에 원자재를 대량으로 소화하는 것이 가능해졌습니다. 어마어마한 양의 면직물을 대량생산하기 시작했습니다.

19세기 초반 면직물산업에 종사하는 인구가 50만 명에 이를 정도로 면직물산업은 영국의 주산업이 되었습니다. 오늘날의 기준으로 본다면 4인 가족 기준으로 면직물산업에 생계를 매달고 있는 인구수가 2백만 명이라는 계산이 나옵니다. 당시 영국 전체 인구를 2천만 명 정도로 추정하는데 전체 인구의 최소한 10퍼센트가 면직물산업으로 먹고살았다는 추정이 가능합니다. 대단한 수치입니다. 큰 영향력을 갖고 있는 면직물산업의 여러 문제를 해결하지 않으면 나라 자체가 흔들거릴 정도가 되었습니다. 여러 가지 문제가 있었습니다. 우선 공장에서 일하는 방적공들의 최소한의 건강 유지 문제입니다. 방적공들이 건강을 유지하지 않으면 공장 가동을 멈춰야 하는 건 물론이고 심각한 사회문제로 번져 나갈 겁니다. 방적공들의 피로를 풀 수 있는 당분 공급은 대단히 중요한 문제였습니다. 마침 각 식민지에서 필요한 양의 설탕이 수입되었기에 이 문제를 해결할 수 있었지, 식민지가 없었더라면 이들에게 공급할 설탕 생산 때문에 엄청난 면적의 토지를 사탕수수 농장으로 개발해야 했을 겁니다. 이는 곧 식량 부족 사태를 야기했겠지요. 그러면 공장 가동도 결국은 내리막길을 타야 했습니다. 식민지의 설탕이 맨체스터를 살렸습니다.

근무시간이 늘어나면서 노동자들에게 적절한 휴식이 필요했는데 휴식에 필요한 차는 중국에서 수입하는 것으로 해결했습니다. 기록에 의하면 당시 영국 노동자들은 임금의 5퍼센트 이상을 차를 소비하는 데 썼을 정도입니다. 19세기 초에는 1,200만 톤의 차를 수입했는데, 밀수가 공식 수입의 두 배 가량 차지했을 것으로 추정합니다. 대단한 양입니다. 그러기에 중국과의 무역은 여전히 중요한 사안이었습니다. 동인도회사는 중국과의 무역이 반드시 필요했으나 중국의 입장은 달랐습니다. 중국은 하나의 세계입니다. 필요한 것은 중국 안에서 뭐든지 다 만들고 조달했지요. 원래 장사는 몸이 단 쪽이 손해를 보게 되어 있습니다. 영국이 벌어들인 돈은 중국으로 대부분 쓸려 들어갔습니다. 엄청난 무역역조로 경제 불황을 걱정하던 영국이 꺼낸 카드가 꼼수와 무력이었습니다(이 꼼수와 무력은 [그 나라들의 사정 3, 중국] 편에서 더 자세히 보겠습니다).

　주거 문제도 대단히 중요했습니다. 노동자들은 도시 외곽에 슬럼을 형성하며 살고 있었는데 쪽방이 대부분이었습니다. 노동자들의 주거 문제를 해결하기 위해 신도시 건설, 아파트 단지 조성 같은 정책이 나왔습니다. 그밖에 보건, 의료도 중요했고 사람이 모여 사는 곳에 반드시 뒤따르는 범죄 해결을 위해 치안책도 확보합니다. 영국의 근대 시스템들이 이렇게 하나둘 만들어지고 있었습니다.

문제아 프랑스
_ 나폴레옹전쟁

이제 다시 19세기 벽두의 프랑스로 가 보겠습니다. 지금까지 훑어봤듯 영국은 늘 경제문제를 발판에 깔고, 프랑스는 늘 정치문제를 바탕에 깔고 각각 다른 방향에서 역사 속으로 걸어갔습니다. 프랑스는 제국의 꿈을 버릴 수가 없는 땅이기 때문입니다.

1795년 로베스피에르를 처형한 테르미도르반동의 주역들은 사실 부패한 무리들입니다. 칼뱅, 크롬웰이 그랬듯 로베스피에르도 도덕성에 기반한 깨끗한 세상을 만들려 했습니다. 그러기 위해 당장 필요한 조치가 기득권자들의 기반을 몰수하는 것과 먹고살아야 한다는 핑계로 그들에게 협조하는 어리석은 평민들을 계몽하는 것이었습니다. 공포정치로 해결하려 했다는 것이 문제이긴 합니다만 힘으로써가 아니면 기득권자들은 결코 개과천선하지 않고 교묘하게 저항하며 끈질기게 역전을 노립니다. 어리석은 평민들은 기득권자들의 협박에 끌려 다니기 마련입니다. 자유를 두려워하는 노예근성이 인간성의 또 다른 면이기 때문입니다. 개혁이 실패하고 기득권자들의 저항이 성공하면 역사는 뒤로 돌아갑니다. 이것을 반동의 역사라고 합니다. 기득권자들의 영원한 모토는 '이대로 영원히'입니다. 21세기 초의 대한민국이 가장 확실한 증거입니다. 아마 역사는 이 시기를 '반동의 시기'로 기록할 겁니다.

로베스피에르는 이들을 제압하는 방법으로 공포정치를 택했습니다. 다른 방법을 찾을 수 없었을 겁니다. 기득권자들은 그런 로베스피에르를 이기는 방법으로 합법적인 제거를 기획했고 성공했습니다. 기득권자들의 숨은 힘은 이렇게 대단합니다. 잠시 이겼다고 방심하면 그들은 반드시 좀비처럼 되살아납니다.

로베스피에르를 제거하고 다시 권력을 쥔 수구반동 세력들은 과연 기대대로 역사를 되돌립니다. 로베스피에르 시절 제정했던 모든 법과 제도들은 휴지통에 쑤셔 박혔습니다. 몰수된 재산을 환원하는가 하면 빈민을 위한 제도들은 폐기되었고 자유시장경제 체제를 도입, 최고가격제를 폐지합니다. 물가가 치솟으면서 권력과 부를 가진 자는 더 가지게 되었고 빈민들은 끝도 없이 추락했습니다. 사회 양극화의 갈등이 용광로 속의 쇳물처럼 부글부글 끓었습니다. 기득권자들도 위기는 인식합니다. 이대로 가다간 또 다른 혁명이 휘몰아칠지도 모릅니다. 1795년, 국민공회는 헌법을 바꾸고 양원제를 단원제로 전환하면서 기층 민중의 불만을 잠재우려 했습니다. 단원제가 되면 노동자, 시민 중심의 하원 결의를 부르주아 중심의 상원이 거부하는 장치를 없앨 수 있다고 명분을 내세웠지만 속내는 그렇지 않습니다. 단원제가 되면 부르주아가 다수 의석을 차지, 합법적으로 기층 민중의 목소리를 잠재울 수 있습니다. 그렇게 탄생한 정부가 총재정부인데, 철저히 무능했습니다. 총재정부를 만들었던 반동 세력은 물론 아직 프롤레타리아트라고 부르기엔 계급성이 완성되지 못한 기층 민중에게도 지지를 받지 못했거든요. 총재정부는 군대의 힘을 빌려 겨우 정권을 유지하다가 바로 이 군대에 제대로 얻어터집니다.

불과 서른 살의 시칠리아 촌놈 나폴레옹이 어느 날 갑자기 프랑스의 영웅으로 떠오른 것은 국제 정세와 관련이 깊습니다. 프랑스대혁명으로 잔뜩 긴장한 유럽의 군주들은 프랑스를 고립시켜 혁명의 불씨를 차단하려 애씁니다. 영국과 에스파냐는 프랑스의 항구를 봉쇄했고 오스트리아는 프랑스의 동남부에서 프랑스를 바짝 압박했습니다. 프랑스는 동서남북 사방으로 봉쇄당한 처지였습니다. 프랑스 국민 입장에서는 무척 자존심 상하는 일이지요. 오래전에 이미 영토국가, 국민국가가 되어 있었기에 프랑스에 사는 사람들에게 프랑스 국민이라는 의식은 아주 자연스러운 자존감입니다. 그들은 여러 나라로부터 봉쇄당하고 있는 고국의 처지를 역전시켜 줄 영웅을 고대했을 겁니다. 그때 나폴레옹이 나타났습니다. 영국과 에스파냐가 봉쇄한 틀롱 항구를 탈환했습니다. 오스트리아와 싸워 롬바르디아 지역까지 양도받습니다. 벨기에까지 접수하지요.

왕정에서 공화정으로 변해도 프랑스는 프랑스입니다. 제국의 꿈은 절대 안 버립니다. 이제는 프랑스대혁명이라는 민중의 지지까지 받고 있는 판이니 제국의 꿈을 꾸지 않으면 오히려 이상하지요. 총재정부는 나폴레옹에게 이집트를 점령하라고 명합니다. 목적은 영국의 인도 무역로 차단입니다. 영국을 이기지 못하면 제국이 될 수 없다는 사실을 이제 전 유럽의 어린아이도 다 알고 있습니다. 영국 안마당인 북해와 대서양의 무역로 차단은 강력한 영국 해군 때문에 불가능하지만, 지중해 무역로는 비록 이전에 비해 비중이 낮아졌다고 하나 여전히 중요했고 그 거점이 이집트라 해 볼 만하다고 판단했습니다. 나폴레옹이 이집트로 진격하자 유럽의 전 국가가 총동원되어 프랑스를 막으려 할 건 불문가지, 과연 모든 나라가 프랑스를 향해 총구를 겨눕니다(이미 군대의 주요 무기는 칼에서 총으로 바뀌어져 있었습니다).

전선에서 고생하던 나폴레옹은 좀 억울해졌나 봅니다. 재주는 곰이 죽어라 넘고 있는데 총재정부는 본국에 앉아 구경만 하는 것 같습니다. 아니, 그보다 프랑스의 꿈이 나폴레옹에게 투사된 건지도 모릅니다. 제국의 꿈 말이지요. 나폴레옹은 이집트 전선에서 이탈, 파리로 돌아가서 미리 준비한 군대를 이끌고 쿠데타를 일으켜 스스로 통령이 됩니다. 엄청나게 고생해서 겨우 만든 공화제를 나폴레옹이 다 말아 먹었습니다. 2년 뒤에 프랑스는 꿈에도 그리던 제국을 만들었습니다. 나폴레옹이 국민투표로 황제가 되었거든요. 중요한 점은 프랑스가 제국이 된 것도, 나폴레옹이 황제가 된 것도 아닌, 국민투표라는 절차를 통해 나폴레옹이 황제로 등극했다는 겁니다. 프랑스 스스로는 인식하지 못했겠지만 이제 정치는 국민의 합법적 합의인 선거를 통하지 않으면 안 되는 새로운 세계로 접어들었습니다. 선거는 현대 민주주의의 강력한 도구지요. 제국을 만들면서 민주주의의 새 실험을 했다는 것이 모순이긴 합니다만.

주변국들은 참 어이없습니다. 왕을 죽이는 전율을 선사해서 긴장시키더니 이제 난데없이 또 제국입니다. 머리를 절레절레 흔들며 유럽의 모든 나라들이 나폴레옹이 만든 전쟁터에 휩쓸려 들어갑니다. 아주 지겹습니다. 나폴레옹은 한때 육지에서 승승장구했지만 영국의 넬슨 제독에게 트라팔가르해전에서 지고 러시아에서는 70만 대군이 몰살당한 후 그 책임으로 엘바섬에 유배됩니다. 그러다 엘바섬을 탈출한 뒤 다시 붙은 워털루전투에서 웰링턴에게 패하면서 프랑스제국과 나폴레옹은 몰락합니다. 나폴레옹이 일으킨 전쟁의 과정은 그리 중요하지 않습니다. 중요한 건 전쟁 이후입니다. 전쟁 이후 유럽을 포함한 세계(유럽의 식민지가 전 세계에 있었으므로 이미 유럽은 세계사의 중심이 되었습니다)는 새로운 구조로 완전히 변합니다. 그 전초가 빈(Wien)체제입니다.

1814년 오스트리아 빈에서 나폴레옹전쟁을 수습하기 위한 회의가 열렸다가 나폴레옹이 엘바섬을 탈출하는 바람에 그 이듬해 겨우 다시 개최되었습니다. 시대의 변화를 잘 감지하고 움직이는 건 상위 개념인 이념이 아니고 하부 쪽인 경제입니다. 당시 유럽 사회는 영국 따라쟁이들이었습니다. 영국의 성공을 본 모든 국가의 자본가들이 벤치마킹을 하면서 생산기술을 확보하려 안간힘을 썼습니다. 물론 영국은 기술 유출을 막기 위해 보호막을 높게 쳤지요. 신발명품의 해외 유출 금지, 약한 산업부문의 높은 관세율 유지 등 할 수 있는 모든 보호막을 다 쳤지만 완전 방수는 불가능합니다. 이미 영국의 성공이 유럽을 적시고 있었습니다. 드디어 무역과 금융에 이어 생산 부르주아가 유럽 전 지역에서 출현하기 시작했습니다. 노동자층도 두터워지고 있었습니다. 이들은 자신의 노동으로 연명하는 계층입니다. 단단해지기 시작한 사회구조 속에서 노동자들은 자신의 상황을 개선시키기가 점점 더 힘들어지고 있으며 노동의 소외와 자본의 착취가 어쩔 수 없이 받아들여야 할 운명이 아니란 것을 몸으로 인식하기 시작했습니다. 그들은 중세의 농노가 아니었습니다. 평민 사회가 생산 부르주아, 중간 관리층, 프롤레타리아로 분해되면서 대립 구도가 희미하게나마 만들어지고 있었지요.

  그러나 기존 권력층(왕족, 성직자, 귀족)은 이런 변화를 감지하지 못했습니다. 기득 권층은 언제나 그렇듯 사회의 변화를 원치 않아 틈만 나면 역사를 거꾸로 돌리려 했습니다. 빈회의가 그랬지요. 각국의 기득권자들은 나눠 먹기를 합니다. 그렇다고 프랑스를 고사시키지도 않습니다. 프랑스가 없으면 영국을 막을 나라도 없다는 생각을 한 걸까요? 그래도 프랑스를 억제하기는 해야 했습니다. 나폴레옹전쟁에 참여했던 모든 국가들이 빈체제를 이용해 예전으로 돌아가는 정비 작업을 했습니다.

  프랑스, 오스트리아, 프로이센 사이에 끼어 있는 스위스는 완충 역할을 맡아 영세중립국이 되었습니다. 북이탈리아는 다시 오스트리아의 차지가 되어 이탈리아 통일은 19세기 후반으로 미뤄집니다. 네덜란드는 벨기에와 합치면서 공화정을 마감하고 왕정 국가로 변신했습니다. 러시아는 폴란드를 속국으로 가졌습니다. 신성로마제국의 북부는 나폴레옹전쟁으로 완전히 쑥대밭이 된 지역입니다. 원래 여기는 전쟁만 터졌다 하면 쑥대밭이 되는 피해 전담 지역이었습니다. 이 지역은 프로이센을 중심으로 통합하여 독일영방에서 독일연방으로 바뀌었습니다. 마침내 독일이 제 모습을 드러냈습니다. 물론 아직 완전히 통일한 건 아닙니다. 전쟁 당사자 프랑스는 왕정으로 돌아갔습니다. 그런데 약방의 감초, 프랑스가 있는 곳이면 어디든 도시락 싸 들고 따라다니면서 딴지거는 영국이 없죠? 영국은 대륙이 빈체제라는 구질서로 돌아가는 것이 못마땅했지만 큰 반응을 하지 않았습니다. 제품 판매 시장을 이미 세계 곳곳의 식민지로 재편해 두었고 유럽이 시장 형성에 좋은 조건이 아니어서 대륙의 재편은 그리 큰 관심사가 아니었거든요. 이것이 영국과 대륙의 관계입니다. 오늘날도 유럽연합 결성에 가장 소극적인 나라가 영국입니다. 일본이 동아시아 질서와 구조에 소극적인 자세를 취하는 것과 같은 맥락입니다. 처음에는 대륙에의 소외, 그다음에는 세계로 갈 수 있는 다른 루트의 개척, 그리고 시선을 대륙이 아니라 바다 쪽으로 돌리는 것은 이 양국에서 공통으로 볼 수 있는 현상입니다. 어떤 도움 없이 나 홀로 컸다는 자부심이 대륙과 일정한 선을 긋게 만드는 역사적 무의식이 됩니다. 역사적 무의식은 무섭습니다. 한번 터뜨리고 꺾였다고 역사적 무의식까지 소멸되지는 않습니다. 일본의 우경화는 이런 맥락 속에서 이해해야 우리가 같은 고통을 반복해서 겪지 않을 겁니다.

빈체제 이후 개편된 구조 속에서 다시 구체제의 과실을 따먹으면 된다고 안일하게 생각했던 각국에서 잠복했던 문제가 터졌습니다. 빈체제로 기득권의 반동이 유럽 지도를 다시 그리고 있을 때 대륙의 부르주아들은 힘들게 얻은 자유가 수구 반동으로 침해당하는 것을 막아야 했습니다. 자유 없이 경제적 성공을 기대할 수 없다는 걸 알고 있으니까요. 경제적 성공을 발판으로 얻은 정치권력을 절대 놓아서는 안 됩니다. 유럽의 각 지역에서 자유주의 운동이 일어납니다. 목표는 수구로 돌아가는 시곗바늘을 정상으로 되돌려 놓는 것. 기득권자들이 그 꼴을 보고 있을 리 만무지요. 아직 무력은 기득권자들이 쥐고 있습니다. 탄압이 시작되었습니다. 대륙이 다시 예전의 질서로 되돌아가면 영국은 고립 상태가 됩니다. 이 정도면 당연히 심하게 반발하며 자유주의 운동을 지원해야 했지만 영국은 뒷짐만 지고 있습니다. 영국은 이미 좁은 유럽 대륙을 넘어 세계로 시선을 돌린 상태, 대륙의 움직임이 영국의 행보에 걸림돌이 되지 못할 정도로 강국이 되어 가는 중이었습니다.

그러나 자유주의 운동이 남아메리카에까지 번져 독립운동이 일자 영국이 마침내 개입합니다. 아메리카는 영국의 텃밭입니다. 아메리카합중국이 독립했다고는 하나 영국에 경제적으로 의존하는 상태였고 여기의 면화 플랜테이션은 영국의 면직물산업에 아주 중요한 원자재 공급처입니다. 거기다 아메리카 시장은 날로 커지고 있습니다. 남아메리카의 독립운동을 유럽 대륙 국가들이 진압하면 이 지역에서 그들의 영향력이 커질 텐데 영국에게는 재미없는 상황이 될 겁니다. 영국은 남아메리카 여러 지역의 독립을 지원합니다. 사실 남아메리카의 식민 모국들은 힘이 다 빠져 있는 상태라 독립의 여건은 충분했습니다. 영국이 약간의 정치 방패만 되어 준다면 가능한 일이었지요. 아르헨티나, 칠레, 콜롬비아, 멕시코, 브라질, 페루, 볼리비아가 차례로 독립합니다.

발칸 반도도 요동쳤습니다. 그리스가 힘 빠진 오스만제국으로부터 독립하려 하자 전 유럽의 자유주의 지식인들이 가세했습니다. 지중해 진출이 소원이던 러시아가 그리스를 지원해서 그 대가로 교두보를 확보하려 하자 속내를 읽은 영국과 프랑스도 오스만제국 공격에 합세했습니다. 드디어 그리스가 독립했습니다. 그리스는 로마에 함락당한 이후 19세기에 들어서야 겨우 국제사회에 명함을 내밀었습니다. 오랜 역사를 자랑하지만 신생국이나 마찬가지입니다. 이제 다 정리되었을까요? 아닙니다. 완벽하게 반동의 역사로 들어간 지역이 있습니다. 또 프랑스입니다. 완전히 사고뭉치입니다.

또 보자 프랑스

_ 7월혁명과 프랑스

다시 왕정으로 돌아간 프랑스 왕은 귀족과 평민 사이에서 중립을 지킵니다. 비록 왕정복고라는 반동을 맞았지만 대혁명 이후 권력이 자신들에게 있다는 사실을 알고 있는 프랑스 평민을 무시할 상황도, 그렇다고 그들 편에 설 상황도 아니었기 때문이죠. 부르주아들은 자신의 이익을 지켜야 했기에 귀족들에게 권력을 내줄 수 없었습니다. 개인의 권리를 보장하는 헌법 제정과 의회 구성을 시도합니다. 그러나 기득권자인 귀족들은 달랐습니다. 대혁명으로 하루아침에 가진 것을 몽땅 잃고 온갖 수모를 겪었던 그들은 시대를 대혁명 이전으로 되돌리려 합니다. 루이 18세의 뒤를 이은 샤를 10세는 전임 왕과 달리 귀족들의 반동에 힘을 실어 줍니다. 의회 선거를 치르기만 하면 자유주의자들의 의석 점유율이 증가하고 있었기에 위기를 느낀 그는 의회 해산, 출판 검열 등을 칙령으로 반포합니다. 세상을 뒤엎는 대혁명을 경험한 자유주의자들에게 폭탄을 던진 격이죠. 가만있을 리가 없습니다. 1830년 7월 27일, 프랑스 국민은 다시 대봉기를 합니다. 7월혁명입니다.

이제 프랑스는 완전히 혁명의 나라가 되었습니다. 무늬만 혁명인 영국의 명예혁명, 후세의 사가들이 혁명적 사건이라고 해서 붙인 산업혁명 같은 것이 아니라 시민의 힘과 피로 권력 구조를 바꾸는 제대로 된 혁명의 중심지가 되었습니다. 이 정도면 공화정으로 돌아가야 정상인데, 7월혁명 후 부르봉 왕조만 문을 닫았을 뿐, 또 왕이 들어섰습니다. 시민들의 물리력, 정치력이 아직도 세상을 바꾸기엔 부족한 탓입니다. 국민(이제 국민과 시민을 같은 의미로 사용할 수 있습니다. 경우에 따라 문맥에 따라 시민과 국민을 혼용합니다)들이 열심히 싸운 덕에 펼쳐진 멍석에서 자기들 이해에 따라 춤을 추다가 군사독재 세력에 권력을 넘겨준 1987년의 대한민국처럼 말이지요. 새로 들어선 왕조는 그러나 이제 부르주아의 눈치를 살피지 않을 수 없었습니다. 왕정도 공화정도 아닌 어정쩡한 상태의 권력이 탄생했습니다. 아직 프랑스의 몸살은 끝나지 않았습니다. 오히려 다른 국가가 이 혁명의 영향을 받아 새로운 체제로 변신합니다. 벨기에입니다. 7월혁명에 자극받은 벨기에의 시민들은 네덜란드에 봉기를 들어 결국 독립을 쟁취합니다.

프랑스는 7월혁명 이후 급격한 사회구조 변화를 맞이합니다. 첫 번째 혁명인 대혁명은 정치 사건이었습니다. 왕정을 폐지하고 공화정을 수립했지요. 이제 정치권력은 필요하다면 언제든 국민의 손으로 넘어갈 수 있다는 사실을 확인했습니다. 그러나 건건이 반동 사건이 일어납니다. 정치적 힘만으로 세상은 달라지지 않는다는 거지요. 부르주아들은 세상을 바꾸는 데 필요한 건 정치력이 아니라 경제력이라는 사실을 절실히 깨달았습니다. 자본주의가 또 하나의 무기를 가지게 되는 자각이었습니다. 이 자각은 그로부터 백 년 후, 자본이 정치를 압도하고 지배하는 형태로 모습을 드러냅니다. 무수히 많은 이들이 주장하는 바, 정치권력의 배후에 자본권력이 있다는 사실을, 그래야 자본주의가 자유의 등에 업혀 자가증식할 수 있다는 자각을 그때 한 거지요. 프랑스의 부르주아들은 이 자각을 실현하기 위해 정치권력을 압박합니다. 농업 국가였던 프랑스의 산업구조가 급격히 개편되기 시작했습니다. 철도 부설, 도시화, 공업화가 빠르게 진행됩니다. 그리고 변화의 속도만큼 잠복한 문제는 더 곪아 갔습니다. 자본주의와 늘 함께 따라다니는 각종 사회문제(인권, 노동자의 박탈감, 사회 양극화, 빈민 양산 등)가 깊어지고 있었습니다. 이해관계가 대립될 때 해결할 제도를 아직 마련하지 못한 프랑스는 다시 격동의 시간을 보내야만 합니다.

이렇게 문제가 수면 아래서 증폭되고 있을 때 대기근이 프랑스를 덮칩니다. 영국처럼 해외시장을 개척한 것도 별로 없는 상황에서 국내시장이 위축되었습니다. 겨우 걸음마를 떼던 공장은 흉작으로 구매력이 떨어진 농가 때문에 물건을 팔 수 없어 도산 위기에 빠졌고 공장노동자들은 실업자가 되었습니다. 이번에는 노동자들이 봉기했습니다. 다시 혁명입니다. 혁명의 고향답게 이번 혁명은 속전속결입니다. 왕이 영국으로 도망치고(영국과 프랑스는 참 재미있는 나라입니다. 왕이 실각하면 프랑스 왕은 영국으로, 영국 왕은 프랑스로 내뺍니다) 임시정부가 권력을 승계합니다. 1848년의 2월혁명입니다.

임시정부가 새 의회를 구성하면서 대단한 정치적 진보를 이룹니다. 세계 최초로 모든 성인 남자(이전까지는 유산계급의 남자였습니다)가 투표권을 행사했습니다. 총 9백만 명의 성인 남자가 투표해 자유주의 세력이 의회의 절대다수를 차지합니다(여기서 잠시 정리를 합시다. 자유주의자를 일반 시민, 민중으로 착각하기 쉬운데, 여기서 말하는 자유주의자는 자본가입니다. 프랑스대혁명을 이끈 세력이 바로 이 신흥 자본가, 부르주아였지요. 기득권층에게서 자유를 쟁취한, 평민에서 분화된 첫 번째 계층입니다). 2월혁명의 최대 피해자는 전통 귀족입니다. 완전히 몰락했습니다. 이제 사회는 자유주의자(부르주아지)와 노동자(프롤레타리아트)의 대결 구도로 서서히 돌입합니다. 대혁명이 부르주아를 낳았고 7월혁명이 부르주아 세상을 만들었다면, 2월혁명은 프롤레타리아가 역사의 무대에 데뷔한 사건이었습니다.

의회는 구성했지만 또 왕정으로 복고할까 두려운 노동자들이 계속 봉기를 일으키자 위기를 느낀 의회가 마침내 공화정 헌법을 제정, 프랑스는 다시 공화국으로 돌아갔습니다. 이제는 혁명이 완료되었을까요? 아닙니다. 새 헌법에 따라 치러진 대통령 선거는 놀라운 결과를 만듭니다. 나폴레옹의 조카 나폴레옹(이름도 같습니다) 이 대통령에 선출되었습니다. 프랑스의 숙명, 제국의 멍에는 정말 끈질깁니다. 그렇 게 피를 흘려 공화국을 만들고 나서도 제국의 꿈을 버리지 못하는 프랑스입니다. 역시나 나폴레옹 3세는 의회를 해산하고 황제로 즉위합니다. 이 과정은 국민투표 로 프랑스 국민의 지지를 받습니다. 도대체 국민이란 존재는 뭘까요? 왕정복고를 가장 두려워했던 프롤레타리아는 국민이 아닌 건가요? 어쨌거나 국민의 지지로 프 랑스가 또다시 제국이 되었습니다. 또 한 편의 개그 한마당입니다.

나도 있거든?

_ 독일 연방의 탄생

프랑스 7월혁명은 벨기에 독립으로 이어졌고 2월혁명은 독일을 뒤흔드는 계기가 됩니다. 독일은 중세 내내 무늬만 제국이었습니다. 독일이란 이름도 아예 없이 그냥 로마제국이었지요. 제국답게 황제와 속국도 있었습니다만 속내를 따져 보면 황제는 여러 고만고만한 영주 중 제일 힘세거나 교황과 연이 닿은 이가 맡았고 속국도 나라라기보다는 고만고만한 영지들이었습니다. 상황이 이러한데도 이름만 근사하게 제국이다 보니 나라의 틀도 갖추지 못한 영지들은 공국이라는 독립국가가 되어야 했습니다. 그래서 다른 지역들이 투덕대며 민족성, 지역성을 가진 집단으로 커가는 중에도 제국의 위엄만 지키며 폼 잡고 있어야 했습니다. 오죽하면 로마교황의 젖소라는 별칭까지 얻었겠어요.

이런 로마제국에 포함되어 있는 또 다른 지역이 오스트리아였습니다. 세계 문명권 중 가장 낙후 지역인 유럽, 그중에서 가장 낙후 지역인 신성로마제국에서도 가장 별 볼일 없던 지역이 오스트리아였죠. 이런 오스트리아에 합스부르크 가문이 정착해서 과감한 통혼 정책으로 각국의 왕을 배출하자 힘이 생기기 시작했습니다. 합스부르크 가문은 통혼 정책으로 무수히 많은 나라를 거느렸고 17, 18세기엔 합스부르크제국으로까지 불렸습니다. 유럽 전역이 크고 작은 전쟁으로 몸살을 않던 시기였지요. 전쟁을 치르면서 각 나라가 국민국가, 영토국가로 변신하면서 합스부르크 가문은 점점 힘을 잃습니다. 오스트리아가 점점 쇠락해 갑니다. 그에 반해 북부 지역에 자리한 프로이센은 걸출한 제왕 프리드리히 시절부터 서서히 힘을 길러 갑니다.

수차례의 전쟁을 겪으면서 지역의 패자로 성장한 프로이센이 지하자원의 보고 슐레지엔을 오스트리아에게서 받아 내 후일 산업화의 기틀을 확보하지만 통일된 국가형태를 갖추지 못하고 있다가 다른 모든 지역이 국민국가, 영토국가로 자리매김한 후에야 비로소 연방국가로 독일이라는 이름을 얻습니다. 나폴레옹전쟁을 겪고 빈체제가 성립한 후의 일입니다. 어느덧 19세기가 되어 버렸습니다. 뒤늦게 출발한 지각생 독일의 마음이 급합니다.

빈체제 이후 착실히 힘을 기른 프로이센은 독일연방의 기틀을 튼튼히 하면서 오스트리아를 제외한 남부 독일까지 장악합니다. 독일에도 북해에서 발생한 산업혁명의 태풍이 상륙합니다. 그러나 연방국이라고는 하지만 아직 단일국의 면모를 완전히 갖추지는 못해 후발 산업국으로서의 설움을 톡톡히 당해야 했습니다. 당시 최고의 첨단산업은 면직물산업이었습니다. 최고 기술 보유국은 영국이었지요. 영국은 굳이 대륙에 공세적 판매망을 구축할 필요가 없었습니다. 품질만 앞서면 장사꾼들은 하지 말라고 해도 물건을 떼다가 장사하게 되어 있습니다. 영국은 우수한 인도산 면직물에 대응하기 위해 관세 장벽을 높이 쌓아 대처하면서 경쟁력을 길러 유럽의 첨단 산업국이 되었습니다. 영국은 일사불란한 정부 정책이 가능한 단일 국가였거든요. 하지만 독일은 이제 막 단일 국가로 첫걸음을 뗀 처지라 관세 장벽 같은 정책을 추진할 수 없었습니다. 그 결과 영국산 면직물을 막지 못해 1830년대에 독일의 면직물산업은 완전히 붕괴해 버렸습니다.

하지만 산업화를 포기할 수는 없는 노릇, 면직물산업이 붕괴하자 부랴사랴 연방국들이 모여 관세동맹을 체결하고 아직도 남아 있던 농노제를 공식 폐지하면서 산업국의 기틀을 다지던 때에 프랑스 2월혁명의 폭풍이 밀어닥칩니다. 독일이 산업화에 뒤처진 지역이라고는 하지만 나름대로 산업자본가도 있었고 도시에는 노동자도 있었습니다. 중세의 굴레인 농노제에서 막 풀려난 농민도 있었지요. 이들은 다양한 요구를 합니다. 요구를 담을 그릇을 채 준비하기도 전에 말이지요. 선진국 프랑스도 못한 것을 후진국 독일이 할 리가 만무합니다. 프랑스 2월혁명이 터진 한 달 후인 1848년 3월, 독일연방의 두 중추 오스트리아와 프로이센에서 봉기가 일어났습니다. 빈과 베를린의 봉기입니다. 체제를 근본에서 변혁시키지 않으면 산업화는 불가능하고 산업자본가는 다시 노동자, 농민의 처지로 돌아갈 수밖에 없습니다. 가장 큰 문제는 독일통일이었습니다. 단일국가가 아니고선 통일된 정책을 만들 수도, 산업화를 추진할 수도 없고 그나마 만든 제품을 팔 수도 없습니다.

봉기의 주요 집단은 자유주의자입니다. 부르주아들이지요. 이들은 아직 계급성을 자각하지 못한 노동자와 합세하여 봉기했습니다. 59년 전의 프랑스대혁명 때와 비슷한 상황입니다. 의회 소집을 요구하는 이들에게 권력(왕족, 귀족)은 군대를 동원, 진압에 나섰고 자유주의자는 무장투쟁에 돌입합니다. 오스트리아가 자유주의자에게 무릎을 꿇었고 프로이센이 그 뒤를 이었습니다. 그러자 여러 연방국도 차례로 자유주의자에게 틈을 벌렸습니다. 헌법 제정, 의회 소집을 약속합니다. 여기까지는 프랑스와 비슷합니다만 독일 나름의 사정이 봉기를 무산시킵니다. 자유주의자는 다른 나라처럼 독일도 근대 영토국가가 되기를 바랐습니다. 이제는 국가가 산업을 보호해 주지 않으면 안 된다는 인식을 영국을 통해 갖고 있었거든요. 그러자면 우선 통일부터 해야 합니다. 프리드리히는 통일을 약속하면서 일단 권력 구조의 붕괴를 막았습니다. 약속해 주지 않으면 왕을 제거하겠다고 나설 판이기도 했고 자유주의자도 아직 어설픈 상황에서 왕이 사라지면 통일을 할 수 없으니까요. 독일은 프랑스처럼 단일국가가 아니라 아직은 어설픈 연방국입니다. 정치 체제가 그대로 유지되었습니다.

　이듬해 국민의회가 통일헌법을 제정하고 통일을 약속한 프리드리히에게 황제로 취임할 것을 요구했습니다(여기도 참 어지간합니다. 공화제가 아니라 난데없이 황제입니다). 황제 자리는 탐나지만 의회의 요구로 황제에 취임하면 배후 실세가 누가 될지 뻔합니다. 프리드리히는 요구를 들어주지 않았을 뿐 아니라 아예 의회를 해산해 버립니다. 독일의 혁명은 실패했습니다. 독일의 산업화 역시 1870년 통일 이후로 조금 더 기다려야 했습니다.

　혁명은 사라졌지만 3월혁명은 후일 경천동지할 역사를 잉태합니다. 한 지식인이 조그만 책자를 발간하여 센세이션을 일으키더니 탄압을 피해 영국으로 망명하는 사건이 생겼습니다. 그가 마르크스이고 그 작은 책자가 역사를 바꾸는 위력을 가진 『공산당선언』입니다.

체인징 파트너

_ 독일과 이탈리아의 통일

　근대 유럽의 바탕은 15세기부터 3백여 년간 줄기차게 싸운 영국과 프랑스가 전쟁 중에 만들었다고 봐도 좋습니다. 영국은 섬이라는 지리적 이점을 최대한 누렸습니다. 프랑스와 투쟁한 결과, 영국은 이제 대륙으로부터 자유로워졌습니다. 그러면 영국이 대륙을 접수할 꿈을 꾸었을까요? 그렇지는 않습니다. 유럽 대륙은 워낙 복잡했고 무엇보다 빼먹을 것이 별로 없는 땅이었습니다. 발을 들여 봤자 이익도 없는 땅에 미련을 가질 이유가 없죠. 만약 영국이 왕권이나 귀족권이 강한 국가였다면 정치적 이유로라도 제국을 꿈꿨을 만한데 권력은 이미 자본으로 넘어가 버렸습니다. 돈 벌기도 바쁜데 땅따먹기 할 한가한 시간이 없죠. 영국은 이미 세계를 들쑤시며 자본주의를 완성해 가고 있었습니다. 18세기부터 시작된 영국의 이 홀로 가기는 19세기에 가속이 붙습니다. 대륙이여 안녕입니다(주류 역사학은 19세기 영국의 대륙 외교를 '위대한 고립책Splendid Isolation Policy'이라 합니다).

　영국과 늘 멱살잡이하던 프랑스는 상황이 매우 다릅니다. 프랑스는 대륙의 한복판을 차지하는 나라입니다. 로마가 멸망한 이후로는 명실공히 대륙의 중심 세력으로 자리 잡았고 틈만 나면 제국의 꿈을 꾸던 곳입니다. 영국이 홀로 가기를 해 버렸다고 해서 싸울 대상이 없는 것이 아닙니다. 프랑스가 버티고 있는 링에 영국 대신 다른 선수가 올라옵니다. 프랑스의 제2의 원수, 독일입니다.

1848년에 나란히 시민혁명에 실패한 동지가 프랑스, 독일연방, 오스트리아입니다. 프랑스는 부르주아와 프롤레타리아가 힘을 가진 지역이지만 그놈의 제국의 꿈 때문에 왕정복고가 된 상태였습니다. 독일연방은 시민사회가 태동하긴 했지만 오랜 숙원인 통일 때문에 왕정을 무너뜨리지 못했죠. 오스트리아는 시민사회도 없고 기존 권력도 힘이 빠져 제 몸 건사하기도 힘이 부친 상태입니다. 혁명 실패국 중 독일이 먼저 움직이기 시작했습니다.

자유주의자들은 비록 실패했지만 그들의 주장은 시대를 정확히 읽은 산물이었습니다. 프로이센 정부는 자유주의자들의 주장을 실천하려 합니다. 관 주도 개혁입니다. 목표는 독일통일이니까 군사력을 키워야 했습니다. 그런데 의회가 문제죠. 19세기 중반에 그나마 닦아 놓은 산업화의 기초 덕분에 독일에도 부르주아들이 탄생했고 이들이 의회에 진출했기 때문에 장사에 방해되는 짓은 하지 않으려 했습니다. 통일을 하려면 전쟁을 치러야 하는데 난리 통에 경제가 제대로 돌아갈 리 없죠. 그때는 아직 전쟁으로 먹고사는 군산복합체 같은 건 없던 시절입니다. 그렇다고 이들이 새 시대를 주도할 이념 같은 걸 갖춘 것도 아닙니다. 그저 장사꾼 정도였죠. 그러니 통일 때문에 왕정을 무너뜨리지 못한 주제에 통일에 반드시 필요한 전쟁에는 반대합니다. 프로이센 왕 빌헬름은 의회의 견제를 피하기 위해 내각을 구성하고 총리로 비스마르크를 앉혔습니다. 비스마르크는 보수주의자면서도 민족주의자였습니다. 현대사회에서 보수와 민족주의는 잘 어울리는 파트너입니다만 당시 민족주의는 기존 권력을 견제하고 새 질서를 구축하려는 점에서 혁신 쪽이었습니다. 그러기에 당시에는 보수와 민족주의는 상극이었는데 비스마르크는 희한하게도 이 양자를 동시에 지지하고 추종하는 인물이었죠. 아마 당시 독일의 최대 목표가 통일이었기에 보수와 혁신을 동시에 수용하는 게 가능했을 겁니다. 이렇게 본다면 21세기

대한민국의 이념 좌표도 참 희한합니다. 민족주의는 어느새 낡은 이념, 보수 중의 보수 이념에 속합니다. 민족주의의 반대편에 있는 이념이 신자유주의인 세계화죠. 그것이 긍정이든 부정이든 가치판단을 떠나서 역사 흐름으로 보면 그렇습니다. 그런데 대한민국의 보수는 신자유주의를 금과옥조처럼 붙잡고 있고 진보주의자들은 민족주의의 깃발을 높이 들고 있습니다. 우리의 소원이 통일이라서 그럴까요? 보수라고 하는 자들은 혁신을 슬로건으로 내걸고 그에 저항하는 혁신 쪽은 반대로 보수를 슬로건으로 내걸고 있으니 대한민국 사회가 비틀거리고 정체성의 혼란을 겪을 수밖에요. 통일을 하면 이 상황이 정리될까요?

프로이센은 이런 사정과 상황을 바탕으로 시민사회의 견제 없이 관 주도로 독일 통일과 발전을 시작합니다. 이러면 가는 길은 뻔합니다. 파시즘, 바로 대한민국이 겪었던 개발독재입니다(이 이야기는 잠시 뒤에 하겠습니다). 비스마르크는 통일 로드맵을 그립니다. 안으로는 의회가 방해할 것이고 밖으로는 이제 독일연방에 속하지도 않는 옛 독일영방 지역의 오스트리아, 국경선을 맞대고 있는 프랑스가 방해꾼입니다. 3월혁명의 꼴을 보니 자유주의자는 입만 있지 실력은 없습니다. 의회는 일단 무시. 주변국에게 중립을 약속받은 뒤 가까운 오스트리아를 제압합니다. 이제 본선입니다. 프랑스에 마침 공작을 벌일 사건 하나가 생겼습니다. 에스파냐가 혁명으로 왕실이 공석이 되어 빌헬름의 친척을 왕으로 앉힐 작정입니다. 각국이 귀족, 부르주아, 프롤레타리아로 나뉘어 몸살을 앓는 상황에서 혁명을 했으면 내부에서 왕을 하나 뽑아 앉히든지 공화정을 하든지 하지 한가하게 왕을 수입하려 하다니, 에스파냐도 참 어지간히 무던 나라입니다. 프랑스 황제가 반대하고 나섰습니다. 자칫하면 예전의 에스파냐 합스부르크제국이 탄생할 판이었으니까요. 프랑스 대사가 빌헬름에게 그러지 말라고 요청했는데 이걸 비스마르크가 조작해서 프랑스 대사가 무례를 범했다고 동네방네 떠들고 다녔습니다. 빌헬름도 발끈했고 프로이센 국민들은 프랑스를 응징하라고 들고일어났습니다. 독일은 통일의 열망 덕분에 민족주의가 깃발처럼 펄럭이던 지역이었습니다. 그 민족주의를 자극한 거죠. 여기에 자존심이 상한 나폴레옹 3세가 성급하게 먼저 선전포고를 해 버립니다. 비스마르크의 작전이 제대로 들어맞았습니다. 그는 프랑스를 훤히 읽고 있었습니다.

당시 프랑스는 왕정으로 복고하긴 했지만 부르주아의 힘이 워낙 강력해 의회는 자유주의자로 채워져 있는 상태였습니다. 전쟁 반대는 프로이센 의회도 그렇지만 프랑스는 더하겠지요. 비스마르크가 국론이 분열될 거라 판단했는데 딱 맞아떨어졌습니다. 프랑스 의회는 황제가 독단으로 전쟁을 벌였다고 협조를 하지 않습니다. 전쟁을 시작하자마자 프랑스가 밀리더니 급기야 황제가 포로로 잡혀 항복까지 합니다. 그제야 정신 차린 의회는 항복한 황제를 버리고 공화정 선포(제3공화정입니다), 전쟁 준비, 군대 소집을 하지만 소 잃고 외양간 고치는 격입니다. 포로로 잡힌 불쌍한 프랑스 황제는 끈 떨어진 갓이 되었습니다. 1871년, 프로이센군이 파리를 함락합니다. 빌헬름 1세는 프로이센도 아닌 베르사유 궁전에서 독일황제의 대관식을 했습니다. 후에 히틀러는 신성로마제국을 제1제국, 이때 통일한 독일제국을 제2제국, 자신의 나치제국을 제3제국이라고 불렀죠. 프로이센의 실력을 확인한 독일연방국들은 자진해서 프로이센의 휘하로 들어갔습니다. 마침내 독일이 통일되었습니다. 이 전쟁으로 독일은 광산 지역인 알자스로렌을 얻었고 무려 50억 프랑의 전쟁배상금도 챙겼습니다. 이제 독일은 유럽의 강자로 고개를 들었습니다.

프로이센의 파리 점령 사건으로 프랑스는 한동안 휘청대야 했습니다. 프로이센군이 파리를 포위하자 임시정부는 프로이센과 협상하려 했습니다. 임시정부가 급조한 국민의회의 다수파는 왕당파였습니다. 당연히 파리 시민은 그야말로 시체에 불과한 왕정을 다시 복고하려 한다고 의심했고, 프로이센과 협상하기 위해 군대를 해산하려 하자 반기를 들고 시민정부를 구성했습니다. 이것이 파리꼬뮌입니다. 세계 역사상 처음으로 사회주의자가 정부를 구성한 사건입니다. 파리를 따라 지방에도 꼬뮌이 구성되었으나 프랑스 정부군과 프로이센군에 의해 진압당하고 전후에도 처절한 응징을 당하면서 짧은 사회주의 정부는 막을 내립니다. 막강한 강국 프랑스가 후발 주자 독일에 의해 몰락했습니다. 이 사건으로 희망을 가진 지역이 이탈리아입니다.

이탈리아는 로마 멸망 후 한 번도 나라다운 나라를 가진 적 없이 북부, 중부, 남부로 나뉘어져 있었습니다. 19세기에 북부는 프랑스와 오스트리아, 중부는 교황령, 남부는 에스파냐의 지배하에 놓여 있었습니다. 프랑스와 오스트리아는 몰락, 교황은 추락, 에스파냐는 퇴락입니다. 통일의 기운이 무르익기 딱 좋은 상황입니다. 그런데 준비가 전혀 없습니다. 통일을 하자면 시민사회가 성장해서 자유주의든 사회주의든 민족주의든 이념과 실천력을 갖고 있거나 독일의 프로이센처럼 중심 세력이 있어야 하는데 하나도 없습니다. 그때 사르데냐가 홀연히 나타납니다. 그나마 이탈리아 지역에서 가장 힘을 쓰는 섬나라였죠. 이탈리아도 독일처럼 관 주도 통일을 할 수밖에 없습니다. 독일처럼 총리를 기용했고 농업과 공업을 육성하는 한편 군사력을 증강, 프랑스와 협상하여 니스와 사부아를 프랑스에게 주는 조건으로 오스트리아와 전쟁을 치렀습니다. 이 전쟁으로 북부는 물론 중부 이탈리아까지 획득한 다음 시칠리아를 정복해서 이탈리아를 통일하는 데 성공합니다. 이때 마침 프랑스가 프로이센에 패하면서 프랑스가 갖고 있던 로마를 획득, 수도를 로마로 옮기면서 통일을 완성합니다.

독일과 이탈리아는 산업혁명을 통해 시민사회가 강해지는 단계를 거치지 않고 바로 관 주도로 통일을 이루고 산업화를 시작했습니다. 지루하고 어려운 민 주도의 산업혁명을 거치지 않았으니 효율이 높아 보이지만, 역사에 생략은 독입니다. 유럽은 후일 이 독 때문에 엄청난 혼란에 빠집니다. 시민사회 형성 없는 경제발전은 여러 가지 부작용을 낳습니다.

경제발전은 양날의 칼입니다. 양지는 권력자, 자본가의 몫이고 음지는 노동자의 차지가 되는 것이 일반적 현상입니다. 이 현상을 그대로 두면 양극화가 진행되면서 사회 전체에 불만이 증폭되고 혁명이나 폭동의 도화선으로 변합니다. 이것을 막는 장치가 시민사회의 견제입니다. 이것이 사회주의입니다. 프랑스가 혁명에 실패하면서도 황제와 귀족들의 전제정치를 막을 수 있었던 힘이, 영국이 산업혁명의 후유증으로 몸살을 앓으면서도 이를 극복할 수 있었던 힘이 사회주의에서 나왔습니다(자유주의와 사회주의는 뒤에 나오는 [그 나라들의 사정 1. 러시아]에서 정리하겠습니다).

시민사회는 만들자고 해서 만들어지는 것이 아닙니다. 단계가 있습니다. 절대주의라고 일컫는 시대는 왕권 강화의 시대입니다. 왕권 강화를 위한 여러 제도와 상비군을 형성하려니 국가 경영 경상비가 필요했습니다. 세금을 더 걷어야 했죠. 세수 증대를 위해 산업화를 지원, 지지, 장려하면서 부르주아가 탄생합니다. 성장한 부르주아가 자유를 요구하며 초기 시민사회를 형성, 권력을 견제합니다. 이 견제로 결국 절대주의가 민주주의로 대체되고 부르주아는 기득권층으로 자리를 잡습니다. 이 과정에서 노동자층인 프롤레타리아가 자연히 생깁니다. 노동자 계층 없이 자본주의가 있을 수 없기 때문입니다. 프롤레타리아가 새로운 시민층으로 시민사회에 합류합니다. 기존 권력, 신흥 권력인 부르주아, 기층 민중인 프롤레타리아가 서로 견제하고 호흡을 맞추면서 때로는 충돌하고 때로는 협력하면서 진보해야 건강한 사회가 됩니다. 이 과정이 생략되면 사회 전체의 부는 한 극단으로 쏠리고 기층 민중은 어려움을 겪으면서 사회를 해체하는 뇌관으로 작동합니다. 그것을 막으려면 어쩔 수 없이 탄압과 회유를 해야 합니다. 이렇게 되면 사회는 민주주의, 사회주의 같은 단순한 용어로 규정이 불가능한 변종이 됩니다. 그것이 독재, 파시즘입니다. 자본주의도 천민자본주의로 변질됩니다. 이런 사회가 민족주의의 세례를 받아 군사력을 키우면 주변국들에게는 엄청난 재앙입니다.

독일과 이탈리아는 장차 유럽의 재앙을 품에 안기 시작했습니다. 일본이 동아시아의 재앙이 된 것도 유난히 질 나쁜 나라여서가 아닙니다. 역사를 생략한 대가입니다. 그렇다면 현재의 대한민국은 어떤가요? 핵개발이 아니라 생략한 시민사회를 먼저 육성해야 하는 이유도 바로 여기에 있습니다. 우리는 이미 독재를 경험했고, 잠시의 해방 기간 뒤 다시 겪고 있고, 자위성 민족주의 덕분에 파시즘화되고 있다고 하면 지나친 억측일까요? 잠시 이 얘기를 하겠습니다. 어쩌면 우리 내부의 파시즘이 우리를 파괴할지도 모르니까요.

1953년, 3년을 끌던 전쟁이 끝난 대한민국은 산업 기반이 철저하게 파괴된 상태였습니다. 국내총생산액은 13억 달러, 1인당 소득은 67달러에 불과한 최빈국이었습니다. 국민이나 나라나 언제 사라질지 모르는 상황이었지요. 이런 상황에서 독재가 고개를 드는 건 동서고금을 막론하고 정석입니다. 나라가 처참한 상태에 빠질수록 민중이야 죽든 말든 제 배 불리기에 열중하는 기득권층은 더 득세하는 법입니다. 이런 사회에서 이들의 전횡에 반기를 드는 쪽은 아쉽게도 민중이 아닙니다. 권력에 소외된 예비 기득권층입니다. 이 둘은 언제든 충돌하게 되어 있고 어느 쪽이 이기든 그 결과는 독재입니다. 경제를 살리자는 구호를 내걸고 민주당 정권을 쿠데타로 무너뜨린 박정희 군사독재 정권은 관 주도 개혁을 시작합니다. 경제개발5개년 계획이 시작되었습니다. 지금까지의 역사 용어로 한다면 산업화의 시작입니다. 산업화가 되면 부르주아가 탄생하게 되어 있습니다. 프롤레타리아도 당연히 탄생합니다. 절대주의 시절 왕권 강화를 위해 산업화가 필요했던 유럽 각국처럼 국가 전체의 부의 총량이 중요했던 군사독재 정권의 비호 속에 대한민국의 자본가는 재벌로 성장하고 노동자는 박탈감에 시달립니다. 전태일의 죽음을 계기로 부르주아의 횡포에 시달리던 프롤레타리아들이 힘을 모읍니다. 이것이 성공하면 시민사회가 형성되지요. 그런데 시민사회는 부르주아에게도 위협이지만 독재 권력에게는 치명적입니다. 그래서 재벌에게 저항하던 노동자들을 재벌이 아닌 정권이 대신해서 철저하게 탄압합니다. 그런 와중에도 세계경제의 부흥에 힘입어 경제개발5개년계획은 성공하고 대한민국은 산업화 국가의 대열로 들어섭니다. 노동자들의 권익이 보장되지 못한 상태에서의 경제발전은 부익부 빈익빈의 사회 양극화 현상을 심화시켜 나갔습니다. 사회 전체에 모순이 쌓이면서 거센 저항이 시작됩니다. 저항의 근본 목표는 경제이지만 표면 현상은 정치로 나타납니다. 자본에 접근하여 저항하기 위해서는 정치권력부터 먼저 상대해야 했으니까요. 이것이 박정희, 전두환 군부독재 정권에 대한 30년간의 민주대투쟁입니다.

원래 싸우면서 적을 닮아 가는 법입니다. 민주 세력은 독재 세력과 싸우면서 민주주의의 기본을 상실해 갔습니다. 민주투쟁을 하던 내내 민주 세력 내부의 문제 중 하나가 내부 권력이었지요. 하부 조직의 의사와 생각을 무시하고 일방적인 명령과 지휘, 통제로 일관했던 상부 조직의 역량은 싸움 당시에는 효율적이었을지 모르나 싸움이 끝난 후에 건설해야 할 민주사회의 모습을 만드는 데는 실패했습니다. 민주 세력 내부의 상부 조직은 그 모습 자체가 적이었던 독재 세력의 모습이었습니다. 그러니 민주 세력 내부에도 중심 권력이 자리를 잡아 권력을 산개할 수 있는 시민사회를 형성할 역량이 애초부터 없었습니다. 이후 잠시 민주 정권의 모습이 보이다가 다시 수구반동 세력(자칭 보수들입니다)에 권력이 넘어간 현상은 우리가 권력을 견제할 유일한 집단인 시민사회를 만들지 못한 탓이 제일 큽니다. 대한민국은 30년간의 민주대투쟁 과정에서 건강하고 힘 있는 시민사회를 만들 역량을 제대로 키우지 못했습니다. 독재가 워낙 강력하고 끈질겼기 때문이죠. 그래서 지금이라도 서둘러서 시민사회를 만들어야만 합니다. 그러지 못하면 역사를 생략한 대가를 반드시 치러야 하기 때문입니다.

시민사회가 없으면(권력의 견제 장치가 없으면) 사회는 극단의 양극화로 치닫습니다. 가진 자는 더 많이 소유하고 누리면서, 없는 자는 더 없어져서 사회의 밑바닥에 깔리는 사회가 되지요. 이것을 그냥 두면 내전이나 혁명이 일어날 수밖에 없습니다. 그런데 이것을 아주 효과적으로 잠재우는 건 민족의식입니다. 우리는 잘났어, 우리는 유능해, 우리는 할 수 있어, 우리는 위대해, 민족의식이란 게 이런 건 아니지만 권력은 이 프로파간다로 억울한 민중을 달래고 민족의식을 애국심으로 변환시켜 아무리 힘들어도 국가에 대한 충성심으로 버틸 수 있게 하는 한편 외부의 적을 만들어 국민을 단결시킵니다. 외부의 적은 북한, 일본, 이런 따위의 특정한 대상이 아닙니다. 단순하지 않아요. 외부의 적 만들기란, 대한민국 외부를 모두 타자화시켜 버리는 걸 뜻합니다. 우리 민족이 아닌 외부의 모든 존재들은 우리와는 다른, 공존할 수 없는 존재로 만들어 강한 자에게는 굴복하고 약한 자는 착취하는 심리적 기제를 만들어 냅니다. 외부에 적을 만들어 한편으로는 섬멸하고 한편으로는 외부의 대한 결속력으로 내부의 불만을 잠재우는 수법입니다. 나치의 수법이 그랬습니다. 홀로코스트는 그런 배경 속에서 저질러졌지요. 전쟁도 아닌 월드컵에 나서는 축구 국가대표 선수들을 '태극 전사(戰士)'라고 아무렇지도 않게 부르고 있는 근원을 잘 생각해 봐야 합니다.

내부의 모순을 해결하지도 않은 채 힘자랑하는 것도 잊지 않습니다. 우리도 힘을 길러야 한다. 핵을 보유해야 한다는 논리는 이런 상황 속에서 자연스럽게 나옵니다. 또한 우리와 다른 모습을 가진 사람들에 대한 적대감 역시 자연스럽게 나옵니다. 이주노동자들을 향한 공격, 착취, 모멸, 대한민국 기업이 해외 사업장에서 일으키는 온갖 물의(노동자 탄압, 착취), 결혼 이주여성에게 가하는 폭력, 동남아 각국으로 여행간 한국인들이 벌이는 추태는 이런 타자화가 원인입니다. 우리보다 못사는 나라나 민족은 짓밟고 그 반대면 떠받듭니다. 대한민국의 인종차별은 국민성, 민족성이 아닙니다. 이런 정치 프로파간다에 모든 국민이 현혹되어 만들어지는 현상입니다. 지금까지 언급한 대한민국의 상황을 나치 정권 당시의 독일 사회와 잘 비교해 보세요. 뭐가 다르고 뭐가 비슷할까요?

자진 왕따

영국은 일찌감치 대륙에 관심을 끊어 버렸습니다. 홍역을 먼저 치른 자의 여유로움이라고 할까요? 아니면 대륙의 지지고 볶기 판에 끼어들어 봤자 먹을 건 별로 없이 귀찮기만 하다고 판단했을까요. 그리고 보면 프랑스와 열심히 싸운 것도 성장하던 중에 제 밥그릇을 지키기 위한 행동이었을지도 모릅니다. 빈체제 이후 유럽이 몸살을 앓고 있던 때 영국은 대륙과 뚝 떨어져 제 갈 길을 가고 있었습니다. 비록 최대의 식민지 아메리카합중국의 독립이라는 아픔을 겪기도 했지만 그 덕분에 아메리카 대륙에 쏟던 관심을 돌려 인도를 다졌고 드디어 중국을 흔들 수 있었습니다. 영국 입장에선 아메리카합중국의 독립이 잘된 일이었지요.

나폴레옹전쟁이 끝날 즈음 영국은 산업화를 거의 완성한 단계였습니다. 눈부신 경제발전은 인구 증가를 불러왔습니다. 1830년대엔 백 년 전에 비해 무려 1천만 명에 가까운 인구가 늘어나 전체 인구가 2천4백만 명에 이르렀습니다. 늘어난 인구는 도시에 집중되어 도시화도 가속되었습니다. 인구 증가와 도시화 진척은 농촌의 인구 감소를 불러옵니다. 선거법이 문제가 되기 시작합니다. 처음 선거법을 제정할 당시는 전체 인구구성에 맞춰 선거구를 획정했는데 인구구성이 완전히 달라져 농촌은 적은 인구로도 의원을 선출하게 되었고 도시는 어마어마한 인구임에도 선출할 의원 수는 그대로였습니다. 권력층 간의 이해관계에 문제가 생겼습니다.

당시 영국의 사회계층은 젠트리라고 부르는 구 권력층, 부르주아로 부르는 신흥 자본가, 프롤레타리아로 부르는 노동자, 농민으로 이루어졌습니다. 구 권력층은 주로 지주입니다. 과거 영지를 갖고 있었던 귀족이 지주로 변한 겁니다. 요면도 지주입니다. 따라서 구 권력층의 정치 기반은 농촌입니다. 부르주아는 신흥 자본가, 공장주입니다. 당연히 도시에 기반을 갖고 있습니다. 선거법을 그대로 두면 아무리 노력해도 의회는 구 권력층의 정당인 토리당이 장악하여 부르주아의 이익을 침해할 것이 뻔합니다. 인구 비례에 맞지 않는 선거법을 개정해야 한다는 휘그당의 압력에 토리당이 굴복, 선거법이 개정됩니다. 유권자 자격도 완화하여 유권자 수가 크게 늘었습니다. 총선에서 휘그당이 승리합니다. 이에 휘그당과 토리당은 자유당과 보수당으로 아예 당명을 바꾸어 정체성을 완연히 드러냅니다.

선거법 문제로 1차전을 치른 양당은 곡물법 개정으로 2차전을 치릅니다. 곡물법이 처음 제정된 때는 12세기였습니다. 곡물이 부족했던 영국은(섬나라는 처음에 다 이랬습니다. 일본의 왜구가 조선을 약탈한 이유도 곡물이 부족해서였지요. 조선이 곡물 무역을 제대로 하지 않자 약탈이라도 해서 먹고살아야 했기에 조선의 해안을 늘 침략했습니다. 농업기술이 열악해서 농사를 잘 짓지 못했거든요) 대륙으로부터 곡물을 수입해야 했는데 이렇게 되면 지주의 이익과 충돌합니다. 식량이 부족하면 비싸게 곡물을 공급하여 이익을 올릴 수 있는데 대륙으로부터 수입된 곡물이 시장에 풀리면 가격이 하락해서 귀족들이 이익을 적게 볼 수밖에 없습니다. 그래서 곡물가를 높게 책정한 법이 곡물법입니다. 이제 시대가 변했습니다. 곡물가가 높으면 부르주아는 노동자의 임금을 낮춰 가격 경쟁력을 만들 수가 없습니다. 아무리 임금을 낮게 책정해도 먹고살게는 해줘야 하니까요. 여기다가 인구가 엄청나게 늘어 곡물 수입량이 어마어마하게 증가했습니다. 곡물가를 그대로 내버려뒀다가는 곡물가가 경제의 발목을 잡아 나라가 주저앉을 판이었습니다. 보수당이 당략으로만 반대할 성질이 아니었습니다. 결국 자유당이 또 이겼습니다. 자, 이러면 영국 노동자들의 살림살이가 펴졌을까요? 천만의 말씀입니다. 자유당은 부르주아당입니다. 프롤레타리아의 이익에는 관심이 없습니다. 노동자들은 아직 정치력도 갖지 못한 상태입니다. 하락한 곡물가의 혜택은 자본가 차지가 되었습니다. 이제 노동자들이 들고일어납니다.

1839년, 노동자들이 보통선거권을 요구하는 청원서를 의회에 보냅니다. 이것을 차티스트운동이라고 합니다. 이번에는 자유당이 반대하고 나섰습니다. 뻔하지요. 노동자의 권익이 높아지면 손해는 부르주아가 입기 마련이니까요. 청원이 거듭될수록 노동자들의 압력이 더 커집니다. 그러나 계속 거부당합니다. 그럼에도 폭동이나 혁명이 일어날 조짐은 안 보입니다. 노동자들은 줄기차게 의회에 청원하면서 세 과시만 할 뿐입니다.

이 사건은 당시 영국 사회의 두 가지 단면을 보여줍니다. 하나는 의회민주주의의 경험층이 매우 두터워서 의회를 통해야 제도가 바뀐다는 것을 국민 모두가 알고 있었다는 것이고, 다른 하나는 자본주의가 낳은 어둠인 사회 양극화가 심화되면서 모순이 점점 짙어지고 있었다는 것입니다. 차티스트운동을 지속했다고 제도권이 청원을 당장 수용하지는 않았지만 돈 벌고 번 돈 지키느라 여념이 없었던 제도권에 당대의 모순을 알려준 것은 큰 진전이었습니다(좀 뒤의 일이지만 노동자의 청원은 조금씩 정치권에 수용되어 19세기 말, 마침내 노동자에게 선거권이 주어졌고 20세기 들어서자마자 자유당은 프롤레타리아의 이익을 대변하는 노동당으로 당명을 바꿉니다. 마침내 사회 갈등 구조 해소를 제도권이 수용했습니다. 혁명의 가능성은 사라졌습니다. 자본주의가 심화되면 프롤레타리아트의 혁명이 일어난다는 마르크스의 예언을 멋지게 날려 버린 나라가 영국입니다).

차티스트운동이 잠잠해진 19세기 중반, 영국은 본격적인 세계 진출(말이 좋아 세계 진출이지 사실 제국주의 실현입니다)을 합니다. 아메리카 대륙은 이미 정리된 상황이고 아프리카는 그리 큰 매력이 없습니다. 영국은 인도를 완전히 식민지화하고 경영하기에 여념이 없습니다. 영국도 잘 몰랐지만 인도를 장악한 것은 후일 중국을 흔들기 위한 교두보를 마련한 꼴이 되었습니다. 필요할 때 발견한 런던 인근의 석탄 광맥도 그렇고, 영국은 참 어지간히도 운이 좋은 나라입니다.

식민지는 산업화 완성 단계로 접어든 영국의 수많은 문제를 해결하는 해결사였습니다. 만약 식민지가 없었다면 영국의 양대 산업이었던 모직물산업과 면직물산업의 원자재 조달에 비상이 걸렸을 겁니다. 어마어마한 양의 초지와 면화 재배지를 영국 내에서 확보하자면 농토 잠식 외엔 방법이 없습니다. 식량 부족 사태는 필연입니다. 영국은 식량 생산 문제에 매달리면서 다시 예전의 농업 체제로 전환되었을 것이고 신생 제조업들은 태어나자마자 한계에 봉착하여 산업혁명이 꿈으로 사라졌을지도 모릅니다. 정말 운이 따라 주는 나라입니다. 영국에겐 필요할 때에 필요한 것이 있었습니다.

식민지는 영국의 마지막 남은 문제도 해결해 주었습니다. 시장입니다. 프랑스와 각축을 벌이며 아프리카, 인도, 동아시아, 중앙아메리카, 북아메리카에 방대한 식민지를 만든 영국은 처음엔 이 식민지로부터 원자재를 수입하는 단순한 방식의 식민지 경영을 했습니다. 이렇게 수입한 원자재로 시장에서 통하는 상품을 만들 때까지 보호무역의 장벽까지 높게 쳤습니다. 그리하여 마침내 19세기에 접어들면서 영국의 생산량과 경쟁력이 전 부문에서 크게 성장하자 보호무역의 장벽을 걷고 자유무역으로 전환합니다. 이제 충분히 경쟁력을 갖춘 이 상품을 팔아야 합니다. 영국 국내시장만으로는 어림없지요. 가난한 유럽 대륙은 기대할 수가 없습니다. 만든 상품이 팔리지 않으면 생산량이 늘수록 경제는 어려워집니다.

영국은 상품 소비시장으로 식민지를 주목했습니다. 새로운 용도에 맞춰 식민지 경영 방식을 전환했지요. 세계 각지의 식민지는 원자재 공급 기지이면서 동시에 상품 소비시장이 되었고, 이 역할을 할 수 있도록 식민지 산업구조를 개편했습니다.

이 정도 상황이면 동인도회사, 서인도회사 등의 민간 회사가 감당할 규모를 넘어섭니다. 식민지에 총독을 파견해 행정을 맡게 하고 군대도 파견합니다. 식민지 산업구조 개편이 평화적 방식으로 이루어지지는 않으니까요. 드디어 식민지 경영은 국책 사업이 되었습니다. 본격적인 식민지 시대의 시작입니다.

프랑스를 이기고 벵골 지역에 식민지 경영을 시작한 1757년, 동인도회사는 이 지역 대부분의 토지세 징수 권한을 확보했습니다. 이 자금으로 인도산 면직물 매입을 늘리고 군대의 규모를 확대한 동인도회사는 점차 세력권을 넓혀 인도 전역을 장악했습니다. 약 백여 년간의 관세 장벽으로 영국산 면직물의 품질, 가격 경쟁력을 확보하자 영국은 인도의 관세 장벽을 제거하고 제품을 쏟아 부었습니다. 19세기 접어들자 인도 면직물산업은 쇠퇴하기 시작했고 벵골 지역의 방적공 수백만 명이 실직자가 되었습니다. 1830년에는 인도 면직물산업이 완전히 붕괴했습니다. 면직물 생산을 담당하던 방적공들은 농부로 직업을 바꿔 면화를 재배해야 했습니다. 그런데 영국은 세금을 현물이 아닌 돈으로 걷는 수법으로 인도의 농업경제마저 바꾸어 버렸습니다. 농부들은 세금 낼 돈을 구하기 위해 곡물이 아닌 환금작물을 재배해야 했고 그 결과 인도의 농촌에는 곡물 대신 인디고, 사탕수수, 목화, 양귀비가 자랐습니다.

이제 인도는 1차산업인 농업으로 원자재를 수출하고 공산품을 수입하는 전형적인 제3세계형 경제구조로 전환됩니다. 영국의 교묘한 식민지 산업구조 개편 정책이 주효해 몰락하던 차에 자연재해가 발생하면서 인도는 회복 불가능 상태에 빠집니다. 엘니뇨입니다. 19세기 후반, 엘니뇨가 세 차례나 지구를 덮쳤는데 유독 아시아, 아프리카, 남아메리카에 극심한 기아가 발생했습니다. 이미 세계는 제국주의의 소용돌이에 빠져 있던 때, 흉작으로 곡물 생산이 감소하자 동아시아를 제외한 전 세계의 농장에서 생산된 얼마 안 되는 곡물은 배고픈 유럽으로 다 빠져나가고 식민지들은 기아에 허덕여야 했습니다. 특히 인도는 영국의 정밀한 식민지 정책의 희생양이 되어서 엄청난 피해를 입었습니다. 이제 이 지역들은 산업화는커녕 살아남기 위해 온갖 노력을 다해야 하는 고통 속에 빠집니다.

그런 고통 속에서도 식민지들은 영국에게 자유무역을 계속 강요당했고 인도는 영국 총 수출량의 30퍼센트를 담당하는 최대 수입국으로 전락했습니다. 흔히 영국의 인도 식민지 경영을 일본과 비교하여 신사적이라고 표현하지만 그 악랄함은 거대한 땅 인도를 아직도 제3세계에서 벗어나지 못하게 할 정도로 지독했습니다. 인도가 없었다면 대영제국도 존재하지 못할 정도였으니까요. 인도는 또 다른 방향에서도 영국에게 커다란 무기를 쥐어 줍니다. 아편입니다. 아편의 원료인 양귀비는 인도의 농가가 세금을 내기 위해 광범위하게 키우던 작물이었습니다. 영국은 아편으로 중국의 기초를 흔들어 버립니다.

하이에나들의 대행진

고대부터 시작된 제국은 중세를 거치면서 번번이 시도 단계에서 실패하다가 마침내 19세기에 이르러 완전히 새로운 개념으로 재탄생합니다. 경제를 위한 속국 경영, 자본주의적 제국 개념이 그것입니다. 제국주의라 부르는 이것은 제국과는 판이하게 다릅니다. 제국은 정치 개념으로, 제국주의는 경제 개념으로 이해하면 구분이 좀 쉽겠습니다.

제국주의로 재무장한 영국은 마지막 벽, 중국에 구멍을 뚫습니다. 이제 전 세계가 영국의 이익을 위해 존재하는 상황이 되었습니다. 엄청난 재화가 영국으로 쏠렸습니다. 풍요는 사회구조를 변화시킵니다. 자본가와 노동자의 관계가 달라지기 시작했습니다. 자본가는 새로운 귀족으로 변했고 노동자는 새로운 평민으로 변했습니다. 그리고 이들을 연결하는 중간계급인 관리자가 생겼습니다. 신분제가 희석되기 시작한 지 수백 년이 지난 후, 신분제는 자본의 유무에 따라, 하는 일에 따라 계급제로 재탄생합니다. 계급제가 생기면 당연히 계급 간의 갈등도 따라서 나타납니다. 이 갈등이 현대사회에 바로 연결되어 전 세계의 수많은 문제를 증폭시키고 있습니다. 그리하여 우리는 지금, 이 산적한, 어마어마한 문제를 해결하기 위해 온갖 고초를 다 겪고 있습니다. 영국이 일부러 수많은 문제를 만든 원조가 된 건 아니지만, 원조로서 누린 혜택만큼 져야 할 몫의 책임은 지지 않았습니다. 영국은 세계에, 역사에 빚이 참 많은 나라입니다.

이것이 소위 산업혁명의 진실입니다. 그 위력은 엄청난 충격으로 세상을 변화시켰던 농업혁명이 초라해 보일 정도로 컸습니다. 농업혁명이 문명을 만들었다면 산업혁명은 신문명과 함께 신인류까지 만들었으니까요. 이 신문명과 신인류의 정점에 있는 자들이 후일 정치권력자들을 무대에서 밀어내고 보이지 않는 권력으로 세상을 제패한 진정한 제국주의자들, 바로 자본권력자들입니다. 산업혁명은 인류에게 축복일까요, 아니면 재앙일까요?

독일과 이탈리아가 통일을 했습니다. 영국은 저 홀로 강대국이 되었고, 독일에 된통 얻어맞고 다시 공화정으로 돌아선 프랑스는 여전히 영국과 계속 맞섭니다. 오스트리아와 에스파냐, 독일은 혁명을 통해 공화정을 시도했으나 모두 실패했고 이런 북새통에 스칸디나비아의 스웨덴, 덴마크, 노르웨이는 비교적 조용하게 다가올 격변의 시간을 준비하고 있었습니다. 네덜란드로부터 독립한 벨기에는 프로방스 지역의 전통을 살려 작은 몸집에도 불구하고 형님들을 따라 해외로 진출하려 했고, 네덜란드는 원래 기반이 해적질인지라 작은 영토지만 강력하게 해외에 식민지를 구축하고 있었습니다. 크림전쟁에서 패한 러시아는 유럽을 집적대는 대신 극동으로 손길을 내밀고 있었지요. 유럽 전역의 땅 나누기가 거의 끝난 상태입니다. 이제 남은 것은 발칸 반도 지역입니다. 헝가리가 오스트리아로부터 독립하고 그리스도 독립하면서 이 지역에서 오스만제국의 영향력이 약화되자 많은 민족들이 저마다 독립을 서두릅니다만 오스트리아는 제국의 꿈을 버리지 못하고 각 지역의 독립을 억누릅니다. 이것이 후일 20세기까지 이어지는 갈등의 원인이 되어 이 지역을 유럽의 화약고라 부르는 이유가 되기도 합니다. 프로이센-프랑스전쟁 이후 유럽은 이렇게 각 지역에서 조용히 헤쳐 모여를 하고 있었습니다. 이 기간 중엔 작은 전쟁 하나도 없었지요. 빈체제 이후 절대 강국을 서로 견제하던 시스템이 비스마르크의 외교술과 합쳐져 힘의 균형을 이루고 있었기 때문입니다. 당시는 유럽의 외교술 전람회였습니다. 3제동맹, 3국동맹 등 각 나라들이 이해관계에 따라 손을 잡았다가 뗐다가 했습니다. 그러나 큰 갈등 구도는 수면 아래로 잠복했을 뿐 사라지진 않았습니다. 영국과 프랑스는 싸우다가 친해져서 이제는 안 싸우면 섭섭한 이상한 친밀 관계로 국제 공인을 받은 처지가 되었지만 수면 아래로 잠복한 가장 큰 갈등은 바로 프랑스와 독일의 앙숙 관계입니다.

프로이센–프랑스전쟁으로 베르사유 궁이 쑥대밭이 된 사건은 프랑스로 하여금 호시탐탐 독일을 노리게 만들었습니다. 독일이 그것을 모를 리가 없지요. 비록 한 번 이겼다고는 하나 프랑스가 여전히 두려운 독일입니다. 그래서 비스마르크는 온 힘을 다해 프랑스를 고립시키려 애쓰면서 외교전을 펼쳤습니다. 그의 외교 원칙은 간단합니다. 프랑스의 적은 우리의 친구! 그러나 비스마르크가 실각하면서 유럽의 살벌한 평화는 끝나고 격동의 시간이 수면 위로 부상하고 있었습니다.

유럽은 이제 지도를 거의 완성했습니다. 싸워 봤자 땅따먹기를 더 할 수도 없습니다. 영국의 산업화는 벤치마킹되어 유럽 전역의 산업화가 가속되고 경제가 발전하면서 상품 시장의 확대가 절실했습니다. 저마다 뭔가를 만들어 내는데 동종 업체끼리 서로 사고팔면서 장사할 수는 없으니까요. 유럽은 이제 세계로 눈을 돌립니다. 유럽이 세계로 눈을 돌리는 방향은 시기별로 변화가 있습니다. 고대에서부터 중세까지는 갈 수 없는 나라, 무조건 동쪽이었습니다. 다른 세계는 없었지요. 그 동쪽은 이슬람과 중국이 꽉 막고 있습니다. 부유한 동쪽 세상을 접촉할 수 없었으니 자력으로라도 잘 살아 봐야겠는데 뭐 가진 게 있어야 용이라도 써 보죠. 석탄, 철광 같은 보물이 영국 땅 밑에 숨어 있었지만 정작 영국은 그걸 알지도 못했습니다. 알았다 해도 그걸 써먹을 방법도 몰랐던 시절이었습니다. 그러나 이제 유럽의 세계는 두 방향이 더 늘었습니다. 하나는 남쪽의 아프리카, 다른 하나는 서쪽의 아메리카입니다. 게다가 동쪽을 가로막던 이슬람과 중국은 쇠약해져서 허물어지고 있습니다. 유럽에게 이제 세계는 사방으로 뚫린 구멍입니다. 일단 아프리카부터 접수합니다. 아프리카 땅따먹기가 시작되었습니다.

프랑스가 모로코를 접수하면서 서북아프리카 지역을 장악합니다. 영국은 아시아 항로에 필요한 기지 확보를 위해 케이프타운을 접수했다가 영국의 침략에 내륙으로 물러난 보어인이 세운 트란스발, 오렌지 자유국에서 금과 다이아몬드 광산이 발견되자 결국 이 지역까지 접수, 남아프리카 공화국의 전신을 만듭니다. 이어 프랑스 외교관이 만든 수에즈운하를 주식을 사는 형식으로 접수, 이집트를 식민지화합니다. 바로 이웃에는 프랑스 식민지들이 있습니다. 전쟁일까요? 이전 같으면 전쟁이었을 겁니다. 그러나 아프리카에 영국과 프랑스만 있었던 것이 아닙니다. 유럽의 온갖 나라들이 하이에나처럼 들러붙어 있었지요. 심지어 벨기에처럼 완전 꼬마 나라도 아프리카를 뜯어먹고 있었으니까요. 자칫하면 나폴레옹전쟁 때처럼 또다시 전 유럽을 상대로 전쟁을 해야 할지도 모를 상황입니다. 프랑스는 꽤 허약해져 있었습니다. 순순히 물러납니다. 작은 전투는 있었지만 비교적 평화롭게(?) 아프리카 전역이 유럽 나라들에 의해 조각조각 분할되었습니다. 이들은 아프리카의 민족, 영토 구분에 따라 땅을 나눠 먹은 것이 아니라 땅따먹기를 하다가 다른 국가에 부딪혀 멈추면 그곳에 경계선을 긋고 소유권을 주장했습니다. 각 식민지마다 여러 종족과 문화가 뒤범벅되었습니다. 이것이 오늘날 아프리카 전역을 휩쓰는 내전의 원인입니다. 아프리카가 검은 대륙이 된 직접적 원인 제공자, 범죄자는 바로 유럽입니다.

그런데 아프리카는 왜 이렇게 속수무책으로 유럽에 당할 수밖에 없었을까요? 아프리카는 인류 발상지답게 풍요의 땅이었습니다. 아무것도 없는 유럽처럼 쥐어뜯으며 서로 싸울 필요가 없었습니다. 서구가 각색한 대로 우리가 알고 있는 그 야만과 빈곤과 무지의 땅 아프리카가 아니라 평화와 풍요와 안정의 땅 아프리카였습니다.

아프리카를 지배하던 가나와 말리제국이 쇠퇴하는 순간과 에스파냐, 포르투갈이 아프리카를 침략하던 순간이 우연히 일치했다는 게 아프리카 비극의 시작이었습니다. 말리제국이 여전히 강성했더라면 에스파냐, 포르투갈 정도가 감히 아프리카를 뜯어먹을 수 있었을까요? 만약 그런 상태에서 에스파냐와 포르투갈이 아프리카를 집적댔다면 반격을 받아 이후 유럽 역사는 완전히 달라졌을지도 모릅니다. 에스파냐, 포르투갈은 사람사냥(노예사냥)을 했습니다. 완전 양아치들입니다. 노예사냥으로 발생된 가장 심각한 문제는 아프리카 전체의 노동력 감소였습니다. 처음에는 건장한 청장년을 잡아가다가 사냥감이 귀해지자 나중에는 어린아이와 부녀자까지 모두 잡아서 팔아넘겼습니다. 아프리카는 산업화는커녕 농사지을 일손조차 없을 정도의 극심한 노동력 감퇴로 문명 자체가 소멸되기 시작했습니다. 양아치들이 몰락하면서 아프리카가 겨우 정신을 차릴 때쯤 이번에는 굶주린 하이에나들이 들이닥쳤습니다. 이번에는 양아치들의 난동과는 차원이 다릅니다. 산업화, 제국주의로 무장한 하이에나 떼입니다. 하이에나들의 목표는 노예사냥이 아니고(사냥할 노예도 없었고, 이미 국제사회에서 노예산업은 금지되었습니다) 무주공산인 아프리카 땅 자체를 따먹는 것입니다. 엄연히 주인이 있었지만 그들의 눈에 검둥이(당시에 아프리카인을 대하는 유럽인의 시각을 표현하기 위해 이 인종 비하 용어를 그대로 씁니다)는 사람이 아니었습니다. 이들은 함부로 남의 땅에 쳐들어가서 함부로 금을 긋고 소유권을 주장합니다. 아프리카는 비극의 땅으로 변했습니다. 라이베리아와 에티오피아만 끝까지 저항하며 아프리카의 자존심을 지켰습니다. 이 둘은 아메리카합중국내전(공식명칭은 미국남북전쟁입니다)으로 해방된 노예들이 지킨 나라입니다.

아프리카 땅따먹기가 끝나자 하이에나들은 시선을 태평양으로 옮깁니다. 대체 이들은 왜 이렇게 땅따먹기에 열을 올릴까요? 아프리카의 작은 땅들은 먹어 봤자 정치, 경제, 문화 그 어느 영역에도 큰 도움은 되지 않았습니다. 식민지 개척 후 오히려 골머리 앓는 나라도 나왔을 정도였으니까요. 그동안 궁핍하게 산 세월을 보상

받으려는 심리가 작용했거나, 그게 아니면 아프리카에 식민지 하나쯤은 있어야 국제외교 무대에서 체면 치례라도 할 수 있을 거란 계산이었겠지요. 하이에나들은 그동안 굶주린 통에 키운 끈질긴 생존 능력과 지나치게 발달한 소화기관 외에 산업화로 강력한 발톱과 이빨도 갖추었습니다. 양아치가 돈과 무기, 조직을 갖추면 조폭이 됩니다. 하이에나들의 정체는 조폭이었습니다.

이들의 그물에 이슬람 지역부터 중국까지, 태평양의 가장 큰 섬 오스트레일리아부터 하와이, 피지, 사모아, 괌 등 여러 작은 섬까지 다 걸려들었습니다. 가히 전 세계가 그물에 걸려들었다고 봐도 과언이 아닙니다. 조폭 대열에는 이제 막 끼어든 신참 아메리카합중국도 있습니다. 태평양 곳곳에 영국령, 프랑스령, 독일령, 네덜란드령, 아메리카합중국령이 들어섰고 동남아시아도 발기발기 찢겨졌습니다. 동북아시아를 제외한 전 지역에서 이들의 탐식에 저항하여 독립을 지킨 나라는 태국과 아프가니스탄뿐일 정도로 이들의 탐식은 놀라웠습니다. 동북아시아가 빠진 이유는 이곳에 중국과 일본, 러시아가 버티고 있었기 때문입니다.

태국은 인도에서 가까운 인도차이나 반도 서쪽(오늘날의 버마, 말레이시아)을 접수한 영국과 그 동쪽(오늘날의 라오스, 베트남)을 접수한 프랑스 사이에 있었기에 충돌을 두려워한 양국을 이용, 중립지대로 남아 독립을 유지했습니다. 물론 강력한 국가가 존재했기에 가능한 일이었지요. 유럽에서 프랑스와 독일 등 강력한 세력 사이에 끼어 있는 스위스, 벨기에 등이 중립지대가 된 것과 같은 맥락입니다. 그런데 아프가니스탄은 이런 상황이 아닙니다. 아프가니스탄은 예로부터 제국의 무덤으로 불리던 지역입니다. 그 누구도 아프가니스탄을 먹을 수 없었을 정도로 실력과 자존심이 셉니다. 역사를 거꾸로 돌려 보면, 현재 아메리카합중국이 아프가니스탄의 수렁에 빠져 있고, 20세기 말에는 소비에트연방이 여기에 빠졌다가 겨우 탈출했으며, 19세기에는 영국이 이 수렁에 빠져 침략군이 거의 전멸하면서 점령에 실패했고, 그전에는 강력했던 이슬람제국도 손을 댈 수 없었던 지역입니다. 고대에는 알렉산드로스가 동방 원정을 하면서 아프가니스탄을 점령하는 데 무려 3년이란 시간이 걸렸을 정도로 강한 힘과 정신을 소유하고 있는 지역입니다. 여기에 대한민국도 한쪽 발을 집어넣었습니다. 대한민국도 제국을 꿈꾸고 있나요? 그게 아니면 도대체 이유가 뭘까요?

이제 인도차이나 지역도 영국령, 프랑스령, 네덜란드령, 독일령, 아메리카합중국령으로 정리되어 땅따먹기도 끝났습니다. 마지막으로 딱 하나 남았습니다. 중국입니다. 유럽에게는 오랜 세월 갈 수 없던 나라, 풍요와 화려한 기술과 힘으로 주눅 들게 했던 나라, 아메리카 식민지로부터 훔친 모든 것을 남김없이 쓸어가 버린 나라, 그들에게 화약과 종이와 인쇄술과 대포, 나침반 등 온갖 문명을 전수해 준 스승의 나라, 바로 그 중국이 남았습니다. 그리고 하이에나들은 아직도 배가 고픕니다.

그 나라들의 사정 1, 러시아

_ 러시아의 진통

중국으로 가기 전에 잠시 유럽의 동쪽을 살펴보겠습니다. 20세기의 유일한 거대 제국이 지금은 사라지고 없는 소비에트연방이었습니다. 오늘날의 러시아죠. 그러나 하이에나들이 지구가 좁다고 설치던 그 무렵, 러시아는 저만치 떨어져서 다른 준비를 하고 있었습니다.

몽골족의 식민지로 유럽 사회의 비아냥거림을 샀던 러시아는 이반 4세에 이르러 강력한 나라로 성장합니다. 이반 4세는 비밀경찰을 조직해서 귀족들의 반항, 반란, 분열을 막아 권력 기반을 공고히 다지면서 한편으로는 몽골에 복수하기 위해 줄기차게 동진을 합니다. 이 정책은 제위를 이어받은 황제들이 계속 유지했고 표트르 1세는 청나라와 국경선을 확정하는 네르친스크조약을 체결해서 마침내 동양에 깃발을 꽂았습니다. 남쪽 발트해와 연결된 곳에는 페테르부르크를 세웠고 서쪽으로는 스웨덴과 전쟁을 벌여 발트해의 해상권을 장악하여 유럽 동방의 찌질이가 마침내 동쪽 경계를 뚫고 서쪽으로 나왔습니다. 18세기 말에는 폴란드를 분할해서 오스트리아와 나눠 가지기도 했지요. 러시아는 유럽 동쪽의 변방에 자리한 까닭에 유럽을 뒤흔든 수 세기의 전란 속에서 이익이 있으면 튀어나왔다가 다시 둥지로 숨기를 반복하면서 홀로 성장을 할 수 있었습니다. 그러나 홀로 성장은 한계가 있는 법,

러시아는 19세기 초반에도 농노제가 건재하는 등 산업화를 받아들일 틀조차도 갖추지 못했던 후진국이었습니다.

그런 러시아에 자유주의의 물결이 산업화 물결보다 먼저 상륙했습니다. 1825년에 청년 장교들이 조국의 근대화를 요구하며 반란을 일으켰습니다. 물론 실패했지만(아무리 후진국이라 해도 정권의 힘은 강력합니다. 그 허약한 조선도 민중 봉기로 정부가 뒤집어진 적은 한 차례도 없었습니다) 이 반란은 러시아 지식인들에게 고민거리를 안겨 줬습니다. 민 주도의 산업화 과정이 없었던 러시아는 부르주아 시민사회가 부재한 반면 차리즘이라는 혹독한 전제정권이 있었습니다. 이런 사회에서 서유럽식의 봉기와 혁명으로 민주적인 권력의 등장이 가능할까라는 고민이었지요. 답은 사회주의 혁명이었습니다. 역사 발전 단계를 압축하거나 생략하자는 발상입니다. 당시 서유럽의 시민 봉기에는 반드시라고 할 수 있을 정도로 사회주의적 요구가 튀어나왔습니다. 여기서 용어를 좀 정리해야겠습니다. 자유주의와 사회주의를 구분해야 하니까요.

17세기 프랑스의 계몽사상가들이 개인의 자유와 권리를 말하기 시작했습니다. 절대 권력 혹은 귀족 권력이 만든 상부구조는 근본부터 잘못되었으며 사회의 기본은 자유로운 개인의 존재라는 것이지요. 사회는 자유 존재의 권익을 위해 존재해야 하고, 권력은 자유 개인의 약속에 의해 성립되어야 한다는 겁니다. 이 말은 당시 탄생하고 있었던 신흥 자본가들에게는 대단히 유익한 개념이었습니다. 개인의 자유가 있지 않고서는 새로운 경제 체제를 만들 수가 없었기 때문이지요. 이들 신흥 자본가를 부르주아라고 부르고 신흥 자본가층을 부르주아지라고 합니다. 부르주아는 정치 체제 혹은 사회구성체로 공화제를 주장했습니다. 권력 구조에 그들도 함께해야 한다는 것이지요. 부르주아는 권력 구조에 속하지 않고서는 자본을 신장할 수 없다는 것을 알고 있었습니다. 이들을 자유주의자라 하고 그 주장을 자유주의라고 합니다. 우리가 알고 있는 자유와는 사뭇 다른 개념이지요. 요약하자면 자유주의는 자본가들의 경제 결정권 자유, 자본의 자유를 주장하는 것이라 보면 됩니다. 현재 세계를 횡행하고 있는 세계화주의자들이 주장하는 신자유주의의 자유는 바로 이 뜻입니다.

18세기에 접어들면서 자본주의가 개화합니다. 자유주의자가 꿈꾸던 세상이 온 것이지요. 산업혁명은 자유주의자, 혹은 신흥 자본가, 혹은 부르주아가 지휘한 경제구조 혁신입니다. 산업혁명에 의해 사회는 놀라운 속도로 모든 방면에서 체제를 갖추어 나갔습니다. 산업을 뒷받침하기 위해 강력한 제도와 정책도 필요했고 시장 활성화를 위해 소비자 집단도 필요했으며 해외시장도 반드시 있어야 했습니다. 그러나 빛이 있으면 어둠이 있는 법. 부르주아가 존재하려면 노동자 집단이 있어야만 합니다. 이 집단은 부르주아처럼 스스로 정책을 만들고 사회를 이끌어 나갈 역량은 없었으나 사회의 기층을 이루고 있었기에 살아남기 위한 생존 조건을 요구합니다. 적절한 노동, 적절한 휴식, 적절한 임금, 계층 구분 없는 기회의 균등 등 이들이 요구하는 조건은 부르주아가 그 이전의 권력층에게 요구하던 조건보다 훨씬 절박합니다. 그만큼 위험하고 폭발력이 강합니다. 해도 그만 안 해도 그만인 요구가 아니거든요. 이들을 프롤레타리아라 하며 이 노동자층을 프롤레타리아트라고 부릅니다. 이들의 주장을 사회주의라고 합니다. 그러므로 프롤레타리아트의 상대는 그들 위에 있는 모든 존재들이지요. 부르주아, 전통 귀족, 왕권이 모두 이들에게는 타파해야 할 대상입니다. 그중 가장 직접적인 대상은 부르주아죠. 이런 이유로 자유주의에서 태어난 민주주의와 사회주의를 대립항으로 놓습니다. 공산주의는 사회주의를 만들기 위한 방법론일 뿐 민주주의와 대립항으로 놓으면 안 되는 용어입니다.

중요한 것은, 사회주의를 부정으로 몰아넣는 사회는 기층 민중, 오늘날의 정치 용어로 서민 정치를 절대 허용하지 않는 사회라는 것이지요. 그러므로 서민 정책을 외치며 사회주의를 부정하는 짓은 사기입니다. 유럽 사회는 이 대립항의 조화 없이는 사회 안정도 없다는 것을 그들의 역사 속에서 너무나 잘 배웠기에 민주주의와 사회주의를 용해하는 시도를 오랫동안 해 왔습니다. 그 결과가 바로 복지 개념을 가진 민주제도 혹은 북유럽의 사민주의입니다. 분명한 사실은, 우리 사회가 흔히 쓰는 좌빨, 빨갱이란 뜻에 맞는 사회주의는 없습니다. 사회주의를 잘 모르는 것이 우리 사회의 치명적 결함입니다.

러시아의 지식인 집단인 인텔리겐치아들은 서유럽의 사태를 주목하고 자신의 나라에서 벌어진 혁명의 참담한 실패를 보면서 자유주의 없이 곧바로 사회주의로 나아갈 꿈을 꾸게 됩니다. 이 꿈은 20세기 초, 최초의 공산국가이자 사회주의 국가 소비에트연방으로 완성됩니다. 그건 나중 이야기고, 19세기 중반, 러시아 황제 차르는 사회주의는커녕 그전 단계인 자유주의도 용납할 수 없었습니다. 차리즘, 즉 황제권에 대한 심각한 도전이기 때문이었지요. 그렇다고 마냥 묵살할 수도 없습니다. 원래 내부에 문제가 쌓이면 권력은 시선을 외부로 분산시키려 합니다. 그 방법 중 하나가 전쟁이지요. 크리미아 반도에서 오스만제국에게 시비를 걸어 전쟁을 치릅니다. 크림전쟁입니다. 러시아가 이 전쟁에서 이기면 해군이 직접 지중해로 들어가는 교두보를 확보합니다. 당시 유럽 사회는 러시아를 거대한 국가로 인식하고 있었습니다. 정작 러시아는 산업화를 하지 못해 제3세계의 모습을 하고 있지만요. 거대 국가 러시아가 지중해로 진출한다면 오스만제국 못지않은 힘을 발휘할 것이고 자칫하면 유럽 전체가 또다시 화염에 휩싸일 수 있습니다. 가장 온건한 방식으로 한다고 해도 무역로의 상당 부분이 훼손됩니다. 가장 큰 피해는 영국과 프랑스가 입게 되겠지요. 전통의 원수 영국과 프랑스는 다정하게 손을 잡고 러시아를 물리칩니다. 러시아가 졌습니다.

러시아는 더 이상 유럽에서 남하 정책을 쓸 수 없게 되었습니다. 대내 모순을 밖으로 터뜨릴 구멍을 봉쇄당했습니다. 다급해진 러시아는 농노제를 폐지하고 의회도 설립하고 국가기관을 재정비하는 등 애를 썼습니다. 19세기 후반에는 재무부가 주도해서 산업화를 추진했습니다. 영국이 민 주도로, 프랑스는 반관반민으로, 독일은 관 주도에 민이 협력해서, 러시아는 관 주도로 산업화가 진행되었습니다. 러시아는 거의 무한정으로 보유하고 있던 천연자원의 수송을 위해 철도도 부설했습니다. 큰 땅덩어리의 나라답게 극동의 갈등에도 머리를 내미는 등 뒤늦은 출발에도 불구하고 대단히 속도감 있게 산업화를 진행했습니다. 하지만 이 노력이 전제 권력을 강화하려는 의도임을 인텔리겐치아들이 모를 리 없었지요. 관 주도의 산업화국답게 러시아에는 산업 자본가가 없었고 사회를 지탱하는 집단은 부르주아가 아니라 지식인 집단인 인텔리겐치아들이었습니다. 인텔리겐치아들은 차르체제의 붕괴로만 러시아의 모순을 해결할 수 있다고 믿었습니다. 이제 산업혁명 없이, 프롤레타리아의 모순과 요구 없이 시스템이 무너지는 희한한 광경이 러시아에서 연출될 판입니다. 이 화약고에 불씨를 던진 이가 마르크스고 풀무질한 이가 레닌입니다.

그 나라들의 사정 2, 아메리카합중국

21세기의 유일한 거대 제국은 아메리카합중국입니다. 아메리카합중국의 우리말은 미국입니다. 아름다울 미, 나라 국. 아름다운 나라라는 뜻인 모양인데, 참 지독한 사대주의에다가 자기 비하가 비빔밥처럼 버무려진 말입니다. 그래서 공식 명칭을 그들이 쓰는 국명 그대로 번역한 아메리카합중국이라고 사용하기를 제안합니다. 우선 이 책에서만이라도 이 명칭을 쓰겠습니다.

이 나라는 영국에서 출발했고 영국의 식민지였다가 영국과 독립전쟁을 치르면서 유럽 각국의 지원을 받았고 독립 후에 즉각 산업화를 시작하여 산업화와 함께 남부에서는 목화 플랜테이션을 한, 유럽의 막내입니다. 막내답게 유럽 각국의 모든 행위는 그대로 따라 했지요. 남부는 플랜테이션이니까 당연히 아프리카 노예를 수입했고 북부는 모국의 산업화를 그대로 따라 진행했습니다. 모국이었던 영국과 경제적으로 긴밀한 관계를 갖고 있었음에도 유럽의 사태와는 일정 부분 선을 그었습니다. 그럴 수밖에 없었던 것이, 이 나라는 유럽 대륙의 모든 모순을 갖고 있어서 그 문제를 해결하는 것이 무엇보다도 급했기 때문입니다. 유럽 대륙에 신경 쓸 겨를이 없었죠.

북아메리카 대륙은 유럽 대륙 전체보다 넓습니다. 독립 당시 아메리카합중국은 아직 그 넓은 땅 대부분을 차지하지 못했습니다. 물론 13개 주만 해도 유럽 대륙 전체의 면적을 넘어섰지만 땅이야 넓으면 넓을수록 좋지요. 유럽 강대국이 소유하고 있던 땅은 돈 주고 삽니다. 신생국 멕시코나 원주민의 땅은 강탈합니다. 강한 놈에겐 돈을 주고 약한 놈은 겁주거나 패서 빼앗는 양아치 짓을 서슴지 않고 했습니다. 이렇게 해서 넓힌 땅에 유럽 이민자를 받았습니다. 대부분의 서부는 이렇게 조성되었는데 서부 경영에 문제가 생겼습니다.

남부는 식민지처럼 면화 플랜테이션을 경제 기조로 갖고 있던 지역입니다. 중농주의쯤으로 해 둘까요? 아니면 남미식의 식민지 경제로 해석해도 좋겠습니다. 반면 북부는 산업화가 진행되었습니다. 중상주의에다 산업혁명을 버무린 정도로 이해하면 됩니다. 당연히 양쪽은 하나의 국가임에도 시스템부터 세계관까지 완전히 다릅니다. 북부는 신흥 공업지역답게 산업 보호를 위해 영국에서 배운 대로 보호 관세 장벽을 치려 했고, 남부는 유럽으로 면화를 수출해야 했기에 낮은 관세 제도가 필요했습니다. 북부는 공업지역답게 인구가 많고 남부는 농업지역답게 인구는 적고 땅은 넓습니다. 새로 개척한 서부를 나누면서 북부는 촘촘하게 나누고 남부는 넓게 나누려 했습니다. 별 문제 아닌 거 같지만 의석수로 보면 대단한 차이가 납니다. 서부마저 북부처럼 촘촘하게 나누면 북부의 이익을 대변하는 의석수가 당연히 늘어나지요. 남부처럼 느슨하게 나누면 대농장 경영이 가능해지고 그러면 의회에서 남부의 이익을 주장하는 힘이 커집니다. 남부와 북부가 서부 경영으로 대립합니다.

경제력은 당연히 북부에 남부가 밀렸고 비록 이민자의 나라긴 하지만 남부는 유럽의 전통을 강하게 갖고 있는 귀족 지역 같았습니다. 마치 유럽의 전통 귀족과 신흥 자본가의 갈등 양상입니다. 타협이 불가능했기에 남부는 분리 독립을 내심 원하면서 늘 북부 정치 세력의 뒷다리를 잡았고 북부는 이런 남부의 태도를 용인할 수 없었습니다. 남부가 분리 독립한다는 건 후일 전쟁의 불씨를 키우는 것이니까요.

이만하면 내전의 조건은 제대로 갖췄습니다. 전쟁입니다. 남북전쟁이라고 불리는 이 내전의 정치 슬로건은 노예해방이었지만 싸우기 위한 핑계에 불과합니다. 노예제 폐지는 링컨의 정치철학이라기보다는 개인 견해에 가까웠습니다. 정책으로 세울 만한 거리가 되지 못했는데 시빗거리가 필요했던 남부가 대통령의 개인 견해를 붙잡고 늘어졌습니다. 노예제 폐지는 남부 농장이 괴멸할 정도의 충격이기에 링컨이 주장했다는 사실만으로 남부는 발끈해서 동맹을 맺습니다. 대통령 입장에서 내전이 달가울 리 없습니다. 대통령은 남부를 달래려고 애를 썼지만 북부의 자본가들은 내심 남부의 도발을 반깁니다. 무슨 정책을 세우려 해도 늘 반대하는 골칫거리들, 까짓 거 쓸어버리면 그만이지요. 그만큼 북부의 힘은 컸습니다. 남부가 먼저 도발하면서 내전이 터졌습니다. 남부도 만만치는 않았지만 압도적인 북부의 힘은 당해 낼 수가 없었고 내전은 북부의 승리로 막을 내립니다.

노예 문제는 정치 이슈였을 뿐 주요 사안이 아니었기에 깊은 고민 없이 공식적으로 노예를 해방했고 내전에 참전한 노예들이 자유를 얻으면서 아메리카합중국의 시민으로 편입됩니다. 물론 북부에 절실한 것이 노동력이긴 합니다만 남부식의 농업 노동력이 아니라 산업 노동력이 필요했습니다. 노예제도로는 필요한 산업 노동력 확보가 불가능하죠. 그래서 해방은 하되 3등 시민으로 받아들이는 교묘한 술수를 썼습니다. 그 바람에 오늘날 이 나라의 가장 골칫거리인 인종 갈등이 아메리카합중국의 피부 아래에 스며들었습니다. 이제 살짝 상처만 나도 이 문제는 피처럼 솟아 나올 겁니다.

내전이 끝나고 단일 정책이 가능해지자 아메리카합중국은 보호 장벽을 높이 세우고 산업화에 박차를 가합니다. 부존자원이 풍부하고 땅은 드넓어서 개척의 여지는 얼마든지 있으며, 북새통 유럽이 싫은 유럽인들은 끊임없이 유입되고 있었습니다. 산업 선진국 영국에게 배운 대로 필요한 부분은 무역 장벽을 치면서 산업 기반을 다져 나갔습니다. 전쟁을 치르면 기술은 발전하기 마련입니다. 내전 동안 산업 기술이 도약했습니다. 거기다가 막강한 군사력도 덤으로 가지게 되어 최단 기간에 강대국으로 성장해 나갔습니다. 이제 아메리카합중국은 유럽의 진통과 북새통을 지켜보면서 고향으로 금의환향할 날을 기다리고 있었습니다. 영국이 호랑이 한 마리를 제대로 키웠네요. 유럽 여러 나라들이 세계를 토막 내고 있을 때, 아메리카합중국은 태평양의 작은 섬들을 야금야금 먹으면서 일본을 개항하고 조선을 집적거리다가 마침내 에스파냐의 식민지였던 필리핀을 접수, 고향 땅의 형님 나라들과 조우합니다.

그 나라들의 사정 3, 중국

19세기 전반까지 세계에서 가장 강력한 강대국이자 거대한 문명을 자랑하던 중국은 유럽과는 판이하게 다른 역사 행보를 밟았습니다. 땅덩어리 덕분입니다. 그동안 누누이 강조한 바, 유럽이 그렇게 파도타기를 하면서 출렁인 것은 중심이 되는 땅이 미약하기 때문이라고 했습니다. 중심이 없기에 이리저리 움직이면서 살 길을 모색해야 했고, 그 결과 제국 실험은 번번이 좌절되다가 결국 영토국가, 국민국가로 쪼개져서 근대의 문을 열었습니다. 반면 중국은 거대한 중심이 있었습니다. 유럽이 원심력을 갖고 있었다면 중국은 구심력을 갖고 있었지요. 그래서 늘 제국을 완성했다가 쇠퇴하면 짧은 분열기를 가진 후 또다시 모습은 동일하고 이름만 다른 제국으로 부활하곤 했습니다.

땅을 가진 지역답게 중국 경제의 근간은 땅에서 나오는 세금이었지요. 세금을 걷기 위해 땅 주인은 황제가 되어야 했습니다. 천하가 다 황제 것이라는 개념을 만들었습니다. 중국 행정의 근본은 세금 제도였고 세금을 잘 걷기 위해 관료제를 만들었으며 관료를 뽑기 위해 과거제를 채택했습니다. 정치, 행정 중심의 제국은 이렇게 완성되었습니다. 사실상 한제국 이후는 어떤 제국이든 한제국의 복사판이었습니다. 관료제는 제도를 합리적으로 지탱하는 힘이자 부패하게 만드는 원인입니다.

중앙권력의 힘이 약해지면 관료들은 언제라도 자신의 사욕을 채우기 위해 농민들을 핍박했지요. 견디다 못한 농민들이 땅을 버리고 도주하면 중앙권력은 무너집니다. 그리고 각지는 분열했다가 다시 강한 힘을 지닌 누군가에 의해 통일됩니다. 결국 중국은 중심이면서 풍요한 땅을 가진 대가로 늘 같은 모습의 부패와 소멸과 재탄생을 반복해 왔습니다.

　명을 무너뜨린 청도 마찬가지였습니다. 명과는 달리 꽤 다양하고 열린 제도를 썼지만 큰 땅을 관리하기 위해 과거의 제도를 답습할 수밖에 없었습니다. 제도를 만들고 실행하는 건 정치 행위입니다. 유럽이 경제 중심이었다면 중국은 정치 중심이었지요. 유럽이 먹고사는 문제로 다투고 싸우고 땅따먹기 전쟁을 하면서 힘을 키웠다면 중국은 부패한 정치를 새 정치로 갈아 치우면서 쇠퇴해져 갔습니다. 유럽의 성장 상승곡선과 중국의 쇠퇴 하강곡선이 만난 지점이 바로 19세기 중반이었습니다. 그렇게 보면 매양 같은 모습으로 답보하면서도 중국은 참 오랜 시간을 잘 버틴 셈입니다. 그만큼 문명 탄생의 조건이 비옥했다는 증거지요.

　영국이 산업화에 성공하고 온 세계를 시장으로 삼아 장사를 했지만 아직도 중국 산업력에는 미치지 못해 늘 무역 적자에 허덕였습니다. 19세기 전반까지 중국 산업 생산량은 전 세계 생산량의 절반 이상을 차지했습니다. 중국의 모든 산업은 농업을 기본으로 합니다. 농촌은 곡물인 쌀을 비롯하여 면화, 차 등 특산물 재배 지역으로 특화되고 생산물은 잘 발달한 운하를 따라 이동하면서 거대한 시장을 만들어 냈습니다. 이 모든 과정이 아무런 통제 없이 물 흐르듯 진행되었습니다. 중국의 농민들은 유럽의 농민들과 달리 자유의지를 가진 자유농민들이었거든요. 거대한 땅을 가진 제국답게 모든 경제 단위는 내부 순환으로도 충분히 유지되었습니다. 좁은 땅덩어리를 가졌기 때문에 생산품을 팔 시장이 없어 온 세상을 동분서주 휘저을 수밖에 없었던 유럽과는 경제 상황이 딴판이었죠. 외부와 교역하지 않아도 아쉬울 게 전혀 없는 중국이었습니다. 그런 관계로 외국과의 무역 또한 본격적인 장사라기보다는 선물과 답례 수준의 조공무역이었습니다. 중국에 공산품을 팔아야 하는 영국은 속이 터집니다.

영국은 중국에 팔 만한 제품이 없었던 반면 사야 할 건 참으로 많았습니다. 향료가 그랬고 차가 그랬습니다. 부유층들이 즐겨 쓰는 비단, 도자기도 중국에서 사야 했습니다. 영국이 중국에 비교 우위를 가진 품목은 모직물 정도인데 중국은 모직물 수요가 별로 없습니다. 중국의 복식 스타일이 모직물로 구현하기엔 무리가 있었거든요. 중국의 상류층은 겨울에 모직물보다 보온 기능이 뛰어난 비단을 즐겨 입었습니다. 일반 백성들은 추우면 목화솜을 두툼하게 넣은 면직물 옷을 입었지요. 물론 영국이 심혈을 다해 키운 면직물이 있기는 했지만 아쉽게도 중국의 면직물산업 기술력은 인도를 능가하는 수준에다가 충분히 자급자족이 가능합니다. 충분한 생산량에 품질과 가격 경쟁력 또한 뛰어납니다. 도무지 시장에 접근할 방법이 없습니다. 더군다나 중국은 무역 대금으로 은을 요구합니다. 청은 은본위제도의 화폐 정책을 취하고 있었습니다. 영국은 세계를 상대로 노략질을 하건 장사를 하건 돈을 벌어 고스란히 중국에 갖다 바치는 형국이었습니다. 속 터지는 노릇이지요. 게다가 결재 대금인 은은 점점 귀해집니다. 초조해진 영국이 이때 발견한 것이 아편이었습니다.

아편은 동양에서 약재로 쓰이는 품목이라 시장이 형성되어 있는 터에 귀한 품목이기도 하고 중독성이 강한 마약류이기도 합니다. 마침 인도에는 아편의 원료인 양귀비 농장이 있습니다. 영국은 인도에서 토지세를 돈으로 징수했고 인도의 농민들은 곡식보다는 돈이 되는 작물을 재배했는데, 가장 큰 돈이 되는 것이 바로 아편이었기에 벵골만 일대에는 거대한 아편 농장이 조성되어 있었습니다. 영국은 아편으로 무역 대금을 결재하려 합니다. 인도에 영국의 공산품을 팔고 아편으로 대금을 받은 후 이것을 중국에 파는 삼각무역입니다. 중국의 아편 사용자들이 급증

하자 지하 시장이 조성되고 곳곳에 아편굴이 생기면서 수천만 명의 중국인들이 아편중독자가 되었습니다.

사태의 심각성을 깨달은 중국 정부가 1839년에 광저우의 아편굴을 소탕하고 아편을 몰수합니다. 영국은 이참에 중국과 전쟁을 해서라도 무역 구조를 개편하려 합니다. 이제 두 메이저 문명이 정면충돌합니다. 1차 아편전쟁입니다. 영국이 너무나 쉽게 이겼습니다. 영국 자신도 어리둥절할 정도였습니다. 지구에 문명이 탄생한 후 거의 5천 년 만에 마침내 서구 문명이 동양 문명을 이기는 순간입니다.

영국은 유럽에서의 방식대로 조약 체결에 나섰습니다. 중국 입장에서는 완전히 생소한 방식이죠. 전쟁에 지면 나라가 문을 닫는 것이 동양의 상식인데 영국은 간판 떼고 접수할 생각은 안 하고 협정을 맺자고 합니다. 전쟁에 지고도 진 것 같지 않은 이상한 상황에 어리둥절하며 중국은 이에 응합니다. 난징조약이 체결되었습니다. 홍콩의 영국 할양, 항구 개항, 평등 외교 관계 수립, 전쟁배상금 지급, 관세 결정권 등이 협상의 주요 내용입니다. 영국은 특히 관세에 집착했는데 중국은 관세가 어떤 건지도 모르고 덥석 도장을 찍었습니다.

관세를 영국에 유리하게 조성한 후 영국의 공산품을 중국에 쏟아 부었습니다. 이제 역으로 중국의 무역역조가 심각해졌습니다. 뒤늦게 불평등조약의 피해를 실감한 중국 정부가 이를 되돌리려 하자 영국은 프랑스와 사이좋게 손잡고 2차 아편전쟁을 일으킵니다. 중국이 또다시 졌습니다. 톈진조약이 체결됩니다만 조약을 이행하지 않고 버티기 작전에 돌입한 중국을 다시 압박, 베이징조약을 체결합니다. 어느새 극동에 진출한 러시아가 이를 중재했습니다. 중개료로 연해주를 받은 러시아는 마침내 그토록 원하던 부동항 블라디보스톡을 건설합니다. 힘이 약해진 중국 정부에 분개한 민중들이 태평천국의 난을 일으키자 정부는 이들의 진압을 도와 달라며 베이징조약 체결국들에게 요청했습니다. 이에 응한 영국과 프랑스는 중국 최초의 근대식 군대인 상승군을 조직하여 난을 진압합니다. 상승군의 놀라운 힘을 경험한 중국은 자강 운동을 펼치는데, 이를 양무운동이라 합니다. 이제 중국은 불에 크게 데인 후 정신을 차리기 시작했습니다.

그러나 중국이 정신을 차리거나 말거나 서구의 하이에나들은 중국으로 몰려 들어가 서북부, 서남부, 남부를 먹어 들어갔습니다. 정신없는 차에 동쪽 속국 조선에 일본이 상륙했다는 보고가 들어옵니다. 비록 서구 각국에게 이리저리 차이는 입장이긴 했으나 아직도 청은 제국입니다. 조선을 일본에 뺏길 수는 없지요. 중국은 양무운동의 결과를 시험하기도 할 겸 전쟁을 일으킵니다. 청일전쟁이죠. 그런데 체면이 말이 아니게 만만하게 봤던 일본에게까지 집니다. 일본은 서구에게 수백 년간 배운 대로 조약을 체결하여 요동 반도와 대만을 받아 냈습니다. 이때 일본의 중국 진출을 탐탁지 않게 여겼던 서구 각국에 의해 삼국간섭이 일어나는 등 중국은 만신창이가 되어 가고 있었습니다. 영국, 독일, 프랑스, 러시아, 일본이 중국을 두들겨 결국 양무운동으로 겨우 기지개를 켜던 중공업이 무너지고 가내수공업마저 고사합니다. 경제가 무너졌습니다. 경제가 무너지면 아무런 대책이 없습니다. 모든 국가는 이렇게 문을 닫았습니다. 중국도 이대로 주저앉을까요?

6부

결승 전반전 실황중계
(20세기와 그 이후)

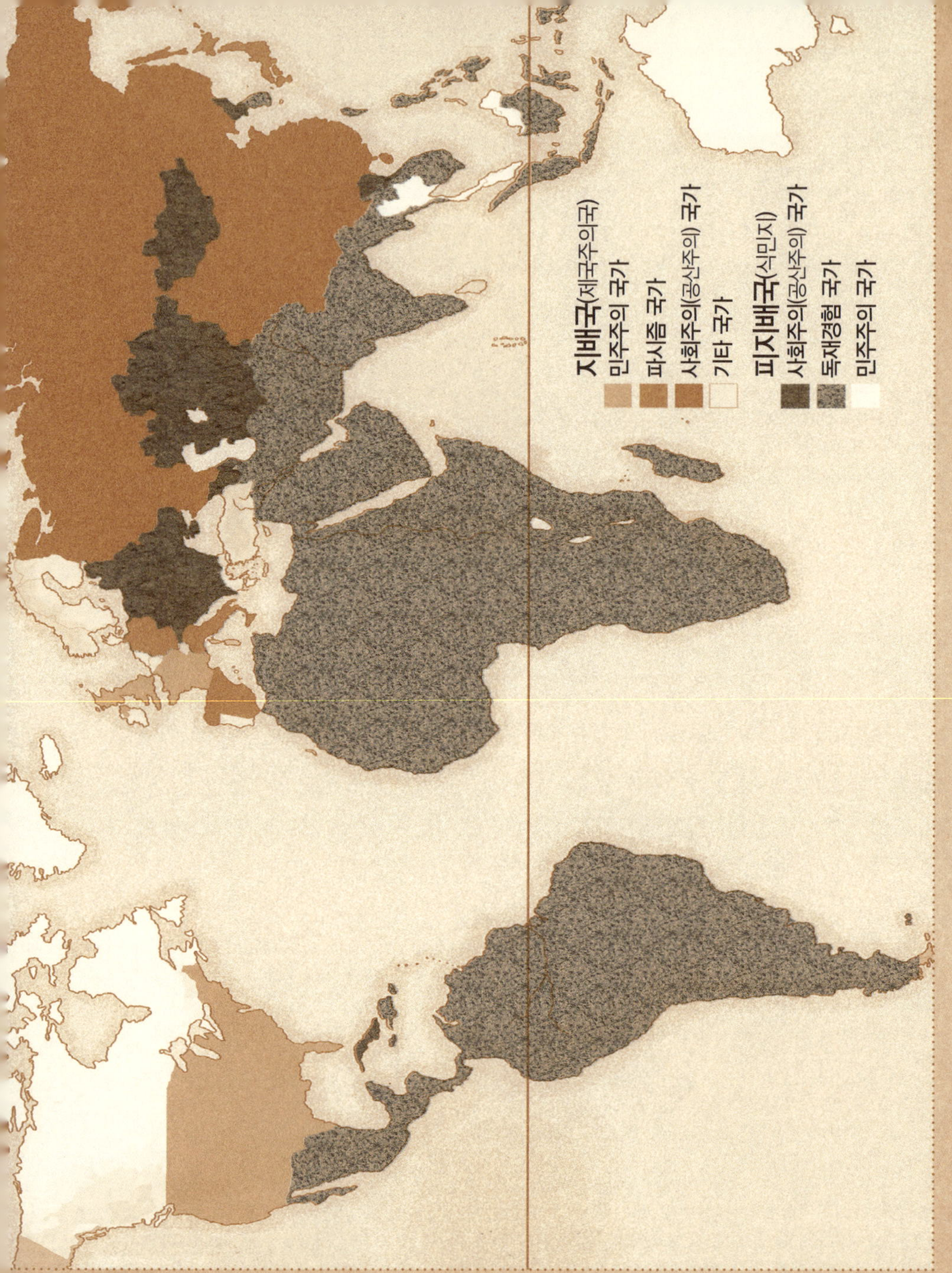

제2차 세계대전 전후의 세계 제국주의국은 제2차 세계대전을 주도한 세력으로, 전쟁 후에도 지배국의 지위를 유지했고 식민지들은 여전히 피지배국가로 남아 있다. 오스트레일리아, 캐나다는 백인 중심국이므로 식민국임에도 민주주의로 자연히 이행되었지만 그 외의 모든 식민국들은 예외없이 파시즘, 독재, 내전을 겪어야 했다. 말레이시아 정도만 큰 진통없이 민주사회로 진입했지만 경제적으로는 여전히 개발도상국에 머무르고 있다. 대한민국을 포함한 몇 나라는 반독재투쟁을 거쳐 민주국가로 진입하거나 경제적 성공을 거두기도 했지만 피지배 상태를 완전히 벗어나지 못하고 있다. 이 지도를 보면 왜 선진국을 북반구라 부르고 개발도상국, 후진국을 남반구라 부르는지 잘 이해가 된다. 이 현상은 20세기 말 대두한 신자유주의에 의해 더 강고하게 고착되고 있는 중이다.

20세기를 한마디로 요약하면 전쟁의 시대입니다. 흔히 이념의 시대라고 합니다만 사실 이념은 전쟁의 핑계에 불과합니다. 전쟁은 먹고살기 위한 이전투구이며 인류가 발명한, 이 문제의 가장 강력한 해결 방법입니다. 먹고사는 문제가 해결되지 않으면 반드시 전쟁이 터집니다. 나라 바깥으로 전쟁을 벌일 힘이 없으면 내부에서 자기네들끼리 내전이라도 합니다. 지금까지 살펴본 모든 전쟁은 그렇게 일어났습니다.

그런 점에서 아메리카합중국이 소위 불량 국가를 길들인답시고 가하는 경제제재야말로 전쟁 유발 정책입니다. 태종 때, 북방의 여진을 막으려고 여진과의 무역을 금지시킨 적이 있습니다. 일종의 경제제재지요. 여진족이 얌전해졌을까요? 오히려 극렬하게 저항하며 조선 북방을 심하게 어지럽혔습니다. 조선은 결국 군사력을 동원하여 어렵사리 여진족을 평정할 수밖에 없었습니다. 결과적으로는 조선의 국경선을 확장시켰지만. 경제제재는 상대를 굴복시키는 전략이 결코 아닙니다. 어쩌면 이상할 정도로 비대한 군수산업 국가인 아메리카합중국으로서는 경제제재 자체를 경제부흥 전략으로 보고 있을지도 모르겠습니다. 그런 시각으로 아메리카합중국이 주도하고 있는 대북 경제제재를 보면 그들의 속셈을 알 수 있습니다. 국익, 국익 하지만 진짜 국익이 어디에 있는지 잘 살펴봐야 하는 거죠. 먹고사는 문제를 해결하지 못하면 반드시 전쟁이 터집니다.

그렇게 보면 온갖 전쟁이 터진 20세기는 결국 먹고사는 문제를 해결하기 위해 온갖 애를 쓴 시기라고 할 수도 있습니다. 이 말은 거꾸로, 20세기는 인류가 먹고사는 문제를 해결하지 못해 전전긍긍하던 시대란 뜻이기도 합니다. 그동안 모든 분야에 걸쳐 개발한 모든 기술이 만개한 시대가 20세기인데, 인류 탄생 이후 최고의 풍요를 누린 시대가 20세기라고 하는데 왜 인류는 먹고사는 문제로 전전긍긍해야 할까요? 이 모순은 불균형에서 시작되었습니다. 전 지구적 분배의 불균형 말이지요.

서구가 19세기까지 기른 산업혁명과 제국주의의 힘으로 연 20세기는 편 가름으로 시작되었습니다. 시작은 제국주의 국가와 식민지로 나눈 단순한 편 가름이었습니다만 제국주의 국가는 곧 민주주의와 파시즘으로, 이어 공산주의까지 복잡하게 분화되었습니다. 복잡한 분화는 양차 세계대전을 거치면서 정리가 되었습니다. 제국주의는 공식적으로 해체되었고 세계는 민주주의와 공산주의로 간단하게 양분된 후 공산 진영의 급격한 붕괴로 편 가름의 시대는 끝났습니다. 제국주의, 편 가름의 시대를 마감하고 평화와 번영의 시대가 오는 것 같았지요.

그러나 평화와 번영은 제국주의 국가의 것일 뿐, 피지배 국가들은 더욱더 정밀한 피지배 구조 속으로 들어갔습니다. 그뿐 아니라 이 구조를 영원히 고착시키고자 자본권력은 강화되고 시장 지배는 노골적이 되어 갔습니다. 현재 지구에서 생산하는 모든 먹을거리는 전 인류를 먹여 살리고도 남는 양이라고 합니다. 그럼에도 지구 한쪽에서는 비만이 심각한 사회문제가 되는 한편 다른 쪽에서는 기아 문제로 국가가 붕괴되기도 하는 비극이 동시에 나타나고 있습니다. 이것을 단순히 그 지역 문제로 치부한다면 우리는 역사를 헛 배웠습니다. 지금까지 역사의 숲을 수색한 아무런 보람이 없는 것이지요.

그래서 6부는 현재 진행 중인 역사에서 우리가 그냥 넘어가기 쉬운 함정과 퍼즐을 찾는 마지막 여정입니다. 파시즘은 왜 나타났는지, 사회주의는 어떤 경로로 나타났고 어떻게 사라졌는지, 제국주의는 과연 사라졌는지, 현재 역사의 승자인 민주주의는 과연 말 뜻 그대로 사람이 주인인 이념인지, 자본주의는 어떤 변신을 거듭하면서 지배 이념으로 자리 잡았는지, 그리고 그것이 역사 진행의 당연한 결과인지 아닌지를 잘 살펴서, 우리가 맞닥뜨린 여러 문제를 해결할 단서를 찾아야 합니다.

다시 〈반지의 제왕〉 이야기입니다. 모든 여정을 무사히 마친 프로도는 그리운 고향 샤이어로 돌아갔다가 다시 간달프를 따라 새로운 모험을 떠납니다. 아직 못 본 세계를 찾아서 떠나는 것이기도 하겠지만, 이제 프로도는 압니다. 자신이 해야 할 일을. 여정은 마무리되었지만 사람들의 삶은 계속됩니다. 사람들의 삶이 계속되는 한 또 다른 사우론도 다시 나타날 겁니다. 또 다른 절대반지도 누군가의 손에 쥐어져 있을 것이고 온 세상이 다시 파괴의 소용돌이 속으로 빨려 들어갈 수도 있습니다. 간달프가 프로도를 각성시켰듯, 이제 프로도는 누군가를 각성시켜 세상을 구할 준비를 하는 것이겠지요. 이것이 역사입니다. 프로도는 역사 속으로 모험을 떠났습니다.

그런데 우리는 과연 절대반지를 용암에 던져 넣었을까요? 지구 곳곳에서 일어나고 있는 전쟁, 내란, 재해, 가난과 기아를 보노라면 절대반지는 아직 용암 속에 던져지지 않았고, 어쩌면 어디선가 또 다른 프로도가 애를 쓰며 불의 산으로 기어 올라가고 있을지도 모른다는 생각을 떨칠 수가 없습니다. 그게 아니면 그동안 무수히 많은 프로도가 무수히 많은 절대반지를 용암에 던져 버렸는데도 아직도 세상엔 절대반지가 계속 만들어지고 있는 것일 수도 있습니다. 그렇다면 분명히, 세상 어디선가 수많은 프로도가 자라나면서 각성하고 있을 겁니다. 어쩌면, 이 책을 읽는 당신이 프로도일지도 모릅니다.

손바닥을 펼치고 잘 들여다보세요. 절대반지가 보이나요?

힘겨루기

　유럽은 제국주의로 무장하고 전 세계를 접수하고 있습니다. 그런 판에 가장 뒤늦게 뛰어든 국가가 이탈리아와 독일입니다. 이른바 후발주자지요. 산업화도 가장 늦었고 시민사회 형성도 채 되지 않은 상태에서 통일하면서 모든 권력이 상부로 집중되는 형태의 체제가 되었습니다. 위에서부터 시작하는 산업화와 국력 신장이 불러올 파장 중 내부에 끼친 영향은 우리가 극심하게 겪었던 산업독재입니다. 민주주의를 가장한 독재체제이지요. 이것이 대외로 불거지면 피를 부르는 전쟁이 됩니다.

　빌헬름 1세로부터 황제 제위를 이어받은 빌헬름 2세는 늘 프랑스 눈치를 보고 경계하는 비스마르크가 탐탁지 않았습니다. 독일을 강대국으로 키우려면 당시 유럽의 트렌드인 해외식민지 개척에 적극 나서야 한다고 생각했지요. 결국 비스마르크를 실각시키고 해군을 육성하는 등 힘을 키우고 있었는데 방해꾼이 등장합니다. 역시 프랑스입니다. 비스마르크가 실각하자 프랑스는 때는 이때다, 러시아에 접근했고, 해외 식민지 개척을 외친 독일에 영국도 밥그릇을 나눠줄 수가 없기에 잔뜩 긴장합니다. 영국과 프랑스는 아프리카에서 독일을 배제하는 협상을 타결합니다. 여기에 러시아가 합류, 20세기 초 3국협상 체제가 완성되어 비스마르크가 만든 독일–이탈리아–오스트리아의 3국동맹에 대항하는 체제를 구축합니다.

3국협상 때문에 세계로 진출할 길을 봉쇄당한 독일은 초조해졌습니다. 독일에 못지않게 초조한 국가가 또 있습니다. 오스트리아입니다. 독일은 항구라도 있지, 오스트리아는 배 한 척 없는 내륙국가입니다. 그전에야 합스부르크 가문의 영화로 버텼지만 이제 시대가 달라졌습니다. 무늬만 제국으로는 그 어떤 것도 할 수가 없습니다. 오스트리아는 항구를 마련하기 위해 발칸 반도에 집착합니다. 보스니아, 헤르체고비나를 접수했습니다. 그러자 당시 발칸의 떠오르는 실력자 세르비아가 발끈했지요. 세르비아 비밀결사대원이 오스트리아 수도 빈에서 오스트리아 황태자 부부를 암살하는 사건이 발생합니다. 1914년 6월 28일입니다.

7월 28일, 오스트리아가 세르비아에 선전포고를 하자 전 유럽이 파도처럼 출렁였습니다. 바로 3국동맹과 3국협상 체제 때문이지요. 오스트리아가 전쟁을 하면 독일과 이탈리아는 자동 참전입니다. 그러자 러시아가 잔뜩 긴장했고(러시아는 비록 포기했지만 발칸의 항구가 늘 그립습니다) 이를 눈치 챈 독일이 러시아에 선전포고, 3국협상국인 프랑스가 총 동원령 선포, 영국이 독일에 선전포고를 합니다. 불과 일주일 새 전 유럽이 전쟁의 소용돌이에 휘말립니다.

사실 독일은 후발주자로서의 초조함이 극에 달해 선발주자의 밥그릇을 뺏어서라도 강대국의 지위를 차지하고 싶어 했습니다. 이런 판에 빈에서 울린 총성은 호재 중의 호재였지요. 산업화는 늦었고 국가 총량의 영향력은 선발주자에게 뒤지지만 군사력만큼은 누구에게도 지지 않는다고 자부하는 독일입니다. 전선은 영국을 주축으로 하는 협상국(이제부터 연합국이라고 하겠습니다) 세력과 독일을 중심으로 하는 동맹국 세력으로 나뉩니다. 전쟁에는 우리 편이 많아야 하는 법, 각자 중립국을 자기편으로 끌어들이는 작업을 합니다. 오스만제국(이제는 그야말로 이름만 제국입니다)과 불가리아는 동맹국으로 줄을 섰고 루마니아와 그리스는 연합국이 됩니다. 이 와중에 3국동맹의 한 축이었던 이탈리아가 연합국 편에 붙습니다. 이탈리아로서는 미약한 국력 때문에 가까운 프랑스의 압력을 이길 수 없기도 했고 연합국 측의 미끼(승전하면 아드리아 해 건너의 달마치아를 주겠다는)가 달콤했기 때문이기도 했습니다. 엉뚱하게도 극동의 일본이 영일동맹 덕분에 연합국 세력으로 들어가게 되었습니다. 이 바람에 전쟁은 유럽 전쟁이 아니고 세계 전쟁이 되어 버립니다. 아메리카합중국은 사태를 관망하며 장사 준비를 합니다. 원래 남의 싸움판에는 팔 물건이 많은 법이지요.

세계대전입니다. 물론 이전에도 유럽 전 지역이 전쟁통에 휩싸인 적이 있긴 했지만 이제는 차원이 다릅니다. 산업화는 군사력에 직결됩니다. 대량살상무기들이 즐비했고, 파괴력은 상상을 초월합니다. 각 정부는 국민들에게 총 동원령을 내리기도 하고 애국심에 호소하기도 합니다. 영토국가, 국민, 정부가 이제는 삶의 테두리가 된 유럽은 국가로서의 면모를 전쟁에서 발휘합니다.

이런 전쟁은 단기전으로 끝나지 않습니다. 그저 군사력 싸움이라면 한쪽이 밀리면 끝날 수도 있겠지만 대량살상무기가 즐비한 상태에서 절대 강자란 존재할 수 없고, 존재한다고 해도 압도적 승리는 보장받을 수 없고, 압도적 승리를 한다 해도 저항은 근절시키지 못합니다. 장기전이 될 수밖에 없습니다. 장기전에서 가장 중요한 것은 보급로 확보입니다. 해상보급로를 확보하고 적의 보급로를 차단하기 위해 독일은 U보트를 출정시켜 함선은 물론 민간 상선까지 무차별 파괴했는데 이 만행이 세계 여론을 악화시켰습니다. 이제 동맹국은 악, 연합국은 선의 자리를 차지합니다. 아메리카합중국의 배가 U보트에 피격당하자 참전은 않은 채 군수물자 수출로 재미를 톡톡히 보고 있던 아메리카합중국이 참전을 선언합니다. 독일이 제대로 깡패 하나를 싸움판에 끌어들였습니다. 이제 명실공히 세계대전입니다. 1918년 11월, 동맹국의 우두머리 독일이 항복하면서 제1차 세계대전은 막을 내립니다.

19세기 후반 유럽의 세계 분할이 끝나면서 제국주의 세계 질서가 갖추어지자 남은 것은 각국의 이해관계 조정이었습니다. 외교든 전쟁이든 치러야 했지요. 제1차 세계대전은 그런 의미에서 세계 질서를 확정하는 계기가 되었습니다. 이 전쟁은 제국주의 국가를 두 쪽으로 단순하게 분리했습니다. 전통의 강국이 신흥 강국을 이긴 겁니다. 아메리카합중국은 신흥 강국이긴 하지만 뿌리를 영국에 두고 있으니 전통의 강국 노릇을 합니다. 이긴 쪽이 기득권자가 되어 세계 질서를 재편합니다. 17세기 초의 30년전쟁은 베스트팔렌조약으로, 18세기 초 에스파냐 왕위계승전쟁은 위트레흐트조약으로, 19세기 초 나폴레옹전쟁은 빈체제로 전후 질서를 재편했으니 이번 전쟁도 유사한 체제를 만들어야 합니다. 1919년 연합국 수뇌들이 파리에 모여 베르사유체제를 만들었습니다. 이제부터 세계는 영국, 프랑스, 아메리카합중국이 주도합니다. 이들이 지배 국가입니다. 패전국은 당연히 피지배 국가지요. 지배 국가의 소속 식민지들은 여전히 식민지입니다. 패전국의 식민지는 지배 국가로 넘어갑니다. 중세의 개인 신분 질서가 현대에 이르러 국가 간 신분 질서로 확대 재편되는 순간입니다. 바로 이 베르사유체제가 오늘날 세계 질서를 만들었습니다.

또렷이 봐야 합니다. 그로부터 26년 후의 일이긴 합니다만 대한민국은 제2차 세계대전의 패전국 일본의 식민지였으므로 지배국인 연합국 세력의 식민지로 전환되었을 뿐, 해방된 게 아닙니다. 그러므로 슬프게도, 대한민국은 여전히 피지배 국가입니다. 그것도 식민지 출신의 멍에를 쓴. 이런 시각으로 다시 한 번 세계를 보고 대한민국을 들여다보면 우리를 분통터지게 하고 어지럽게 만드는 수많은 외교, 내치의 근원과 정체를 파악할 수 있습니다. 지배 국가가 피지배 국가를 가장 쉽게 통치하는 수단이 분리 통치입니다. 피지배 국가의 원주민 지배층에게 권력과 당근을 주면 이들은 시키지 않아도 원주민 피지배층을 억압하고 수탈하여 지배 국가에 바치면서 자신의 지위를 유지합니다. 아직도 청산하지 못하고 있는 친일 잔재 문제는 우리의 아픈 과거지만, 이 역사는 버전을 바꿔 지금도 반복되고 있습니다. 이렇게 봐야 우리가 지금 어떻게 우리의 운명을 스스로 결정하면서 살 수 있는지 똑바로 인식할 수 있을 겁니다.

베르사유체제로 독일은 모든 해외 식민지 몰수, 무기 생산 금지, 전쟁배상금 1,320억 마르크(엄청난 규모입니다. 세계의 시선이 껄끄러워 독일을 분해할 수 없어 그렇지, 이건 독일을 아예 말려 죽이려 작정한 금액입니다. 실제로 독일은 엄청난 인플레이션에 시달리다가 결국 새 질서를 요구하면서 전쟁을 일으킵니다. 제2차 세계대전의 원인이 바로 이 막대한 배상금입니다)를 물어야 했습니다. 오스트리아는 헝가리를 독립시켜야 했고 그 통에 체코슬로바키아도 독립했습니다. 세르비아는 보스니아, 헤르체고비나, 크로아티아를 얻어 유고슬라비아 연방국으로 승격합니다. 오스만제국은 터키라는 국가로 쪼그라들면서 유럽 본토에서 떨어져 나갑니다.

일본은 영국과 맺은 영일동맹을 근거로 참전하긴 했으나 유럽에서의 전쟁은 개뿔, 아시아에서 독일 식민지를 접수한다는 명목 아래 독일이 허겁지겁 삼킨 태평양의 작은 섬들을 접수했고 중국 조차지인 산둥 반도를 접수해 버립니다. 제사엔 관심 없이 젯밥에만 눈길이 간 거죠. 이런 일본의 움직임에 극동의 야만 지역 작은 나라가 뭘, 하고 내버려뒀던 지배 국가들은 후일 뒤통수를 맞을 준비를 해야 하게 되었습니다.

승전국도 패전국도 아닌 어정쩡한 국가들은 아메리카합중국 대통령인 윌슨이 제시한 민족자결주의라는 원칙에 따라 단순 배열됩니다. 민족자결주의란 사실 참전하지 않은 어정쩡한 국가들은 알아서 살 길 찾으라고 하는 단순 논리입니다. 좀 더 정밀하게 말하면, 윌슨의 민족자결주의는 식민지들에게서 유럽 식민 모국들의 영향력을 축소시키려는 전략이었습니다. 그 목표는 라틴아메리카 국가들에 대한 아메리카합중국의 지속적인 내정간섭과 영향력 확대, 즉 식민 전략이었습니다. 연결이 잘 안되세요? 이렇게 되는 겁니다.

민족자결주의는 각 식민지의 운명은 자신들이 결정하자는 거다. ▶ 그러므로 각 식민지들에서 유럽 열강은 손을 떼라. ▶ 특히 라틴아메리카에서 유럽은 철수하라.

아직 아메리카합중국의 자리는 없죠? 마지막 단추를 꿰기 위해 윌슨은 민족자결주의를 주장함과 동시에 민주주의의 확산과 정착을 위해서는 군사개입도 해야 한다고 주장했습니다. 이렇게 되면 마지막 단추가 꿰집니다. 이렇게 되는 거죠.

각 국가의 민족은 민주주의를 하고 싶어 한다. ▶ 그러나 식민 모국과 그들의 후원과 지지를 받고 있는 각 식민지의 지배 세력이 민주주의를 억누르고 있다. ▶ 이것은 민족자결주의에 어긋날 뿐 아니라 민주주의의 확산에도 위협이 된다. ▶ 각 식민지의 민주주의 정착을 위해서 필요하다면 민주주의 국가의 거룩한 군사개입이 필요하다. ▶ 라틴아메리카가 그러하니 이 지역의 민주주의 정착은 아메리카합중국이 맡겠다.

라틴아메리카는 그 이후 아메리카합중국의 수중에 떨어졌습니다.

그런데 엉뚱하게도 민족자결주의를 배경 이론으로 삼은 독립운동이 동북아시아의 식민지에서 일어납니다. 한반도에서는 3·1운동이, 중국에서는 5·4운동이 일어났습니다. 덕택에 윌슨이 우습게도 인도주의자로 유명세를 얻게 되었습니다만 민족자결주의가 이런 것이었으니 중국과 한반도의 독립운동을 세계가 지원하지 않았던 것은 당연한 일이었지요.

러시아는 사정이 좀 다릅니다. 승리 일보 직전에 전쟁에서 발을 빼 버렸거든요. 그 덕택에 연합국 측으로부터 괘씸죄를 적용받았습니다. 발트해 연안의 에스토니아, 라트비아, 리투아니아가 엉겁결에 신생국으로 독립했고 폴란드, 핀란드도 독립합니다.

파시즘

제1차 세계대전은 제국의 시대(제국과 제국주의는 완전히 다른 말입니다)에 종말을 고했습니다. 청제국은 신해혁명으로, 러시아는 10월혁명으로 해체되었습니다. 프랑스는 제국의 꿈을 억지로 접었고 영국은 애초부터 제국을 만들 생각이 없었습니다. 오스트리아는 헝가리를 뺏기면서 제국을 잃었고 오스만제국은 터키공화국으로 쪼그라들었습니다. 일본만 제국을 부르짖으며 광분하고 있었지만 유럽에서 멀리멀리 떨어진 동양 끝자락에서의 일, 제국을 하건 말건 별 상관없습니다(그러다가 된통 당하긴 했습니다. 일본의 제국화는 [신흥 조폭 덴노파 등장] 편에서 살펴보겠습니다).

제1차 세계대전의 전후 질서 재편 과정은 아주 가혹했습니다. 패전국은 빠져나갈 틈조차 없이 구석으로 몰렸습니다. 이제 패전국의 지도자는 어느새 국민 의식이 자리를 잡은 국민들에게 변명할 여지가 없습니다. 조국의 패배로 국민들은 자존심에 커다란 상처를 입었을 뿐 아니라 먹고사는 문제로 심한 고통을 겪어야 했습니다. 패전국 국민들의 불만이 쌓이기 시작합니다. 독일은 패전 직후 혁명으로 공화정을 마련했습니다. 온건좌익 사회민주당이 집권한 바이마르공화국입니다. 그런데 아무도 모르는 불씨가 숨어 있습니다. 독일이 아직도 시민사회를 형성하지 못했네요. 공화국에 시민사회가 없으면 반드시 몸살을 앓게 되어 있습니다. 약한 나라는 혼자서 앓고 강한 나라는 주변을 괴롭힙니다. 이것을 피한 나라는 지금까지 단 한 곳도 없었습니다. 독일은 강한 나라였습니다. 이제 곧 주변이 함께 몸살을 앓아야 합니다. 이것이 불씨입니다.

독일 지역은 신성로마제국의 그림자였죠. 제국의 멍에를 벗을 수가 없었습니다. 명색이 제국이니 지역 내 영지들은 일종의 속국이어야 했고 당연히 국가로 변신하기 위한 절대 권력의 탄생도 없었으며 그나마 있는 권력이라도 무너뜨리려 애쓴 부르주아들도 미약했습니다. 그러니 더 하위 단계인 프롤레타리아가 나올 여지도 없었죠. 선발 국가들은 전통 귀족과 부르주아의 대결, 이후 부르주아는 분해되어 전통 귀족과 통합하거나 프롤레타리아에 흡수되어 부르주아, 프롤레타리아를 기점으로 한 보수, 혁신의 양편으로 시민사회를 형성하면서 절대 권력의 견제, 산업화, 마침내 제국주의로 나아갔습니다. 하지만 독일은 그런 경험이 없는 상태에서 공화정으로 변신해 버렸고, 국가를 끌고 나가는 힘은 여전히 상층구조에만 있습니다. 정치 중심 구조입니다. 이런 상태에서 국민들의 대내외적 불만이 고조되면 자연히 제국주의와는 전혀 다른 길인 파시즘으로 빠져들게 됩니다. 단계는 이렇습니다. 상부 권력이 국민들의 요구를 선택적으로 수용하면서 의식, 이념 자체를 단순하게 만듭니다. 민주주의는 이 상황에서 설 곳이 없고, 이런 상태에서 경제가 성장하면 그 과실을 권력의 창고를 든든히 채우는 쪽으로 쓰게 되며 국민들에게는 일종의 시혜로 배급합니다. 통제지요. 통제를 받으면서도 국민들은 살림살이가 나아진 것이 국가권력 덕분이라 착각하면서 무한 충성에 들어갑니다. 권력은 제동장치 없이 막 나가는 자동차 같습니다. 브레이크 없는 자동차가 안전 운행을 할 까닭이 없습니다. 자동차에 탄 승객은 운전자 손에 생명을 맡겨야 하고 다른 자동차는 충돌을 피하느라 진땀을 흘려야 합니다. 이것이 전후 독일의 모습입니다.

여기서 유럽 역사 진행의 굵직한 흐름이 나옵니다. 고대 제국의 붕괴 – 각 지역

분할과 생존 투쟁 ▶ 종교의 세속 통합 ▶ 각 지역의 합종연횡 ▶ 세속 권력 강화와 종교 권력 약화 ▶ 종교분쟁 ▶ 영토국가와 산업화 ▶ 부르주아 계급 탄생 ▶ 자유주의 대두 ▶ 프롤레타리아 계급 탄생 ▶ 사회주의 요구 ▶ 시민혁명 ▶ 민주주의 성립 ▶ 자본주의 성립 ▶ 제국주의의 흐름입니다. 이 단계 중 하나라도 빼먹으면 부속이 빠진 기계처럼 삐걱거리게 됩니다. 독일은 이 흐름을 놓쳤고 이탈리아도 놓쳤습니다. 오스트리아, 에스파냐도 놓쳤습니다. 놓치면 몸살 앓고 사고 칩니다.

그런데 왜 파시즘일까요? 파시즘은 민족주의의 극단입니다. 정부가 일방으로 주도하는 형태를 독재라고 한다면 파시즘은 정부에 국민들이 자발적으로 일체화되는 형태를 뜻합니다. 즉 국민의 애국심을 바탕으로 정부가 모든 것을 일방 주도하는 형태가 바로 파시즘입니다. 민족주의는 이 형태를 매끄럽게 형성하는 윤활유입니다. 이렇게 되면 권력의 제동장치가 없지요. 만약 시민사회가 건강하게 형성되었다면 시민 혹은 국민의 모든 이익, 생명을 저해하는 정부 방침에 저항하는 의식과 시스템이 만들어질 수 있고 이는 강한 압박이 되어 정부, 즉 권력이 일방 운행을 하지 못합니다. 이것이 민주주의입니다. 그래서 민주주의에 가장 중요한 요소는 바로 국민, 시민의 깨어 있는 건강함입니다. 시민사회가 없거나 미약하면 이 건강함을 가질 수가 없고, 권력은 국민, 시민의 모든 것을 파편화시키고 세속 욕구를 충족시켜주면서 지지를 이끌어 냅니다. 그 방법은 시대에 따라 변하겠지만 형태는 동일합니다. 잘 먹고 잘살게 해준다는 거지요. 집도 주고 돈도 벌게 해주고 먹을 것도 주겠다는 겁니다. 잘 먹고 잘사는 게 아니라 잘 먹고 잘살게 해준다는 수동형 문장에 주목하세요. 인간의 노예근성을 근본에서 건드리는 것이 바로 파시즘입니다.

자신과 국가를 일체화한 상태에서 불만이 생기면 그 원인을 외부로 돌립니다. 우리가(시스템과 개인의 의식 일체화를 지칭하는 단어가 '우리'입니다) 잘못해서가 아니라 누구 때문에 이런 꼴이 되었다고 스스로 위로하는 거죠. 여기서 우리와 외부의 타자를 철저히 분리하고 타자를 억압하는 기제가 발생합니다. 억압이 커질수록 내부

결속력은 강화됩니다. 인종차별은 이 한 예입니다. 이런 상황을 가장 잘 만들 수 있는 지역이 당시 유럽에서 독일과 이탈리아, 오스트리아, 에스파냐였고 그중 군중심리를 잘 읽고 이용할 줄 아는 인물이 독일과 이탈리아에 있었습니다. 히틀러와 무솔리니입니다.

패전의 멍에를 뒤집어쓴 독일은, 히틀러가 독일인의 민족주의와 애국심에 바탕을 둔 군중심리를 탁월하게 활용해 권력의 핵심으로 파고들면서 파시즘 국가로 변신합니다. 독일이 이렇게 된 이유는 내부의 적, 유대인 등 타 인종이 국민 화합을 방해했기 때문이고 외부로는 우리 민족을 말살하려는 국가가 있기 때문이다, 독일인이여 총궐기하라! 히틀러는 총통으로 취임하면서 공화국을 폐지하고 새로운 제국의 탄생을 알립니다. 제3제국입니다. 히틀러는 스스로 로마 황제에 취임했습니다.

무솔리니는 제1차 세계대전의 승전국이면서도 과실을 받지 못해 불만인 이탈리아 국민들을 단결하라는 구호로 결집시켰습니다. 사실 이탈리아는 연합국 측에게 사기 당했습니다. 달마치아를 받지 못했거든요. 국민들 불만의 힘으로 권력을 얻은 무솔리니는 대외 팽창정책을 추구했으며 모든 정책을 국민의 이름으로 입안, 집행하면서 이탈리아 국민에게 과실을 약속합니다. 충성하라, 그러면 잘 살 수 있다! 이탈리아 국민들은 결속하고 충성했습니다. 파시즘(fascisim)은 결속을 뜻하는 이탈리아어 파쇼(fascio)에서 나왔습니다.

19세기에 식민지를 모두 잃은 에스파냐는 몰락하는 와중에도 가톨릭 본산이라는 수구 가치를 애지중지하고 있었고, 19세기의 시민혁명을 진압한 군부가 가톨릭 기득권층과 결합하면서 거대한 수구 집단을 이루고 있었습니다. 에스파냐는 왕정이긴 했으나 군부독재였습니다. 이런 에스파냐에도 산업화의 바람이 불어 노동자층과 쁘띠부르주아라고 부를 수 있는 소상공인, 지식인이 생겨나고 있었습니다. 이들은 다른 지역의 거센 저항과는 달리 입헌군주제, 의회민주주의, 정교분리 등 다

소 온건한 요구를 했지만(시민 세력이 미약하면 이 정도밖에 요구할 수 없습니다) 그럴 때마다 수구는 무력으로 과격한 진압을 일삼았습니다.

수구는 과거의 영광을 재현하려 합니다. 그래야 자신들의 권력과 부를 계속 이어나갈 수 있지요. 그래서 이들은 '에스파냐여 다시 한 번!'을 외쳤고 이들의 구호는 자연히 파시즘 요소를 담게 됩니다. 권력이 있고, 배타적 민족주의를 외치며, 분열을 부추기는 일체의 요구를 탄압했습니다. 수구 세력은 자연히 파시스트화되고 있었습니다. 이들의 탄압을 받던 지식인, 소상공인 중심의 공화주의자와 노동자 중심의 사회주의자는 연대하여 인민전선을 구축했습니다. 이들이 마침내 선거에서 승리, 공화정을 세웠으나 야당이 된 수구의 저항은 테러도 불사할 정도로 과격했습니다. 공화주의자는 이상은 있었으나 힘이 없었고 수구는 권력은 잃었으나 그간의 부정부패로 엄청난 힘을 갖고 있었지요.

갓 태어난 공화국은 민심을 수습하는 데도 힘이 부칩니다. 그 판국에 과거 군부 독재 세력이 팔랑헤당을 창당, 영광스런 에스파냐의 부활을 외치면서 노골적인 파시즘을 표방합니다. 이런 몰역사, 반민중 세력이 무력을 갖고 있으면 판은 반드시 깨집니다. 1936년, 군부의 권력자 프랑코가 왕당파, 가톨릭 세력을 등에 업고 쿠데타를 일으켰으나 노동자와 농민의 힘으로 물리칩니다. 그러자 모로코에 있던 프랑코 반란군이 독일과 이탈리아의 지원을 받아 지브롤터 해협을 건너 본국을 침공합니다. 초록은 동색, 파시스트는 파시스트가 지원하기 마련이지요. 이로써 민주주의의 반대쪽에 파시즘이 있다는 사실이 명확해졌습니다. 그렇다면 파시스트가 마땅치 않은 반대쪽의 국가가 지원하는 것이 당연하겠지만 이상하게도 다른 유럽 국가, 특히 영국과 프랑스는 잠잠합니다. 전 세계의 지식인들이 팔을 걷고 나설 때도 말이지요(에스파냐내전을 묘사한 〈누구를 위해 종은 울리나〉는 자원 참전했던 어니스트 헤밍웨이의 작품입니다). 아마 사회주의 국가 소비에트연방이 인민전선을 돕고 나서자 사회주의가 영 못마땅했던 이들 국가가 함께하지도 못하고 그렇다고 파시스트를 지원할 수도 없는 그런 상태였기 때문일 겁니다. 민주주의, 사회주의, 파시즘이 묘한 삼각관계를 이루고 있습니다.

여기서 이상한 현상이 하나 발견됩니다. 지금까지 살펴본 서구의 역사에 정치 중심의 흐름은 별로 볼 수가 없었습니다. 로마 멸망 이후부터는 아주 노골적으로 먹고사는 실리 문제가 역사를 끌어 왔고 각 지역은 실리에 따라 이리저리 합종연횡을 하면서 근대의 문을 열었습니다. 결국 그 실리의 힘이 거대한 제국, 도저히 따라잡을 수 없다고 생각했던 중국을 무너뜨렸지요. 그런데 에스파냐내전에는 이상할 정도로 어정쩡한 상태로 침묵했습니다. 파시즘은 자유주의도 사회주의도 아닌 일종의 병소입니다. 그동안 유럽 각 국가의 행보로 유추컨대 돋아나는 파시즘의 싹을 싹둑 잘라 버리는 것이 장사에 이익임은 누구나 다 아는 사실일 터, 그럼에도 자유주의 반대편에 있는 소비에트연방이 인민전선을 돕고 있다는 사실만으로 침묵한다는 건 이들의 판단 근거에 정치 기준이 자리 잡고 있다는 설명이 됩니다. 제국은 경제 단위가 아니라 정치 단위입니다. 역사를 보면 먹고사는 문제가 해결되면 늘 정치문제가 시대의 중심에 앉곤 했음을 알 수 있을 겁니다. 유럽의 이 침묵은 과연 어떤 의미가 있었을까요?

파시즘 발흥에 침묵한 대가는 가혹했습니다. 파시스트 국가는 후발 제국주의 국가로서 선발 제국주의 국가의 행로에 함께 발을 들여놓기 위해 제1차 세계대전을 일으킨 무리들입니다. 졌습니다. 패전의 대가는 앉아서 굶어 죽으라는 명령이었습니다. 이대로 죽을 수는 없지요. 그래서 이번에는 모든 힘을 극단으로 끌어올려 세계 질서를 뒤집어 선발 제국주의 국가를 무너뜨리려 했습니다. 내부의 힘을 극단으로 끌어올리는 동력이 바로 파시즘입니다. 제2차 세계대전이 터졌습니다.

사회주의

_ 러시아 10월혁명과 중국의 공산혁명

러시아는 제1차 세계대전이 한창이던 1918년에 발을 뺄 수밖에 없었습니다. 1917년 10월, 사회주의 10월혁명으로 차르체제의 러시아는 사실상 해체되고 사회주의 공화국으로 변신하여 소비에트사회주의연방으로 개국했으니 러시아라는 나라 자체가 사라진 거죠. 게다가 새 나라는 사회주의 국가입니다. 관 주도로 새 판을 짠 상황으로 보나 자유주의 혹은 민주주의가 아닌 사회주의를 국가 이념 체계로 잡은 것으로 보나 연합국 쪽보다는 동맹국 쪽이라야 짝이 맞습니다. 그런데 러시아는 3국협상국이므로 연합국 편입니다. 어정쩡한 꼴이죠. 거기다가 새로운 체제를 구축하면 그 다음날로 모든 것이 뚝딱 만들어지는 건 아닙니다. 엄청난 혼란을 거쳐야 안정기로 들어갑니다. 러시아(소비에트연방)의 입장에서는 제 발등 불끄기가 더 급합니다.

제1차 세계대전 이전의 과거로 잠시 돌아가겠습니다. 러시아는 민간의 자율적인 산업화를 거치지 못한 상태에서 독일처럼 관 주도의 산업화를 진행했습니다. 이런 진행은 시민사회의 형성 단계를 거치지 못해 산업화의 과실을 권력이 가져가는 형태로 발전하여 독재 체제로 간다고 몇 차례 반복해서 정리했습니다. 더군다나 러시아는 전통적인 황제 차르를 정점으로 하는 귀족권력 국가였습니다. 산업화로 인한 과실이 어디로 가고 하층 민중의 삶이 어떠할지는 굳이 증거를 들지 않더라도 짐작이 가는 바지요. 때마침 자유주의 진영의 반체제 인사 마르크스가 공산당선언을 발표해 유럽 전역이 들썩입니다. 러시아 사회구조는 마르크스가 적시한 구조에 한참 미치지 못하지만 노동자, 농민들의 처지만큼은 딱 들어맞습니다. 그렇다면 마르크스가 제안한 해법이 들어맞을지 모르겠지만 한 번 해볼 만합니다. 자본주의의 정점에서 사회주의가 일어날 거라는 마르크스의 예언과는 달리 자본주의의 초입에도 들어서지 못한 러시아에서 사회주의가 꿈틀거립니다.

19세기 말에는 세계 최초의 공산당인 사회민주노동당까지 탄생했습니다. 당시 차르였던 니콜라이는 러시아를 하루빨리 강대국으로 만들고 싶어 했습니다. 그러자면 권력 집중 형태인 차리즘을 활용하는 편이 가장 효율적이라고 판단했겠지요. 하지만 그는 국제 정세를 제대로 읽지 못해 일본을 얕잡아 보고 전쟁을 벌였다가 패했습니다. 1904년의 러일전쟁입니다. 이 와중에 수도인 페테르부르크의 노동자들이 더 이상 못살겠다고 들고 일어났습니다. 물론 강경하게 진압했지요. 세계 최초의 공산혁명인 러시아 1차 혁명은 실패로 돌아갔습니다. 하지만 이 불길이 러시아 전역에 퍼집니다. 일본과의 전쟁과 후속 강화조약 등으로 정신없던 니콜라이는 러일전쟁을 수습하자마자 소요 사태의 주범인 공산당을 혹독하게 탄압합니다만 이미 불길은 혁명으로까지 옮겨지고 있었습니다. 이런 상태에서 제1차 세계대전이 터집니다. 3국협상 때문에 그냥 참전 시늉만 하면 될 줄 알았는데 전쟁이 장기화되면서 안 그래도 가난한 살림살이가 완전 궁색해지고 있었습니다. 민중들의 불만이 극에 달했지요. 프랑스대혁명 전의 프랑스 민중보다 더한 상황이었습니다. 1917년 2월에 불만이 대폭발했는데, 배고픈 군인들까지 가세하여 진압은커녕 기득권자들은 제 목숨 부지하는 것조차 힘들 정도로 사태가 악화되었습니다. 3월이 되자 시위는 혁명으로 바뀌었고 니콜라이는 허겁지겁 도망쳐야 했습니다. 러시아가 마침내 차르체제를 벗어던지고 공화국으로 바뀝니다.

의회가 임시정부를 구성했으나 임시정부엔 차르체제 시절의 기득권자들이 모여 있어 1905년의 탄압과 반동이 되풀이될 것이란 예감으로 혁명 주도 세력은 확실한 혁명정부를 만들려 합니다. 그 당시엔 힘이 달렸으나 이제는 혁명을 직접 수행하는 대중들과 이를 결속하는 혁명 주도 세력, 볼셰비키(레닌이 이끈, 사회민주노동당의 한 분파)가 있습니다. 1차 혁명에 실패해 스위스로 망명했던 공산당 지도자 레닌은 귀국하면서 모든 권력을 소비에트로 집중하라고 외칩니다. 소비에트는 러시아어로 평의회라는 뜻인데, 각 지역 자치 기구 명칭이기도 합니다. 당시 볼셰비키는 페트로그라드(상트페테르부르크. 레닌 사후 레닌그라드로 개칭했다가 지금은 다시 원 명칭으로 환원) 소비에트를 결성했습니다. 임시정부와 대치하는 제2정부라 할 수 있죠. 레닌은 이 소비에트에 권력을 집중하라고 한 겁니다. 혁명정부를 만들라는 선동이었고 임시정부를 부정하는 발언입니다. 선동이 성공하려면 임시정부와 국민을 분리시켜야 하는데 레닌은 이 분리점을 정확히 알고 있었습니다. 러시아 인민들의 불만이 터진 바로 그 지점, 임시정부가 참전을 결정했던 세계대전에서 발을 빼는 것이지요.

그의 선언에 민중들이 동조, 6월에 다시 봉기합니다. 군사 세력화한 볼셰비키는 허약하고 국제 정세에 어두우며 정치 감각이 무딘 임시정부를 무너뜨리고 사회주의 정권을 수립합니다. 10월혁명입니다. 새 나라는 수도를 모스크바로 옮기고 독일과 단독 강화조약을 체결하여 마침내 전쟁에서 발을 뺍니다. 그러나 그 대가는 지독했지요. 전후, 연합국 측으로부터 배신자로 낙인찍혔으니까요. 그런데 사실, 유럽 각 국가들은 사회주의 정권이 러시아에 들어섰다는 사실에 경악, 싹을 잘라 버릴 생각을 했던 겁니다. 당시 유럽은 자본주의의 정점으로 가고 있었는데 그 반대편에 사회주의가 있었거든요. 마르크스 덕분에 이 사실은 명확했습니다. 연합국의 지원을 받아 러시아 곳곳에서 반동 봉기가 일어났으나 이를 진압하면서 소비에트 정부는 1920년, 마침내 정권을 안정시키는 데 성공합니다. 유럽도 이제는 할 수 없이 소비에트연방을 인정할 수밖에 없게 되었습니다. 완전히 엉뚱한 곳에서 제국이 되살아났습니다. 그것도 자본주의와는 전혀 상관없이, 오히려 반대쪽에서 생겼습니다. 이후 소련의 행보와 문제는 사회주의 자체의 문제라기보다 역사의 각 단계를 충실히 겪지 않은 소련 내부에 생길 수밖에 없는 문제입니다. 소련이 사회주의 국가이긴 했지만 소련과 사회주의를 지나치게 일치시키면 혼란이 생깁니다.

중국은 19세기 말에 이르면서 종이호랑이로 전락했습니다. 유럽 제국주의자들이 중국을 아직 식민지로 만들지는 못했지만 자신들의 시장으로 바꾸기 위해 온갖 짓을 다 하고 있습니다. 중국은 뒤늦게 양무운동까지 벌이면서 산업화를 위해 노력했지만 모든 노력이 수포로 돌아가고 산업이 무너져 내렸습니다. 이런 와중에 중국 내부에 뜻깊은 변화가 일어납니다. 관 주도, 정치 주도의 땅에서 비로소 민간의 자각이 시작된 겁니다. 허약하고 무능하기만 한 정부를 믿을 수 없었던 중국인들이 독일 조차지였던 산둥 반도에서 1899년 의화단 사건을 일으킵니다. 당시 서양 선교사들은 톈진조약 이후 모국의 이익을 위해 선봉대 역할을 했는데, 이것이 중국인들이 기독교를 배척하게 된 원인이었습니다. 의화단은 반기독교 운동부터 시작했습니다. 중국 정부가 진압하려 했으나 역부족, 의화단이 톈진까지 장악하고 기세를 드높이자 서양 각국은 중국 정부에 이를 진압하지 않으면 직접 군대를 보내겠다고 협박합니다. 실각을 우려한 서태후는 진압 태도를 돌변, 오히려 의화단과 합세하여 서구 제국들과 전쟁을 합니다. 아무리 허약해졌어도 중국의 역사 퇴적층은 서구의 다른 식민지 국가들과는 비교도 안 되게 두텁습니다. 한반도가 죽을 듯 말 듯 하면서도 끈질기게 일본 제국주의에 대항한 것 역시, 영토국가로 쌓은 오랜 역사 퇴적층의 힘이 있었기 때문이었지요. 그러나 중앙 권력과 민중이 힘을 합쳐도 서구 제국의 힘을 당할 수 없었습니다. 유럽 8개국 연합은 자금성을 약탈, 문화재를 도적질해서 대영박물관과 루브르박물관에 보내기까지 합니다. 앞서 말했듯 역사상 가장 큰 장물 창고가 바로 대영박물관과 루브르박물관입니다. 1901년 베이징의정서를 체결, 전쟁배상금까지 물어야 했던 중국이지만 이 사태로 서구 제국들은 중국을 식민지로 만들기는 불가능하다는 것을 깨달았습니다. 대신 그들의 주특기대로 중국의 허약한 경제력을 파고들어 장사에 열중합니다. 일본만은 예외로, 언제고 중국을 삼킬 생각을 하고 있습니다.

거대한 중국의 마지막 제국 청은 이제 너덜너덜 종이호랑이로 변했습니다. 불과 50년 사이에 일어난 일입니다. 어떤 방법을 써도 안 통합니다. 제국을 놓지 않으려 애쓴 서태후 정권은 구체제를 완전히 폐지하고 급기야는 입헌군주제까지 도입합니다. 과거제가 폐지되자 귀족층이었던 일단의 청년들이 일본으로 유학합니다. 그들은 일본에서 조국의 참담한 현실은 혁명 외의 방법으로는 바꿀 수 없다고 판단했습니다. 쑨원은 1905년 동맹회를 조직, 중화민국을 국호를 채택하고 삼민주의를 국가 주도 이념으로 세웁니다. 제국의 입장에서 이건 역모입니다. 청제국은 이제 갈데까지 갔습니다.

이 소식을 전해 들은 중국 내에서도 혁명운동이 일어납니다. 1910년 10월 10일, 우창에서 중화민국 군정이 설립됩니다. 우창봉기의 성공 소식은 중국 전역으로 번져 각지에서 봉기와 독립선언이 잇따릅니다. 쑨원은 1912년에 귀국하여 난징에서 중화민국 임시정부를 선포, 임시 대총통이 됩니다. 청제국 안에 중화민국이라는 공화국이 생겼습니다. 아주 생소한 사건 같지만 이것 역시 중국의 역사 전통입니다. 제국이 힘을 잃으면 각지의 군벌들이 독립을 선언하고 제국 안에 여러 나라가 생기면서 분열하는 형태지요. 이 짧은 분열기를 거치면 다시 통일될 겁니다. 청 조정은 이 역모 사건을 해결하기 위해 위안스카이에게 전권을 맡겼는데 오히려 위안스카이가 중화민국의 대총통이 되면서 마침내 청제국은 문을 닫습니다.

청은 사라졌습니다. 이제 중화민국이 청을 이어받는 건가요? 아닙니다. 중국의 제국이 분열기에 들어가면 힘겨루기를 해야 합니다. 일대일로 제국을 인수인계하지는 않지요. 위안스카이는 청을 이어받은 제국을 구상했으나 중국 인민들의 반발에 부딪히다가 병사합니다. 그가 죽자 각지의 군벌들이 중국 대륙의 공식대로 독립해서 대륙이 어지러워졌습니다. 마치 한이 무너진 후 5호16국으로 와글거리던 때 같습니다. 중국은 20세기에 이르러서도 여전히 같은 역사 행보를 밟고 있습니다. 이럴 때 러시아로부터 사회주의 혁명이 성공했다는 소식이 전해 옵니다. 피지배 계층이 지배 계층을 완벽하게 무너뜨린 최초의 사건입니다. 프랑스대혁명도 그렇지 않냐고요? 아니죠. 프랑스대혁명은 신 지배 계층이 구 지배 계층을 무너뜨린 사건입니다. 사건의 종류 자체가 다릅니다. 제국주의에 짓밟히고 있던 전 세계의 피지배 민중에게 소비에트연방의 탄생은 새 희망이었습니다. 이에 감화를 받은 일단의 사회주의자들이 마오쩌둥의 주도로 공산당을 창당한 후 세를 키우다가 일본 제국주의 침략에 대응하기 위해 쑨원의 국민당과 국공합작을 합니다.

국민당은 청의 문벌 자제들이 중화민국을 창립하면서 만든 당입니다. 유럽식으로 치면 귀족의 새로운 연합체죠. 나라를 걱정하고 우국충정으로 힘을 모았지만 기득권자들입니다. 공산당은 기층 민중의 바탕에서 솟아났습니다. 비록 산업화가 되지 않아 시민사회, 부르주아, 프롤레타리아도 없었지만 대신 중국에는 자유농민들이 있었습니다. 이들이 바탕인 당이 공산당입니다. 외세에 대항하기 위해 손을 잡기는 했지만 양당은 물과 기름입니다. 오래갈 리가 없지요. 쑨원을 이어 등장한 장제스는 북부의 군벌들을 모조리 무찌르고 베이징을 점령, 중국을 통일합니다. 난징을 수도로 삼았으므로 난징정부라 부릅니다. 이 과정에서 공산당은 거의 와해되었으나 가까스로 홍군을 창설하면서 소규모 소비에트를 건설합니다. 홍군은 인민해방군의 전신입니다. 국민당과 공산당은 갈등하다가 마침내 내전을 벌였으나 일본이 만주사변을 일으켜 본격적인 침략 도발을 하자 다시 뭉칩니다. 2차 국공합작입니다. 일본의 중국 침략은 장기전으로 들어갑니다. 중국은 만만하게 침략당할 지역이 아니거든요. 땅덩어리 크기 때문입니다. 일본과의 전쟁이 시간을 끌자 다시 분열한 국민당과 공산당은 제2차 세계대전 종전 이후 본격적인 내전에 돌입, 마오쩌둥의 공산당이 장제스의 국민당을 대만으로 몰아내고 중화인민공화국을 중국에 세웁니다. 청이 문을 닫은 후 40여 년 만인 1949년 10월 1일입니다.

마르크스는 자본주의가 정점에 이르면 그 모순이 사회주의를 부를 것이라고 예언했습니다. 그때를 19세기 말로 봤죠. 마르크스의 예언은 옳았지만 시대는 잘못 짚었습니다. 자본주의는 아직 정점에 도달하지 못했지요. 자본주의의 정점에 있는 것이 금융입니다. 돈놀이죠. 생산 없이 돈이 돈을 만드는 상황, 돈이 도는 길에 아무런 장애가 없는 상황, 이것이 자본주의의 정점입니다. 마르크스 때는 아직 생산 자본주의 단계였습니다. 그의 예언은 대단히 성급했지요. 대신 마르크스가 외친 공산당선언은 자본주의에게든 기존 권력에게든 모든 억압받고 있는 피지배 계층에게 희망의 불씨를 던졌습니다. 러시아의 기층 민중도 마찬가지였죠. 다른 지역은 산업화네 경제발전이네 시스템 구축이네 현란하게 변하고 있는데 러시아는 침잠하여 썩은 물 같습니다. 러시아의 인텔리겐치아들은 산업화와 부르주아, 프롤레타리아의 시민사회 형성을 기다릴 여유가 없었습니다. 그들은 시민사회 형성을 생략하고 제국에서 바로 사회주의 노선으로 넘어가 버렸습니다. 마르크스의 사회주의와 명칭은 같지만 다른 모양입니다. 마르크스가 말한 혁명의 주체는 프롤레타리아입니다. 러시아는 이 계급이 약했으므로 농민과 병사까지 가세했습니다. 계급 형성의 과정이 생략되었습니다. 소비에트연방은 이 과정을 생략한 대가를 20세기 말에 제대로 치렀습니다. 소비에트연방이 무너지고 다시 러시아로 복귀한 거죠. 물론 이 러시아가 그 러시아는 아닙니다만.

중국은 러시아와 또 다릅니다. 제국에서 식민지 직전의 종속국으로 변해 민족주의가 전면에 대두되었습니다. 원래 사회주의는 민족이나 국가보다 계급이 상위에 있습니다. 역사에서 익히 봐 왔다시피 경제에는 국경이 없습니다. 자본주의 착취는 자본가와 노동자 간의 계급 모순에서 나오는 것이지 민족이나 국가 간의 국경 모순에서 나오는 게 아니니까요. 러시아는 그나마 이 계급 모순이 드러나고 있던 시점이었지만 중국이 갖고 있는 문제는 계급 모순이 아니라 제국주의와 식민지 사이에서 생기는 민족 모순입니다. 당시 중국에 민족주의가 대두할 수밖에 없는 이유입니다. 이런 상태에서 사회주의가 중국에 들어왔습니다. 결국 중국은 제국에서 식민지적 종속국으로, 식민지적 종속국에서 사회주의로 이행했습니다. 계급 모순은 아예 빠져 버렸고 시민사회 형성은 시도조차 할 수 없었습니다. 따라서 중국의 사회주의도 마르크스의 사회주의와는 상당히 다릅니다. 마르크스의 사회주의에서 프롤레타리아의 적은 분명합니다. 자본가입니다. 레닌의 사회주의에서 피지배 계층의 적 또한 분명합니다. 기존 권력기관, 즉 국가입니다. 그러기에 러시아를 무너뜨리고 소비에트사회주의연방을 꾸린 거지요. 마오쩌둥의 사회주의에서도 적은 국가였는데 이미 없어진 지 오랩니다. 그래서 중국 사회주의는 중국 인민을 압제하는 모든 거대한 것들을 적으로 삼았습니다. 당장 눈앞의 국민당과 일본 제국주의가 타도 대상이었지요. 중국의 사회주의 혁명은 인민해방 혁명이었습니다.

러시아의 사회주의도 중국의 사회주의도 마르크스가 예언한 사회주의와는 동떨어진 변종입니다. 그랬기에 소련과 중국뿐 아니라 사회주의를 이념으로 내건 모든 나라들이 경제 문제에 시달리다 사라졌거나 현재 내부 모순에 시달리고 있고 권력 구조 또한 프롤레타리아의 지배가 아닌 사회주의적 황제 지배체제로 변질되어 버렸습니다. 마르크스의 주장대로 자본주의 모순의 정점에서 사회주의가 탄생한다면 사회주의를 보기 위해서는 시민사회의 형성 단계를 반드시 거쳐야 한다는 단언 또한 맞을 겁니다. 지금까지 지구에 등장한 모든 사회주의 국가는 이 과정을 생략했고, 이 과정을 충실히 지킨 국가 중 아직 사회주의 국가가 존재하지 않는다는 사실은 아직도 자본주의가 정점에 도달하지 못했다는 증거일지도 모릅니다. 21세기 들어 자본주의는 사회주의 대신 또 다른 제국을 만들 준비를 하고 있습니다. 마르크스의 예언 어딘가에 생략된 단계가 있다는 뜻일까요?

신흥 조폭 덴노파 등장

파시즘으로 20세기의 세계를 어지럽혔던 장본인 중 하나인 일본을 빼 놓고 이 시기의 세계사를 들여다보기는 힘들므로 일본의 역사를 고대로부터 간략하게 훑어보겠습니다. 일본은 세상을 그렇게 어지럽힌 전력치고는 세계사나 동양사에 큰 영향을 끼치지 않았습니다. 19세기 말이 되기 전까지는 동아시아에서조차 일본의 존재감은 극히 미미했고, 현대에 이르러서도 이 지역의 질서와 구조에 발을 들여놓는 것을 주저하고 있습니다. 일본은 16세기의 조선침략전쟁(임진왜란), 19세기 말부터의 제국주의 침략으로 가끔씩 나타나 이 지역을 쑥대밭으로 만들고는 다시 쑥 들어가곤 했습니다. 도대체 어떤 역사 행보를 밟아 왔기에 일본이 이런 특성을 보이는 것일까요?

일본은 4세기경 야마토 정권이 들어서면서 이전의 원시적 부족 집단을 버리고 국가의 형태를 드러내기 시작했습니다(물론 일본 스스로 이렇게 말하고 있진 않지만). 당시 중국이나 한반도에는 강력한 국가가 이미 존재했던 시기였으니 꽤 늦었습니다. 야마토 정권의 우두머리는 천황입니다. 당시 동아시아 각 지역은 지도자를 부르는 명칭이 제각각이었습니다. 신라는 자신의 왕을 거서간, 차차웅, 이사금, 마립간 등으로 불렀지요. 각 지역의 지도자를 왕이라 하건 황제라 하건 그게 힘과 강역의 크기를 분류하는 용어는 아닙니다. 일본인들은 자신의 왕을 그저 천황이라는 명칭으로 불렀을 뿐입니다. 발끈할 필요는 전혀 없어요. 고대 사회가 다 그렇듯 왕(일본은 천황)이라 해도 강력한 중앙집권적 권력을 갖고 있는 건 아니었으므로 야마토 정권은 일본 내 각 지역의 권력을 연합한 정도로 이해하면 됩니다.

12세기(헤이안 시대)에 들어서자 각 지방의 장원이 발달하고 무사계급이 성장하면서 기존 정권은 힘을 잃어 가다가 12세기 말에 무인정권이 등장합니다. 무인정권의 중심 기구가 바쿠후(막부幕府. 현대 용어로 하면 군부軍部)입니다. 이때부터 천황은 상징적 존재가 되고 실제 권력은 바쿠후의 수장인 쇼군이 쥐는 이중 권력 구조가 되었습니다. 상황이 이렇다 보니 허수아비에 불과한 천황 자리를 노리는 실력자는 없었습니다. 이 이중 권력 구조는 후일 근대 일본의 입헌군주제, 내각책임제의 밑바탕이 되었으며 천황을 중심으로 어떤 상황에서도 통일 상태를 유지하는 일본의 특성을 만들었습니다. 이것은 중국이나 한반도 등 동아시아 정치권력 구조와는 판이한 구조로, 일본을 동아시아의 질서에서 벗어나게 한 원인입니다.

중국은 신화시대를 거쳐 일찍부터 국가 체제를 확립한 후 주나라에 이르러 마침내 제국의 면모를 갖춥니다. 각 지역은 국가라 불러도 손색없는 실력을 가졌고, 사실상의 국가였는데 이를 최초로 통합한 제국이 진입니다. 이후 중국은 황제를 정점으로 각 지역의 번왕(사실상의 왕)이 질서를 잡는 제국 시스템으로 성격을 굳힙니다. 황실의 힘이 약해지면 지역의 분할과 쟁패가 시작되고 이것을 정리하여 다시 제국으로 돌아갑니다. 황실의 주인은 매번 바뀌었지만 한 번도 황실 존재 자체가 부인된 적은 없었고 황실을 뚝 떼놓고 번왕들끼리 권력을 다투지도 않았습니다. 모든 권력은 황제에게로 집중되었지요. 각 지역의 쟁패 목적은 누가 황제의 자리를 차지하느냐, 누가 천하를 쥐느냐였습니다.

한반도는 신화시대를 지나면서 각 지역마다 각자의 국가를 일구었습니다. 북의 부여부터 남의 가야에 이르기까지 각자의 강역을 갖는 국가 형태를 취하고 있다가 고구려, 백제, 신라, 세 개의 국가로 정리되었고 신라가 최초로 통일국가를 일구었습니다. 이후 분열을 한 번 겪은 후에는 고려, 조선이라는 단일국가로 이어져 왔습니다. 황제라는 정점은 없었고, 각 지역은 존속과 멸망을 놓고 다투었습니다. 신라가 삼국을 통일한 후 고구려와 백제는 역사 속으로 사라졌습니다. 신라에서 고려로 넘어간 것은 신라의 분열과 재통합의 방식이었고 고려가 조선으로 넘어간 것은 쿠데타를 통해서입니다.

유럽은 지금까지 본 바와 같이 로마가 무너진 이후에는 계속 분열과 쟁패를 하며 근대, 현대로 왔습니다. 심각한 분열과 쟁패의 기간 중에는 교황이 중심 역할을 했습니다만 사실상 정치적 중심이 없던 상황에서 각 지역은 미미하게나마 국가 형태를 띠고 있었지요. 유럽의 중세에 해당하는 이 기간 동안 일본은 천황을 정점에 놓고 각 지역이 대단한 쟁패를 벌였습니다. 그러나 단 한 번도 국가 단위로 쪼개진 적은 없습니다. 교황과 마찬가지로 천황은 실제 권력을 가지든 말든 늘 천황이었죠. 말하자면 일본의 쟁패는 굳이 실권도 없는 천황 자리는 그대로 둔 채 천황 아래 2인자가 되기 위한 쟁패였습니다. 결국 일본은 통일 체제를 4세기부터 갖추고 있었다고 보면 됩니다. 이것은 중국의 시스템과 흡사합니다. 그런데 넘볼 필요가 없는 자리 하나를 위에 올려놓고 각 영지가 서로 싸우며 순위 정하기 전쟁을 한 것을 보면(일본의 전국시대입니다) 유럽 방식과 흡사합니다. 일본도 유럽이나 중국처럼 그 자체로 하나의 천하였음을 알 수 있는 대목입니다.

일본은 사방이 바다로 막혀 있는 섬입니다. 물론 서쪽 바다 너머 한반도와 중국 대륙이 있다는 건 알고 있었지만 당시의 항해술과 통신 기술력으로는 교류하기가 쉬운 일이 아니었기에 저 홀로 살아갈 수밖에 없는 지리적 특성을 일본은 갖고 있었습니다. 고립된 하나의 단위, 이것은 고대와 중세의 유럽이었습니다. 일본에서는 볼 수 있으나 한반도나 중국 등 동양에서는 볼 수 없는 서구적 특성은 이렇게 고립된 하나의 단위라는 지리에 의해 만들어집니다. 그렇다고 일본이 유럽처럼 여러 나라로 쪼개질 수는 없었습니다. 각 지역이 쪼개져 나라를 세울 만한 땅덩어리가 못되었던 거죠. 땅 덩어리가 생긴 모양새는 하나의 국가 단위였고 각 지역 힘의 불균형이 존재하는, 그래서 천황을 정점에 놓고 각 지역이 쟁패하는 구조를 취할 수밖에 없었던 거죠. 동양적 구조를 취하기엔 여러모로 불가능했습니다. 이것이 일본의 특성인 나 홀로 서기를 만든 원인입니다. 여러모로 일본은 서구적 구조에 가깝습니다.

바쿠후 정권에서 쇼군의 실력이 약해서 각 장원의 힘을 제어하지 못하면 전란에 휩싸이게 되므로 쇼군 정권 유지의 가장 강력한 수단은 무력입니다(일본이 무력 증강에 특히 힘을 쏟는 이유는 이런 역사적 사실에 근거합니다. 일본의 군국화는 정치가 몇몇의 개인적 야심이 아니라 일본의 역사적 무의식 자체입니다). 이렇게 강력하게 일본 전체를 통합하던 쇼군의 힘이 15세기 들어 현저히 약해지면서 일본 전역이 전쟁판이 되어 버립니다. 바쿠후를 장악하기 위한 각 지역 영주의 쟁투 기간이었죠. 이 시기를 전국시대라고 부릅니다.

16세기 말, 난리 북새통으로 싸워 대던 각지의 영주들은 모두 도요토미 히데요시에게 제압당해 서열이 정해졌습니다. 전국시대, 즉 전쟁의 시대가 마감되었습니다. 전쟁이 없으면 군대는 할 일이 없습니다. 군대가 할 일 없이 빈둥대면 사고 치게 되어 있습니다. 사고도 사고지만 당장 먹고사는 게 문제가 됩니다. 전쟁 중에는 피해도 극심하지만 산업도 발달하는 법입니다. 칼도 만들고 갑옷도 만들고 말도 키우고 장구도 만들고 군인을 양성하는 학원도 있었는데, 갑자기 이 모든 것이 전부 멈춰 버립니다. 경제활동이 거의 중단되었습니다. 전국시대에는 전투에서 이겨 획득한 전리품으로 가신들을 넉넉히 먹여 살렸는데 전투가 없으니 가신들 봉록을 주기도 힘들어졌습니다. 천신만고 권력은 쥐었는데 권력을 유지할 방법이 거의 없습니다. 전쟁에 맞춰져 있던 산업구조를 평화 시대에 맞춰 급격히 개편한다는 게 쉬운 일도 아니고 군사정권이 그걸 잘할 능력도 별로 없습니다. 불만이 쌓이겠죠.

내부에 불만이 쌓이면 권력자들이 꼭 하는 짓이 있습니다. 외부로 핑계 대기. 도요토미 히데요시는 명을 치고 조선을 정벌한다는 명분을 걸었습니다. 전쟁이 날 수준까지는 아니었지만 그 명분이 통할 정도로 명도 조선도 그동안 어지간히 일본을 멸시하고 툭하면 금수조치를 취하면서 경제제재를 가하곤 했거든요. 전쟁 준비를 하면서 당장 밀어닥친 경제 불황도 극복하고 그동안 길렀던 군사력으로 국가의 위상도 높이고 전쟁 기간 동안 경제구조를 바꿀 시간도 벌 수 있는 굿아이디어였습니다. 이렇게 기획한 조선침략전쟁인 임진왜란으로 일본은 동아시아 역사에 데뷔했습니다.

조선을 침략하던 중에 도요토미 히데요시가 죽자 도쿠가와 이에야스가 쿠데타를 일으켜 정권을 장악하고 대외 전쟁을 마무리한 후 본격적인 바쿠후 시대를 엽니다. 그는 쇼군의 지위에 올랐고 이후 권력은 별 변동 없이 후손에게로 세습됩니다. 강고한 군사정권이 일본을 이끌기 시작했습니다. 일본의 군국주의는 이 평화 시대에 세련되게 발전했습니다. 군국주의가 전쟁 시대가 아닌 평화 시대에 발전했다는 게 일본 역사의 아주 큰 특징입니다. 이것은 일본의 역사적 유전자, 역사적 무의식에 해당되는 아주 중요한 특질입니다. 19세기 말부터 일본이 잠시 미쳐서 군국적 제국주의를 한 게 아니란 뜻이지요.

서쪽의 대륙을 건드렸다가 실패한 후 일본은 대륙으로부터 아예 뚝 떨어져 버립니다. 물론 교류도 하지 않은 건 아니지만 대륙의 질서 속에 들어갈 생각은 아예 없었습니다. 그러나 조선침략전쟁은 일본 입장에서는 일본의 정체성을 지키면서 내부의 불만과 경제 불황도 극복할 수 있었고 경제 구조를 바꿀 시간도 벌 수 있었던, 실익이 많은 전쟁이었습니다. 이후 일본의 홀로 가기는 19세기 중반까지 쭉 이어졌습니다. 그런데 일본은 동양의 동쪽 끝입니다. 외부에 아무런 창도 내지 않고 꽁꽁 닫아걸어 버리면 바보 되기 딱 좋습니다. 하나의 완결된 경제단위를 만들기엔 일본이 가진 조건은 열악합니다. 그래서 일본이 외부로 열어 둔 창이 네덜란드입니다. 아주 이상하죠? 동쪽의 끝 중에서도 끝에 있으면서 가까운 조선과 중국은 내버려 두고 웬 네덜란드? 워낙 이질적 존재여서 중국과 조선이 별로 흥미가 없었던 것일까요? 그보다는 포르투갈 덕분에 먼먼 서쪽 지역 유럽의 존재를 알게 된 후 그 쪽에서 비슷한 면모를 더 많이 발견한 때문이 아닐까요?

16세기 중반, 노략질만 일삼다가 인도양을 무장시킨 결과까지 초래하여 천신만고 인도양 해로를 개척한 것치곤 별 재미를 못 본 포르투갈은 계속 동쪽으로 배를 몰다가 동쪽의 동쪽 끝 일본의 나가사키 항에 들어섭니다. 당시 일본은 전국시대라 한창 치고받고 싸우는 중이었죠. 인도와는 분위기 자체가 다릅니다. 이리 봐도 군인, 저리 봐도 군인, 온통 칼 들고 살벌하게 설쳐대는데 해적질할 엄두가 안 났겠지요. 그래도 뭔가 가져가긴 해야겠기에 물물교환품으로 꺼내 놓은 것이 조총입니다. 중국에서 시작한 이 첨단 무기는 지구를 서쪽으로 반 바퀴 돈 후 다시 동쪽으로 리턴, 일본까지 왔습니다. 조총을 본 도요토미 히데요시는 눈이 번쩍 뜨였습니다. 그는 조총을 복제했고, 이 신무기로 일본 전체를 평정해 버립니다. 조총은 아주 대단한 신무기였을 뿐만 아니라 일본에게는 서구를 상징하는 물건이었습니다. 그때부터 일본은 포르투갈을 통해 유럽의 문명 전반을 전수받기 시작했습니다.

그런데 조총을 선보인 포르투갈은 어쩌고 왜 17세기부터 파트너를 네덜란드로 바꾸었을까요? 가톨릭 때문이었습니다. 도쿠가와 이에야스가 일본을 장악한 시기의 유럽은 종교분쟁이 어느 정도 진전되어 네덜란드는 칼뱅파 신교 지역이 된 후였습니다. 포르투갈의 공격적이고 거만한 가톨릭이 마음에 들지 않던 차에(일본의 가톨릭교도들이 봉기해서 진압한 사건도 있었습니다) 일본의 창을 두드린 네덜란드 신교는 참신했거든요. 일본은 파트너를 네덜란드로 바꾸고 서구의 모든 것을 흡수하기 시작했습니다. 이 시기를 에도시대라고 하는데, 전란도 없지, 권력도 안정되어 있지,

네덜란드를 통해 습득한 외부 문물로 경제도 호황이지, 태평성대입니다. 이후 근 3 백여 년에 걸쳐 일본은 서구 문명을 흡수할 기본 조건을 갖추어 가고 있었습니다.

19세기 중반, 서구 제국주의가 마침내 동쪽 끝 중국에 다다르자 그 반경 안에 조선과 일본도 노출되었습니다. 이때부터 중국과 조선, 일본은 확연히 길을 달리합니다. 3국 모두 서구 제국주의 국가들로부터 일련의 개항 요구, 교역 요구, 통상 조약 체결 등의 압박을 받았습니다. 중국은 버티다가 수차례 전쟁까지 겪어야 했고 조선은 그조차도 못한 채 속수무책으로 당하기만 했습니다. 일본 역시 밀리고 당했지만 나름대로 유연하게 대처하면서 그들로부터 침략의 기법을 하나하나 습득하고 있었습니다. 그러나 유연한 대처가 양날의 칼이 되었습니다. 개혁, 개방으로 국가 전체의 힘이 길러졌지만 혁신적인 서구 제국주의의 물결에 보수적인 바쿠후가 밀리면서 권력이 약화되고 마침내 쇼군의 지위도 추락해 버렸습니다.

찍어 누르는 힘이 사라지면 눌려 지내던 것들이 부풀어 오르는 법. 옛 봉건 영주인 다이묘와 사무라이들이 이제 목소리를 높입니다. 이들은 두 파로 나뉩니다. 한쪽은 바쿠후 제도를 그만두고 서구식으로 모든 것을 개편하자는 개화파, 다른 한쪽은 바쿠후 제도를 강화하고 나라 문을 닫아걸자는 쇄국파입니다. 이러면 정쟁이 되죠. 이제 누가 권력을 잡느냐가 중요해졌습니다. 개화파가 프레임을 먼저 짜버립니다. 존왕양이! 천황을 받들고 오랑캐는 물리친다! 일본 전통은 잇고 나라는 지키되 배울 것은 배우자는 거죠. 쇄국파의 주장을 흡수하여 아젠다를 선점한 후 쿠데타로 권력을 잡은 개화파는 승리 직후 메이지유신을 단행하고 일본을 본격적인 근대의 길로 인도합니다. 천황을 정점으로 한 내각이 구성되고 산업화, 근대화를 시작합니다.

이렇게 일본의 근대는 진행되었습니다. 관 주도입니다. 관이 먼저 개혁 정책을 만들고 민이 뒤따라갑니다. 이러면 문제가 생기지요? 일본은 독일식의 근대화를 추진합니다. 부국강병이 최우선입니다. 근대식 군대를 창설하고 군비를 확장하며 힘을 기릅니다. 원래부터 군대의 발언권이 센 일본이니 개혁의 중심에 군대가 있는 것은 아주 자연스러운 일입니다. 권력이 군대라는 상층부로 집중합니다. 군대라는 무력 집단에 권력이 집중되다니, 화약고 하나가 제대로 만들어지고 있습니다. 이것을 견제할 수 있는 유일한 집단은 시민사회입니다만, 아무런 준비 없이 위로부터 개혁이 이루어진 마당이라 일본에는 시민사회는커녕 시민조차도 없었습니다. 부르주아도 프롤레타리아도 당연히 없었습니다. 이 상황의 공식대로 일본은 파시스트 국가로 변합니다.

일본의 스승들은 아메리카합중국, 프랑스, 영국 등 서구 제국주의 국가들입니다. 뭘 배울지는 뻔합니다. 조선의 상황, 청의 상황도 이제 훤히 들여다보게 되었습니다. 당대의 세계를 운용하는 질서가 어떤 것인지는 아주 잘 배웠습니다. 이런 차에 일본 내부에서 다시 문제가 생깁니다. 경제가 부흥하면 반드시 따라오는 문제입니다. 원자재 확보와 상품시장의 문제입니다. 경제성장은 지속되는데 일본이 갖고 있는 부존자원은 미미하고 확보한 해외시장은 없습니다. 닥쳐올 경제위기를 극복하기 위해 그동안 스승들에게서 배운 걸 써먹을 때입니다. 일본은 지리적 특성이 서쪽을 향할 수밖에 없습니다. 태평양 건너다가 빠져 죽을 일 없으니까요. 일본의 총구가 서쪽을 향합니다.

그리하여 유럽식 조폭의 동양 버전이 탄생했습니다. 이름하여 신흥 조폭 덴노파. 일본은 '덴노헤이까 반자이!(천황폐하 만세!)'를 외치면서 거침없이 서쪽을 유린해 들어갔습니다.

군국주의를 바탕으로 한 일본 제국주의는 이런 과정을 통해 탄생했고 일본은 거침없이 서쪽을 탐식하기 시작합니다. 시험 삼아 벌였던 러시아와의 싸움에서 이기자(러일전쟁) 본격적인 조선침략을 시작합니다. 거대한 호랑이 청도 조선에서 간단하게 눌러 버렸습니다(청일전쟁). 영국과 맺은 조약 덕분에 제1차 세계대전의 승전국이 되어 동양의 독일 식민지도 다 접수했습니다. 일본은 대단한 기세로 서쪽으로 팽창하여 마침내 유럽 스승들 식민지의 경계선까지 도달했습니다.

처음에는 그저 지켜보기만 했던 서구 제국주의 국가들은 일본이 지나치게 팽창해서 자신들의 경계까지 넘보기 시작하자 어린놈이 감히! 하면서 경제제재를 합니다. 원자재 수송로가 막히자 경제의 대외 의존도가 높은 일본으로서는 비상이 걸렸습니다. 마침 전 세계를 강타한 경제대공황으로 안 그래도 불황의 내리막길에 접어든 일본으로서는 전쟁이라도 벌여야 할 판입니다. 이 와중에 비슷한 동지, 독일을 발견했습니다. 독일과 동맹을 맺었고 제2차 세계대전이 터지자 동양의 전선을 일본이 맡았습니다. 동양 전선의 상대는 태평양 건너 아메리카합중국입니다. 석유, 원자재 등의 해상수송로를 뚫기 위해 진주만을 습격했고 태평양전쟁이 터졌습니다. 유럽에서 시작한 제2차 세계대전이 전 세계로 확산되었습니다. 4년 8개월여의 전쟁 끝에 히로시마와 나가사키에 아메리카합중국의 핵이 터지면서 일본은 팽창을 멈추고 다시 자신의 섬으로 돌아갔습니다.

그러나 조폭 덴노파가 사라진 건 아닙니다. 16세기 조선침략 후 나라 문을 닫아걸고 힘을 길렀던 그 시절과 같은 상황으로 돌아간 것뿐입니다. 군국주의는 고대로부터 이어져 온 일본의 역사적 무의식입니다. 그 힘이 일본이라는 그릇을 가득 채운 상태에서 경제 불황의 파도가 일본이라는 섬으로 넘실거리면 덴노파는 다시 외부로 뛰쳐나올지 모릅니다. 세계 2, 3위의 경제대국이자 인공위성 독자 운용 능력을 갖고 있으며 2009년 기준 해군 총톤수 35만5천 톤(대한민국은 15만4천 톤입니다)의 일본은 20세기 말부터 경제의 거품이 꺼지면서 불황 속으로 빠져들기 시작했습니다.

신제국주의
_ 제2차 세계대전 이후

전 지구가 전쟁터였던 제2차 세계대전이 끝났습니다. 많은 사람이 죽고 다쳤습니다. 하지만 이 세계대전은 이름 그대로 전 세계가 모두 편을 갈라 싸웠던 전쟁이 아닙니다. 더군다나 전쟁을 일으킨 쪽이건 진 쪽이건 전쟁 당사국이 전쟁의 책임을 지지도 않았습니다. 전쟁의 직접 당사국은 모두 승리했고 영문도 모른 채 전쟁에 징발당하고 끌려 들어간 모든 피지배 국가는 패배한 이상한 전쟁이 제2차 세계대전입니다. 양차 세계대전을 치른 결과, 전적은 이렇습니다. 영국, 프랑스, 아메리카합중국 2승, 소비에트연방 1승, 중국 1승, 독일 2패, 이탈리아, 일본 1승 1패. 그런데 승패 구분 없이 이 나라들은 직접 게임을 뛴 보상으로 세계사를 주도하는 국가가 되고 나머지 여러 나라들은 그 나라가 있는 지역에 따라 콩고물을 받아먹는 행운을 누리거나 콩고물 자체가 되어 버리는 불운을 겪게 됩니다. 어쩌다가 이렇게 되었을까요? 2패를 기록한 독일은 홀로코스트라는 전대미문의 인류사적 범죄를 저질렀습니다. 1승 1패의 일본도 생체 실험, 난징대학살, 조선인 징병과 징용, 위안부 사건에 이르기까지 독일 버금가는 추악한 범죄를 저질렀습니다. 그 죄상만으로도 감형이 불가능한 종신형 이상입니다. 그런데 세계사를 주도하는 국가라니요.

2승을 기록한 국가를 봐도 그렇습니다. 문명 사멸, 인신매매, 납치, 불법감금, 강제 노역, 절도, 강도, 협박, 사기, 집단 약탈과 수탈, 환경 파괴 등 그들이 지구와 인류에 저지른 온갖 추악한 범죄는 어쩌고 오로지 승리했다는 것만으로 세계사를 주도하는 국가가 되었습니다. 그리고 이들 국가들에게 처참하게 당한 피해국들은 대부분 전쟁이 끝나고도 아무런 보상도 없이 아직도 피해의 후유증에서 벗어나지 못하고 있습니다. 이게 어찌된 일이죠? 역사에 정의는 없는 걸까요?

제2차 세계대전으로 파시스트들은 몰락했습니다만 승전국들은 제1차 세계대전 후 패전국을 왕따한 대가로 리턴매치의 홍역을 치른 터라 이번에는 패전국을 열심히 안아 줍니다. 소비에트연방의 확장을 저지하기 위해서이기는 했지만 아메리카합중국은 마샬플랜까지 수립하여 독일의 전후 복구를 도왔습니다. 일본도 아메리카합중국의 우산 아래에 들어가 공산주의 확산 저지의 선봉에 서면서 급속히 전쟁 후유증을 마무리하고 다시 경제부흥의 조류를 탔습니다. 이런 전후 조치 덕분에 후발 제국주의 국가들은 무사히 선발 제국주의 국가들 무리 속에 합류했습니다. 파시스트 국가들은 크게 보면 전투에서는 지고 전쟁에서는 이긴 셈입니다. 그들의 목표가 선발 제국주의 국가 대열에의 합류였으니까요. 이것은 대단히 중요한 포인트입니다.

전쟁 전의 세계는 크게 제국주의 국가들과 그 피해자인 식민지로 분류할 수 있습니다. 제2차 세계대전은 제국주의 국가들 간의 편 가름과 헤게모니 장악을 위한 전쟁이었지요. 전쟁 후 세계는 자유 진영과 공산 진영으로 개편됩니다. 좀더 자세히 말하면 제국주의 국가와 식민지에서 자본주의 진영과 사회주의 진영으로 통폐합되었습니다. 제국주의는 소멸된 것으로 보였습니다. 제국주의 국가와 식민지의 구분은 표면적으로는 사라지고 많은 신생 독립국이 탄생했습니다. 대한민국도 그중의 하나지요.

그러나 눈에 보이는 구분선이 없어졌을 뿐 내부 깊숙한 곳에서는 여전히 제국주의 국가들이 주도권을 쥐고 현대사를 끌고 나가고 있습니다. 자유 진영의 식민지들은 독립은 했지만 여전히 과거 그들을 지배했던 식민 모국들의 정치, 경제 영향 아래 있었고, 민주주의 정착을 지원한다는 명목 아래 이제는 강대국으로 변한 과거 식민 모국들에게 훨씬 더 강하게 의존하도록 사화구조가 구성되어 갔습니다. 제국주의 국가가 아니었던 소비에트연방은 전쟁 후에 오히려 제국주의 국가가 되어 동유럽의 여러 나라와 동아시아의 조선민주주의인민공화국(북한의 정식 국명), 카리브해의 쿠바공화국을 위성국이란 변형된 이름의 식민지로 거느리게 되었습니다. 중화인민공화국(중국의 정식 국명)은 북한, 북베트남에게 영향력을 행사하며 소비에트연방의 파트너로 자리매김하고 있었습니다. 이렇게 세계는 실제로는 제국주의 국가의 영향력 아래에 식민지들이 재배열되는 형태가 되었습니다.

전후에 아메리카합중국과 소비에트연방이 자유 진영과 공산 진영을 대표하여 서로 대결하던 시대를 냉전 시대라 합니다. 자유 진영은 과거 제국주의 시절의 식민지들을 지원하면서 세를 확보했습니다. 대한민국만 해도 일본을 대신한 아메리카합중국을 혈맹이라고 부르면서 감사히 지원을 받고 요구를 수행했습니다. 그래야 자유민주주의가 지켜지는 줄 알았죠. 한국군의 베트남 파병은 자유 진영의 수호자로 공산 진영을 격파한다는 사명감으로 진행되었습니다. 물론 속내는 박정희 독재 정권의 정권 유지였죠. 표면적으로 민주주의를 내세우기만 하면 실제로 민주주의를 하건 독재를 하건 자국의 인권을 탄압하건 상관없이 독재자들의 정권 유지를 도와주면서 그 대가로 공산 진영의 파도를 막으라는 요구를 했습니다. 실제로 민주주의를 하려던 나라보다 민주 정권을 전복시키고 정권을 강취한 독재 정권이 오히려 강대국들로부터 환영을 받고 지원을 톡톡히 받았습니다. 정통성이 없는 정권일수록 이들 강대국의 말을 잘 들었고 다루기가 쉬웠기 때문이지요.

강대국들의 신생국 지원은 그런 형태로 진행되었습니다. 그러다 보니 세계 도처에 민주주의를 빙자한 독재국가가 즐비해졌습니다. 대한민국, 필리핀, 남베트남, 그리스, 라틴아메리카 각국, 아프리카 각국이 그런 상태였습니다. 공산 진영이라고 크게 다르지 않았습니다. 동유럽의 모든 나라, 북한, 쿠바의 독재 정권이 그런 형태로 정권을 유지했지요. 그러다가 1991년 소비에트연방이 갑자기 붕괴해 버렸습니다. 냉전 종식입니다. 타격은 공산 진영이 입었지만 그렇다고 자유 진영 전체가 승리를 한 것도 아닙니다. 냉전의 승자도 여전히 제국주의 국가들이었습니다. 한 번 승자는 영원한 승자이고 한 번 패자는 영원한 패자인 구도가 고착되기 시작했습니다.

자유 진영, 공산 진영의 구분이 사라졌습니다. 그러자 세계는 급속히 자본주의 시스템으로 재편되면서 과거의 제국주의 국가들에 의한 노골적인 세계 지배가 시작됩니다. 이 시대는 본격적인 제국 경영의 시대입니다. 무슨 시대착오적인 제국 경영이냐고 말할 수도 있겠습니다만 시대착오가 아닙니다. 제국주의 침략 기법이 과거와는 견줄 수 없을 정도로 세련되어서 침략의 발톱이 드러나지 않고 있을 뿐입니다.

초기 제국주의 시대에 식민 경영은 동인도회사, 서인도회사라는 민간 기업이 담당했습니다. 이들 회사는 다국적기업입니다. 본사는 유럽의 본국에 두고 영업은 식민지에서 했으며 전 세계를 대상으로 영업 활동을 하며 이익을 올렸지요. 이후 본격적인 제국주의 시대로 접어들면서 이들 민간 기업의 역할은 축소되고 식민 국가가 전면에 나서면서 무력을 앞세운 노골적인 식민 경영을 했습니다. 그 결과가 양차 세계대전이었지요. 전쟁 이후에는 정치는 관이, 경제는 민이 역할 분담하면서 식민 경영을 했고, 이 상황은 20세기 내내 지속되었습니다.

20세기 말에 이르자 그때까지 세계경제를 이끌던 생산자본주의는 급격히 금융자본주의로 성격을 바꾸었습니다. 바야흐로 생산 없이도 자본이 자본을 창출하는 새로운 시대로 넘어갑니다. 후기자본주의 시대라고도 하는 신자유주의 시대가 도래했습니다. 이 시대를 이끈 주체가 바로 다국적기업입니다. 4세기 전의 동인도회사, 서인도회사가 현대 버전으로 변신한 것이 바로 다국적기업이죠. 다국적기업은 상상할 수 없을 정도로 자본을 축적하면서 작은 규모의 국가를 쥐락펴락 할 수 있을 정도까지 비대해졌고 이들은 이 힘으로 마침내 모국의 정치권력까지 움직일 힘을 보유하게 됩니다. 거꾸로 말하면 정치가 경제를 제어할 수 없는 상황이 시작된 거죠. 경제가 정치를 이끄는 상황. 이것이 서구 문명의 본질입니다. 그리하여 서구 문명의 세계화가 완성되었습니다. 이제 경제적 이익만 있으면 국익이라는 허울을 걸고 군대를 움직여 침략도 서슴지 않는 상황이 전개됩니다. 아메리카합중국의 라틴아메리카 간섭은 20세기에도 꾸준히 계속되었습니다만 그때까지만 해도 물밑에서 은밀히 했지 대놓고 하지는 않았습니다. 그러나 아메리카합중국의 아프가니스탄 침공과 이라크 침공은 21세기 들어 노골적으로, 공공연하게 진행되고 있습니다. 세계의 눈치를 볼 필요가 없어졌기 때문입니다. 과거의 제국주의 침략은 현대에 이르러 훨씬 더 노골적이고 파괴적으로 재현되고 있습니다.

제국주의가 시작되었을 때 제국주의 국가들은 무력을 앞세워 제국(제국주의와 제국은 다릅니다)을 무너뜨리고 세계를 분할하여 힘을 길렀습니다. 그 힘은 경제의 힘입니다. 자본주의는 이 국가들에 의해 단단해지고 깊어졌습니다. 인류 문명이 탄생한 이래 이토록 풍요한 물질의 세계는 일찍이 경험한 바 없습니다. 그리고 이토록 지배 구조가 탄탄해진 적도 일찍이 없었습니다. 자본주의는 근대국가가 탄생하기까지 그토록 고생해서 마련한 국경을 이제는 지우라고 전 인류에게 명령을 하고 있습니다. 이 과정을 가만히 들여다 보면 유럽의 성장 모형과 기묘하게도 일치합니다. 철저하게 장벽을 치고 뒤돌아 앉아서 힘을 기르다가 원하는 힘이 완성되면 자신의 장벽을 무너뜨린 후 상대의 장벽을 걷어 내기 위해 그 힘을 행사했습니다. 이것이 산업혁명이지요. 힘을 기르자면 자신과 타자를 정확하게 구별해야 했기에 국민국가, 영토국가를 만들었습니다. 그다음, 상대를 찔러보고 완강히 저항하면 국경을 인정했고 상대가 무르면 한 점의 자비심 없이 상대를 철저하게 발가벗겼습니다. 그렇게 제국주의 시대를 열었고 식민지 경영을 했습니다. 상황이 달라지고 무기가 달라지고 힘의 성격이 달라졌다고 현상과 본질이 달라진 건 아닙니다. 그대로입니다. 21세기의 지구는 20세기의 제국주의 시대에서 연장된 시대일 뿐입니다. 굳이 20세기와 구분하자면 이런 용어를 쓸 수가 있겠지요. 신제국주의.

역사의 시간 단위는 대단히 깁니다. 백 년 정도는 간단하게 한 묶음으로 묶어 버릴 수 있습니다. 영토 개념을 알게 된 영국과 프랑스가 이 문제로 전쟁을 한 기간이 백 년입니다. 에스파냐 내전 이후 제2차 세계대전이 터지고 이후 독립한 신생 국들이 속속 등장하고, 전 세계가 국민국가로 자잘하게 쪼개지는가 싶더니 어느새 경제블록이 생기고, 국가 단위의 양극화가 진행되고, G7이니 G8이니 G20이니 누가 뽑아 준 것도 아닌데 스스로 세계를 주도하는 국가임을 자임하는 오지랖 국가들이 등장하고, 유럽의 원조 국민국가들이 통합을 서두르고 있는 현재까지 흘러온 시간이 백 년도 되지 않습니다. 신자유주의자들이 세상에 뛰어나와 경제 단위를 통합하고 금융으로 국경을 허물기 시작한 때는 그리 오래되지도 않은 1970년대부터였습니다.

그렇게 국경만 허물면 제국주의자들의 세계가 마침내 완성될 듯했나 봅니다. 그런데 자본으로 국경을 허물기 시작하자마자 세계 전체가 진동을 하면서 혼란에 빠지기 시작했습니다. 제국주의자들의 수탈을 이길 수 없었던 소말리아는 국가 자체가 소멸되면서 작은 집단들로 해체되고 있습니다. 소말리아의 해적은 그저 국제적 골칫거리 정도가 아니라 국가가 해체되어 문명이 탄생하기 전의 시절로 되돌아가고 있는 지표일 수도 있습니다. 소말리아만이 아닙니다. 그 강고했던 아프가니스탄은 이제 국가라고 부르기도 힘들 정도로 파편화되고 있고 이라크도 별반 사정이 다르지 않습니다. 이 시각으로 세계를 훑어보면 많은 지역에서 국가 해체의 징조들을 볼 수 있을 겁니다. 한쪽은 강력한 강대국이 존재하고 한쪽에서는 국가 자체가 해체되고 있는 이런 시대에 우리가 살고 있습니다. 아니지요. 우리는 죽을 것이고 우리 후손은 이 역사를 지켜보며 살아 내야 할 겁니다. 우리가 어떤 생각을 하면서 어떻게 행동해야 우리의 어미아비가 그나마 이 상태로나마 우리에게 물려줄 수 있었던 역사의 바통을 우리의 자식들에게 무사히 넘겨줄 수 있을까요?

이야기를 끝내며

역사를 관통해 보니

드디어 길고 긴 역사의 서쪽 숲을 관통했습니다. 동양사, 동양 문명과 서양사, 서양 문명이라는 분류법은 지리적 구분이 아닙니다. 지구는 둥글죠. 어디가 동쪽이고 서쪽인지는 자신이 서 있는 위치에 따라 달라집니다. 한반도가 중심이라면 서양은 아시아, 유럽이 되고 동양은 아메리카 대륙이 될 겁니다. 이렇듯 동서양의 구분은 지리적 구분이 아니고 문명의 성격에 따른 구분일 뿐 다른 의미는 없습니다.

하지만 이들 용어가 주는 느낌은 상당히 미묘합니다. 유럽과 유럽스러운 지역만 따로 분류하여 서양이라는 명칭으로 구분하고 그 외의 모든 지역은 동양이라는 이름(아프리카, 남아메리카까지 동양이라 우길 수는 없기에 별도로 구분했을 뿐입니다)으로 한꺼번에 몰아버린 후 그들 스스로를 역사의 승자로 기록한 것이 서양사입니다. 물론, 허위는 아닙니다. 그렇지만 그들은 자신을 승자로 등극시키기 위해 필요한 각색을 치밀하게 했지요. 서양은 처음부터 위대한 존재였다는 각색을.

1부는 그들의 각색을 벗겨내고 실제 그들이 어떤 상황에서 정착하고 문명을 만들기 시작했는지를 조명했습니다. 그 결과 서양은 척박한 지리적 조건에서 초라하게 문명을 시작했고 그것조차 지켜낼 힘이 부족하여 그들 서로간의 생존투쟁을 치열하게 벌여야 했다는 것을 알았습니다. 2부는 그렇게 겨우 살아남은 그들이 외부의 압박 때문에 밖으로 나갈 엄두조차 내지 못한 채 그들 내부에서 벌였던 2차 투쟁의 기록입니다. 국가라고 부르기도 곤란했던 서양의 각 지역이 투쟁 기간 동안 서서히 국가로서의 모습을 드러내는 과정이 2부입니다. 3부는 이렇게 천신만고 끝에 생겨난 서양의 초보 국가들이 목숨을 걸고 외부로 나가면서 좌충우돌했던 기록입니다. 일관성도 목표도 없이 오직 생존투쟁에 몰두했던 그들의 습성이 세계로 확산되던 시기였지요. 서양 외부 세계는 모진 놈 곁에 있다 난데없이 벼락 맞는 꼴이 되었습니다. 그들은 무식하게 힘만 가진 도적떼였지요. 4부는 그런 그들이 호흡을 고르며 내부 정비를 하던 시기의 기록입니다. 종교와 정치가 동시에 환골탈태하던 격동의 시절이었습니다.

서양사는 서구 문명이 세계문명으로 확산되는 과정의 기록이고 동양은 소멸하는 과정의 기록입니다. 확산은 대단히 극적으로 진행되었습니다. 5부는 내부 정비를 끝낸 그들이 다시 한 번 외부로 치고 나가던 시절의 기록입니다. 그 시절은 마침 오랜 기간 정체를 반복하던 동양의 힘이 서서히 떨어지던 때와 절묘하게 맞아떨어졌습니다. 서양은 마치 복수혈전이라도 하듯 거침없이 동양을 무너뜨렸습니다. 그리고 마침내 세계의 주도권을 쥡니다. 6부는 그들이 주도권을 쥔 과정을 재구성했습니다.

처음엔 살아남기 위해 몸부림치다가 생존의 단계를 넘어섰고 생존의 몸부림이 모든 것을 쓸어 담는 힘이 되어 결국 세계사, 세계문명으로 자리를 잡은 역사가 서양사입니다. 우리는 역사라는 극장에 앉아 이 과정을 쭉 지켜본 거죠. 그 결과, 이렇게 세계를 구분한 그들의 의도와는 달리 서양사는 계획, 목표라는 큰 줄기 없이 산만하게 전개되면서 오늘날에 이르렀음을 알 수 있었습니다.

어쩌면 서양인들 자신도 이런 결과가 오리라는 예측은 하지 못했을 겁니다. 동양인이라는 제한된 시각에서 보면 서양사는 짜증날 정도로 의도 없이 제멋대로 행보를 계속하다가 지금에 이르렀거든요. 마치 시험 준비 철저히 하고 치른 시험에서 준비 전혀 안 하고 팽팽 놀던 학우가 더 나은 성적을 올린 상황 같기도 합니다.

역사를 관통해 보니까 의도를 갖고 철저한 계획에 입각한 동양식의 역사 진행은 의도 없이 제멋대로 천방지축 이리저리 치달려온 서양식의 역사 진행에 어느 순간 밀려 버렸다는 사실을 알게 되었습니다. 그렇다면 역사란 각본 없이 진행하는 사이코드라마 같은 것이겠지요? 의도를 갖고 임하는 것과 의도 없이 순발력으로 임하는 것 중 어느 편이 훨씬 유연하게 사이코드라마를 이끌고 나갈 수 있는지를 곰곰 생각해 보면 오늘날 서양사, 서양 문명이 왜 세계사, 세계문명이 되었는지를 알 수 있을 겁니다. 역사가 바로 계획과 목적보다는 대응과 반응으로 극이 전개되는 사이코드라마거든요. 승패라는 것이 좀 거친 표현이긴 합니다만 동양사, 동양 문명이 왜 서양사, 서양 문명에 패했는지의 원인도 여기에 있습니다.

이와 같이 역사는 한 자리에 머무르는 법이 없습니다. 지금까지 그래왔듯 앞으로도 변모할 겁니다. 현재도 쉼 없이 변하고 있는 중입니다. 역사의 본질은 흐름이니까요. 바로 이것입니다. 서양사, 서양 문명의 본질이 역사의 본질과 잘 맞아떨어졌다는 것이 서양에겐 행운이었고 동양에겐 불행이었지요,

우리가 인류 탄생에서부터 20세기에 이르기까지 기나긴 여정을 밟은 후 알게 된 것이 역사는 각본 없는 사이코드라마라고 한다면, 서양사, 서양 문명이라고 분류한 이것들은 동양에 승리하여 세계로 확산되었고 이제는 우리가 알아야 할 우리의 역사이고 우리의 문명이 되었습니다. 이것을 사대주의로 해석해서는 곤란합니다. 이미 우리가 그 속에 들어가 살고 있는 상태에서 서양사, 서양 문명의 속을 잘 모르고 겉만 쓴다면 우리는 역사에 기대서 우리 자신의 생존과 번영을 모색할 방법이 없습니다. 이런 상태를 역사의 주변인이라고 표현합니다.

어떤 역사, 문명도 제 홀로 탄생하고 성장한 것은 없습니다. 한제국의 북방민족 정리가 로마를 무너뜨린 것처럼요. 우리의 역사, 우리의 문화에 세계 문명이 흘러들

어와 우리 것이 되었다면 이것을 우리 것으로 수용하는 마음과 행동이 필요합니다. 우리 것을 버리자는 게 아닙니다. 우리 것을 더 풍성하게 만들자는 거지요.

그렇기에 지금 우리가 당면한 수많은 문제들의 뿌리가 어디서부터 시작된 것인지를 아는 것은 대단히 중요합니다. 그 중요한 작업을 위해 서양사를 문명의 탄생부터 지금까지 훑어봤습니다. 물론 이 정도로 모든 분야의 근원을 깊이 들여다볼 수는 없습니다. 그러기에는 인류가 쌓아올린 역사와 문명의 퇴적층이 대단히 두텁기 때문입니다. 비록 이 책이 역사를 한 눈에 들여다보기 위한 의도로 집필되긴 했지만 고백컨대, 역사를 한 눈에 들여다볼 방법은 사실상 없습니다. 기껏해야 굵은 줄기만 건드리면서 구조를 간략하게 파악할 수 있을 뿐입니다. 그 작업만 한다 해도 여러 각도에서 역사를 정밀하게 관찰해야 합니다.

그러므로 이 책을 통해 말씀드리고 싶은 것은, 이제 역사의 숲에 한 발을 내디뎠으니 기왕 이렇게 된 거, 본격적으로 역사의 숲을 누벼 보시라는 겁니다. 숲을 누비는 재미도 재미지만 누비면서 많은 것을 얻게 될 겁니다. 어느 숲에서는 맛있는 나물도 캘 수 있고 어느 길목에서는 편안히 쉴 수 있는 나무그늘도 찾을 수 있고 바위 뒤에서 산삼을 찾을 수도 있을 테니까요. 그 모든 것을 다 모으면 숲의 지도가 완성될 겁니다. 지도가 완성되면 어디로 가든 가는 방법이 나올 수 있습니다. 방법이 나오면 가는 거지요. 가는 방법 찾기. 이것이 역사를 들여다보는 이유입니다.

지금까지 본 서구의 역사 속에서 어떤 사건과 인물이 있었는지 그런 걸 기억할 필요는 전혀 없습니다. 나폴레옹이 뭘 했건, 백년전쟁이 언제부터 언제까지 했던 전쟁이건 그걸 기억하는 게 무슨 소용 있겠습니까. 그걸 알고 싶으면 기록을 뒤져보면 되지요. 우리가 정말 알아야 하는 것은, 어떤 일이 무슨 이유로 일어났고, 그 일로 어떤 결과가 만들어졌는지, 그 일을 풀고 다듬고 해결하는 과정은 어땠는가 하는 것입니다. 문제를 외우거나 답만 찾지 말고 과정을 정확히 들여다보는 것 말입니다. 거기에 해답이 있습니다. 지금 우리가 당면한 모든 일들이 어떤 연유로 발생했는지를 알고 나면 그것에 대처하는 방법도 나오는 법이니까요.

역사를 왜 알아야 할까요? 문제가 발생된 근원을 찾아내기 위해서입니다. 머리가 아프면 두통약을 사 먹을 게 아니라 머리가 아픈 근본 이유를 찾아내야 합니다. 잘 안 풀리는 사랑 때문에 머리가 아프다면 연인을 찾아가서 속내를 털어놓고 관계를 회복하거나 정리해야 머리 아픈 게 사라지죠. 두통약으로 해결될 일이 아닙니다. 뇌 속에서 자라나는 종양 때문에 머리가 아플 수도 있는데 그게 두통약으로 해결될까요? 두통약으로 통증만 진정시키다 보면 병을 키우는 꼴이 됩니다.

대한민국의 교육문제만 해도 그렇습니다. 교육이 문제다, 해결하자, 이러면서도 기껏 내놓는 처방이 대학입시제도 개선입니다. 대한민국이 건국된 후 지금까지 줄곧 그래왔습니다. 앞으로도 그럴 겁니다. 그래서 교육문제가 언제 한 번 속 시원하게 해결된 적이 있었나요? 어떤 처방전을 내놓든 문제 자체는 더 깊어졌으면 졌지 조금이라도 개선된 적이 없습니다. 근본을 살피지 못한 때문입니다.

잠시만 차근차근 짚어 볼까요? 교육이 문제인 건 교육의 모든 목표가 대학 가기에 집중되어 있기 때문입니다. 왜 대학에 가야 하죠? 대학을 나오지 못하면 사람 취급 못 받고 좋은 직업 구하기가 불가능한 사회구조 때문이죠. 대학에서의 학습 결과가 중요한 것이 아니고 대학졸업이라는 자격이 중요하다는 사회구조 말입니다. 이걸 학력사회, 학벌사회라고 하죠. 이런 사회는 어디에서 연유했을까요? 이 지점을 찾아서 사회구조부터 개선하면 교육 문제는 치료가 됩니다.

그런데 대학이라는 제도 혹은 교육기관 자체는 언제, 왜 생겨났을까요? 그러자면 대학이 생겨난 이유, 당시의 사회 환경부터 들여다봐야 하겠죠. 더 깊게 들어가서 학교교육이라는 제도는 어떤 목적으로 만들어졌을까요? 그 전개 과정은 어땠을까요? 이렇게 다각도로 접근해서 문제의 근원을 찾아내고 해결 방법을 찾는 것이 기본입니다. 이걸 위해 역사를 들여다보는 것이지요.

모든 문제는 그 문제 속에 이미 답을 가지고 있습니다. 문제를 정확히 이해하면 답도 보입니다. 이 문제가 어떤 의도로, 무엇 때문에 시작되었는지를 파악하면 자연히 문제가 이해되고 답도 보입니다. 사회현상은 역사라는 땅에서 솟은 작물들입니다. 역사라는 땅을 이해 못한다면 사회라는 작물을 잘 재배할 수가 없지요. 물이 가득 찬 논에 배추를 키울 수는 없으니까요. 그래서 역사를, 특히 오늘날의 모든 현상을 만드는 데 주도적 역할을 한 서양사부터 들여다본 겁니다. 그러기 위해 다양한 필터를 사용했고 심지어 역사 사용 설명서라는 지침서까지 챙겨들고 역사의 숲을 배회한 거지요. 그 과정에서 그동안 몰랐던 것들, 잘못 알고 있었던 것들의 원래 모습을 들여다보면서 머리를 끄덕였다면 역사라는 땅을 조금이나마 알게 되었을 겁니다.

자, 그러면 이제 할 일이 생겼습니다. 지나온 역사의 길을 되짚어보면서 흥미로웠던 부분을 찾아가 좀더 깊이 들여다보거나 다른 역사의 숲을 찾아가거나 혹은 다시 한 번 더 숲을 뒤져보거나 하면서 역사 속에서 각자의 보물을 찾는 작업을 하시기 바랍니다. 각자가 해야 할 일을 찾아낼 수만 있다면 우리를 피곤하게도 만들고 행복하게도 만드는 교육의 길도 그려낼 수 있을 겁니다. 그래서 공부는 이제부터 시작입니다.

이 책이 세상에 나오기까지 애써 주신 민들레 편집진에 감사를 드립니다. 편집진의 혜안과 노고가 없었다면 이 책은 아마 정제되지 않은 거친 글로만 남아 있었을 것입니다. 역사를 다른 시각으로 볼 수 있게 제 눈을 뜨게 해준 대한민국의 억장 눌리는 모든 사건, 사고에도 역설적인 감사를 드립니다. 정신이 깨어나던 시절, 그 격동의 시간들이 없었다면 저는 아마 허위로 포장된 말들의 이면을 보지 못한 채 눈 뜬 장님이 되어 있을지도 모르는 일이겠지요. 그리고 온갖 어려움에도 불구하고 묵묵히 곁을 지켜 준 가족과 특히 아내에게 감사를 드립니다. 그이가 없었다면 오늘날 저도, 이 책도 없었을 것입니다. _조후

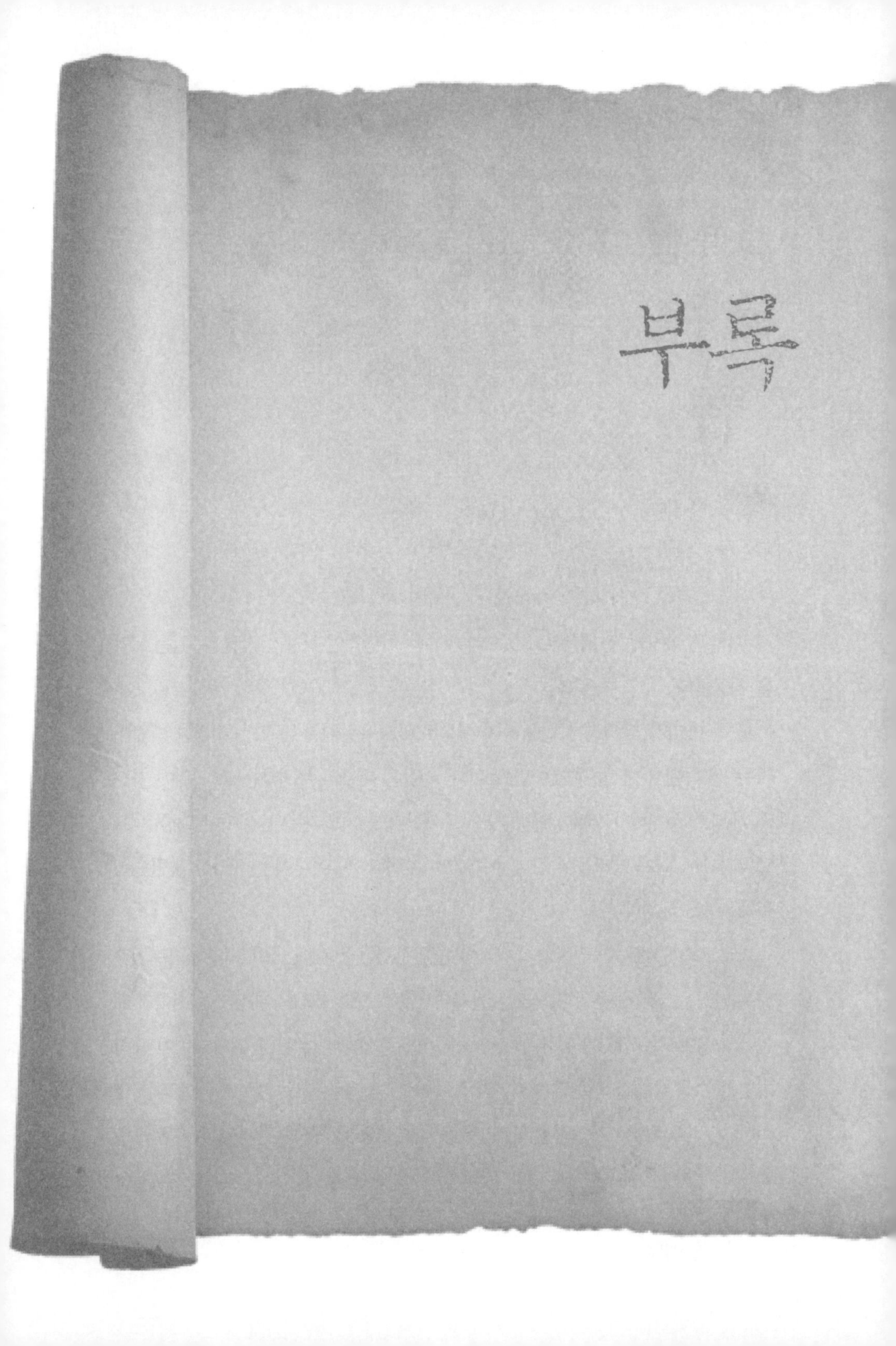
부록

교육을 다시 생각하자면서
역사를 들추는 이유

'여론은 무지에 토대를 두고 있으며 무지는 극단적인 독재가 싹틀 수 있는 토양을 제공한다.'

장 폴 마라가 1790년에 '민중들이 행복하고 자유로워질 수 있는 진정한 방법'이라는 글 속에서 한 말이다. 이런 뜻이다. 권력은 대중의 무지라는 토양 위에 자신의 세계를 설계하기 위해 대중에게 프로파간다를 퍼뜨리는데, 무지한 대중은 프로파간다에 쉽게 말려들어 간다. 이것이 여론이다. 이 여론이 한쪽으로 쏠릴수록 독재는 강고해진다.

학교교육이 바로 이 권력의 프레임에 들어가 있다. 권력이 국민을 감히 가르치겠다는 발상은, 국민들은 무지하다는 전제에서 출발한다. 교육의 대상이 무지하기 때문에 교육제도는 학교를 통해 일방소통 방식으로 진행해야 한다. 일방소통이 강력하면 할수록 국민들은 완전한 지지와 복종을 한다. 움직일 수 없는 여론이 되는 것이다. 이것을 바탕으로 권력은 학교교육을 국가교육, 즉 '공교육'이라고 하여 '사교육'과 구분 짓는다. 사교육이라고 해도 국가가 인정하지 않으면 교육 행위를 할 수 없다. 그러므로 모든 교육은 '국가의 인정' 아래에서만 존재한다. 교육할 권리는 국가가 독점한다. 대단한 독점이다. 권력의 독점이 독재다. 그러므로 학교는 교육독재체제 속에서 운용된다. 국가가 인정하지 않는 교육은 범법 행위로 처벌의 대상이다. 사정이 이러하니 의무교육이란 말까지 아무런 의심 없이 그것이 마치 국민의 권리인 양 받아들여지고 있다. 의무가 어떻게 권리가 되나? '국가가 국민의 교육을 전적으로 책임지는 행위'가 도대체 왜 국민이 수행해야 할 의무인지 잘 모르겠다. 그런 뜻이라면 국민 입장에서 '권리교육' 아닌가? 교육받을 권리가 의무교육이라고?

군대 가면서 총과 군복 등 군용장구를 사지는 않는다. 그건 당연히 국가가 제공해야 한다. 왜? 의무라서 그렇다. 그런데 의무교육이라면서 학비니 점심값이니 교재비니 수학여행비니 모두 의무를 진 자가 다 내야 한다. 이게 무슨 의무교육? 이런 것이 의무교육이라면 입대한 장정에게 총 값, 총알 값도 다 받아야 하고 식대, 내무실 숙박비, 훈련 비용도 다 받아야 할 거다. 그래야 최소한 의무라는 용어의 형평성이라도 맞다. 의무교육이란 용어에 아무런 의심을 안 한다는 건 국민들이 무식해서 그렇다고 해도 할 말이 없다. 그래서 장 폴 마라의 말대로 교육현장의 독재가 순순히 받아들여지는 건가? 의무교육이란 용어를 바꾸자고 이 말을 하는 게 아니다. 교육현장이 얼마나 왜곡되어 있는지를 용어 하나로만 봐도 알 수 있지 않느냐는 뜻에서 이 용어를 잠시 꺼냈을 뿐이다.

대한민국 성인이라면 의무로 받아야 했던 국가교육(공교육, 학교교육, 제도권교육 같은 말과 동의어)은 중졸 9년, 고졸 12년, 대졸은 무려 16년이고, 여기에 유치원 경력에 대학원 기간까지 넣는다면 무려 20년 가까이 국가교육에 푹 절어(우리의 의무교육은 중학교까지 아니냐고 하지 마시라. 고등학교, 대학교가 선택이라고, 안 가도 되는 거라고 우리 중 누군들 의연하게 말할 수 있겠는가. 의무가 지워지지 않아도 의심 없이 해야만 하는 것이 있다면 그것은 이미 의무다) 우리들 머릿속뿐만 아니라 세포 하나하나에까지 국가교육의 기억과 체험이 문신처럼 새겨졌다고 봐야 한다. 이것이 교육의 관성으로 작용한다. 세 살 버릇 여든 간다고, 관성은 대단히 무섭다. 잠시만 정신 놓고 있으면 몸이 기억하는 대로 가 버린다.

공부하라는 말은 시험성적 잘 받으라는 말이고, 모범생이란 말은 교육독재 체제에 잘 순응하는 학생이란 말이고, 우수 학생이란 말은 시험성적이 좋아 상위 학교에 잘 갈 수 있는 학생이란 말이다. 아무도 알고 싶은 것을 배우는 학습이 공부라고 해석하지 않고, 다른 학생들의 귀감이 되는 인격을 갖춘 학생을 모범생이라 하지 않고, 자신이 하고 싶은 것을 뛰어난 실력으로 하는 학생을 우수 학생이라고 하지 않는다. 무릇 언어가 왜곡되면 현상도 왜곡되는 법. 왜곡된 언어가 판치는 교육 현장이라면 교육 자체가 왜곡될 수밖에 없다. 이 왜곡 현상의 세례를 수십 년간 듬뿍 받은 사람들이 바로 우리다. 그래서 아이를 제도권학교에 보내건 대안학교에 보내건 홈스쿨링을 시키건 종국에는 대학에 가기 위해 다들 발버둥치는 거다. 대학은 국가가 설정한 교육의 최종 목표인 '국가가 필요로 하는 인재 양성' 기관이다. 학문 연구의 전당이 아니다. 이런 판이니 개인이 어떤 노력을 해도 국가가 설정한 교육의 굴레에서 벗어날 도리가 없다. 우리는 이 굴레를 몰라서 못 벗어나고 알고 있으면서도 못 벗어난다.

심하게는 엄마젖도 떼기 전부터 아이에게 공부라는 것을 시키기 시작한다. 영어유치원, 미술학원, 피아노학원, 태권도학원 등 미취학 상태에서의 학원 순례부터 시작하여 초중고대학, 심지어는 졸업 후까지 이어지는 복잡다단하고 어지럽기까지 한 공교육, 사교육의 행진이 이어진다. 이 수많은 지뢰밭을 거쳐 사회에 나왔음에도 제대로 어른으로 독립하지 못하는 수많은 청년들을 보노라면, 과연 교육의 목표가 어디에 있으며 교육으로 무엇을 얻을 수 있다고 생각했는지 심히 의심스럽다. 교육은 도대체 무엇이며 누구를 위해 존재하는가.

한 아이를 대학 졸업 때까지 어지러운 교육의 터널을 통과시키는 데는 2억이 훌쩍 넘는 돈이 든다. 그런 돈을 쓰고도 제대로 된 사람 노릇을 할 수 있게 가르치지 못하는 비효율 덩어리 교육임에도, 살인적인 아이 교육비를 마련하기 위해 부모들이 벌이는 악전고투는 상상을 불허한다. 강남의 사교육비 월평균 지출액이 2009년 공식 통계로는 109만 원이지만 비공식 통계로는 150만 원을 훌쩍 넘어간다(강남 사람이라고 다 부자는 아니다. 통계는 종종 착시 현상을 일으킨다). 이것이 보통 수준이다. 유학비는 뺐다.

부모들이 이 돈을 벌기 위해 어떤 짓을 하면서 살고 있는지 상상해 보았는가. 정작 부모들은 자신들이 하고 있는 짓이라 아마 생각해 보지도 않았을 것이다. 슬프게도, 아이가 내는 학원비 속에는 별별 검은 돈, 슬픈 돈, 억울한 돈, 비겁한 돈, 차마 밝힐 수 없는 돈이 다 들어 있다. 정직하게 땀 흘려 번 돈으로 내 자식 교육비 대고 있다고 자신 있게 말씀하실 분은 손들어 보시라. 단, 자기 손으로 땀 흘려 일해서 번 돈이라야만 한다. 내 아이 교육에 '투자' 한 돈이 땀 흘려서 아파트 투기 땅 투기하고, 땀 흘려서 주식 펀드 도박하고, 땀 흘려서 지위를 이용한 뒷돈 챙기고, 땀 흘려서 남의 눈에 피눈물 흘리게 해서 번 돈이라고 강변하지는 마시라. 그렇게 흘리는 건 땀이 아니라 탐욕의 진액이다. 그런 말 하면 지나가는 개가 웃는다. 이만하면 교육이 심히 병들어 있음에 대한 증명이 되지 않을까? 증거가 부족하다면 온갖 통계를 다 동원해서 증거를 산더미처럼 쌓을 수도 있지만 이 글의 목적이 교육이 병든 증거를 찾는 것이 아니므로 부족하더라도 이 정도로 증거를 삼아 주시면 고맙겠다.

그런데 교육이 왜 병들었을까? 어디서부터 잘못된 걸까? 병이 들었다면 그 원인을 파악하는 게 치료의 순서다. 병리 현상의 원인을 추적하여 근본 해결책을 제시하는 것을 역학조사라고 한다. 교육병도 그 원인을 추적하여 핵심을 차근차근 들여다봐야 답이 나온다. 역학조사도 안 하고 함부로 처방을 내리는 건 대단히 위험한 짓이다. 이제부터 아주 멀리 거슬러 올라가서 교육병의 원인을 추적해 보자.

한 지역의 성격을 결정하는 가장 중요한 요인은 지리, 자리 잡은 곳이다. 이웃이 누구냐에 따라 팔자가 달라진다. 골치 아픈 이웃을 만나면 팔자 꼬인다. 한반도처럼. 한반도는 중국이라는 거대한 땅과 맞닿아 있다. 지금도 그렇고 예전에는 더했다. 중국은 한반도의 팔자를 결정하는 요인이었고 대단히 골치 아픈 이웃이었다.

한반도 역사의 시작인 고조선은 기원전 2333년에 현재 중국의 요동 지역, 즉 현 중국 영토의 동북방에서 탄생했다고 한다. 당시의 기록이 없는 상황이라 역사학에선 이 시기를 신화시대라고 부르긴 하지만 대강 이때쯤 한민족이 한 지역에 집중 분포하면서 생활했다는 추측 정도는 가능하다. 이때 중국에는 역시 신화시대인 하·은·주가 있었다. 고조선의 강역이 추측하는 대로 맞는다면 고조선과 하·은·주는 국경을 맞대고 있는 셈이다. 물론 오늘날의 국경과는 개념이 다르지만, 고대사회가 그렇듯 이웃한 지역은 사이 좋은 이웃이기보다는 잡아먹어야 할 대상이었을 것이고, 당연히 지루한 싸움이 계속되었을 것으로 짐작된다. 드문드문 발견되는 유구들로 판단하기엔 정보 자체가 너무 듬성하기는 하지만 아마 줄기차게 싸움을 했을 거다.

역사 기록으로 존재하는 양 세력의 충돌은 중국의 춘추전국시대부터였다. 고조선은 연나라와 투쟁해 졌고, 수도를 평양 지역으로 옮겼다고 기록되어 있다. 당시 쪼그라든 고조선의 예전 강역에 발흥했던 부여는 연나라에게 망했고 부여에서 떨어져 나온 고구려가 압록강 유역에서 연나라와 선수 교체를 한 한(漢)과 대치했다. 고구려의 상대는 한 이후 수와 당으로 바뀐다. 중국 입장에서 보자면 동북방의 상대가 고조선—부여—고구려로 선수 교체가 된 셈이다. 고구려는 수와 당과 싸웠고, 광개토왕 때는 대단한 승리를 거두었다고 기록되어 있으나 중국에는 당에게 졌고, 망했다. 당은 고구려 영토 대부분을 차지했고 당의 파트너였던 신라는 오늘날의 남한 영토보다 약간 더 큰 정도의, 한반도의 절반 정도만 차지했다. 한반도의 역사는 이와 같이 중국과의 투쟁 과정에서 대륙의 동북방에서 한반도로, 한반도 전체에서 한반도의 일부로 밀려났다.

당과 함께 고구려를 멸망시킨 신라가 한반도를 통일한 후 분열의 시대를 겪고 다시 고려로 재통합된다. 당시 중국에는 당이 망하고 송이 자리 잡고 있었다. 고려시대에 중국은 송-남송-거란-요-서요로 심히 어지러웠고 이 어지러움을 원이 평정했다. 이제 고려의 중국 상대는 원이 된다. 원은 서양 중세의 성격과 정치 지형을 결정했을 정도로 대단히 강력한 상대였다. 고려는 원의 부마국(고려왕이 원 황제의 사위였다)으로 격하되어 버린다.

이후 중국에서 원이 쇠퇴하면서 명이 발흥한다. 당시 고려는 조선으로 나라가 바뀌는 혁명이 일어났다. 고려-원의 그림이 조선-명으로 바뀐다. 조선과 명이 각자 안정기에 접어들면서 양국은 끊임없이 지리멸렬한 한반도 헤게모니 다툼을 했고 명이 망하고 청이 건국되는 과정에서 조선은 쑥대밭이 되어 버린다. 명이 망하자 희한하게도 조선이 명의 후계임을 자처하며 청과 정면충돌을 했기 때문이다. 지금까지 지겹게 싸움을 계속하던 상대의 후계를 자처하다니, 싸우다 정들었나.

청이 쇠퇴하면서 조선의 장악력을 상실해 가자 그 틈을 뚫고 조선을 차지한 것이 일본이었다. 이후 일본의 식민지 시절을 거쳐 대한민국이 탄생했고, 21세기 중국은 중화인민공화국이라는 국호로 다시 힘을 키우고 있고, 한반도는 조선민주주의인민공화국과 대한민국으로 갈라져 있다.

이상이 아주 간단하게 정리한 한반도의 역사다. 너무나 간단한 정리지만 이 간단한 정리만으로도 한반도가 중국과 오랜 시간에 걸쳐 징글징글하게 싸우고 투쟁했음을 알 수 있다. 이 오랜 투쟁으로 심각한 문제가 내면화된다. 원래 싸우면서 정들고 싸우면서 상대를 닮는 법이다. 싸우다 보면 군수물자, 무기, 물품, 문화, 제도, 언어, 사람 등이 교환되고 닮아 간다. 큰 쪽보다는 작은 쪽에 이런 정도가 심하다. 거의 대부분 중국에서 먼저 시작하고 한반도가 뒤따르며 닮아 간 데서 알 수 있듯 지독하게 싸운 상대지만 한반도에게 중국은 배움과 모방의 대상이었다. 한반도에게 중국 이외의 다른 대상은 그리 큰 역할을 하지 못했다. 그럴 수밖에. 한반도의 뒤는 바다였고 앞은 중국밖에 없었으니까.

전쟁은 국가비상사태다. 비상사태의 국가에서 권력은 한곳으로 집중되고 백성들의 삶은 국가 통제 아래에 놓인다. 국가의 이름을 걸면 저항할 수 없게 된다. 이런 비상사태가 한반도에는 가끔이 아니고 늘이었다. 따라서 국가의 권력은 늘 막강했다. 국가의 권력을 대행하는 자를 관리라 한다. 그러므로 관리가 되는 것이 막강한 국가로부터의 수탈과 압제를 피하고 오히려 이 힘을 이웃에게 부리는 유일한 길, 즉 살아남을 수 있는 유일한 길로 자리 잡게 된다. 이와 같이 한반도가 자리한 지리로 인한 중국과의 오랜 싸움은 중국의 모든 것을 따라 하게 만들었고 관료가 되는 길만이 가장 확실하게 살아남을 수 있는 수단으로 한반도의 민중들이 인식하게 만들었다.

이런 쟁투의 영향으로 아시아 동북 지역은 다른 지역에 비해 비교적 일찍 지역을 기반으로 한 국가가 설립되었고 중앙집권의 정치제도도 확립되었다. 중국과 한반도가 그 대표적인 예인데, 이 중앙집권 정치제도의 기초는 공무원이 중요한 역할을 하는 관료제였다. 정치와 행정이 혼재하는 이 제도에서는 관료, 즉 공무원이 되는 것이야말로 백성들의 최고 목표가 된다. 다른 건 필요 없다. 관료가 되어야만 권력이 생기고 권력이 있어야만 사람답게 살 수 있는 거다.

관료가 되는 길은 여러 가지가 있지만 가장 확실한 길은 국가고시였다. 이것을 과거제라 한다. 이 제도도 중국이 먼저고 한반도가 나중이다. 공식 국가고시는 중국에서는 수나라 때, 한반도에서는 고려 때 시작됐다. 이후 조선을 거치면서 정권의 각종 부패에 관료제도 자체가 흐물흐물해지기는 했지만 과거라는 국가고시의 명성과 위력만은 조선이 망하고 나서도 그대로였다. 일제강점기를 거치면서도 국가고시를 통한 입신양명의 기대는 사라지지 않았다. 이후 대한민국에 이르러서도 고시는 가장 높은 곳에 있는 꿈으로 아직도 자리 잡고 있다. 사법고시, 행정고시, 외무고시, 기술고시 등.

과거를 준비하자면 공부라는 것을 한다. 이 공부를 시키는 교육기관이 동네마다 있었고 국립대학도 있었다. 가장 처음 생긴 국립대학은 고구려 소수림왕 때 세운 태학이었다. 과거를 시행하기 전이니까 이곳이 관료를 배출하는 최첨단 교육기관인 셈이다. 이후 고려와 조선을 거치면서 한반도의 최고 국립대학은 국자감, 성균관으로 이름을 바꾼다. 지금은 서울대학교가 이 역사를 이어받고 있다. 국립대학이든 지방에 흩어져 있는 사립대학(조선후기에는 서원이 이 역할을 맡는다)이든 그보다 못한 서당이든 고액 과외든(실력 있는 유학자를 집에 모시고 맞춤식 과외수업을 시키는 부유층도 있었다) 모든 교육기관의 최대 목표는 공무원이었고, 교과과정도 당연히 여기에 초점을 맞춘다.

그 교육의 중심에 유학이 있었다. 유학을 여기서 다 설명하는 일은 어리석은 일이니까 그저 중국에서 시작한, 모든 학문을 다 쓸어 담은 정신의 총화 정도로 생각하자. 중국에서 시작했으므로 당연히 유학은 중국의 정신, 철학, 현상, 대처 방안으로 구성된다. 한반도는 유학을 교과과정의 핵심으로 놓으면서 자연히 중국 정신의 총화에 동화되어 간다. 중국이 동경의 대상이 된다. 영어를 배우면서 영어 학습의 텍스트인 아메리카합중국이 동경의 대상이 되는 것과 같다. 이것을 모화(慕華)사상이라고 한다. 이런 현상은 어쩔 수 없는 거다. 하지 말란다고 안 할 수 있는 게 아니다. 자나 깨나 공자가, 맹자가, 중국에서는, 중국의 역사를 보면, 중국의 황제는, 이러고 있으니 자라나는 아이들이 뭘 배우겠는가. 중국을 자연히 상국으로 모실 수밖에. 마찬가지로 미국에서는, 미국의 어느 기관에서 보증한, 미국의 대학은, 미국의 사회제도는, 이런 소리를 하고 있으면 당연히 미국을 지상천국쯤으로 인식하게 되어 있다. 대한민국 보수의 머릿속에서 미국은 유토피아로 존재한다. 그래서 나라 이름도 아름다울 미, 나라 국을 쓴다. 아메리카합중국은 아름다운 나라란다.

이처럼, 예전부터 우리 교육의 목표는 입신양명이었다. 공부해서 과거 합격하여 공무원 되면 잘 먹고 잘살 수 있다는 거다. 물론 돈을 많이 벌면 돈의 위력으로 존경까지는 아니더라도 하인들 거느리고 큰소리치며 그럭저럭 잘 먹고 잘살 수는 있다. 그런데 이렇게 되면 권력을 쥔 자 입장에서는 무식하지만 돈 많은 상것들과 백성의 지지와 복종이라는 떡을 나누어 갖게 된다. 있을 수 없는 일! 암 그렇고말고! 그래서 제도를 만드는 이들(과거에 합격하고 고위직 공무원이 된 권력자들)은 직업의 귀천을 딱 정해 버렸다. 사농공상(士農工商). 예나 지금이나 가장 효과 있게 돈 버는 일은 장사하는 거다. 두 번째가 제조업이다. 제일 돈 못 버는 직업이 농사다. 그래서 기득권자들은 백성이 돈을 못 벌게 사회 계급의 순서를, 거꾸로 돈 못 벌 가능성이 있는 것부터 우대하는 쪽으로 잡았다. 자신들은 일단 최고 자리에 놓고(사) 고생고생하면서 가난하게 사는 농부들은 그다음 자리에(농), 돈 좀 만질 가능성 있는 제조업은 그다음(공), 돈 많이 벌 수 있는 장사꾼은 맨 나중(상)에 둔다. 만백성들은 장사꾼이 돈 많이 벌어도 천시받는 부류니까 돈 벌 생각 말고 엎드려 말이나 잘 들으라는 것.

이 현상은 여전히 지금도 나타나고 있다. 아직도 사람들은 공부 좀 한다는, 더 정확하게 말해 시험성적이 잘 나오는 아이에게는 법대 가서 판검사 되거나 외무, 행정고시 쳐서 고위 공무원 되라고 종용한다. 물론 의대 가서 의사 되라고도 하지만 이건 돈이 권력의 자리를 대체한 덕분에 가능해진 일이다.

이런 현상의 문제가 무엇이라 보시는가. 바로 공부를 권력을 쥐는 수단으로 생각하는 사고방식이다. 앞서 역사를 쭉 살펴보았듯, 이렇게 불안한 세상에서는 국가권력이 제일이니까 그 권력을 쥐거나 권력의 대행자가 되지 않으면 삶 자체가 불안하니 공무원을 최대의 목표로 잡고 공부하라는 거다. 공부는 사람 되라고 하는 것이 아니었다. 물론 예전에는 유학이라는, 사람됨이 만물의 근본이라고 가르치는 교과가 존재하기는 했다. 그래서 유학을 배우는 것이 사람이 되는 것이라고 착각할 수 있었다. 지금도 마찬가지다. 교과서를 들춰 보면 그 어디에도 사람 되지 말라는 항목은 없다. 다 옳으신 말씀만 있다. 그러면 이 교과서로 배우면 진짜 사람이 될까? 그렇게 사람이 된 사람들이 공부원이 되고 권력을 쥐고 나라를 다스렸다면 백성들이 살 만한 세상을 진즉에 만들었어야 했다. 망이 망소이도, 홍길동도, 임꺽정도, 전봉준도 나타날 필요가 없어야 했다. 지금도 그렇다. 그렇게 사람이 된 자들이 소위 성공하고 출세해서 사회를 끌어가는 동력이 되었다면 지금 한반도를 어지럽히고 수많은 사람들을 한숨짓게 하고 통탄하게 하는 일이 일상처럼 일어날 수 있었을까? 권력, 돈, 명예를 거머쥐겠다는 그런 정신머리로는 아무리 공부를 해도 사람 안 되는 거다.

사람 되라고 가르치는 교과서지만 현장에서의 교육은 그 정신은 버리고 껍질, 형식만 취해서 권력이라는 목표에 도달하는 수단으로 쓰고 있을 뿐이다. 닥치고 공부! 이것이 오늘날 학교교육의 구호이다. 이렇게 목표를 어떻게 설정하느냐에 따라 어떤 주옥같은 교과서를 사용하건 그 사용법은 목표에 맞출 수밖에 없어진다. 그저 배불리 먹자가 목표라면 천상의 요리재료를 줘도 배만 부르게 잔뜩 만들면 그만이다. 천상의 요리재료를 주건 그저 그런 식자재를 주건 결과는 마찬가지다. 재료가 결과를 만들지 못한다. 하지만 맛있게 먹자가 목표가 되면 달라진다. 재료에 따라 요리법도 달라지고 요리과정도 정성스러워진다. 이처럼 어떤 아름다운 말씀을 새겨놓은 공부재료도 목적이 천박하면 수단과 결과 또한 천박해지기 마련이다.

이렇다 보니, 공부를 열심히 하면 권력을 쥘 뿐만 아니라 다른 이를 짓밟거나 이용하는 방법을 체득하는 부수익도 올린다. 자연히 익혀진다. 목표가 그러하니까. 이것이 멀게는 조선의 민중사를 그렇게 만들었고 가깝게는 오늘날 우리의 삶을 이렇게 피폐하게 만들었다. 20세기의 후반도 그러했지만 21세가 들어서 부자는 더욱 부자가 되어가고 가난한 이는 더욱 가난해지며 부를 쥔 자에게로 권력이 집중되고 가난의 바구니를 든 자는 생존의 위협에 시달리며 살아가야 하는 이 현실은 그저

한 시점에서 우연히 나타난 현상이 아니다. 우리들 뇌리 속에 박혀 있는 역사의 흔적들이 우리를 그렇게 내몰고 있다. 오랜 기간에 걸쳐 학습된 현상이다.

한 가지 더. 21세기의 대한민국이 아무런 저항감 없이 기꺼이 아메리카합중국을 뒤따르는 기제는 사실 우리에게는 오랜 학습 효과일 뿐이다. 파블로프의 개처럼. 대한민국의 미국은 그 이전 역사의 중국이니까. 현재 대한민국에서 횡행하는 미국식의 사회 시스템, 교육 시스템은 이런 역사 인식에서 보면 당연하다. 자존감도 없이 따라가는 이 현상은 뿌리가 아주 깊다. 어설픈 비판으로 이 현상을 바로잡을 수 없다.

이 모든 현상의 확대재생산을 맡고 있는 분야가 교육이며 학교가 그 역할을 담당하는 국가기구다. 그렇기에 아무리 학교가 바른 노력을 한다 해도 목표 지점을 새로 설정하지 않는 한 결과는 마찬가지일 수밖에 없다. 노력을 해도 그럴진대 아무 노력도 없이 그저 오래된 관성대로 목표를 따라가는 학교라면 더 말할 것 없지 않는가.

열심히 공부를 한다. 엄청난 사교육비를 지불하건 어쨌건 열심히 공부를 시킨다. 소위 '좋은 학교'에 간다. 국제중을 가고 특목고를 간다. 그리고 '명문대학'에 진학한다. 졸업하고 고시에 합격하거나 의사가 되거나 대기업에 입사하거나 교수가 된다. 자, 그 다음 목표는? 학교에서 이 이후의 목표를 배운 적이 있는가? 제도가, 사회가 그 목표를 제시하고 있는가? 그렇게 성공했어. 그 다음은? 잘 먹고 잘살면 돼. 어떻게? 돈 많이 벌어서. 뭘로? 열심히 일해서. 땡! 틀렸다. 열심히 일하면 돈 많이 버는가? 다들 이 거룩한 말씀을 믿으시는가?

열심히 일하지 않아야 잔머리 굴릴 시간이 생긴다. 그렇게 확보한 잔머리 굴릴 시간을 잘 활용하면 돈을 번다. 어디서 아파트 투기를 하면 되고 어떤 주식과 펀드로 도박을 하면 되고 누구 등을 쳐야 떼돈이 나오는지 잔머리를 굴릴 시간 말이다. 용감한 자는 자기 손으로 남의 피 묻혀 가면서 그 짓을 하고 겁이 많은 자는 중개인을 앞세워 자기 손에는 피 안 묻히고 숨어서 그 짓을 한다. 그러면 잘 먹고 잘산다. 그러니까 일단은 열심히 일하지 않아도 적당히 먹고 살 돈을 벌 수 있어야 한다. 좋은 직장이란 게 이런 거다. 그러므로 열심히 일하지 않기 위해서 공부를 하는 거고 학교에서 그런 공부를 시키는 거다. 이게 우리들 앞에 놓인 교육의 실체고 학교의 정체다. 그래서 이반 일리히는 '학교교육의 과정 속에 있으면서 타인을 사취하는 일에서 완전히 벗어날 수 있는 사람은 아무도 없다'라고까지 비판한 거다.

　학교를 바꾸기 위해 많은 이들이 노력하고 있다. 전교조가 그렇고 곳곳의 대안학교들이 그렇다. 그들의 노력이 없었다면 우리 앞에 놓인 교육의 현실은 훨씬 더 비참했을 거다. 그러나 그럼에도 가장 깊숙한 곳의 변화는 만들 수 없다. 학교의 학습 시스템을 개선하고 교사평가제를 개선하고 야간자율학습을 없애고 일제고사를 폐지하고 고교등급제 시행을 막고 사교육을 학교로 흡수하고 대학입시 제도를 더욱 다양하고 공정하게 재편하면 교육이 개선되고 학교가 바뀔까? 그러면 교육이 마침내 사람됨을 가르치는 제 영역으로 돌아갈 수 있을까? 아니다. 근원의 변화는 사회 자체를 바꾸어야만 얻을 수 있다. 사회제도를 바꾸고 목표를 다시 설정하고 시스템의 구성 요소를 바꾸어야 교육이 제대로 선다. 이것이 교육개혁에 관한 거대담론이다. 그런데 누가? 어떤 방법으로? 언제? 사회 자체를 바꾸는 일이 가능하기나 할까? 그래도 노력해야 한다. 이 노력을 멈춘다면 역사는 퇴행하고 우리는 역사 속에 함몰되어 버린다. 그러므로 이 노력은 비록 더디더라도, 힘들어도, 불가능해 보여도, 죽을힘을 다해 할 수밖에 없다.

　이 노력의 한 방편이 학교를 해체하는 거다. 물론 중장비 들고 학교로 쳐들어가서 학교 건물을 철거하자는 말이 아니다. 학교가 가진 거짓 권위를 해체하자는 거다. 그러자면 학교를 선택할 수 있는 선택지 중의 하나로 만들어 놓아야 한다. 지금의 학교가 교육 권력의 중심에 있는 이유는 독점 체제이기 때문이다. 교육 권력은 이렇게 명령한다. 교육을 하려면 학교에서 하고 교육을 받으려면 학교로 가라. 비록 사교육이 학교교육의 권위를 넘어서서 대학입시의 성패를 좌우한다고는 하지만 그래 봤자 제도는 학교를 바탕으로 하고 있고 사교육은 교육의 파생 존재일 뿐이다. 입시학원 다니는 것이 대학 진학에 훨씬 유리하지만 바득바득 졸업장이란 걸 딸려는 이유가 이거다. 이것이 학교가 가지고 있는 교육의 거짓 권위다. 이런 학교를 선택할 수 있는 존재로 격하시키면 권위는 무너지고 학교는 해체된다.

그러자면 학교를 나오거나, 아예 학교를 가지 않는 아이들이 있어야 한다. 이 대목에서 혼란과 공포에 빠지는 분들이 많을 거다. 학교를 나오라니! 자퇴하라고? 그 다음엔 어떻게 해? 대학은 어떻게 가? 그분들의 상상력의 한계는 여기다. 대학은 어떻게 가?

그러면 되묻는다. 대학은 왜 가는가? 이런 질문이 나오면 다시 무한궤도에 빠진다. 대학을 가야 좋은 직업을 갖지(속내는 권력이다). 좋은 직업을 가지면? 잘 먹고 잘 살지. 어떻게? 열심히 일해서. 땡! 또 무한궤도에 빠졌다. 이런 우문우답을 되풀이하고 있는 우리들이 한심하지 않으신가?

학교를 해체하려면 우선 대학의 공포에서 빠져나와야 한다. 이것이야말로 우리들 역사 속에서 오랜 기간 존재한 권력의 허상에서 빠져나오는 길이다. 태학–국자감–성균관–서울대학의 허상 말이다. 그러면 다른 대학 가면 되지! 연세대도 있고 고려대도 있고 하버드도 있고 옥스퍼드도 있고 와세다도 있어. 이런, 정말 그런가? 그 대학들과 서울대학이 뭐가 다르지? 그러면 또 질문해 볼까? 거기 나오면? 좋은 직업 갖지…. 이런, 또 빠졌다. 마찬가지 아닌가. 세상에 대학은 많다. 그런데 그 대학들을 이런 생각으로 가면 어디를 가나 마찬가지다. 생각부터 바꿀 일이다. 그래야 대학의 공포에서 해방된다. 그래야 진정 제대로 대학을 갈 수 있게 된다.

진정한 교육개혁은 학교를 해체한 후, 교육을 원래 있던 제자리로 돌려놓고, 교육을 받을 권리를 아이와 부모들에게 되돌려주는 것을 목표로 해야 한다. 의무교육은 완전히 뒤집힌 말이다. 의무교육이 아니라 권리교육이다. 교육을 받을 의무가 있는 게 아니라 교육을 받을 권리가 있다. 이래야 학교를 해체한 목적을 달성할 수 있다. 권리를 원래의 주인에게 되돌리는 것이 세상을 바로 세우는 첩경이지 않겠는가.

학교를 해체하는 일이 아이를 교육에서 방치시키는 일이 아니라 아이들에게 더욱 세밀하고 친절한 교육을 제공하는 일이 되게 하기 위해서는 가르치는 이(흔히 교사라고 칭하는)를 세상 곳곳에 혼재시켜야 한다. 배우고 싶은 이가 가르치고 싶은 이를 찾고 선택하는 것이야말로 제대로 된 교육방식이기 때문이다. 서구든 우리네든 대학은 그렇게 시작되었다. 근본으로 돌아가자는 거다. 그러므로 교사는 선택당하는 자이며 학생은 선택하는 자가 되어야 한다. 이렇게 하면 교사가 얼마나 제대로 준비를 하고 있느냐가 선택을 받는 중요한 기준이 된다. 적어도, 교사로 불리길 원하는 이는 제대로 준비부터 해 놓을 일이다.

모든 권력은 독점 체제를 해체하고 선택권을 구성원들에게 돌려주면 무너진다. 권력이 산개된 사회, 권력이 사람을 누르지 않고 사람을 튼튼하게 지탱하는 기반이 되는 사회. 이런 사회가 진정 인류가 꿈꾸는 세상이지 않은가. 아이들이 세상을 무대로 거침없이 자라고 아이의 부모들은 아이의 교육을 고통이 아니라 자신의 기쁨으로 여기며 아이의 교육에서 해방되어 부모 자신의 삶을 풍성하게 가꾸는 세상. 그리하여 온 세상이 배움의 기쁨으로 가득 차서 교육이 원래의 자리로 되돌아가는 세상, 참으로 아름답지 않은가.

한때, 열심히 성실하게 일하면 잘 살 수 있는 세상을 사람들이 꿈꾼 적이 있었다. 성실한 노력이 아무런 소용없다는 것은 긴 역사 속에서 늘 일어났던 야바위 난장판을 통해 체화되었고, 그것이 너무나 억울했기 때문인지 오랜 왕조시대와 식민

시절, 끔찍한 전쟁을 겪고 난 후 새 세상이 된 듯하자 사람들은 이것저것 따질 틈도 없이 오로지 쌀밥에 고깃국을 향해 성실하게 달렸다. 성실하게만 일하면 잘 먹고 잘살 수 있다고 생각하면서. 그 와중에 일제 부역 청산, 역사 정비, 새로운 출발을 위한 정지 작업은 스르르 사라져 버렸고 민주라는 단어의 원칙을 세우는 일도 마찬가지로 사라져 버렸다. 그 결과, 말 그대로 잘 먹고 잘살게는 되었지만 그 대가를 지금 우리는 톡톡히 치르고 있는 중이다.

오늘날, 역사 청산은 나라 발전의 걸림돌이 된다는 허무맹랑한 요설이 오가고, 과거에 나쁜 짓을 한 자들의 후손은 그 덕에 잘 먹고 잘살고 있고 나라와 백성과 자신을 위해 투쟁했던 이들의 자손은 사회의 뒷골목으로 내몰리고 있다. 우리들은 지금, 역사 청산이 뭐야, 그저 내 배 부른 게 제일이지! 하고 원칙을 걸레처럼 내팽개친 결과를 보고 있다. 당장은 힘들더라도 원칙을 지켜서 일제강점 36년의 역사를 제대로 정리하고 다시 출발을 했더라면 지금 우리가 힘겨워하는 많은 일들은 일어나지 않았을지도 모른다. 자본을 쥔 자들은 역사와 민중이 겁이 나서 함부로 자본의 권력을 휘두르지 못했을 것이고, 그 수십 년이 지난 지금, 비정규노동자란 이름의 현대판 노비는 탄생하지 않았을지도 모른다. 짓밟으면 짓밟힌다는 것을 알게 해줬더라면 2006년에 완료한 서울 난곡 재개발 결과 원주민 재정착률 8.8%라는 기막힌 수치는 없었을 거고 2009년에 발생한 용산의 비극은 없었을지도 모른다. 권력이 국민의 손에서 나온다는 사실을 알게 해줬더라면 온 나라를 파헤치는 어이없는 짓거리를 보지 않아도 되었을 거다.

분리통치란 말이 있다. 서구제국주의자들이 식민통치를 위해 잘 써먹는 수법이다. 일제가 36년간 한반도를 지배하면서 이것을 써먹은 결과, 아직도 이 땅에는 그 당시에 권력의 부스러기를 움켜쥔 자들이 권력과 자본을 장악하고 이 땅의 민중을 코너로 내몰고 있다. 르완다에서는 벨기에의 분리통치 결과, 전 국민의 10퍼센트가 학살당하는 엄청난 비극을 치러야 했다. 자본은 이제 일터를 정규직과 비정규직으로 가르는 분리통치를 완료했다. 정규직들은 비정규직의 비통과 외침을 듣고 보면서 함께 공분하는 것이 아니라 저런 꼴이 안 돼서 천만다행이라고 생각하고, 자본에 밉보이지 않는 길을 찾고 있다. 이들 정규직들과 일제 강점기 조선인 순사는 뭐가 다를까? 이것이 아이들에게 물려주고 싶은 세상일까?

이것이 다 우리가 원칙이 뭔지, 가치가 뭔지, 어떻게 해야 제대로 사는 건지를 외면한 결과이다. 그렇다. 누구를 원망할 것도 없이, 지금 우리가 사는 세상은 우리 손으로 만들었다. 이런 세상에 우리의 소중한 아이를 적응시키고 싶으신가? 정말 그러신가? 우리 아이가 어떤 인간이 되건 상관없이, 제 배 부르고 제 몸뚱이 건사하게 하는 것이 인생의 목표이신가? 그래서 아이의 세상 적응을 염려하고 계시고, 어떻게 하는 것이 올바르다는 것을 알면서도 실행하지 못하고 계시는 건가?

정말 아이의 미래가 염려된다면, 그래서 내 삶을 바쳐서라도 아이의 미래를 만들어 주고 싶다면, 정말 그런 각오가 있다면, 난곡 원주민을 다 몰아내고 시세 차익을 노리며 아파트 청약을 할 게 아니라, 이웃을 비정규직으로 내몰면서 주식, 펀드 투기를 할 게 아니라, 이웃의 아이를 벼랑 끝으로 내몰면서 사교육 시장판에 수십조 원의 돈을 퍼부을 것이 아니라 원칙부터 세울 일이다. 어떻게 해야 아름다운 세상이 될 것인지의 원칙을 세우고 그런 세상을 만들기 위해 죽을힘을 다해 노력부터 하자. 그런 다음에야 내 아이의 세상 적응을 생각할 일이다. 아름다운 세상을 만들어 놓고 아이를 그 세상에 적응시키는 것, 그것이 부모가 할 일이고 그것이 원칙이다.

이렇게 원칙이 섰다면, 그 원칙대로 살면 된다. 어려울 것 하나 없다. 어렵다고? 그러면, 아파트 투기로, 주식 도박으로 돈 벌어서 아이들을 위해 사교육 시장에 쑤셔 박는 것은 쉬우신가? 땀 흘려서 번 돈이 아닌 검은 돈을 뒷주머니에 슬쩍 꽂아 넣는 것은 쉬우신가? 그러면서도 가책 없이 잘 견뎌지시던가? 쉽지 않으셨을 거다.

제도교육권이 부실하고 마음에 안 들어서 새로운 교육을 하기 위해 돈 모으고 뜻 모으고 사람 모아서 대안학교 하나 만드는 것은 간단하다. 대안학교 만든 이들은 무슨 소리, 그게 얼마나 힘든 일인데, 하시겠지만 대안학교 만드는 일이 엄청나게 어렵고 불가능에 가까운 일이 아니란 뜻으로 드린 말씀이다. 그런데 아쉽게도, 그런 정도로는 세상은커녕 교육도, 학교도 바뀌지 않는다. 자리 잡은 대안학교는 대학 잘 가기로 방향을 잡았고 자리 못 잡은 대안학교는 운영비 확보에 진땀을 빼고 있다. 스스로를 건사하기도 힘에 부친다. 이 틈을 뚫고 자본은 새로운 먹잇감으로 대안학교를 노리고, 접수하고, 자신의 입맛에 맞게 변화시키는 중이다.

아예 학교를 빠져나와서 새 길을 찾기도 한다. 홈스쿨링, 혹은 홈에듀케이션이라고 부르는 교육 방식이 그것이다. 하고 있는 본인들은 그리 어려운 일이 아니라고 웃으며 말씀하시지만 다른 이들이 보기에 이것을 하자면 엄청난 용기를 쥐어짜야만 한다. 그런데 이 새로운 교육 방식의 끝에 있는 건 무엇일까? 혹시 대학? 대학 잘 가게 하기 위한 새로운 방법으로 대안교육을 선택한 건 아닐까? 그렇다면 그 결과는 학교 안에 있건 밖에 있건 마찬가지다.

학교교육은 국가의 통제하에 이루어지는, 그러므로 국가의 필요에 복무할 수밖에 없는 한계를 지니고 있다. 국가의 필요는 시스템으로 완비되어 있다. 현재, 이 사회가 마련해 둔 다른 시스템은 없다. 결국 어떤 대안교육운동이든 그 마지막에 있는 문은 현재의 이 시스템이다. 대안교육운동은 국가집단교육 체제를 거부하고 교육을 원래의 모습으로 돌려놓기 위한 노력이긴 하지만 제도에의 편입이라는 마지막 관문 앞에서 무릎을 꿇고 있다. 이 마지막 관문을 이겨내지 못한다면 모든 대안교육운동은 결국 다른 방식으로 제도에 '적응'하려는 방법론이 될 뿐이다.

교육을 생각하자. 교육이란 무엇인가. 아이들을 왜 가르치는가. 대안교육운동에서 정말 중요한 것은 어떻게 대안학교를 설립할 것인가, 홈스쿨링(홈에듀케이션)을 어떤 방식으로 할 것인가를 고민하기에 앞서 부모들이 먼저 교육을 공부하는 것이다. 아이들의 교육을 위해서 부모가 먼저 변하고 노력해야 한다. 이것이 먼저다. 나는 바담풍 하면서 너는 바람풍 해라라고 하지 마시라. 죽어라 바람풍 발음을 연습한 후, 아이에게 바람풍을 가르치시라. 이것이 제대로 된 순서이고 원칙이다.

아름다운 세상을 꿈꾼다면 이제 생각은 그만하고 지금 당장 한 발을 떼자. 그래야 우리의 아이들이 아름다운 세상에서 아름다운 꿈을 꾸고 아름다운 삶을 사는 아름다운 청년이 될 수 있다. 아이들은 기다려 주지 않는다. 우리가 굼뜨게, 혹은 망설이면서, 혹은 차마 욕심을 버릴 수가 없어 미적거리는 동안 아이들은 자라고, 어른이 되고, 저 이상한 나라로 들어가서 무한 소멸의 게임장에서 죽음의 게임을 하게 된다. 재수 좋게 살아남으면 다른 이들의 삶을 짓밟다가 자신도 짓밟혀서 사라지는 삶을 살게 될 것이고.

그래서 공부하자는 거다. 도대체 어디서부터 뭐가 어떻게 잘못되어 왔는지를 알자는 거다. 그러자면 별 수 없다. 잘못된 것들의 시초부터 더듬을 수밖에. 그래서 역사다. 역사를 제대로 알지 못하면 원인도 파악하지 못한다. 학교에서 가르쳐 준, 승자의 기록으로서의 역사가 아닌, 기록의 갈피갈피에 숨어 있는 원인과 진행을 새로운 눈으로 들여다보는 역사 공부가 필요하다.

현대는 서양 문명이 세계 문명으로 변한 시대다. 한때 서양 문명과 동양 문명이 지구를 이끌어가는 두 개의 축으로 존재했다가 19세기에 접어들면서 서양 문명이 세계로 확산되는 과정이 세계사다. 그래서 지금 우리가 살고 있는 문명은 동양 문명이 아니라 이미 세계 문명이 된 서양 문명이다. 한반도가 동양에 위치해 있다고 아직 동양 문명권에 속한다고 생각하면 곤란하다. 동양 문명은 이미 세계 문명에 흡수되었다. 우리 주변의 모든 제도와 룰과 문화를 보면 이 말이 어떤 의미인지를 확인할 수 있으실 거다. 서구의 역사는 이제 우리의 역사로 편입되었단 뜻이다. 그러므로 우리가 아직 잘 모르는 저들의 역사, 그러나 이제는 우리의 역사가 된 그 역사를 알지 못하고서는 우리 삶을 움직이는 시스템의 구동 원리는 이해할 수가 없다. 교육 또한 그렇다. 도대체 그들이 추동했던 역사가 어떠하기에 이런 국가교육, 학교교육 시스템이 만들어졌는지를 이해해야 교육개혁이건 대안교육운동이건 제대로 할 수 있는 법이다.

몰라서 어쩔 수 없이 당했다는 억울한 말을 하지 않으려면 대중은 무지할 것이라는 교육독재자들의 확신을 깨 버리면 된다. 그러면 아이들의 삶, 나아가 우리 삶을 옭죄고 있는 교육의 족쇄를 풀고 마침내 삶을 온전히 우리의 것으로 만들 수 있다. 사람으로 자신의 삶을 산다는 것은 그리 어렵지 않다. 깨어 있기만 한다면.

역사 공부를 위한 길라잡이

다음에 소개하는 책들은 이 책을 쓰기 위해 다시 열어서 꼼꼼히 들여다본 책들 중 일부이다. 그 동안 역사를 일깨워 준 모든 책을 일일이 다 소개하려면 그것만으로 또 다른 책을 엮어야 하겠기에 다시 열어 본 책 중 중요한 책만 소개했다. 본문 안에 일일이 주석을 달고 해설을 하지 않은 이유는 그럴 필요조차 없을 정도로 이 책의 모든 부분에 저자들의 말과 견해가 화학작용을 일으키며 녹아 들었기 때문이다. 역사를 기록한다는 건 엄청난 자료 더미를 뒤지면서 기록을 해석하고 재배열하는 어려운 작업이다. 이들 먼저 탄생한 책들이 있었기에 어려운 작업을 그나마 마칠 수 있었다. 역사를 기록한 모든 저자들에게 감사를 드린다.

 **제국** 안토니오 네그리 · 마이클 하트, 윤수종 옮김, 2007, 이학문선

출간되자마자 온 세계의 지식인들이 쏟아 놓은 온갖 찬사를 듬뿍 받은 행복한 책. '제국'이라 일컫는 존재는 두 번의 변주를 거친 최종 산물이다. 첫 번째 '제국'은 주변 지역들을 압도하여 지배하는 가장 강한 지역을 특별히 호칭하는 정도의 단순한 형태이며 두 번째인 '제국주의(imperialism)'는 지배의 목적이 자본으로 노골화

되는 시대였고, 이 책의 제목이기도 한 세 번째 '제국'은 각국 주권의 경계를 지워버린, 국가주의의 소멸이 목표인, 지배의 주체가 자본인 세계 권력을 뜻한다. 9.11 테러 이후 아메리카합중국이 제국화되고 있다고들 하지만 기실 아메리카합중국마저 국가주의의 소멸에서 자유롭지 않단다. 문화학자 슬라보예지젝이 이 책을 21세기의 공산당 선언이라고 부를 정도로 이 책은 자본을 해부하고 고발하고 있다. 하긴, 맞다. 자본을 이해하지 않고는 어떤 현상도 설명하고 이해할 방법이 도무지 없는 시대가 지금인 건 자명한 사실일 터, 이 책은 다음 세대를 위한 메타 이론의 가능성마저 갖고 있다.

 ## 세계를 뒤흔든 공산당 선언 데이비드 보일, 유강은 역, 2005, 그린비

책 제목대로 마르크스와 엥겔스가 세계를 뒤흔들긴 했었다. 아무데서도 환영받지 못하는 지진 같은 흔들림이었지만. 이 책은 자본-민주 진영이 사회-공산 진영에 승리(사실 이 승리는 상대의 자멸에 의한 기권승이지만)한 후 너그럽게도 마치 지나간 추억, 혹은 전리품처럼 일반 대중에 허용한 후 다시 생명력을 얻은 기묘한 공산당 선언을 쉽게 이해할 수 있게 해 준다. 쉽게 이해한 것과 쉽게 실천하는 것은 별개의 문제지만. 친절한 역사적 배경의 설명이 귀찮다면 이 책에 나온 공산당 선언 전문만 읽어도 충분하다. 그것만으로도 이 책은 가치가 있으니까. 궁금한 점 두 가지. 공산당 선언을 지금 다시 한다면 그 때와는 비교도 안 되게 강력해진 자본은 어떻게 대응할까? 마음에 안 드는 주장이나 현상이 나올 때마다 광분하며 좌파 딱지 붙이기를 취미생활로 하는 이 땅의 자칭 우파들은 공산당 선언이 좌파의 원조라는 걸 알기나 알까? 이 책은 그들을 위한 책 같은데 말이지.

 ## 레즈를 위하여 황광우 · 장석준, 2003, 실천문학

제목만 보면 국가대표 축구 서포터스 붉은 악마에 관한 책 같다. 그런데 아니다. 공

산당 선언 해설서다. 제목부터 묘하게 비틀었다. '빨갱이를 위하여'라고 했으면 금서가 되었을지도 모르는데 '레즈를 위하여'라고 한 바람에 대한민국 축구대표팀의 비공식 응원복인 붉은 티셔츠에 새겨진 'Be the Reds'를 연상케 한다. 어쨌건 우리말로 직역하면 '빨갱이를 위하여'다. 공산당 선언 해설서 중 가장 탁월한 제목이다. 제목답게 책은 공산당 선언 해설과 더불어 당시 서유럽의 상황, 현재 대한민국의 상황까지 촘촘하게 엮어 놓았다. 읽다 보면 독자 스스로 자신의 좌표를 체크할 수 있다. '세계를 뒤흔든 공산당 선언'이 이 땅의 자칭 우파를 설득하기 위한 친절한 좌파 설명서라면 이 책은 좌파를 위한 격려 같다. 그런데 진짜, 좌파가 있긴 있겠지? 대한민국이 하도 우회전을 오래 하다 보니 핸들을 조금만 왼쪽으로 꺾어도 좌파가 되어 버리는 별난 곳이라서 하는 말이다. 아주 재미있는 책이다.

 ## 10월혁명사 이완종, 2004, 우물이 있는 집

유럽의 북동쪽 끝에 19세기가 저물도록 시대의 흐름을 따라잡지 못했던 나라가 있었다. 중세에서나 봄직한 농노제가 여전히 건재했고 다른 나라들이 근대화로 극성을 떨 때도 짜르가 소수의 귀족들과 함께 기득권을 지키기 위해 시대의 흐름을 차단하려 애쓰던 나라였다. 이해하기 힘들면 대원군이 지배하던 조선 말기를 생각하면 된다. 가난하고 병든 나라, 러시아였다. 이 나라에 경천동지할 사건이 일어나 소비에트 연방(줄여서 소련이라 한다)이라는, 전무후무한 공산 제국이 탄생했다. 이 경천동지할 사건이 바로 10월혁명이다. 시대를 거꾸로 살고 있던 가난한 러시아는 공산 제국의 수장으로 새로 태어났다. 그리고 백 년도 못 가서 역사 뒤로 사라졌다. 이 책은 용어로만 알고 있었지 정확한 세부 내용은 잘 모르는 10월혁명을 정면에서 다룬다.

이 책을 보면서 주의할 점. 독자들이 원하는 해설을 하지 않았다고 분노하지 말 것. 볼셰비키의 권력 장악 과정, 스탈린주의와 레닌이즘의 연관성 분석 등 저자의 주장에 대해 반론을 세울 준비만 하고 있으면 저자의 주장대로 10월혁명을 따라 가다가 어리둥절해질 이유는 없으니까.

 ## 인간과 환경의 문명사 데이비드 아널드, 서미석 옮김, 2006, 한길사

역사를 보는 필터는 아주 다양하다. 기후 변화, 생물학적 변화, 질병 등 인간의 힘으로 조율할 수 없는 조건들이 인간의 삶과 역사를 어떻게 결정해 왔는지를 살펴보는 책이다. 제목에 환경이 들어갔다고 해서, 유행이 되다시피 한 자본에 포섭된 환경론으로 오인하지 말 것. 저자는 시대와 공간의 차이, 흐름에 따라 변화되는 인간의 자연관을 추적하고 있으니까. 이 필터만으로도 서구 문명을 충분히 추적할 수 있을 정도로 흥미진진한 새로운 개념의 역사책이다.

 ## 다시 쓰는 근대세계사 이야기 로버트 B. 마르크스, 윤영호, 2007, 코나투스

데이비드 아널드의 '인간과 환경의 문명사'처럼 '생태학'이라는 필터로 서양의 근대사를 해부하는 책. 저자는 아예 드러내놓고 근대사를 다른 관점으로 조망하기 위해 이 필터를 쓴다고 밝혔다. 저자의 호언장담대로, 자신들은 역사의 전면에 나설 팔자였다는 서구의 주장을 조목조목 반박하는 구절에서는 속이 시원해진다. 각종 스트레스로 속이 답답할 때 해장용으로 읽어도 좋을 책이지만 논리는 진중하고 자료는 빵빵하다.

 ## 비타 악티바 2008~, 책세상

책세상에서 2008년부터 작정하고 사고를 쳤다. 인권, 아나키즘, 시민, 계급, 아방가르드 등 사회과학의 기본 개념을 역사 속에서 캐내어 살펴보는 시리즈물이다. 글이 모이는 대로 낱권으로 묶어서 발간하고 있다. 사회과학의 개념이 워낙 많다 보니 이 시리즈가 언제 끝날지는 알 수 없다. 이 시리즈를 보면 역사가 가진 위력을 알 수

있다. 역사를 통하지 않고 개념을 정리하는 것은 무리라는 걸 알 수 있으니까. 계속 나오는 시리즈물 중 책을 쓰면서 참고한 낱권들은 계급, 시민, 공화주의인데, 이후 나온 시리즈물에도 마치 참고한 듯한 내용이 많다. 이 시리즈는 모두 섭렵하는 게 좋겠다. 다른 분야를 접할 때도 훌륭한 가이드가 되어 주리라 생각한다.

 ## 역사 남경태, 2008, 들녘

역사는 관심 있는 사람이 아니면 원래 따분하기 그지없는 분야다. 역사 시간이면 교실에 괜히 수면병이 창궐하는 게 아니다. 지루하니까 자는 거다. 그런 역사를 흥미진진한 판타지나 버라이어티 쇼로 뒤집는 뛰어난 재주를 가진 저자가 쓴 역사책이다. 그의 다른 저서에 붙인 '종횡무진'이라는 형용사대로 이 책은 종횡무진 동서양을 오간다. 역사가 워낙 방대한지라 어쩔 수 없이 부담스러운 분량이긴 하지만, 역사를 한 줄로 쫘악 꿰진 못해도 그래도 이게 어딘가. 서너 가닥으로 꿰어 준 것만으로도 감지덕지다. 역사를 공부하는 호사를 느끼게 해 주는 책이다.

 ## 세계사 시간여행 김억간, 2006, 가람기획

역사서를 쓰기 위해 10년간 세계를 여행하다니, 이 정성으로 쓴 책인데 읽어 봐주지 않으면 안 될 것 같은 심리적 압박이 생기는 책. 세계사를 시간에 따른 부상과 침잠으로 독특하게 해석했다. 역사를 보는 필터도 상위와 하위라는 독특한 개념을 사용했다. 간혹 모든 현상을 이 필터에 끼워 맞추려는 무리도 보이지만, 이 필터를 발명했다는 것 자체만으로도 저자는 어깨 으쓱일 자격이 있다.

 ## 블랙 아테나 마틴 버넬, 오흥식 옮김, 2006, 소나무

버넬은 이 책의 정치적 목적이 유럽의 문화적 오만을 줄이는 것이라고 솔직하게 밝혔다. 정치적 목적으로 역사책을 썼다는 말인데, 사실 정치적 목적 없이 쓰인 책이

어디 있던가. 유럽의 문화적 오만을 줄이겠다고 유럽인이 작정하고 만든 '아리안 모델' 식의 엉뚱한 발명은 하지 않았다. 아테나 여신이 흑인이라는 제목 자체에서 드러나듯, 그리스 문명은 유럽 대표 인종인 아리안족이 세운 것이 아니라 이집트와 페니키아의 영향으로 세워졌다는 주장은 전적으로 옳다. 문명이 하늘에서 뚝 떨어진 것도 아니고, 먼저 발생된 문명이 나중에 만들어질 문명의 모태라는 것은 너무나 당연한 일 아닌가. 서양 최초의 문명인 이집트와 메소포타미아라는 어머니 없이 그리스 문명이 저절로 생겨났을 리 만무하니까. 아리안 모델 자체가 너무 뜬금없는데도 불구하고 너무나 쉽게 학계에서 수용되니까 저자의 주장이 난데없어 보일 뿐이다. 그럼 이집트는 하늘에서 뚝 떨어졌나? 최초의 문명이라며, 라는 무식한 질문은 하지 말 것. 이집트는 이집트로 이동한 현생 인류의 모든 경험이 축적된 문명이니까. 블랙아테나는 역사가 얼마나 유연하고 변화무쌍한지를 잘 설명하고 있다.

 **대항해시대** 주경철, 2008, 서울대학교출판부

유럽중심주의는 대세다. 대세는 옳다. 왜? 그것이 주류니까. 우리는 이렇게 교육받아왔다. 주류는 힘이 세다. 그러므로 강자는 곧 정의다. 지금까지 대부분의 서양사는 이 시각으로 편성되었다. 특히 중세를 지나면 그들이 원래 선택받은 인종이었다는 거짓말을 뻔뻔하게도 드러내놓고 역사로 기술하고 있다. 이게 진리라면 참 허무하다. 누구는 팔자가 좋아서 금송아지 안고 태어났다는데 무슨 말을 더 할 수 있겠나. 저자는 팔을 걷어 부치고 이게 잘못되었다는 것을 조목조목 파헤치고 있다. 파헤치는 방법이 재미있다. 그게 아니라고 주장하기보다는 다양한 사례를 제시하여 독자 스스로 서양사를 재편성할 수 있게 길을 알려준다. 아주 노련하다. 그런데 좀 더 깊이 들어가면 모든 부분에서 노련하게 균형을 잡으려는 노력이 보인다. 이상하다, 왜 이렇게 자신의 역사관을 드러내도 괜찮을 사람이 균형을 잡으려 애썼을까? 균형 감각이 워낙 발달했나? 알아 보니 저자는 조선일보 칼럼니스트다.

 ## 종횡무진 서양사 남경태, 2009, 그린비

좀 어지럽다. 제목대로 '종횡무진' 서양사를 누비고 있으니까. 서양사는 종횡무진 누비지 않고서는 도무지 가닥을 잡을 수 없는 분야다. 저자는 마치 저격수처럼 팔딱팔딱 도망 다니는 서양사를 요소요소에서 포획한다. 저자를 숨차게 따라가다 보면 각 지역사가 서양사라는 퍼즐 판의 퍼즐 조각이란 것을 알게 된다. 그러므로 우리가 서양사 하면 골치 아프게 생각했던 연대, 사건, 인물 외기는 아무 소용없는 두뇌 괴롭히기 삽질이었다는 것도 친절하게 알려준다. 참 고마운 책이다. 학교에서 이렇게 역사를 가르쳐 줬더라면 대한민국이 좀더 우아하고 세련되어졌을 텐데. 이 책을 읽다 보면 교육을 관료 시스템으로 가두어버린 대한민국이 대단히 아쉬워진다.

 ## 영국사 박지향, 2007, 까치

영국이라는 나라는 참 이상하다. 유럽 대륙과 영국을 겹쳐 보면 뭔가 앞뒤가 잘 맞아떨어지지 않는다. 유럽 대륙이 한창 절대 권력으로 치닫고 있을 때 영국은 난데없이 귀족들이 왕을 굴복시켜 버린다. 당시의 시각으로 보자면 촌놈들이나 벌였음 직한 그 사건을 마그나카르타란 근사한 용어로 의회민주주의의 효시쯤으로 착각하게 만드는 재주를 부렸다. 그런 영국이 또 난데없이 산업혁명이란 걸 하더니 18세기 후반부터 저 홀로 초강대국이 되어 버렸다. 이 어리둥절한 역사를 통사로 전개하면서 친절하게 주제별로 분류도 해 두었다. 가히 영국사의 결정판이라 할 만하다. 영국의 역사를 모르고는 서양사를 제대로 이해하기 힘들다. 서양사를 들여다보기 위해 반드시 알아야 할, 영국사를 위한 종합선물세트다.

영국제국의 초상 이영석, 2009, 푸른역사

'영국사'가 영국사 전체를 조망하는 종합선물세트라면 이 책은 19세기말의 영국을 들여다보는 초정밀 현미경이다. 19세기말의 영국을 설명할 때 흔히 쓰는 사회구조, 계급관계 같은 광각 필터 대신 이 책은 총 9개의 담론을 접사 필터로 삼았다. 이 책은 섬세하게 역사를 들여다보는 미시 역사서다. 이 접사 필터들로 대단히 정밀하고 선명하게 당시의 영국을 들여다볼 수 있으므로 오늘날 대한민국을 설명하는 필터로 활용해도 큰 무리가 없을 정도다.

 ## 대학의 역사 크리스토프 샤를 외, 1999, 한길사

교육에서 대학의 위치는 매우 독특하다. 대학은 학교교육이라는 제도가 없었을 때 시작되었고, 사회 시스템과도 별 상관 없었으며 정치권력으로부터도 뚝 떨어져 있고, 심지어 권력과 불편한 관계를 갖고 있는 경우도 많았다. 그러다 근대에 이르면 대학은 교육에서 최정점을 차지하면서 학교교육뿐 아니라 사회제도의 중심에 선다. 이 책은 대학이 어떻게 출발했고 위기를 어떻게 넘기면서 오늘에 이르러 권력의 산실로 자리 잡았는지를 설명한다. 좋은 자료지만 책 읽는 재미는 별로 없다.

 ## 거대한 전환 칼 폴라니, 홍기빈 옮김, 2009, 길

이건 잘 읽어야 한다. 폴라니는 늘 시장경제의 비인간성을 고발하면서 적절한 국가 개입, 규제가 필요하다고 주장하는 이다. 따라서 이 책도 그런 논지로 썼을 거란 착각을 하기 쉽다. 그래서 잘 읽어야 한다. 19세기에서 20세기로 넘어가는 과정을 거대한 전환으로 보고 이 전환의 기원에 관한 고민이 이 책의 주제인데, 저자는 '자기 조정 시장'이라는, 어디선가 들어봤음직한 키워드를 제시한다. 응? 이게 뭐지? 뭔가 아귀가 잘 안 맞는다. 숨은 그림 찾기 하는 재미가 있다.

 ## 역사의 원전 존 케리, 김기협 역, 2006, 바다출판사

역사를 보는 방법은 거대한 정치, 경제의 흐름만 있는 것이 아니다. 그런 것만으로

는 역사를 구성할 수조차 없다. 그래서 미시사가 등장했다. 거대한 인물이 아닌 평범한 개인이 겪는 역사 사건, 그 사건을 개인들은 어떤 방식으로 받아들이고 해석하고 대응할까? 역사 속에서 정의된 사건은 하나이지만 그 사건을 개인들은 저마다 각자의 방식으로 해석하고 기억한다. 이 개인의 해석과 기억을 모두 모으면 역사가 된다. 저자는 개인들이 모여 만드는 거대한 역사를 위해 수많은 인물과 사건을 솔직하고 정밀하게, 어떤 편견이나 미화 없이 그리고 있다. 그래서 제목이 역사의 원전이다. 이 책은 역사를 만드는 재료들을 모은 DIY 재료상이다.

ARCT
GREENLAND SEA
LABRADOR CITY
ENGLISH LAKE
CELTIC LAND
NORTH ATLANTIC STATES
UNITED OCEAN
GREAT ISLANDS
BERMUDA CITY
MEXICO LAND
GULFSTREAM MOUNTAINS
GALAPAGOS CITY
BRAZILIAN OCEAN
SOUTH ATLANTIC KINGDOM
ST.HELENA CIT
SOUTH PACIFIC KINGDOM
AMUNDSEN LAND
DRAKE CITY

EAST SIBERIAN KINGDOM
ALEUTIAN CITY
KURIL CITY
NORTH PACIFIC KINGDOM
BAIKAL ISLAND
GREAT ASIAN OCEAN
JAPAN LAKE
TAIWAN LAKE
MARIAN MOUNTAINS
PHILIPPINE KINGDOM
MALDIVES
INDIAN KINGDOM
AUSTRALIAN SEA
NEW ZEALAND LAKES
TASMAN CITY
ANTARCTICA OCEAN
VLADSTUDIO